国家出版基金项目

国际关系中的差异问题

INTERNATIONAL RELATIONS AND
THE PROBLEM OF DIFFERENCE
NAEEM INAYATULLAH, DAVID L. BLANEY

[美]纳伊姆·伊纳亚图拉　戴维·布莱尼 著

曾向红　杨双梅 译

东方编译所译丛

上海人民出版社

译者前言：国际关系中"美人之美"之难

对于世界发展的未来，费孝通先生曾经设想一种非常美好和理想的状态，即"各美其美、美人之美、美美与共、天下大同"。当前世界纷纷扰扰，似乎离天下大同越来越远。"各美其美"不难，因为每个群体、民族、国家、文明、区域等一旦有了文化自觉，似乎都会有强烈的"自我为尊"倾向或心理，即便短期内有意向他者学习，也不会主动、长期地承认己不如人，而是会想方设法谋求优势地位。但"美人之美"却是阻碍实现"天下大同"的症结。尤其是在国家之间，"美人之美"意识的缺失，导致国家间竞争乃至冲突屡见不鲜。一旦"美人之美"不能成为国家之间相处和互动的主导精神，那么，国家间的和平共处往往难以保证，文明互鉴或人类命运共同体的构建也会因此而遭遇难以克服的障碍。

国际关系中"美人之美"之难，核心在于国家难以对彼此之间的差异持一种正确、宽容的心态和处理方式。面对差异，人们习惯性地予以拒斥或贬损，甚至不排除通过激进方式予以同化乃至消除。这符合人类维护自身个体或群体地位、保障本体安全感的自我防御机制。然而，如果同化或消除差异的主要力量来自占主导地位的西方，那么，凭借其实力，它们可选择性地针对差异采取不友好举动，包括启动各类制裁，干预他国内政，煽动"颜色革命"，进行武力颠覆等。如此一来，国际社会的和平与稳定将受到持续不断的冲击，这种对待差异的排斥或不宽容心态也会产生持久的示范效应，毒化整个国际社会对待差异的精神。

深入考察西方在历史上对待国际关系中差异的思想和行为倾向，及其对国际关系学(包括其子科学国际政治经济学等学科)的深刻影响,构成纳伊姆·伊纳亚图拉(Naeem Inayatullah)与戴维·布莱尼(David L. Blaney)合著的《国际关系中的差异问题》(以下简称《差异问题》)一书的主旨。[1]作为一本思想史专著,《差异问题》以深刻的笔调批判了西方思想界,尤其是国际关系思想家对于差异的恐惧和排斥,并仔细梳理了这种倾向对国际关系学科产生的深刻但难以察觉的影响。当然,除了批判西方国际关系思想传统对待差异令人失望的态度,《差异问题》也尝试重构该学科的思想基础,致力于为西方如何更为体面地应对差异开出处方:注意倾听"第三世界"人们的声音,着力挖掘文化接触区文化或体验的价值,规劝西方探寻"美人之美"之道。

《差异问题》出版于2004年,距今已近20年。但该书至今尚未得到国内学术界的讨论与重视,这似乎与国际学术界对该书所持的高度肯定态度不相契合。如伦敦政治经济学院克里斯·布朗(Chris Brown)认为:"《国际关系中的差异问题》是一项令人印象深刻的成就。伊纳亚图拉和布莱尼汇集了当代社会思想中的一些关键话题。他们利用了广泛的材料,综合了其他人的研究成果,并带来了相当大的附加价值。这本书应该是各个层次的国际关系理论学生,以及那些对非西方世界更感兴趣的人的必读书目。……作为一项学术事业,它的确接近了国际关系的核心,这是一项了不起的成就。"[2]佛罗里达国际大学的卡洛斯·鲁埃达(Carlos Rueda)评价道:"这是一本优秀的著作,它提供了对各种早期政治思想家新鲜而独特的历史解读,同时试图通过阐明在国际关系学中认真对待文化的必要性来推进批判理论。"[3]昆士兰大学罗兰·布雷克(Roland Bleiker)则盛赞道:"在本书中,伊纳亚图拉和布莱尼以一种振奋人心而又复杂的方式解决了这一缺陷*。他们让人们注意到第三世界声音的显著缺失,且超越了传统国际关系的时空界限。"[4]在国际局势纷繁复杂的今天,研读《差异问题》对于人们思考国际局势为何走到今天、国际关系理论应该往何处发展等问题具有重要

---

* 即国际关系理论忽视了非西方国家的体验、视角与观念等。——引者注

意义。

当然,百年未有之大变局加速演进也需要我们更好地思索如何看待、处理差异。事实上,俄乌冲突的久拖不决、大国竞争重趋激烈、国际政治日益集团化和阵营化等,与国家之间不能恰当地处理彼此间的"差异问题"脱不了干系。国家近乎本能地"各美其美",但难以"美人之美",遑论"美美与共、天下大同"。而在理论层面,西方国际关系理论似乎依旧占据知识和话语霸权。尽管学者对"国际关系理论是否已经终结"众说纷纭,但对如何实现理论研究的复兴和开辟新的理论研究方向却进展有限。这种局面的出现,或许也与西方中心主义对非西方思想资源的漠视和不屑有关,这实际上是一个对国际关系中的差异在立场和行动上存在偏差的问题。鉴于此,重读《差异问题》或许能带来一些启迪。

国际关系学的"无政府状态难题"与差异问题

理论家通常认为,国家处于国际无政府状态决定了国家之间的互动特征以竞争乃至冲突为主基调。当世界各国把维护自身生存和保障发展作为优先任务,它们自然难以对彼此间的差异持"美人之美"的态度,因为这可能会减少国家维护自身权益的机会。而国际无政府状态,长期被视为区分国际关系学与其他学科的界定性特征。[5] 无政府状态是指在主权国家之上不存在一个最高的中央政府或权威。这一判断既符合人们的常识,也为国际关系学提供了理论构建的起点。无论是强调国家间冲突屡见不鲜的新现实主义,还是推崇国际制度促进国家间合作的新自由制度主义,抑或是突出观念结构塑造国家间互动的结构建构主义,这些国际关系主流理论均将无政府状态作为立论之基,进而探讨无政府状态对国家间互动所带来的影响及其缓解之道。鉴于无政府状态的假定对于国际关系理论构建具有重要意义,该概念也成了国际关系学难以逾越的"无政府状态难题"(anarchy problematique)。[6]

　　国际关系学在处理"无政府状态难题"的过程中,存在明显淡化乃至忽视国家间差异的倾向。如以主流国际理论为例,结构现实主义作为西方政治权力学说的集大成者,从霍布斯式"自然状态"到无政府状态下国家会因意图不确定而陷入"安全困境",各国只能自助并通过均势方式尽力维持国际秩序。新自由制度主义更多地聚焦于如何从无政府状态中建立秩序,进而削减无政府可能带来的危险,国际制度因此被视为凝聚国家间共识、促进国际合作的重要工具。相较于现实主义和自由主义对无政府状态的静态性接受,建构主义则从动态性解读无政府状态的塑造意义,认为"无政府状态是国家造就的"[7]。至于走出无政府状态的途径,建构主义认为个人和国家开展"为承认而斗争",可以形成不断扩大的集体身份,最终让国际体系走向世界国家。[8]总之,为了应对"无政府状态难题",不同流派的国际关系学者开出了不同的处方。

　　综上而言,主流国际关系理论学者未能跳出对差异的恐惧,他们的理论观点建立在"忽视乃至消除差异"的基础之上。事实上,国际关系中的"无政府状态难题"与"差异问题"如影随形。如结构现实主义推崇的"均势"方案立足于欧洲协调的文化背景,未能跳出国际政治作为大国权力斗争的窠臼,合理化了国家间因权力分配格局而产生的强弱差异。新自由制度主义看似以公正平等原则建立一套有效运转的国际制度,但殊不知制度背后仍然是一种霸权逻辑,因为主要的国际制度建立在西方自由民主价值观之上,而第三世界国家若想融入"基于规则的国际秩序"的国际社会,则需要先被"社会化",采取措施"主动"缩小与西方在制度和规则上的差距。建构主义强调的集体身份,主要基于西方社会的"共有知识"或"共有观念",尤其是国家身份同质性更是凸显了对身份差异的排斥。由此可见,西方国际关系理论为克服"无政府状态难题"所开列的种种处方,内在地包含了对国家间差异的忽视、排斥乃至恐惧。这种对差异要么加以同化、要么加以清除的倾向,被法国著名人类学家茨维坦·托多罗夫(Tzvetan Todorov)称为"双重运动"(double movement)。[9]

"双重运动"在西方国际关系思想中的传承

国际关系学在很大程度上依旧是一门"美国的社会科学"[10]。众所周知，美国社会科学的发展受到欧洲人文社会科学思想的深刻影响，因此，国际关系学中的"双重运动"手法，不过是西方对待差异下意识的反映。事实上，对差异采取"双重运动"手法在西方源远流长。《差异问题》从《威斯特伐利亚和约》开始谈起，然后讨论如何处理新近发现的美洲印第安人，再到影响深远的现代化理论，而后转向推崇国家间竞争的国际政治经济学，最后探讨以"多重主权"或"重叠主权"替代强调内外划分、线性管理的传统主权概念，该书一以贯之的主线是各种思想传统如何或隐或显地张扬"双重运动"手法，以及西方究竟应往何处去寻求"美人之美"之道。

《差异问题》首先从现代国际体系的诞生说起。在《差异问题》看来，《威斯特伐利亚和约》所确立的主权国家体系，一个重要原则是把国家之间的差异边界化，并以主权独立和不干涉别国内政为最低限度原则。这实际上是对国家之间差异的一种搁置。主权独立意味着国家可以通过强制措施将内部差异予以消除，但不得对其他国家与己不同之处予以干预。前者意味着异质性在国家内部被转化为同一性，后者则意味着差异可以通过地缘政治边界在空间上予以区隔或遏制。显而易见，威斯特伐利亚体系的上述原则不过是对国家间差异的回避，甚至认为种种差异是有损于国家间和平共处的潜在或实际威胁。这种对差异采取内外部划分的逻辑，已经排除了自我与他者重叠的空间，更无从谈及自我与他者在和平共处的基础上协同创造的可能。鉴于无政府状态与国际秩序之间的持久张力，国际关系学者接受并内化了"差异是削弱秩序的根源"这一论断，通过将国家间差异约束在主权边界内部，从而实现了对差异的驯服和同化。这就是"双重运动"的典型手法：差异要么被消灭，要么被

V

同化。

西方虽然习惯于用"双重运动"手法处理差异,但并不排斥对自身和差异进行比较。在进行比较时,相似性必须以差异性为框架,而差异性必然以相似性为背景,二者缺一不可。然而,在面对差异和讨论"与他者的相遇"时,西方思想家却经常违背这一原则。如欧洲人对美洲印第安人的发现,直接挑战了基督教神学关于人类单一起源(创世)和去往同一目的(达至最终的救赎和统一)的既有认知。为了捍卫欧洲人岌岌可危的文化优越感和基督教教义的完整性,印第安人与欧洲人之间的差异被解读为落后的、野蛮的、最终是需要被同化或消除的。当然,尽管秉持"双层运动"手法是西方殖民者面对印第安人的主导性反映,但《差异问题》认为,西方思想家有关印第安人起源的讨论仍然保留了与他者接触的希望。如弗朗西斯科·德·维多利亚(Francisco de Vitoria)作为西班牙法理学学派的创始人,在《论美洲印第安人》一书中基于时空距离指出,印第安人可能是与欧洲人处于同一垂直等级体系底端的人,而欧洲人肩负着教化他者的使命。这一做法,缩小了欧洲人与外部他者之间的本体距离,并捍卫了印第安人可以拥有的权利(如可被教化的权利)。让·德·莱里(Jean de Léry)《巴西之旅的历史》则希望寻找旧欧陆世界与异域新大陆文化之间的相似性,如认为图皮人与欧洲人之间存在相似之处,并通过"人食人"现象揭示他们之间的联系。相较于约翰·德·拉特(Johannes de Laet)在《新世界》中将印第安人视为威胁到秩序的敌人,并声称必须对其予以彻底消除,格劳秀斯(Hugo Grotius)则将差异视为潜在的亲密关系,并对外部他者(印第安人)予以必要的尊重。通过将印第安人视为"高贵的野蛮人",格劳秀斯尝试在印第安人与欧洲少数群体之间建立联系,以便为包容人类多样性留存一定空间。而托马索·康帕内拉(Tomasso Campanella)的基督教帝国计划则关注并肯定人类多样性。在同情印第安人的基础上,康帕内拉认为他们有助于欧洲内部问题的解决。不过他的整体倾向是强调普遍性而不是张扬差异,这离不开他对基督教教化使命的信仰和致力于克服多样性和碎片化的坚持。因此,《差异问题》认为,尽管殖民思想家在反思如何应对印第安人的问题时提供了管理差异的机遇,但它们不约而同地诉诸建立"同一性"帝国,在思想中失去了"美人之美"的机会,在实践中则给印第安人以及广大的殖民地人们带来了广泛、深沉的灾难。

现代化理论将西方国家的发展作为样板,认为这是不同国家发展的终极目标。既然西方的现代化被视为一种人类无可逃避的"全球愿景",如何在略过世界各国特殊性和差异性的前提下,从中提炼各国的共性和普遍性,也就成为现代化理论开展比较研究的现实追求。在开展比较研究的过程中,现代化理论试图通过使用两种二元对立来提炼共性和普遍性:内部与外部的空间划分、从传统到现代的发展序列。这种比较政治仍然复制了"双重运动"手法:传统的、非现代的、非自由主义的一切东西(包括文化、制度、生活方式等)都被视为现代化的对手和敌人,从而顺理成章地发起针对它们的暴力。如民主和平论的倡导者认为,将自由民主政体扩展至国际关系能够改变国家间互动模式,进而使国家间战争过时。但这种理论暗含了世界政治格局的二元对立:民主国家与非民主国家之间水火不容。这意味着只要世界上还存在有别于西方的政权类型,那么国际冲突将绵绵不绝。此外,自诩为自由民主模式的国家针对第三世界频繁的暴力干预,不仅无罪,而且是保障世界和平的必要手段。这种话语,在美国军事干预伊拉克、叙利亚、阿富汗等国的过程中屡见不鲜。与此相似,全球公民社会的概念,同样蕴藏着对文化差异和多样性的厌恶,如罗尼·利普舒茨(Ronnie Lipschutz)和理查德·福尔克(Richard Falk)寄希望于消除空间边界而实现全球的同一。这实际上是希望超越特殊性来重新发现普遍性,意味着将他者重新纳入一个预设的框架。而安德鲁·林克莱特(Andrew Linklater)的国际文化多元主义虽然是对包容性世界秩序的呼吁,但其并没有接受与差异的对话,而是希望建立一种评判他者文化的霸权式框架,仍然是一个有着先进与落后之分的世界。因此,现代化理论同样复制了面对差异时的"双重运动"手法,而《差异问题》希望另寻出路。

作为无政府状态下的普遍现象,竞争也被看作国际政治经济学的核心原则。竞争作为一种社会实践,能够调解两组二元对立关系——平等原则与社会等级制度、同一性与差异性——之间的对立。与托多罗夫"双重运动"框架中极端对立的两极不同,竞争文化能够将平等与等级、相同与差异相结合。在这一基础之上,差异被政治经济学家视为社会发展必须解决的问题。亚当·斯密(Adam Smith)和弗里德里希·哈耶克(Friedrich Hayek)都尝试通过市场竞争来解决差异问题,如斯密提出通过市场交换来满足不同劳动力的需求,哈耶克则希望用竞争解决知识分工的问题,尤其是竞争机制能够揭示不同知识的相对价值,并由此带来社会进步。然而,在这种市场竞争结构中仍然存在一种不平等,因为优胜劣汰的竞争原则,将竞争的失败者贴上落后、不发达、非理性等标签,而胜者不仅收获了种种红利,而且具有了道义上"为师为范"的崇高性和正义感。在这种逻辑中,差异不会得到奖赏,相反会通过竞争机制被适时地予以惩罚并要求进行"改革"或"社会化"。如此,国际关系的竞争文化,依旧是一场同化或消除差异的残酷实验。

当启蒙思想家、国际关系学、现代化理论、倡导竞争的市场崇拜者均无法做到"美人之美"时,主张研究和尊重异文化的人类学或民族志研究者能否胜任呢?《差异问题》认为,卡尔·波兰尼(Karl Polanyi)的《大转型》至少代表了一种值得肯定的积极尝试。在否定他者失败之后,需要寻找一种更加合理的逻辑——将竞争重构为自我内部的比较过程。这是一种内省的过程,从自我出发,与他者对话。波兰尼的《大转型》之所以得到了国际政治经济学者和批判理论家的高度推崇,就在于他对内省的重视偏离了西方传统中面对差异时的"双重运动"做法。一方面,波兰尼通过引入经济的实质性含义,避免了将自己所处的社会经济简单投射到他者;另一方面,波兰尼提出的制度化过程将视角主义引入对经济生活的理解,这允许人们在内部的文化与通过市场关系建立的跨文化之间建立联系。这意味着,通过采取一种民族志立场,人们可在内部和外部他者中寻找应对经济"脱嵌"的资源。这种对经济学谬误的抵制,使得他者既没有被同化,也没有被浪漫化,而是将内外部的他者带回到自我反思和文化转型的过程中。基于此,全球资本主义中被边缘化的他者既存在于内部也存在于外部,这些以"混杂性"为特征的重叠空间意味着排他性和重叠性相互纠缠,如此,波兰尼创建了一种处理差异的混合模式。正如克利福德·格尔茨(Clifford Geertz)所呼吁的,我们需要去接近他者,寻求捕捉他者的差异,使他者参与进来,以此界定我们的生存框架。基于此,《差异问题》认为,波兰尼作品的价值在于启示我们在面对差异时,需要采取一种比较民族志的视角,从而重新将国际关系学解读为面对、理解和处理差异的科学与艺术。

波兰尼的民族志政治经济学开启了人们面对差异时颇具希望的新方向。不过,由于波兰尼的研究"在一定程度上站在政治经济学准则之外,而且与之对立",这终究与国际关系学者关注的议题和倡导的研究旨趣有异,故《差异问题》称他为"先驱者",但并不视其为所倡导的民族志国际政治经济学之代表或集大成者。在伊纳亚图拉和布莱尼看来,要在国际关系中正视、尊重、包容差异,人们仍需要回到国际关系的起点——威斯特伐利亚体系的核心概念——国家主权的概念,对其进行重构,从而为国家能够"美人之美"重新开辟空间。其途径,就是他们宣传的"多重主权"或"重叠主权",而不是所谓"平等主权"和"独立主权"。在伊纳亚图拉和布莱尼看来,通过民族志档案的文本解读,自我与他者之间的界限并非一条直线,而是一个接触区。所谓接触区是指自我发现他者的空间——"具有时空相似性的主体先前被地理和历史所分离,而如今的轨迹又相互交叉"。这一空间意味着相互竞争的愿景、相互依存的状态、统治与从属的不对称,以及民族、信仰和空间的重叠。接触区的文化和主权的多元与重叠,开启了重新思考自我与他者的大门。正如《差异问题》所论证的耶路撒冷,也如王铭铭所倡导处于中华文明"边缘地带"的"中间圈"。[11]在这些空间中,同时追求"平等和差异""赋权和解放"的力量会努力建立网络、搭建联系、培养运动、组建联盟,在全球和地方层面上打破权力的垄断,突破"主权不过是同质的实体"的陈规和差异有待被同化或被消灭的陋习,从而创造一种"社会权力的几何结构",实现"美人之美"的期待。

为"美人之美"寻找出路

《差异问题》指认,对差异的恐惧深深植根于西方文化之中。这种判断契合人们对西方思想倾向所做的总结。用赵汀阳的话来说,这就是西方人根深蒂固的"异端思维"。所谓"异端思维意味着这样一种资格论证的思维模式:把自己与他者严格区分开来,对精神进行划界,认定自己是特殊的而且是优越的;最后,自己的特殊性由于被假定有优越性,因此认为有资格被普遍化,有资格代替或统治其它特殊的他者。其中的核心就是由'特殊'到'普遍'的资格论证"[12]。这种异端思维根植于西方基督教的异端思想。为了纯化自身,西方人对那些对正统思想构成挑战的东西,不管是人还是其文化,总有消除和克服这些差异的冲动。鉴于大多数西方国际关系理论致力于塑造一个"同一性的帝国",这也使得国际关系无力承认、面对乃至研究差异。指出这一点,或许是《差异问题》最大的贡献和价值所在。着眼于批判,而非给出应对问题的方案,的确也符合伊纳亚图拉和布莱尼的批判理论家的身份定位。

在《差异问题》一书中,两位作者意识到国际关系中对差异的研究同样未能摆脱"双重运动"手法的路径。不过,他们也注意到,差异问题确实会带来两股相反的冲动力量:一端是差异带来恐惧,故人们习惯性地希望同化或消除差异;另一端是差异带来乐趣,在保证安全的前提下人类也对差异拥有一定的猎奇之心。这符合"毒蛇出没,七步之内必有解药"的民间传说。鉴于"双重运动"已沉淀为西方思考和应对差异的下意识手法,如今人们要做的是反其道而行之:正视差异、尊重差异、包容差异,真正做到"美人之美"。而挖掘和识别差异,是破解"双重运动"的第一步。为此,从民族志或人类学的角度出发,重新整理、辨别、思考国家或文明间的差异,的确是"美人之美"的基础性工作。伊纳亚图拉和布莱尼倡导的路径,是从民族志国际政治经济学入手重构国际关系学,就此而言,他们的观察富有洞见。

民族志和人类学是生产和表述关于他者知识的有益尝试。如果说他者性被视为认识论的起点,那么如何面对和处理他者性便是知识生产和话语实践必须正视的问题。自费边(Johannes Fabian)《时间与他者》出版以来,"找回他者"已经得到社会学家和人类学家的重视和推崇。[13]然而对于"高冷"的政治学人而言,他者始终是需要被标签化的,更妄谈与他者进行平等对话。伊纳亚图拉和布莱尼明确倡导将差异作为批判性自我反思的来源,并在混合模式的全球政治场景和百花齐放的多元政治愿景中承认和保护差异。在此视野中,国家间的差异将是可资且必须拥抱的宝贵资源,其中既有内部他者的隐性声音,也有外部他者的替代方案。换言之,"美人之美"不仅有助于自我的修正和完善,而且能为国际关系思想的丰富和对话提供难得的机遇,进而为全球国际关系的繁盛奠定必要的思想基础。循此逻辑,国际关系学,或者方兴未艾的区域国别学,理应是研究差异和改善差异应对之法的学科,而与人类学或民族志的联姻,将是这些学科稳步前行的必由之路。

事实上,正确应对国际关系中的"差异问题"具有前所未有的迫切性。当前,百年未有之大变局正加速展开,国家间冲突未歇,民族主义沉渣泛起,西方主导的国际关系格局正遭遇严峻挑战,而国际关系研究似乎也面临瓶颈。鉴于国际关系理论研究迟迟不能正视国家之间的差异——这是导致人们难以寻求恰当且有效管理国家间争端的重要原因。故正视差异,"美人之美",似乎是破解当前国际社会所遭遇的种种危机的必要前提。如果将差异性或异质性重新带回国际关系研究的视野,国际关系学也可以被重新想象为一种跨文化关系的理论。因为国家、文化、文明、族群等之间的差异激化了各种积弊已久的问题,似乎正驱使整个世界在自我毁灭的道路上狂飙。故"美人之美"不仅是各国能"各美其美"的条件,也是避免世界自毁的前提。

然而,伊纳亚图拉和布莱尼似乎无志于构建一种宏大或者中层理论,这也使得本书仅仅停留在从认识论层面重新想象国际关系学的另一种可能。而至于如何使这种可能变成现实,如何把差异融入国际关系理论,以及如何用文化差异的重叠空间理解国际政治现实等重要问题,仍需要学术界进行艰难探索。相比之下,以彼得·卡赞斯坦(Peter Katzenstein)为代表的众多学者业已尝试把文明重新带回来,尤其是把文明的差异带回国际研究的议程中。这不仅是对"东方"与"西方"这类文明原生主义谬误的修正,也是对世界文明发展进程的有益思考。"文明的进程具有两面性,一面是指将他者文明重塑为更接近自我文明的过程,以改造或完全同化的方式;另一面是指他者通过内化自我的部分特征,进而对文明中心施加影响的过程。"[14]有趣的是,卡赞斯坦对文明进程的论述也契合一种双重运动,一端是将自我文明强加于他者的运动,另一端则是他者文明自我选择并实践的运动。如果说塞缪尔·亨廷顿(Samuel P. Huntington)基于对西方文明主导地位丧失的担忧而讨论文明间冲突,那么卡赞斯坦等基于多元文明观念共存的事实讨论文明间交往与跨文化接触,至少从道义上更令人赞赏。

曾向红　杨双梅

注　释

1. Naeem Inayatullah and David L. Blaney, *International Relations and the Problem of Difference,* New York: Routledge, 2004.

2. Chris Brown, "Review: Not Different Enough?" *International Studies Review,* Vol. 6, No. 2, 2004, pp. 327—329.

3. Carlos Rueda, "Book Review: Naeem Inayatullah and David L. Blaney, International Relations and the Problem of Difference," *Millennium: Journal of International Studies,* Vol. 33, No, 3, 2005, p. 908.

4. Roland Bleiker, "Searching for Difference in a Homogeneous Discipline," *International Studies Review,* Vol. 8, No. 1, 2006, p. 128.

5. Brian C. Schmidt, *The Political Discourse of Anarchy: A Disciplinary History of International Relations*, Albany, NY: State University of New York Press, 1998.

6. Richard K. Ashley, "Untying the Sovereign State: A Double Reading of the Anarchy Problematique," *Millennium: Journal of International Studies,* Vol. 17, No. 2, 1988, pp. 227—262.

7. Alexander Wendt, "Anarchy is What States Make of It: The Social Construction of Power Politics," *International Organization*, Vol. 46, No. 2, 1992, pp. 391—425.

8. Alexander Wendt, "Why a World State Is Inevitable," *European Journal of International Relations*, Vol. 9, No. 4, 2003, pp. 491—542.

9. [法]茨维坦·托多罗夫:《征服美洲:他人的问题》,卢苏燕等译,北京大出版社 2013 年版。

10. Stanley Hoffmann, "An American Social Science: International Relations," *Daedalus*, Vol. 106, No. 3, 1977, pp. 41—60; Steve Smith, "The Discipline of International Relations: Still an American Social Science?" *The British Journal of Politics and International Relations*, Vol. 2, No. 3, 2000, pp. 374—402.

11. 王铭铭:《中间圈:藏彝走廊与人类学的再构思》,社会科学文献出版社 2008 年版。

12. 赵汀阳:《没有世界观的世界》,中国人民大学出版社 2005 年版。

13. [德]约翰尼斯·费边:《时间与他者:人类学如何制作其对象》,马健雄、林珠云译,北京师范大学出版社 2018 年版。

14. [美]彼得·卡赞斯坦:《中国化与中国崛起:超越东西方的文明进程》,魏玲等译,上海人民出版社 2018 年版,第 11 页。

前　言

20 世纪 70 年代中期和 80 年代初,国际关系学(International Relations, IR)及其分支国际政治经济学(International Political Economy, IPE)展示出源自第三世界强大理论声音的有限参与,[1] 即"依附理论"(Dependency Theory)。十分有幸的是,当我们在研究生院时,除了依附理论,世界体系理论和不同类型的马克思主义理论均受到相当程度的重视,至少在丹佛大学如此。20 世纪 80 年代,丹佛大学的学术和社会议程多由来自非洲、亚洲和南美洲地区的学生的关注所主导。虽然这些批判性思潮保留了一些制度性存在,但正如我们的一位教师詹姆斯·卡波拉索(James Caporaso, 1993:740)所作出的评论,依附理论"更多的是由于忽视而非正面的批评而消亡"。总的来说,我们的感受是,这些来自第三世界的声音似乎让大多数国际关系理论家感到厌烦和恼火。对我们而言,这种充满厌倦的抗拒很奇怪,既需要作出解释,也需要作出回应。

1980 年当我和纳伊姆初次相识时,我正在研究东非发展问题,而他则正在继续他的发展经济学工作。我们很快便意识到,发展研究正困扰着彼此。我们无法理解那些随意取自新古典主义和凯恩斯经济理论以及国际关系学、比较社会学和政治学中的杂乱无章的假设和概念。我们相信,如果追根溯源,我们能够形成关于发展的更完整研究,于是我们把目光转向了经济和政治思想史。在戴维·莱文(David Levine)和詹姆斯·卡波拉索的指引下,这本著作带我们步入古典政治经济学——重农学派、亚当·斯密(Adam Smith)、大卫·李嘉图(David Ricardo)、黑格尔（Hegel）和马克思（Marx）——以及霍布斯（Hobbes）、洛克（Locke）和卢梭（Rousseau）。我们开始意识到，发展研究不仅依赖于经济假设，而且可以恰当地嵌入国际关系学研究当中，并且作为其延伸。例如，发展研究的基本分析单位是民族国家，这并非一种偶然。当我们最终选择转向国际关系学时，我们遵循了之前进行发展研究的程序，目的在于将国际关系理论置于其产生的时空之中。我们的目标是将国际关系学潜在的深刻原理同其相对无用的特性区分开来。

当我们在20世纪80年代末进入国际关系学这门学科时，批判理论、后现代主义和女权主义正推动该领域走向更大的哲学和政治自觉。我们曾在研究生院参加过各种各样的研究小组，现在可以看出，这些小组的目标是绘制后实证主义方法的可能性，我们开始想象，我们的工作可能在国际关系学研究中受到欢迎。我们对政治理论、政治经济学和第三世界的共同关注并没有让我们觉得这是一种负担，因为我们所知道的大多数学生都在寻找这样的工具来解释和理解他们个人、国家以及跨国传记的特殊性。然而我们很快发现，这种组合并不完全适合国际关系学。

通过强化他们所创造的概念，并以此作为创造力的最终来源，大多数国际关系理论家似乎设想，他们在一个原始且抽象的空间里建构他们的理论，排除了现存世界的混乱。就他们对第三世界的关注而言，这些地区不过是理论应用的一个切入点。更确切地说，他们期望从熟悉第三世界的人那里获得的，并不是对他们理论模型的挑战或批评，而是要求他们在必要的时候能够提供原始数据或信息。我们不愿身处一个这样的劳动分工体系：民族志的知识只是高级理论家的输入。相反，假设来自西方主流之外的观点是重要的，甚至是决定性的，那么我们希望从第三世界的视角来理解国际关系学或国际政治经济学。

诸多严重的障碍使这一愿望停滞不前。由于对北美的民族志出版流程不熟悉，我们以为只要表现得足够严谨，就能让已知的该领域主流期刊听取我们的观点。或者更确切地说，我们严重低估了这一工作的难度。我们发现，这些来自主流理论之外的观点必须进行适当地包装，再

XV

谦卑地向那些在坚固的堡垒中忙碌的编辑和审稿人毕恭毕敬地鞠躬。

在遭受入门时的一些打击之后,在罗布·沃克(Rob Walker)和尼克·奥努夫(Nick Onuf)等学者的帮助下,我们的确了解到,即便是那些站在权力中心之外的人,也会有不同的关注点和标准。有关那些沉重打击的记忆,我们并不仅仅将其作为纯粹的个人体验,而是最终将其视为一个更大、更深层次模式的一部分。鉴于本书中的论点,我们现在认为,我们所面临的最强硬的反对是西方文化对差异本身的体验,这股强大的思潮把差异视为上帝最初完美的一种退化。至少自宗教改革和宗教净化战争以来,西方文化的这一方面已经被差异问题所重创,以至于西方处理差异问题的习惯模式一直是自以为是地忽视差异,或者无限期地回避差异。

因而我们认为,国际关系学的早期现代知识起源与殖民主义和宗教清洗的遗产密切相关。我们也断言,除非我们正视这一遗产,否则国际关系学将无法找到其作为差异研究及作为国际和跨文化关系理论的最终目的。幸运的是,我们有资源用以构建替代方案。这些资源可以位于欧洲主流观点之外,也可以作为"西方"社会和政治思想的隐性声音,暗示了后西方国际关系学(Post-Western IR)的可能性,它所涉及的不是对西方的排斥,而是对它的重新构想。

开放还是封闭:形式及内容

文本的信息可以通过可区分(但不可分离)的方式提供:通过词语的含义和表达方式。表达方式——语调、结构以及文本中开放的解释性空间的相对存在或缺失——含蓄地传达出作者希望与读者建立的关系。正如对形式重要性的认识能够允许作者在内容和形式之间创造潜在有用的对称和张力,而相对缺乏这种意识也会阻碍作者实现目的。

在本书的撰写过程中,我们较晚才意识到这一点。尽管如此,我们希望本书的语气和结构尽量避免说教的权威口吻，避免把这本书作为独白来呈现。我们希望本书留出开放空间——在我们追随的各位作者之间，以及在我们表达观点的多种方式之间，而不是封闭选项；在这本书的段落、章节、部分之间——我们邀请读者围绕我们所关注的节奏进行参与式交流。我们认为，该书为我们自己今后的工作提供了空间，我们希望其他人，无论是以扩展、修正或是反驳的形式，都会发现本书所具有的开放性。与此同时，我们认为，我们并没有让读者对我们的想法或我们在各种问题上的立场感到茫然。因此，那些偏爱紧凑演讲的人或许会发现我们的陈述过于依赖印象和建议，而那些喜欢极简主义指南的人则会发现我们干预的立场。

阶级/种族/性别

善意的评论家指出，如果对性别有更明确的态度，我们的阐述将更加丰富。为了回应这一批评，我们似乎可以补充一点，关于阶级或种族主题的探讨很有限。就此而言，这种批评无可辩驳。反思之后，我们将本书的主题呈现为"印第安人化"（参见 Mason, 1990:62—63）。在 16 世纪和 17 世纪欧洲内部净化的"十字军东征"时期，天主教徒（Catholics）和新教徒（Protestants）发现，把对方与"印第安人"进行不利的比较很有用。我们可以将诋毁、诽谤和/或妖魔化描述为对他人进行印第安人化的一种形式。印第安人化越来越通用，它被广泛用于欧洲的农民、贫穷的工人和其他文化上的被排斥者，以及欧洲之外的文化"落后"（backward）者。尽管我们在对那几个世纪历史的涉猎中并没有遇到太多明确提及这一做法的情况（参见 Campbell, 1992：第五章），但我们不由得去推测，那个时代的"猎巫"（witch hunts）活动揭示了"女巫"是"印第安人"的性别同胞。同样地，我们对经常讨论的美洲印第安人和其他非欧洲民族被女性化的方式也只给予了有限的关注，这是理解或证明他们从属地位的一部分。[2]

我们想要明确的是,印第安人化的概念并不包括其他范畴;它意味着交叉与重叠,而不是同构。有学者向我们指出——这在乔杜里(Chowdhry)和奈尔(Nair)的著作《权力、后殖民主义与国际关系》(*Power, Postcolonialism, and International Relations*)(2002:引言)中已得到讨论——真正困难的工作是厘清无产阶级化、女性化、种族化以及我们将要补充的印第安人化进程的异同。寻找并追踪这种交叉性的工作艰巨却很有必要,这是一项巨大的挑战,本书也只是做了初步探索。[3]无论如何,我们希望本书的论点能够获得开展类似研究的研究者的共鸣,我们文章中的不足或许可以被视为一种无声的空间,其他人可以在其中唱响自己的节拍、增加或者补充,甚至与我们旋律中的固定音律或通用节奏相抗衡(ostinato or tumbao)。

致　　谢

在本书的出版过程中,许多人发挥了特殊的作用。从我们涉足国际关系学研究伊始,罗布·沃克一直给予我们鼓励和温和的批评。令人高兴的是,他希望将本书的手稿纳入他在劳特利奇(Routledge)出版社正帮助推出的系列书籍之中。齐拉·艾森施坦因(Zillah Eistenstein)阅读了每一章的草稿,她精准的批评帮助我们确认本书的整体论点,而她的热情支持使我们更充分地发挥工作的潜力。在我们畏难的时候,尼克·奥努夫积极支持我们的工作。他几乎读过这本书的每一个章节,且是一位细致、周到、慷慨的评论家。彼得·曼达维尔(Peter Mandaville)将本书作为一个大项目,并热情洋溢地推广它。不仅如此,在他的组织下,本书的前几章在欧洲政治研究联合会组织的一次会议上得到了宣读,我们对此十分感激。帕特里·杰克逊(Patrick Jackson)也是我们坚定的支持者,他督促我们完成拙作。我们十分感谢他在国际研究协会东北地区

(Northeast International Studies Association)会议上组织了专门小组讨论本书手稿。感谢罗布·贝特·扬（Beate Jahn）、艾弗·诺伊曼（Iver Neumann）、西巴·格罗沃奎（Siba Grovogui）、罗宾·莱利（Robin Riley）、耶鲁·弗格森（Yale Ferguson）、爱德华·维斯班德（Edward Weisband）和斯蒂芬·罗索（Stephen Rosow），他们阅读了拙作的许多章节，并给出了非常专业的点评。在本书的写作过程中，库尔特·伯奇（Kurt Burch）一直是我们的忠实朋友，提供了持续的友谊、细致入微的阅读和编辑。希马迪普·穆皮蒂（Himadeep Muppidi）是我们的同行，与我们一同探索后殖民时代研究，并在文理学院安了家。我们经常无法对他严肃且尖锐的批评作出回应。此外，我们还要特别感谢研究生院的两位教授。詹姆斯·卡波拉索对那些有幸遇到他的人产生着终生的影响。我们尽力追随他潜心育人的精神，教导学生追求卓越。戴维·莱文尽管很少读过本书的文稿，但他对我们的研究有着深远影响，包括一些他可能不完全赞同的方面。我们想要感谢他们为此所做的一切。

　　在本书的写作过程中，还有许多人也提供了评论和帮助，我们对此表示感谢。他们是：约翰·阿格纽（John Agnew）、乔纳森·巴赫（Jonathan Bach）、阿斯玛·巴拉斯（Asma Barlas）、塔拉克·巴卡维（Tarak Barkawi）、迈克·巴肯（Mike Barkun）、唐·比切勒（Don Beachler）、夏帕·比斯瓦斯（Shampa Biswas）、特里·博居可（Terry Boychuk）、汉娜·布里顿（Hannah Britton）、约翰·伯迪克（John Burdick）、斯蒂芬·陈（Stephen Chan）、吉塔·乔杜里（Geeta Chowdhry）、马特·戴维斯（Matt Davies）、乔尔·丁纳斯坦（Joel Dinnerstein）、凯文·邓恩（Kevin Dunn）、巴德·杜瓦尔（Bud Duvall）、托尼·法夫罗（Tony Favro）、加里·福恩（Gary Fountain）、奇普·加农（Chip Gagnon）、查克·格林（Chuck Green）、泽维尔·纪尧姆（Xavier Guillaume）、桑德拉·哈尔佩林（Sandra Halperin）、吉尔·哈里斯（Gil Harris）、哈里·赫希（Harry Hirsch）、韩子基（Hon Tze-ki）、艾达·霍西奇（Aida Hosic）、多米尼克·杰奎因·贝达尔（Dominique Jacquin Berdal）、伊纳亚图拉（Inayatullah）、萨拉·伊纳亚图拉（Sara Inayatullah）、施诗尔·吉哈（Shishir

Jha)、爱德华·基恩(Edward Keene)、金圣浩(Sung Ho Kim)、海伦·金塞拉(Helen Kinsella)、弗里茨·克瑞托什威尔(Fritz Kratochwil)、桑卡兰·克里希纳(Sankaran Krishna)、汉尼斯·拉赫(Hannes Lacher)、马克·拉菲(Mark Laffey)、约瑟夫·拉比德(Yosef Lapid)、安德鲁·拉萨姆(Andrew Latham)、理查德·利特尔(Richard Little)、丹·麦金托什(Dan MacIntosh)、凯特·曼佐(Kate Manzo)、泰莱希塔·马丁内斯-韦尔涅·詹妮弗·米岑(Teresita Martinez-Vergne Jennifer Mitzen)、亚历山大·穆恩(Alexander Moon)、克雷格·墨菲(Craig Murphy)、已故的约翰·纳格尔(John Nagle)、希拉·奈尔(Sheila Nair)、梅加纳·纳亚克(Meghana Nayak)、丹尼尔·尼克森(Daniel Nexon)、海德尔·尼扎玛尼(Haider Nizamani)、安德鲁·奥罗斯(Andrew Oros)、穆斯塔法·帕夏(Mustapha Pasha)、马克·鲁珀特(Mark Rupert)、艾哈迈德·萨马托(Ahmed Samatar)、斯特凡·桑德斯(Stefan Senders)、迈克尔·夏皮罗(Michael Shapiro)、卡拉·肖(Kara Shaw)、梅利·斯蒂尔(Meili Steele)、简·汤姆森(Jan Thomson)、安·汤斯(Ann Towns)、鲁斯·特纳(Ruth Turner)、莱萨·瓦拉达拉扬(Latha Varadarajan)、杰拉米·瓦龙(Jeremy Varon)、马克·沃韦杰(Marco Verweij)、里图·维杰(Ritu Vij)、辛迪·韦伯(Cindy Weber)、温迪·韦伯(Wendy Weber)、比尔吉·维斯(Birgit Weis)、尤他·韦尔兹(Jutta Weldes)、亚历山大·温特(Alex Wendt)、约翰·威廉姆斯(John Williams)、茱丽叶·威廉姆斯(Juliet Williams),以及那些我们可能暂时没有想起的人。我们难以一一列举他们所提供的丰富评论及给予的关注。

　　与此同时,我真诚感谢芝加哥大学在1998—1999学年提供的舒适且富有挑战性的工作环境,还要感谢爱荷华大学在2001—2002学年提供的学习环境。纳伊姆和我也想要感谢我们的工作单位——分别是伊萨卡学院(Ithaca College)和玛卡莱斯特学院(Macalester College)——对本书的完成所提供的资助。我也希望对我的三位学生助理——卢博斯·博萨克(Lubos Bosak)、卡拉·博维(Kara Bovee)和埃格尔·塔莫萨提(Egle Tamosaityte)——表示感谢,感谢他们在本书完稿阶段所提供的帮助。

本书的第一章、第三章、第四章和第五章是以下文章的新扩展版本：

Blaney, David L., and Naeem Inayatullah(2002) "Neo-Modernization? IR and the Inner Life of Modernization Theory," *European Journal of International Relations* 8(1):103—137.

Blaney, David L, and Naeem Inayatullah(2000) "The Westphalian Deferral," *International Studies Review* 2(2):29—64.

Blaney, David L, and Naeem Inayatullah (1998) "International Political Economy as a Culture of Competition," in Dominique Jacquin-Berdal, Andrew Oros, and Marco Verweij, eds., *Culture in World Politics*, pp.61—88. London: Macmillan, 1998.

Inayatullah, Naeem, and David L. Blaney (1999) "Towards an Ethnological IPE: Karl Polanyi's Double Critique of Capitalism," *Millennium* 28(2):311—340.

最后，本书的完成离不开上述人员的帮助，也离不开我们家人的支持。纳伊姆谨向他的兄弟姐妹表示感激，感谢苏海尔（Sohail）、诺曼（Noman）和萨拉·伊纳亚图拉（Sara Inayatullah）对他长期的支持；感谢他的父母——祖贝达（Zubeda）和伊纳亚图拉（Inayatullah）——支持他为追求真理而奋斗；感谢他的孩子——卡莫尔（Kamal）和沙希德（Shahid）——他们的朝气蓬勃使他充满活力；最重要的是感谢他的妻子——苏拉娅·汗（Sorayya Khan）——赋予他坚定的信念、非凡的勇气以及无限闪耀的灵感。我在此感谢我的母亲海伦（Helen），并缅怀我的父亲约翰（John），感谢他们对自己无法完全理解的事情仍抱有信心。感谢雪莉·格雷（Sherry Gray），感谢她在我迷茫时依然对我和我的工作满怀信心。

注　释

1. 第三世界这一术语的使用面临挑战，因为它倾向于将国家、地区和民族的不同经历同质化。但是并不清楚其他术语是否更加恰当，包括后殖民主义，因为它们同样对不可概括的事物进行了归纳和总结。我们认为，第三世界一词的优点在于,能够使人联想到长期且持续抵抗西方帝国主义和新殖民主义的经验。类似的讨论可参见 Shohat and Stam(1994:25—27)。我们的确在某些地方使用了后殖民主义这一概念,但那主要是指特定的理论流派。

2. 这种评论也被视为是对希马迪普・穆皮蒂(Himadeep Muppidi)的回应,他曾质疑:"为什么不更尖锐地说出你对'印第安人特性'与种族、阶级和性别的看法? 从历史上看,种族、阶级和性别在欧洲人的身份中得以聚集,密谋/拉拢并消灭印第安人。这些因素不一定是关键的,但的确参与了印第安化计划。你对印第安人的关注,只是试图在分析中保持了那一刻的活力,使印第安人从欧洲人混杂沉重的负担中超脱过来。例如,《拯救二等兵林奇》(*Saving Private Lynch*)将种族、阶级和性别聚集在一起,但却以许多印第安化的伊拉克人的生命为代价。"

3. 穆皮蒂再一次指出:"从我的角度来看,本书在重建具有理论和历史意义的印第安人形象方面的确面临着交叉挑战,这是一种通过种族、阶级和性别而沉淀/构成的欧洲性的缺失(尽管不均衡,却非常有力)。这本书并不想做的是——也就是一些章节的批评——很可能表明欧洲妇女也是被压迫的。这一做法暗含着这样一种观点,即欧洲妇女与印第安人一样受到压迫。也许的确如此,但这将留给他人去思考。"

目 录

导　　论

西方哲学中最古老、最持久的问题之一——据我所知,在东方思想中也是如此——一直是"少数与多数"和/或"同一性与差异性"的"问题"。

——理查德·伯恩斯坦(Richard J. Bernstein),

《新格局》(*The New Constellation*)

我们总是被训练以恐惧和厌恶的心态应对人类之间的差异,并以如下三种方式之一来处理这种差异:忽略它;如果这不可行,且当我们认为它占据主导地位时,就去复制(模仿)它;当我们认为它处在从属地位时,就去摧毁它。但是,我们并没有形成能将不同差异平等联系起来的模式。

——奥瑞德·洛德(Audre Lorde),《年龄、种族、阶级与性别》

("Age, Race, Class, Sex")

殖 民 遗 产

国际关系学科之所以处境艰难,是因为其相对缺乏讨论"第三世界状况——征服和殖民主义造成的伤害以及它所寻求的正义"的能力(Inayatullah and Blaney，1996：68；另参见 Neuman，1998；以及 Puchala，1998）。从依附理论到各种后殖民主义路径，反复出现却被忽视的抗议已经呈现了知识分子对国际关系学主流观点的回应。我们自己的努力源于这样一种观念：国际关系学作为一门学科，并没有对文化互动的质量进行评估（除非在非常小的程度上），而这些文化互动塑造了国际体系不断变化的结构与过程，同时被其塑造。更加具体地说，虽然竞争性自助被视为理所当然的——用以理解国家行为（包括合作行为）的宏大背景——国际关系学几乎没有资源用以解决政治和经济竞争所产生的文化冲击，但这种冲击诋毁了"非西方"人民的不同生活方式。[1]更为重要的是，由于竞争被视为理所当然的，国际关系学无法解释竞争本身的文化逻辑。因此，对于殖民/新殖民主义的征服或抵抗统治所涉及的复杂动机和愿望，它只能赋予一种粗糙且讽刺的理解。与此同时，以传统的新现实主义或新自由主义之名，国际关系学忽视了国际社会——作为一个国际体系和世界政治经济系统——形成文化竞争的方式，在这种文化竞争中，主权原则和自助原则将不平等神圣化，并征服那些在"西方"中心之外的人。我们先前的许多工作已经对这些主题进行了考察，[2]其中一些以新扩展的形式出现在本书的第二部分。

然而，对我们而言更根本和更具挑战性的任务则是解释这样一个问题：为何国际关系学没有认真面对殖民主义、新殖民主义，以及针对殖民主义及其遗产所引发的各种后殖民反应？本书第一部分的含义就在于：我们可以更清楚地发现，国际关系学目前的形态可以被视作殖民主义的部分遗产。我们尝试去理解这一失败，这促使我们去审视中世纪晚期—近代的社会背景，以了解影响当代国际关系学的政治想象的起源，在我们看来，这也包括现代化理论，因为国际关系学是现代化的一个重要组成部分。在这个过程中，我们逐渐将自己的任务转化为：解释国际关系学在承认、面对和探究差异方面所表现出来的相对无能。

在欧洲，16世纪和17世纪往往被视为向现代世界过渡的时期，美洲的发现和《威斯特伐利亚和约》是现代性"创世神话"的关键标志。正如故事所叙述的，随着《威斯特伐利亚和约》的出现，自命不凡的"普世"

基督教秩序却让位给了多元化的国家社会。伴随着血腥的宗教战争和欧洲超越狭隘边界的扩张，政治和社会思想也逐渐摒弃了宗教基础，推动社会走向世俗统治，这意味着一种更为自由和宽容情感的出现。在本书的前两章，我们对这种传统观点作了实质性修正。在我们看来，这种解释使得国际关系学对这一时期存在的有关差异的各种创造性回应视而不见——无论是回应"宗教清洗"的创伤，还是将美洲人民融入欧洲世界观（和帝国）面临的挑战——大多数强化了而不是挑战了对差异的解释，认为差异是对稳定、安全和秩序规范的危险偏离。理论和实践都旨在遏制、驯化或摧毁差异，用詹姆斯·塔利（James Tully）的巧妙措辞来说（1995b），这样做的目的在于建立一个"同一性帝国"。

尽管这一遗产对当今社会影响很大，尤其在现代化理论的形成中，渗透着我们对于国际/全球秩序的理解，但我们也在寻找能够对差异作出替代反应的资源。我们认为，这些甚至可以从欧洲有关美洲印第安人的贫瘠思想以及当代现代化理论中获得答案。

我们或许会说，这本书的目的在于解释国际关系学在面对文化差异时为何失败，或者不谦虚地讲，希望重新想象国际关系学可能拥有的一个独特位置，用于探索整体与部分之间的关系，同一性与差异性之间的关系——它们往往互相包含。我们还打算提供一些初步的例子，用以说明这种重新想象涉及我们对国际关系学和后殖民世界的理解。

少　数　与　多　数

本书最初看似完全否定了国际关系学的准则，其实只是部分如此。当我们努力将文化差异作为探究的核心问题时，我们发现自己被权威的"现实主义"文本的某些特征所驱动——在某种程度上，我们不再具有讽刺意味。[3]例如，爱德华·卡尔（E. H. Carr）在1939年关于国际关系中现实主义和乌托邦主义对立性的描述，存在许多可批判之处，[4]我们仍然认为教授《20 年危机》(*The Twenty Years' Crisis*)(Carr，1964[1939])是有益的，有时甚至是鼓舞人心的。我们找到了共同的事业，即任务是揭露那些声称具有"绝对和先验原则"的"历史条件性"图式特征，或"揭露"一种实际上"只是为了掩饰特权阶层利益"的乌托邦主义(Carr，1964[1939]:68，93)。尽管汉斯·摩根索(Hans Morgenthau)是一位不太能鼓舞人心的思想家，但也不难认同他对强加在政治、道德或宗教共识上的"十字军精神"的谴责(Morgenthau，1963:561—562)。我们赞同摩根索的观点，即这种精神导致了 16 世纪和 17 世纪宗教战争的破坏性和残暴性，甚至我们还要补充说，它对我们当前的压迫和暴力负有一定责任。

尽管如此，我们也不能允许那些权威文本来抹掉国际理论领域中重要的伦理和正义问题。[5]即便有人会尝试这么做，但这些问题无法被抹除。因为"道德与伦理的自我特征"是人类生存的核心，人类生活"无法避免伦理问题"(Taylor，1990:305)。因此，国际社会生活可以看作"一个日常伦理的世界"，在这个世界中，人们按照"使他们的世界不可避免地成为他们自己的标准"的方式而生活(Onuf，1998a:669—670)。而且，如果国际关系学的理论和实践本质上是伦理性的，且"经由伦理可能性的叙述而构成"，那么就没理由将社会和政治理论家编纂的"一套原则、规范和规则"强加于国际关系学领域(Walker，1993:50—51)。关键在于：我们不应该将国际关系学视为一个不道德的领域——必须由伦理学家来弥补缺失。当我们以这种方式构建伦理问题时——认为现实政治与道德之间存在排斥、互不相让——我们会以伦理之名破坏重要的伦理价值与意义。这一结论支持了我们同卡尔和摩根索对于十字军东征和全球空想者的共同怀疑，甚至，还有更多。

如果像我们所说的，国际理论和实践是通过对伦理可能性的描述构成的，并且是作为一个(至少是隐含的)伦理目的的世界而存在的，那么伦理探究在一个重要的方面是"描述性的"。也就是说，国际理论在持续的国际关系理论和实践中找到它的内容，而非寻求在一种外部或绝对的立场上对国际关系进行评估和改革(改编自 Lamb，1979:75—96)。事实上，分析者不可避免地嵌入国际理论和实践的想法排除了诉诸任何这种"反文本或阿基米德立场"的可能性（Postone，1993：87；另见 Callhoun，1995：86—87）。与之相反，国际理论涉及"绘制……（关于我们自己的）道德地图"，它阐明了事物对于我们的意义，以及它们之于我们的重要性（Taylor，1985：67）。因此，国际理论也是一种"持续对话"，涉及伦理世界的先前或替代映射，包括对这些实践意义的学术描绘与日常叙述（见Lamb，1979：79）。

　　对伦理探究中"描述性"时刻的强调并不需要掩盖其批判性角色。伦理意义和愿望与社会实践的真实形态之间存在着一定张力，而社会生活总在这种张力中蕴含着某种"游戏"。这类张力表明了变革和增长的能力，而且对现在的限制和对未来的替代方案的解释都可能是实现这一增长的重要组成部分（Lamb，1979：106—111）。换言之，批判性国际理论的目的在于：揭示我们对国际关系学的理解所隐藏着的其他可能性，以展示这些理解包含着对当前理论和实践持批判立场的可能性（改编自Postone，1993：88；Iris Young，1990：6）。阿希斯·南迪（Ashis Nandy，1987b：3）更为宽泛地将其称为"创造性张力"的产生：通过揭露"现实与希望之间的差距"，我们激发出"一种文化批评主义的源头，以及对日常生活的长期谴责，否则我们会与之和解"。

　　由此可见，批判性思维必然与社会世界保持"对立联系"（Walzer，1988：22）。这在一定程度上是对先前所指出的事实予以承认，即不存在评价社会生活的先验立场。正如艾丽斯·扬（Iris Young，1990：5—6）所建议的那样，"规范性反思"获得了批判性的认同，并不是因为"一些先前发现的有关善意与正义的理性想法"，而是源于一种"社会定位"能力，能倾听到"那些受苦受难的呼吁"或是感受悲伤。如果"给予与欲望有关"，那么"对于快乐的渴求"就"创造了距离、对立，甚至开辟了批判事物的空间"。这种联系部分涉及对另外两种立场自相矛盾性的认知——即在无法忍受的情况下予以顺从和对所有现有价值观的激进拒绝，这就需要一种全新的社会生活形式。批评者与现有社会生活的联系和距离，是由他们能否利用现有传统的"象征性资源"来变革这些传统所决定的（Mouffe，1992：1—2；1993：9—11）。

　　虽然我们的目标是针对全球的社会和政治安排进行某种形式的内在批判,但我们仍然感到有些忐忑不安。正如我们迄今为止所描述的那样,批判者的任务在于阐明我们或明确或隐含的价值观和愿望,揭露我们在践行这些价值观或实现愿望方面所遭遇的失败,并指出我们的社会理论及实践所具有的特征,或许这些特征能够解释我们和其他人所经历的失败与痛苦,以及它们又是如何助长这种失败和痛苦的。但是,到底是谁的价值观和愿望构成了批判者所指的共同伦理世界? 我们应该以何种情感去拥抱那些愿望? 又该如何去衡量那些痛楚? 也就是说,批判者的说服力建立在这样一个假设之上:存在着一致的价值观、较为共享的道德或文化传统,或是关于愿望与感受的共同记忆。因此,我们犹豫不决。那些内在的批判似乎假定了一个共同的社会世界——批判者所言的"我们"——这使得我们和卡尔与摩根索一样,对全球统一性和道德普遍性的主张持怀疑态度。

　　国际关系学以社群主义国际政治理论的形式,为我们提供了一种典型的回应,以回应我们对世界主义自负的不安(参见 Brown, 1992:part I)。这种社群主义的愿景包括一个由国家组成的社会。国际社会被认为是一个"实践的联合",它主要致力于使那些拥有各种竞争性目标及价值的"有目的"的协会能够共存——也就是人们所生活的国家(Nardin, 1983)。作为一种"共存的契约"(Bull, 1977:91)或者一种"宽容的社会"(Walzer, 1997),一个由国家组成的社会必然是一个"非常虚弱的政权",仅仅包含一个"薄"的善的概念(Walzer, 1997:19;1994:第四章),或是一套共同的制度、规范和价值观,这些制度、规范和价值观支持相互包容,但必然会限制任何追求更广泛目标或建立国际秩序制度的企图(Bull, 1977:第三章和第四章;1966)。在沃尔泽(Walzer, 1994:xi)的措辞中,国际社会中的伦理探究分为两种"道德辩论",它与国际关系学中的"内部/外部"建构结构平行(参见 Walzer, 1993):将正义、国内政治秩序与那些缺少合作的政治团体之间的危险关系并列。沃尔泽(Walzer, 1994:xi)声称,谈及"海外人士"和"跨文化"时,我们所参与的道德辩论关注的是(而且很大程度上局限于)我们所共享的非常有限的那种相互迁就、相互包容的生活。相比之下，"在我们之间、在国内"，我们则会利用"我们自己历史和文化的厚度"进行道德辩论。在这样一个世界里，世界主义的社会批判几乎被视为措辞上的自相矛盾。国际社会的价值和规范的共同背景太过单薄，过分受限于相互共存的必要性，以至于难以维持社会批判诉诸的"我们"。社会批判是可能的，但它始终是"地方性的"和"浓厚的"，它们根植于当地/国家政治共同体的基础之上，这一基础为道德辩论提供了"丰富的参照、文化上的共鸣"，以及"当地建立的象征体系和意义网络"。因此，沃尔泽（Walzer，1988:232）认为，内在的批判本质上是一种多重的或"多元化的活动"，因为批判者必然会持有一种与他者截然不同的特定的、地区化的伦理视野。

消极的乌托邦却具有一定的吸引力。阿希斯·南迪（Ashis Nandy，1987b:13）认为，世界秩序的乌托邦式愿景始终会引发"价值冲突"问题，而相对"非英雄主义"的幻想或许会让我们过得更好。正是这种担忧——对"普世"价值的主张伴随着将价值观强加于顽固不化者的诱惑，导致了暴力和控制——我们与摩根索和卡尔都这样认为。当然，正如布尔和沃尔泽所主张的那样，一个"自己活也让别人活"的世界——一个宽容的消极乌托邦——比跨越政治和文化边界的道德斗争所带来的流血冲突更为可取。

然而，正如我们所暗示的，并将在第一章中进行更为详细讨论的那样，一个国际社会的消极乌托邦所能够取得的成就远远低于其所声称的。随着国家体系的出现，诸多差异构成了特定政治共同体并使每个国家复杂化。这些差异在国家的领土边界内保持着独立，并得以管理。政治共同体"内部"和"外部"之间的界限划分和管理，将差异问题界定为两国之间或多国之间的差异；这些差异被标记并纳入国际差异之中。这种对差异的构建使我们能够通过在政治团体间协商一种权宜之计来"解决"这一问题。然而，差异问题仍普遍存在。有界的政治共同体构建他者（并被构建为他者）。在其边界之外，他者以其他国家、敌对团体、进口商品和外来思想的形式潜伏着，是一种永久威胁。而在政治共同体内部，他者则表现为差异，破坏了假定的却很少（如果有的话）实现的"同一性"。内部的他者可以通过等级制、根除、同化或驱逐以及容忍的某些组合来管理或治理。外部的他者则自生自灭,只能根据自己的手段经历苦难或繁荣,在边境过境处被封锁、平衡和威慑,或在必要的情况下被军事击败或被殖民。事实上,殖民关系作为主权国家间关系的一种可分离模式长期存在,抑或是国家间关系的一种补充(Keene,2002)。

鉴于由特殊国家所构成的国际社会所面临的悲惨后果,我们无须惊讶于那些消除或超越这种特殊主义的世界性冲动力量。这时候会面临两种选择,每一种选择都被定义为另一种的对立面:一个独立国家构成的世界或是一个世界性秩序。分裂和分离、统一性和同质化的竞争冲动似乎是相伴而行的。如果国际社会的概念是对领土国家以外政治认同和共同体(例如某种形式的世界帝国)一种危险的"警告",那么一个由国家组成的国际社会则会唤起对"和解与融合的渴望",这种渴望在世界主义观念和"更为普遍的人性"中得到表达(Walker,1993:15,17—19)。人们普遍恐惧于帝国的统一性和特定世界的分裂性。

我们被一种截然不同的世界描述所吸引,这种描述暗示了世界主义和社群主义概念的局限性。虽然承认由国家组成的国际社会这一概念在捕捉国际社会和政治生活的关键特征方面具有强大的力量,但我们认为这一构想对于"跨越国界的横向力量和纽带"强调不足(Neumann and Welsh,1991:327)。这些力量和纽带使各种生命形式和身份要求成为可能,却并不能简单地映射到国际社会的界限上(Shapiro and Alker,1996;Appadurai,1996),就像坚持认为我们正在形成一种真正的全球文化的做法一样不合理(Friedman,1990;Hannerz,1990;1992;1996)。如果这有"一个世界",那么它也是"多个世界"(借用沃克的表述,Walker,1988)。而且,就像我们不愿意放弃人类统一的想法一样,这在实践中仍模糊不清,或者说是一个必然会引发争议之点(Cheah and Robbins,1998)。相反的是,我们将强调世界的"文化复杂性"(Hannerz,1992):构建全球社会和政治空间的相互竞争的愿景形成并在复杂的文化地域内部和之间进行传播(Nandy,1987b:16,18;Appadurai,1996:23,64);这些愿景与孕育它们的传统和文化相互交织、相互作用,如此一来,每一种身份都归功于排他性,每一种愿景都具有多重性,包含着显性和隐性的声音,这些声音与远近的他者保持联系(Kennan Ferguson, 1996:176; Nandy, 1987b:17; Verma, 1990:129; Appadurai, 1996:46);最后,这种文化分化和相互作用的过程导致了统治与从属的关系(Todorov, 1984; Nandy, 1987b: 12—15; Verma, 1990)。

如果这些描述合理准确,那么在价值观、愿望和欲望的复杂背景下就会产生批判性探究——这是一种道德复杂性的情况,较少表现出道德价值的常识,而更多是在替代愿景和传统之间存在本质上的不可通约性。正如约翰·格雷(John Gray, 1998:20)所解释的那样,首先,不可通约性意味着"人类的善具有无可简化的多样性",即"人类生活的善意丰富多元"而且"不能从任何价值中得以衍生或还原"。其次,不可通约性要求这些人类的善意"通常是不相容却又相互竞争的",这样的善意与价值之间可能会相互排挤,甚至完全互斥,或者属于必然无法兼容的生活方式"。最后,"没有任何原则或一系列原则能够使价值观冲突以所有理性者都能接受的方式得以解决"。也就是说,"多种多样的、相互冲突的善意与邪恶无法理性地进行比较或权衡"(参见 Kekes, 1994:46; Bernstein, 1991:59—67)。鉴于道德的复杂性和不可通约性,文化价值和道德传统,无论是否可以超越它们的起源,却始终(或明确或隐含)被用以评判他人的生活方式和伦理标准(Bernstein, 1991:66; Nandy, 1987b: 8, 11—12)。回到卡尔对那些代表人类发言的人的担忧,我们或许会发现,这些主张或许只有通过这样一种过程才能得以维持:抵抗不仅要被压制,而且被建构成一种不文明的、劣等的"他者"(Said, 1978; Gong, 1984; 1998; Verma, 1990; Spurr, 1993)。

我们需要记住,伦理不可通约性的主张并不意味着替代愿景和传统完全不相容,这并不排除其他价值观和愿景也会有重叠或共同之处,也不排除比较或评价相互竞争的价值观或生活方式的可能性(Bernstein, 1991:65—66; Kekes, 1994:46, 59; Gray, 1998:21—24)。然而我们仍想知道,在价值观与愿景千差万别、不可通约却又跨越地域边界的世界里,如何进行必要的比较和评价,以维持一个具有普遍说服力的伦理论证。目前尚不清楚的是,如何才能超越那些拥有广泛吸引力的主张,或是那些已经引发相当多数人类共鸣的看法。或者,即便看似存在共识,我们也可能相当关注这种"共识"是如何形成的,并希望抵制将这种"普世主义"变为强加于顽固派身上的一种文明工程的方式。因此,尽管目前各种批判性的全球性政治项目备受欢迎,[6]但国际理论作为一种全球社会批判主义的可能性——着眼于(共同)愿望与(共同)社会实践之间的紧张关系——仍然悬而未决。我们到底该如何回应其他的几乎不可通约的愿景和传统呢?

共同遭遇与内在的他者

早期的美洲航行以"无能力理解或被理解"为标志——蕴含着一种"不透明"的境况(Greenblatt, 1991:24; 1976:576;另参见 Zamora, 1993:158—159)。格林布拉特(Greenblatt, 1991:24)认为,这种交流的"问题"无疑促成了人们对新世界的好奇感,人们用这种好奇感来迎接陌生的新世界。然而,这种敬畏之感却难以保持;在欧洲道德和文化优越感的怂恿之下,好奇感轻而易举就被在语言和物质上占有美洲的愿望彻底颠覆(Greenblatt, 1991:9, 13)。因此,我们认为格林布拉特的意思是,这类遭遇最初的不确定性和模糊性往往通过宣称优越感和彻底的征服来解决。然而格林布拉特(Greenblatt, 1991:25)也持一种开放的可能性,认为对"他者"体验所产生的好奇,可能会产生不同的反应。与其占有它们,我们或许能够找到那种好奇感,那种超越平庸和理所当然的选择,尽管这种选择已被隐藏或被压抑在我们自己之中和我们自己的生活方式中。我们将在下面更全面地讨论这种可能性——用托多罗夫的话来说是"民族志时刻",或者用南迪的话来说是"文化自我发现的斗争"。正是这种潜能(或希望)激发并鼓舞我们对国际关系学作为理论和实践的起源及其当代特征进行探究。[7]

继玛丽·路易斯·普拉特（Mary Louise Platt，1992:6—7）之后，我们将发现他者的空间称为"接触区"。接触区援引的是"具有时空相似性的主体先前被地理和历史所分离，而如今的轨迹却又相互交叉"。然而，历史的经验表明，这些相交的轨迹中充满了权力的不平等；也就是说，接触区往往成为"殖民地遭遇的空间"。在这种不平等遭遇的空间内，殖民者和被殖民者并不能从根本上分离；与此相反，它们只是"由于彼此之间的关系构成"的"主体"。[8]虽然这些关系必然是以"胁迫的条件、极端的不平等和难以解决的冲突"定义的，但这并不需要"征服和统治扩散论"来掩盖殖民遭遇的"互动性"和"即兴特征"。我们赞成普拉特对与他人交往的互动性和即兴特征的坚持，但也要强调通过试验与错误来学习的作用。不确定他们是否理解或被理解（再次援引格林布拉特的话），行动者步履沉重，经常跌跌撞撞，并尝试完善自我。然而，这样做的结果并不一定有益。这些挫折可能使人们在面对差异时更谦卑，也可能激发人们对确定性和掌控力的贪婪渴望，或从前者发展到后者，或会出现介于二者之间的任何可能情况。第二章对16世纪和17世纪出现的这一系列反应进行了研究。

在早期的研究中（Blaney and Inayatullah，1994；Inayatullah and Blaney，1996），我们借鉴了茨维坦·托多罗夫和阿希斯·南迪的成果，以对自我"发现"他者时的不同反应进行描述。[9]基于他对征服美洲的研究，托多罗夫（Todorov，1984:42—43）认为，在最初接触的情况下——会出现一种共同的意义与身份模式——这是一种"双重运动"。尽管在这个具有共性的背景下，我们内心强烈地希望用自己的方式来理解世界，但"发现"仍然揭示了差异，这意味着这个世界并不是一个整体，我们对它的看法尚未穷尽其所有可能。尽管格林布拉特强调过这一启示和最初的好奇感，但人们并不是很容易或能够一贯地承认差异性。就此而言，哥伦布（Columbus）堪称典范。[10]由于这种好奇感无法维持，[11]哥伦布倾向于将这种最初的差异体验转化为对他人低劣感的确信。如此一来，印第安人所遭受的各种形式的虐待和剥削也被证明是合理的。但哥伦布的反应还有第二个时刻。与印第安人的进一步接触揭示或产生了西班牙和印第安人之间的共性。这种涌现的共同感则带来了对他者共性的早期认识。可是,这种有限平等时刻的到来却要以否定自我与他者之间的差异为代价。同样典型的是,哥伦布对差异视而不见,将自己的价值观灌输给他者。这就需要经常以武力来实现同化需求。因此,好奇感消散于双重运动之中:差异变成了劣势,共同人性的可能则要求同化。

与普拉特一致,在接触区内对他者的认知与行动通常反映和表达了这种可能性的框架,从而构建原始的殖民关系(Todorov, 1984:第二章和第三章,尤其是第127—129页,第177页)。正如托多罗夫对埃尔南多·科尔特斯(Hernando Cortés)的描绘所表明的那样,对他者的日益了解并不会立即产生同情和更全面的理解。相反,对他者的了解被差异和优越感所扭曲,反倒成了对他者进行身体摧残、奴役或残酷剥削的手段。以年轻的巴托洛梅·德·拉斯·卡萨斯(Bartolome de Las Casas)为例,对他者的"爱"——基于对美洲印第安人的共同人性的感知;也就是说,他们对基督教的虔诚潜质——有助于掩盖差异。这种共性的假设,加之拉斯·卡萨斯对他者(相当贫乏)的了解,成为殖民地改造的基础——一种将他人同化为自我的过程,这意味着即便没有物质上的破坏,也将是文化上的毁灭。在双重运动的反应中,排除的则是承认他者是不同的且平等的可能性(Tordorv, 1984:249)。

这些回应,在这里被描述为一个双重运动,完成了一种形式上的"分裂"。正如杰西卡·本杰明(Jessica Benjamin, 1988:25—31, 62—63)告诉我们的,"分裂"发生在自我与他者互动的相互作用濒临崩溃之际。保持(自我与他者)两者间的平衡感,每个主体都需要得到对方的承认,这涉及心理学和社会接触领域的复杂互动及脆弱的相互关系。[12]与普拉特类似,本杰明的接触区同样具有模糊性、挫败感和不确定性。那么,最具诱惑力的便是尝试以一种征服与奴役的关系来取代持续的平衡行为所具有的模糊性,以及两个主体之间的紧张关系所带来的挫败感。当一个人相对于他者立场的不确定性难以承受,甚至无法承受时,那么自我便可能会被一种欲望所驱动：由一种相互关联、相互依赖的关系转变为一种一方自治和统治，另一方依赖和被奴役的关系。正如本杰明所解释的，这种从相互性到支配性的运动涉及分裂——试图净化自我对他者的需要。在分裂中，"双方表现出对立与不同的倾向"，其中"一方遭受贬低，另一方则被理想化，而每一方都被映射到不同的对象上"，"这样他们只能作为主体的替代方案而存在"（Benjamin，1988：63）。人们没有认识到自我与他者存在重叠的可能性，而是严格地划分界限，谨慎地加以管理，并将此映射到善恶之间的差异。这种趋势造成了分裂，也使得差异和共性相互排斥，在价值观上分居两个极端，正如双重运动所示，这是"每种统治形式的模式"（Benjamin，1988：218）。

　　然而，接触区也允许其他可能。例如，托多罗夫的研究（Todorov，1984：185—193，225，240—241）便揭示了学习与成长的可能，以及显现出来的那些逐渐反对双重运动与分裂机制的反应。也有其他例子，如拉斯·卡萨斯以及贝尔纳迪诺·德·萨哈贡（Bernardino de Sahagún），他们可能会采取一种"透视"的方式来理解对方。不是简单地通过同化来抹除他者的文化，而是将他者的文化习俗和传统与自己的文化同等对待，关注彼此的差异与共性（以及长处和不足），同时，如果不是人为地将其混杂，便能构建和揭示出一定程度上的视角重叠。

　　更常见的是，正如托多罗夫（Todorov，1984：240—241，250）所解释的，对他者的立场仍然是"比较主义"的，在这种情况下，对于差异的认识也主要通过自己的术语来表达；通过在自己的文化范畴中占有他者，他者的价值观和愿景便被完全模糊化了。尽管这种混杂文化的内在多样性能够被承认，但对于这种多样性的评估则是基于继续分裂自我与他者的标准。这些标准在诋毁印第安文化的同时，却赋予了帝国的、西班牙的自我元素以特权。虽然可以传播多种声音，但它们是并列的，不允许在批判性自我反思的过程中将他们混杂在一起。至于后者，托多罗夫称它为一种"民族志"的立场。在后者中，他者成为一种自我反省的资源，这不仅可以极大地改变自我对他者的看法，也可以改变自我对自身文化与传统的认知。如果我们想要以民族志学家的身份进行互动，则需要学习如何将接触区产生的怀疑和含糊不清视为资源。只有这样,我们才能成为一种对话的参与者,这种对话"有助于不同文化之间的相互启发"。

正是南迪为接触区的潜在"对话"提供了一个特别引人注目的愿景。对南迪而言,这意味着重塑"公共话语空间",使"我们这个时代的文明相遇"建立在各方平等的基础上(Nandy, 1987a:118),进而使他们"聚集在一起,使文化之间的对话成为现实,(并)通过跨文化对话建立新的多元未来"(Sardar et al. , 1993:90)。然而,正如托多罗夫所言,如果接触区内塑造相遇的互动和即兴发挥要采取对话的形式,参与者就需要围绕"殖民主义心理学"的两极分化倾向进行协商(Nandy, 1983: ix—xii)。南迪认为(Nandy, 1983:4—18),英国的殖民统治是按照性别和年龄两个维度展开的,通过男性化与女性化、成熟与童年或老年的平行两极分化,唤起了等级制度——强弱、支配与服从。通过将这种两极化映射到英国和印度身上,可以发现,英国的统治地位被构建为对顺从的女性化印度所进行的男性统治,一个充满活力的成年欧洲正与一个既幼稚又衰老的东方相抗衡。殖民地计划正是这种分裂行为的合理延伸:印度需要英国这一他者作为严格的校长和医生,必须听从英国的教诲并接受他们的处方。

但是对南迪来说,接触区也具有批判性潜能。这些"交叉轨迹"所揭示和建构的文化空间具有复杂性和重叠性。文化和传统彼此之间并不是同质和固化的实体。尽管他们之间"共享"着重要方面,但文化更像是开放式文本,而不是"封闭式书籍"(Nandy, 1987b:2; 1987a:118);传统则是分层次的,包括"不同的层次或部分",或者可能是主导和隐性的时刻(Nandy, 1987b:17)。无论有多大的差异,文化交往的主体都可以找到彼此之间的联系和重叠,包括在自己的价值观和愿景与其他文化实践和传统的不同"层次和部分"之间、主导和隐性时刻之间(Nandy, 1987b: 54—55)。

在某些情况下,从这种重叠的文化空间中产生的针对统治的反应,在很大程度上可能是自相矛盾的。为了建立或恢复这种相互关系,居于从属地位的自我很可能会丧失或压制自身的要素。事实上,南迪

(Nandy,1983:19—24)解释道,印度人采取了诸多的反抗,包括通过恢复印度人自身的"英国"色彩以实现同化,但英国人对此却不承认其至压制。像迈克尔·马杜苏丹·杜特(Michael Madhusudan Dutt)和班吉姆钱德拉·查特吉(Bankimchdra Chatterjee)这样的人物,在寻找印度文化和传统中的英国自我,以及英国对印度的评价方面堪称典范。然而,南迪认为这是对隐性声音的探索,只有在印度落后和顺从的残余元素被净化后,这种声音才可能得到恢复和提升。以这种方式恢复印度自我的同时,也包括自我的丧失。

对另一方的英国对话者来说,保持英国人自我纯洁性的努力同样需要付出高昂代价(Nandy,1983:40,65—70)。殖民者与被殖民者之间界限的管理否认了殖民者从他者的洞察力或反应中学习或被治愈的可能性。而英国人就像南迪笔下的吉卜林(Kipling)和奥威尔(Orwell)一样,被迫去压制自己与印度人有联系的部分,这却更有力地表明了他们已经变得印度化。

更具创造性的反应也可以通过接触区的交叉轨迹来实现。南迪(Nandy,1983:36—48)描述了一个渺小但重要的群体——修女尼维迪塔(Nivedita,原名玛格丽特·诺布尔[Margaret Noble])、安妮·贝桑特(Anne Besant)、米兰·贝恩(Mira Behn,原名玛德琳·斯莱德[Madeline Slade])以及安德鲁斯(C.F. Andrews)——如何逃避殖民地时期殖民者对自我与他者边界的统治。他们不仅远离自己社会的主导方面,运用印度的"宗教信仰、知识与社会的互动"作为自视的镜子,而且以这种批判性的自我反思为基础,构想和争取超越殖民主义压迫的社会和政治生活形式。在南迪(Nandy,1983:36—37,48—51)的描述中,甘地(Gandhi)同样甚至更为深刻,他在西方的隐性传统和印度文化中找到共鸣之处,为印度和英国人提供了一个摆脱殖民主义束缚的解放愿景,从而在两者之间建立了联盟。

对南迪来说,这些人物代表着某种成就,类似托多罗夫的民族志时刻,却又具有明显的批判性和政治色彩。就像托多罗夫说的那样,承认他者不仅仅是外在的,而且存在于自我之中,这仍只是第一步。更强大、更具创造力的能力是发现内在的他者,作为批判性自我反思和文化变革的源泉。对于南迪而言,关键是每个人物都利用自己的苦难经历,不仅与他者的苦难建立联系,而且使克服苦难成为思想和行动的核心。在南迪(Nandy, 1983:54)引人共鸣的措辞中,"这种共同受苦的经历"使得不同文明体验间的"文化亲密"成为可能。因此,正如南迪(Nandy, 1987b:4)所警示的那样,我们不应寻求并且也不可能会在这种文明接触中发现完全的"视域融合"。相反,在一个充满不平等和压迫的世界中建立对话,主要取决于在各种传统和文化对压迫的理解和反应间建立联系的能力。

南迪(Nandy, 1987b:13)认为这是一个"消极定义"的乌托邦,而不涉及对厚重的普遍秩序的呼吁。正如我们在前文提及的,世界主义的愿景往往会产生冲突,并伴随着企图强加的严重暴力。相比之下,回应压迫的对话却"促进了一种模糊的、含蓄的消极共识,即'体面社会'的非英雄愿景"。这或许会让那些渴望在世界秩序中实现某种终极和解的人感到失望,但南迪认为,正是这种对统一秩序的渴望需要被抛弃。放弃对普遍秩序的追求,使得"在社会批判之间建立沟通"成为可能,这种对话包括拒绝尝试"总结不同文明的价值"。南迪呼吁我们,在我们的世界中,应该清晰地表达"一个可容忍社会的不同概念"。或许我们无法避免将"可容忍社会"的不同观点划分为"自我"与"他者"。然而,只要我们认识到他者也是存在的,我们共同的苦难经历会指明与他者建立联系的方式,那么他者也就会成为批判性自我反省的源泉。因此,接触区的交叉轨迹承认了"文化自我觉醒"(cultural self-discovery)(Nandy, 1987b:55)的潜能和普拉特可能没有充分强调的"社会批评"的加入。

这一发现非常重要,因为正如我们在前一节对世界政治的描述所表明的那样,我们将关注具有殖民关系特征的接触区。从第三章开始,本书论证了当代文化领域仍然是"殖民遭遇的空间",是"双重运动"的毁灭性或同化性暴力和"比较主义者"实践的方法论暴力。但正如我们在这里所说,接触区包含了其他的可能性——批判性的自我反省和社会批判的联合。因此对我们来说,政治和伦理方面的挑战是为国际关系学寻找民族志立场的资源,即便是在一个由双重运动和比较主义逻辑构成的反应所支配的世界里。

我们寻找和培养这些资源的尝试涉及一种阅读或文本解释的模式,这种模式借鉴了南迪和托多罗夫的见解。首先,它需要尊重作者的主观性。我们必须聆听作者的声音,揭示作者自己所理解的主要动机和目的。[13]与此同时,文本(如文化和传统)具有层次性,有着显性和隐性的主题,以及超越作者意图的政治和伦理目的。因此,阅读文本还涉及寻找那些次要的、有时被淹没的主题与目的,这些都可以作为解释文本和当代政治与伦理目的的资源。在解读文本的过程中,我们会发现显性和隐性的主题是如何在历史条件、知识分子和大众辩论下的深层语境/文本结构中产生必然影响。然后我们会观察到,各种文本如何形成一个写作"格局",即使不能归结为单一的"核心",但也是有效的并列,因为它们表达了那个时代所包含的一些关键"真理",并对后来的时代产生了影响(参见 Bernstein, 1991:5—8)。出于我们自己的政治和伦理目的,恢复那些隐性主题和声音,既破坏了政治和伦理传统中主导观念或结论的自然性,又揭示了可能与主流理解相反的替代观念和结论。更为重要的是,在我们看来,这一恢复过程对于打破双重运动所反映的民族志时刻至关重要。正如南迪告诉我们的,找到内在的他者不仅对批判性的自我反省过程至关重要,而且是与接触区被压制的文化和传统之间的一种对话。

现在我们可以更加明确地回到我们对国际关系学的立场上。这场讨论中隐含着但需要公开说明的是,这种解读方法如何帮助我们重新认识国际关系学。正如我们所说,如果国际关系学与接触区的殖民性质有关,那么我们的工作就是对后西方国际关系学的一种关注姿态。然而这种姿态却是复杂的,这是因为揭示西方特殊性和狭隘性[14]的同时,也是为了复兴作为资源的西方价值观和愿景(及其众多的形式,包括显性和隐性)。换句话说,超越西方霸权需要对西方进行重新发现和重新想象。

异质性:西方国际关系学的内外

对西方的重新想象超出了我们的能力范围,但我们可以通过尝试重新发现和重新想象国际关系学推动这一进程。这一努力的关键在于"本土化"国际关系学的过程——记录国际关系学的时空界限似乎是不言自明的。[15]作为第一步,我们将"文化"的概念重新引入国际关系学。[16]必须要询问的是文化对我们到底有何影响,因为这一术语可能会引发国际关系学的警惕。文化被认为太过"柔软",不具备足够的规范能力。它的使用让人联想到那些遥远的"无国籍"民族所拥有的有趣但可能无关的民族志。该术语所暗含的丰富的描述或"浓描"似乎违背了实证科学的要求(参见 Geertz, 1973)。依据主流的标准,国际关系学在方法上遵循演绎法,强调进行规范研究,而非"表意"描述,注重对问题的分析性,同时突出理论的简约,并非散乱无序或复杂化。国际关系学是一种系统的规训而非围绕特殊问题的创作。虽然我们对于"文化"作为一个具体范畴仍心存疑惑,但我们还是会被它逐渐吸引,之后甚至是突然间全身心投入其中。

在我们看来,文化这一术语对于国际关系学的影响立竿见影,因为它激发了两种紧张或是对立(Walker, 1990)。一方面,文化源于自然但又有别于自然。文化指的是人类活动和创造力;创造和生活的能力,以及对生命的审美体验;人类行为的共存,即对继承的(或强加的)生活形式的拥抱或实践、抵制或改革;这种措辞突出了文化表征在人类生存塑造各种生命形式方面的重要性,包括它们在构成一个群体相对于他人和更大群体的特定身份方面的作用。因此,文化术语使我们在人类技能与自然恩赐之间保持了一种强烈的对比(但并非绝对)。我们可以说,人类既是自由的,又作为一种文化个体而存在。

另一方面,如前所述,文化也指向了普遍性和共同性,以及偏向性和多样性。这里说的普遍性——人类经验中那些有意义并被构造的特性——以及用来构建与他者身份相对的特定共性(和差异性)。结合上述两方面内容,这意味着即使存在一个民族文化体系,或者说全球文化的到来会取代民族文化体系,但这一术语仍然强烈地表明人类艺术的多元性,这种持续的文化自我定义过程(与多个内部和外部其他因素相关)继续与一国或全球文化的理念所隐含的内容部分背道而驰。总而言之,"文化"术语吸引了我们的目光,使我们更加关注有意义、有目的的生存方案的构建、维护和转变,这是人类共同的努力,但也是多元、多样且彼此竞争的人类项目。因此我们或许可以认为,人类项目本身与我们所谓"接触区"是一致的,展示了文化接触所承认的各种可能。如前所述,这些可能性范围很广(强调极端的情况),从模糊、压抑和为了统治目的而寻求知识,到一种好奇感、对理解和相互交流的渴望,以及对社会批判的参与。为完善这一思想,国际关系学可以被重新想象为一种跨文化关系的理论,或许也可能被重新发现为研究"异质性"的重要场所——也就是差异研究(Certeau, 1986; Giard, 1991)。

　　冒着过于大胆的风险,我们可以想象,如果对差异性——或异质性的研究被更充分地融入国际关系学理论家与实践者的理解中,那么,2001年"9·11"恐怖袭击事件也就不会那么令人意外了。预料到无论在国内还是其他地方,其他人对我们所谓"现代化"或"文明"有着不同说法,我们或许已经预测到对被视为殖民项目的羞辱、愤怒和暴力反应。或许,在预见到现代化目标可能引发强劲的危险反应后,我们会尝试做两件事以促使出现替代反应。首先,我们在现代化项目的执行中,不仅可以将第三世界的人民纳入其中,更应在关于现代化的实质含义及其相对价值的严肃辩论中,更充分地考虑他们的观点。其次,通过倾听远方和身边他者的声音,我们或许已经开始理解捍卫和展示西方文化活力及其深度的必要性,而不是简单地将这些视为理所当然。在做这两件事的过程中,我们可能会发现自己所遗忘(或压抑)的内心深处,并帮助他者发现自己的内心深处,这样我们就可以用对话取代暴力和统治的关系。这些选择仍然是可行的,但需要我们从对国际关系学理论的批判开始,以便我们能够在自己内心找到这些选择。

注　释

1. 类似于西方、非西方和第三世界的术语因缺乏更好的选择,本书不得已用之(参见 Shohat and Stam, 1994:25—27)。本书的主题之一就是强调自我/他者二分法的相互构成及重叠特征。

2. 可参见 Blaney and Inayatullah(1994; 1996; 1998)及 Inayatullah and Blaney(1995; 1996; 1999)。

3. 沃克(Walker, 1993:110—124)认为,卡尔和摩根索等正统现实主义作家的吸引力,在于他们对启蒙现代主义确定性的怀疑——对差异的肯定,对社会生活多元化的承认,以及他们对不断到来的变化所持有的敏感性。

4. 例如,卡尔除了重复韦伯对现代性祛魅的解释外,也无能为力(参见 Walker, 1993:54—56)。

5. 一些将国际关系学视为实证科学的卓越之士可能期待这样的结果。相比之下,我们要强调的是国际关系学的经典文本(例如,Carr, 1964; Morgenthau, 1951; 1963; Bull, 1977),强调了威胁和危险的永恒存在,以及政治共同体之间关系的悲剧性后果。在这种情况下,现实主义的伦理观要求我们保持审慎——公民和领导人必然更喜欢秩序和安全,而非正义,更喜欢同胞的福祉而非他者的福利。因此,这种假设在国际政治议程中最小化了伦理考虑,但并没有要求从国际关系学中消除伦理。

6. 例如,参见 David Held(1995),Falk(1995),Linklater(1998),Dunne and Wheeler(1999),Wapner and Ruiz(2000),以及 Albert, Brock, and Wolf (2000)。

7. 我们在这里试图实现艾弗·诺伊曼(Ive Neumann, 1999:xi)的结论,即尽管"自我/他者二分法有助于理解集体身份",但我们也应该意识到,简单的应用自我/他者概念有"物化"身份的危险,进而认识到"颠覆和超越这种二分法"的必要性。

8. 值得注意的是,这与梅米(Memmi, 1967)和法农(Fanon, 1968)对殖民者与被殖民者相互构成的讨论有相似之处,尽管普拉特对即兴创作的强调似乎超出了这些描述。

9. 南迪和托多罗夫主要通过一组典型人物来阐述他们的主张:对托多罗夫而言,是哥伦布、科尔特斯、拉斯·卡萨斯、杜兰德和萨哈贡;对南迪来说,他重点关注的是迈克尔·马杜苏丹·杜特、拉马洪·罗伊(Rammohun Roy)、班吉姆钱德拉·查特吉、吉卜林、奥威尔、安德鲁斯和甘地。虽然我们在总结他们的观点时,仅仅是有限地参考他们对这些人物的精彩描述,但他们的方法对我们产生了影响，这一点在本书的第二章得以说明。

10. 对哥伦布的复杂解读显而易见，参见 Zamora(1993)。

11. 关于自然方面之外的论述，可参见 Todorov(1984：16—19)。

12. 在"狭义且专业的意义"上，"分裂"指的是"个体的心理过程"，其中内在的"客体"被否定，或作为"自我的部分被分离并被投射至别处"。然而，本杰明认为，这种分裂的分析还具有"更广泛的心理学和隐喻意义"，适用于"超个体"语境(Benjamin, 1988：63)。

13. 托多罗夫在他的文学注释中对这一点解释得相当清楚(Todorov, 1987)。

14. 我们希望遵循查卡拉巴提的研究(Chakrabarty, 2000：27—28, 43)，将"西方"视为一个"超真实"的术语，因为它指的是"某些想象中的人物，其地理参照点仍有些不确定"。然而，这并不能降低这些参照点的重要性。

15. 我们从迪佩什·查卡拉巴提(Dipesh Chakrabarty)最近出版的令人印象深刻的书(2000)中借用了这个短语及其含义。这一过程的关键在于，套用查卡拉巴提的说法(Chakrabarty, 2000：43)，在主导概念和次级外围概念之间建立可能的联盟，这也是我们在本书中试图解决的挑战之一。

16. 这一进程现在已在国际关系学中正式开始。参见，例如，Walker(1990)，Rengger(1992b)，Lapid and Kratochwil(1996)，Jacquin-Berdal, Oros, and Verweij(1998)，Neumann(1999)，Jahn(2000)，以及 Chan, Mandaville, and Bleiker(2001)。

第一部分
国际关系学构成中的差异

第一章
威斯特伐利亚体系的延迟

当两个无法相互调和的原则真正相遇时，每个人都会把对方叫作笨蛋和异教徒。

——路德维格·维特根斯坦（Ludwig Wittgenstein），

《论确定性》（*On Certainty*）

战争是一笔交易。这是双向的。

不管是谁，都需要为此买单。

我们这个时代催生了新的观念：

整体战以及全面的恐惧。

——贝托尔特·布雷赫特（Bertolt Brechet），

《大胆妈妈和她的孩子们》（*Mother Courage and Her Children*）

完结，并非真的完结，起点也非真的起点。

——乌瓦什·布塔莉亚（Urvashi Butalia），《沉默的另一面：

来自印巴分治的声音》（*The Other Side of Silence:*

Voices from the Partition of India）

直到最近，主权问题再次成为一个谜。对学术和流行话语的回顾表明，与民族国家相关的政治和伦理的确定性受到各种因素的攻击，如全球资本主义势不可挡、环境和人权活动家的跨国动员、全球治理的不断推进，以及对边界与身份的普遍解构。[1] 人类正面临着未知的未来，这也引起了对威斯特伐利亚体系历史和理论的兴趣，并期望对国际体系的起源、原则和宗旨进行批判性反思，这有助于我们确定重建世界的具体战略（参见 Walker, 1993; Spruyt, 1994; Ruggie, 1998; Onuf, 1998b; Van Creveld, 1999; 及 Keene, 2002）。

我们都认为，回归主权之谜对于政治和伦理探究至关重要。然而与当代许多学术实践相悖的是，我们认为，主权作为理论和实践仍然是一个充满政治和伦理可能性的场所。主权带来的问题既不意味着陷入道德的死胡同，也并非政治封闭，在我们看来，这意味着诸多的机会，包括扩大、延伸、分裂和修正主权等，并不是对主权的完全超越。我们将在本书的后半部分探讨多重主权和重叠主权概念时，详细阐述这些主张。[2] 这里我们关注的是国家的正式主权——通常归因于《威斯特伐利亚和约》的签订[3]——这加剧了我们在应对文化、宗教和生活方式差异时所面临的困难。那么，威斯特伐利亚体系的"差异问题"是如何产生的？

或许有点讽刺的是，在一个（前现代时期）帝国时代，当等级原则至高无上时，文化差异却没有成为问题。正如迈克尔·沃尔泽（Michael Walzer, 1997:15）所暗示的，"从历史上看，帝国统治是包容差异和促进（更准确地说是要求）和平共处的最成功方式"。那些被征服的民族即便被排除在社会秩序顶端之外，并被标记为劣等民族，但矛盾的是，他们也可以找到属于自己的并且能被容忍的生活方式、宗教习俗和独特的风俗习惯。沃尔泽（Walzer, 1997:14—16）认为，这种形式的容忍虽部分植根于帝国中心延伸至被征服地区所赋予的"最低限度公平"，但在很大程度上也有一个很实际的问题：只要被征服地区尊重帝国的统治，纳税并承认帝国的权威，帝国就不需要对其进一步的征服。维护帝国和平只需要在不同被征服群体的"权威结构与习惯做法"间强制和平共处。尽管这种容忍主要针对的是群体而不是个人（这不是一个自由的世界），但在更国际化的帝国城市中，个人可能会逃避一些共同服从的压力。

如今我们对等级制度难以适应，也无法公开支持帝国主义的做法。

但我们将要看到的是,现代帝国也并没有表现出特别的宽容。相对而言,国际关系学中平等原则的兴起(在威斯特伐利亚体系之后的几个世纪里)有助于消除和打破对某一特定群体社会和政治权力的垄断。但如果不同信仰的群体被置于更加平等的地位(法律上的,如果不是社会上的),屈从于他人的忍耐式的帝国解决方案则大多会被排除在外。当他人的平等得到承认时,我们需要其他人的肯定,而不是依靠那些神圣职位来确保我们的地位。然而,生活方式、价值观和愿景上的差异也对我们看似自然的社会实践提出挑战,并且威胁到我们既定自我意识的确定性(Benjamin, 1988:第二章)。沃尔泽(Walzer, 1983:249—254)同样指出了这个方向,并解释道,等级秩序赋予了每个人在社会秩序中的固定位置,以此来解决认同问题。每当这样的等级秩序面临崩溃,它便对我们的价值观构成挑战。与此同时,我们也会不确定与他人的关系。如此一来,在相对平等的现代条件下,差异问题便会出现并加剧,这会导致(非法或非正式的)社会等级形式重新确立——将他者标记为劣等,从而减少威胁。当获得别人认可时,我们也会理解并肯定自己的价值观。然而,也许是对他者的依赖,使得他者似乎也成为我们的威胁。那么我们应该如何调和这种需求与威胁之间的关系,又要如何实现差异化平等呢? 这些问题仍然是现代性的核心。

这些问题也正是国际关系学构成的核心。我们将国际社会的地缘政治界限解读为文化差异的空间遏制。差异性被置于一段距离之外(在"其他"国家的边界内予以管理,并通过捍卫自己的边界来阻止),同时会在自己的政治共同体内转变为"同一性"。也就是说,国家是差异性转化为同一性的地域,而国际关系学却永远是一个潜在的危险场所,但人们希望与他者的对抗是可控的。这种内部/外部的分裂(结合 Benjamin, 1988 及 Walker, 1993 的研究可知)与其说是差异问题的解决方案,不如说延迟了对这一问题的正视。国际社会代表着解决差异问题的想法,往往与对《威斯特伐利亚和约》遗产的解读联系在一起。因此,我们将在其历史背景下考察《威斯特伐利亚和约》——作为对"三十年战争"的"宗教清洗"和物质、心理破坏的回应——以追踪国际关系学对待差异的立场。

一场内部的"十字军东征"

许多历史学家认为,三十年战争和《威斯特伐利亚和约》是结束千禧年后半叶的重大事件。罗纳德·阿斯克(Ronald Asch, 1997:7)认为,三十年战争是"深刻改变政治与社会结构,甚至可能是集体心态的政治事件的最好例证"。这些事件的决定性意义都印证在《威斯特伐利亚和约》的主导观点中,这标志着从一个宗教世界向一个现代世俗世界的转变,也意味着由一个统一的基督教世界的公认目标(尽管有些空洞)转向了一个由独立国家组成的制度或社会(Pages, 1970:17, 250;Thomson, 1963:814)。这种解释并不陌生,国际关系学领域的大多数学者都理所当然地认为,甚至断言这些事件具有决定性意义。[4]

这一时期尤其需要注意的是,宗教信仰在煽动军事冲突方面发挥了核心作用。虽然也会存在明显的法律和政治动机——例如对君主权威的限制、王朝竞争,但这些因素都具有明显的宗教色彩。正如我们今天所看到经济意图普遍存在一样,无论涉及什么,16 世纪和 17 世纪的统治阶级和大众都被认为是通过宗教视角审视当时的事件(Asch, 1997:7;Langer, 1980: 11;Thomson, 1963: 800;Lockhart, 1995:1—2;Brightwell, 1979:418)。16 世纪爆发且几乎消耗了整个 17 世纪的宗教冲突,其最初的导火索是宗教改革运动对天主教会意识形态垄断和物质权力的挑战(Friedrich and Blitzer, 1957:10—11;Van Creveld, 1999:67—84)。随着各种形式的新教思想在大众中的传播,以及德国某些领土君主的皈依,这种挑战得以持续并有所加剧。

宗教冲突的具体特征值得商榷。在《对抗神像的战争》(*War against the Idols*)一书中,卡洛斯·艾勒(Carlos M. N. Eire)生动地将宗教改革描绘成一个从内在的宗教信仰到超验宗教信仰的过渡。在他对 1509 年事件的描述中,即约翰·加尔文(John Calvin)出生的那一年,艾勒

(Eire，1986:1)描述了这样一个欧洲,切实表达了基督教在日常生活中的事务和对象:

> 天堂距离人间从来不会太远。神圣在世俗中传播,精神在物质中传递。神圣力量在教堂和圣礼中得以体现,通过不断地接触这些使自己感受到:宽恕或惩罚,抵御自然的破坏,得到治愈、抚慰,甚至创造各种奇迹。

但在短短二十年间,一场彻底的变革便开始了。天主教的宗教本质被认为是对《圣经》的亵渎;其虔诚的形式也被称为"神像崇拜"。

那些对教皇特权的指责是有备而来的,因为许多非宗教人士都对教皇的特权及滥用感到不满(Blickle，1984；Jelsma，1998)。因此,改革者的信念很快转化为行动,扰乱了教会在社会中的角色:"教堂被洗劫一空,神像被打碎并焚烧,遗迹也被推翻,圣餐被用于喂狗和山羊。"随之,"内在宗教"的主导地位被"超验宗教"所取代,这种现象从德国和瑞士传播到法国、荷兰和英格兰,"欧洲宗教信仰统一的愿景彻底破灭了","形象塑造者"突然变成了"形象破坏者"。这场改革重塑了欧洲(Eire，1986:2；另参见 Head，1998:95—96)。

尽管改革者在许多方面存在分歧,但艾勒(Eire，1986:2)强调了三大"虔诚流派"之间的竞争。[5]天主教徒为他们自己长达几个世纪的历史进行辩护,这"充满了神圣的内在力量",改革者则倾向于在相对温和的路德教派与严格且不容忍妥协的加尔文派间进行划分。虔诚的路德宗反对天主教的"行为—正义"实践——即相信恩典能够通过行为赋予——但他们接受天主教在崇拜过程中使用实物,只要这些物品被视为通往神性的一种手段,而不是神性本身。加尔文主义,或者说"改革流派"则流向了不同的方向,"以超验的浪潮"发动了一场"不妥协、颠覆性……反对神像崇拜的十字军东征,其具体表现为破坏神像、内部骚乱,甚至最终对合法统治者进行武力反抗"(Eire，1986:3；字体强调为我所加)。

对当代读者而言,需要更加强调"内部的十字军东征"这一历史典故。我们既不能忽视那些对神像崇拜在道德和认知层面进行谴责的声音,也不能忽视那些经常重复的指责,如"魔鬼与它的恶魔军队"支持着国教(the established church)的实践(Jelsma, 1998:27)。天主教徒完全能够理解这些指控,因为他们自己就曾经使用这一指控,例如他们对美洲印第安人宗教的诋毁。鉴于我们将在下一章侧重讨论欧洲对美洲印第安人的评价,此处有一段评论,作为艾勒的外围性和解释性说明(Eire, 1986:5—6),让我们感到有先见之明:

> 值得注意的是,就在查理五世(Charles Ⅴ)的士兵用"美丽的"十字架、圣母玛利亚(Mary)的形象以及新大陆的圣贤们取代阿兹特克人(Aztecs)的"可怕神像"时,几乎在同一时期,新教的反叛者正在欧洲地区对名义上归他们统治的天主教目标进行破坏。在特诺奇蒂特兰的蛇墙内(the Wall of Snakes in Tenochtitian),由血腥的牧师领导的恐怖的人祭崇拜刺激了那些征服者,就像在装饰华丽的巴塞尔(Basel)大教堂举行弥撒一样,新教徒亦是如此。

正如艾勒(Eire, 1986:5)非常贴切的表述,"一个人的牺牲是另一个人的神像崇拜"。

因此,投下第一块石头的人会发现,第一块石头会带着复仇回来,而这种复仇只能源自此前信徒们最深切的怀疑。加尔文主义者声称中世纪教会在两个方面陷入了神像崇拜。一方面,教会作为一个整体被视为神像崇拜的实体。换言之,教会"把自己树立为神像,用自己的律例来替代神的律例"。另一方面,教会在崇拜过程中使用神像,从而将信徒的注意力集中在物质的神像上,而不是上帝身上(Eire, 1986:55—56;另参见Blickle, 1984)。艾勒(Eire, 1986:55—56)描述了改革派的判断:"就像那些肮脏之地,中世纪的教会深陷于由圣像、遗迹、祭坛、圣地和超自然的圣体组成的污秽之中。加尔文主义者对中世纪虔诚行为的攻击,试图将教会从积存的废墟中予以淹没并冲洗。"人们认为这种感情是有道理的,因为利害攸关的不仅仅是人的生命,而是人类灵魂以及上帝对人类计划的真理(Gregory,1999:345—346)。

这种强烈的感情不可避免会产生重大的政治后果。路德(Luther)在维滕贝格大学(University of Wittenberg)的同事——安德烈亚斯·博登施泰因·冯·卡尔施塔特(Andreas Bodenstein von Karlstadt)认为,因为天主教崇拜违背了上帝的旨意,所以基督徒有责任去除这些神像和神像崇拜,即便需要使用暴力(Gregory,1999:78—82;Head,1998:96—97;Skinner,1978:27,75;Eire,1986:65)。然而卡尔施塔特的变革观点并未被路德和加尔文所接受,但他们认为这能够提供启示,即天主教如何被其批判者视为"黑暗的王国"和"反基督的王国"。到16世纪20年代,那些在德国和瑞士的人们面对两个相互对立的教会,该相信哪一个便成了问题。1521年的一本小册子指出了这个尖锐的问题:"我们应该把教皇及他的亲信视为基督教会吗?"新教徒对于这一问题的回答显而易见,正如艾勒通过1522年海因里希·冯·凯滕贝克(Heinrich von Kettenback)的布道所表明的那样:"基督徒有他们的教会,反基督者也有他们自己的教会,但如今那些反基督的教会经常被误认为是基督徒的教会"(Eire,1986:102)。

作为回应,天主教徒反对改革者的敌意既对称又不对称:对称的原因在于,尽管被指责为精神污染,但天主教徒自己认为是新教徒污染了基督教;不对称则是因为新教徒将其怨恨集中在"神像"上,而天主教徒把仇恨的矛头对准了"异教徒"本身。这意味着:

> 新教徒尝试通过攻击天主教的崇拜对象来推翻它,而天主教徒则试图通过对新教徒施加身体伤害来击败他们。新教徒会把奉神用的圣体喂给一只山羊,并且声称,"他现在可以想死就死,因为他已经接受了圣礼",或者是向圣洗池中吐口水;然而,天主教徒认为这些行为是对神的攻击,因此将他们的愤怒发泄在新教徒身上。(Eire,1986:161)

因此,每个派别都认为对方的错误崇拜是一种类似于瘟疫的污染威胁（Blickle，1984；Gregory，1999：85—87；Eire，1986：228，283—284），而且这场瘟疫必须停止。用我们之前介绍过的术语来说，将对方对于承认的需求视为一种致命威胁，而将为自己的事业献身视为一种殉难行为（Gregory，1999）。

回归正统的要求——例如，沃尔姆斯法令（the *Edict of Worms*，1521）、斯拜尔第二次议会（the Second Diet of Speyer，1529），以及奥格斯堡议会（the Diet of Augsburg，1530）——均遭到了改革者的抵制，尤其是这些抵制得到了新教贵族的支持。与此同时，双方都反对就基督教的可分裂性达成妥协（如 1526 年斯拜尔第一次议会，the First Diet of Speyer）（Lindberg，1996：第九章）。最终，忠诚于天主教的贵族奋起捍卫普世教会，或被迫卷入其中——这就是由哈布斯堡王朝、神圣罗马帝国和教皇所领导的反宗教改革运动。德国新教徒也作出了同样的反应，双方都发动了战争。1555 年，《奥格斯堡和约》暂时停止了 30 多年来持续的敌对状态（Thomson，1963：500—501，791）。

在我们看来，《奥格斯堡和约》似乎是一个解决差异问题的初步尝试，但相对薄弱。该条约即便没有加强国王在帝国内的自治权，但也对此加以确认，包括承认"教随君定"（*ubi unis dominus, ibi una sit religio*，"where there is one ruler, there should be only one religion"）的原则。[6] 虽然这建立了最低限度的多元化（Lindberg，1996：246—248；Thomson，1963：791），但在一个"广泛的、长期统一的领土"之上，统治者希望将自己公民的宗教信仰固化会十分困难，在那里，其他信仰的人也很难迁移到拥有同一宗教信仰的避风港里。在"支离破碎"的行政辖区中，它的情况稍好一些，因为"有深厚宗教信仰的人不需要走太远，就能找到一位与他们有着相同信仰的统治者，或者是找到一座宽容的自由之城"（Toulmin，1990：49—50；另参见 Head，1998：98—100）。

然而对我们来说，需要突出关注的是《奥格斯堡和约》的局限性。个人道德的权利没有得到承认，宽容仅建立在天主教和路德教贵族之间，并不包括加尔文主义者、茨温格林派、再洗礼派和其他教派。此外，即使《奥格斯堡和约》所规定的最低限度的容忍也被签署国视为面对力量平衡时所要采取的审慎行动,仅仅是对正在进行的旨在消除其他宗教派别斗争的暂停(参见 Lindberg, 1996: 146—147; Head, 1998:99—101)。正如阿斯克(Asch, 1997:10)对这一情形所进行的描述:"那些签署《奥格斯堡和约》的人……还没有像后来解释和约的律师那样清楚地将这一原则视为和解的实质,因为他们还没有放弃重建某种宗教统一的希望。"这与后来的《威斯特伐利亚和约》一样,天主教会拒绝接受贵族间的容忍原则。国王查理五世(1519—1556 年在位)和斐迪南一世(Ferdinand I, 1556—1564 年在位)认为,这一和约破坏了帝国与教会(或帝国与上帝)间的特殊关系。新教贵族及新教国家也倾向于接受这种临时安排(Thomson, 1963:500—501; Pages, 1990:37; Parker, 1997:16—17)。

一场对仇恨的净化

结果似乎是照本宣科,我们被诱导将三十年战争视为长期宗教狂热下无法避免的高潮。在这一时期,差异首先被视为是劣等的,然后被消灭,最终被解释为走向更包容的现代性的理由和基础。虽然 17 世纪的事件通常都被这样解读,但我们还是要警告大家不能太轻易地接受这种观点。卡里·内德曼(Cary Nederman, 2000)认为,传统说法忽视了中世纪思想中蕴含的支持宽容的大量智力资源——从索尔兹伯里的约翰(John of Salisbury)、帕多瓦的马西格利奥(Marsiglio of Padua)到巴托洛梅·德·拉斯·卡萨斯(Bartholomé de Las Casas)(我们将在下一章谈及)。斯蒂芬·图尔敏(Stephen Toulmin)同样认为,16 世纪提供了一种替代性的、更加宽容的理论和实践,而不是作为现代社会的对立面和先驱对这一时期进行回顾性解读。例如,在中世纪晚期或文艺复兴时期的人物中,如伊拉斯谟(Erasmus)、蒙田(Montaigne)和莎士比亚(Shakespeare),图尔敏发现了"一种彬彬有礼的开放心态和持有怀疑的宽容态度",这主要反映了文艺复兴时期对于追寻宗教或哲学确定性的不耐烦以及对于"复杂性和多样性的相对尊重"（Toulmin，1990：25—30；引自第 25、29 页）。[7]同样地，在法国亨利四世的身上，图尔敏也发现了一种政治实践，即国王不顾国内外的反对，逐渐转向对新教胡格诺派教徒更大的宽容。然而，当亨利于 1610 年不幸遇刺而结束他的实践时，这一事件多被解释为宽容政策的失败。这一事件"证实了人们最可怕的恐惧"，也"粉碎了逃避无法解决的冲突的最后希望"（Toulmin，1990：46—53；引自第 48 页；也可参见 Van Creveld，1999：72）。正如残酷的结果所表明的，危险与差异可以等同。

波希米亚人反抗天主教统治的起义使得哈布斯堡王朝再次努力将这些异见者予以根除（Thomson，1963：800）。斐迪南二世击败了波希米亚叛乱分子并加剧了宗教迫害，这在整个欧洲引起了巨大反响，同时不可逆转地打破了宗教势力之间令人不安的僵局。这一阶段的反宗教改革被冠以——以"火和剑"为工具的"燃烧的激情"（Parker，1997：75—76；Wedel，1991：51）。虽然并非所有统治者都欢迎这些挑衅或最终爆发公开战争，但宗教战争的失败，以及即将受制于胜利者宗教神令的前景引发了难以忍受的焦虑。新教徒和天主教徒都被动员起来抵制这种事情的发生，保持中立几乎不太可能（Brightwell，1979：418—419；Trevor-Roper，1962：39—40；Parker，1997：75—76；Gutmann，1988：767—778）。这种情况下，虔诚被转化为对差异的明确且肯定的回应——试图通过征服、迫害和净化来消除基督教信仰和实践的不同模式。

由此产生的冲突因造成物质破坏而臭名昭著，且给欧洲留下了社会、道德和精神创伤。特雷弗-罗珀（Trevor-Roper，1962：33）认为这是"前工业化欧洲规模最大、最具破坏力的战争"。图尔敏（Tulmin，1990：53）更加广泛地描述了其对欧洲中部地区的影响："三十年来，在一系列野蛮和破坏性的军事行动中，不断变化的外部势力联盟将德国和波希米亚的领土作为角斗场，在这场斗争中，他们经常通过代理人来对抗政治竞争和教义分歧，并把捷克和德国的土地变成了火葬场。"或许与更现代的参照进行比较，可以获得更好的理解。杰弗里·帕克（Geoffrey

Parker，1997:192—193)指出:"直到1939年,三十年战争仍然是德国历史上最痛苦的时期。与第二次世界大战相比,它的人员损失比例更大,人民的流离失所和物质破坏几乎同样严重,文化和经济混乱的时间也要更长。"追随查尔斯·威克斯(Charles Weeks, 1991:213),我们将这一事件描述为预示着我们这个时代的一场灾难:三十年战争是一场彻底的意识形态战争,它开启了一个"现代主义"时期,在这段时期,"战争带来的灾难"——"失控的通货膨胀、不断升级的军事行动",以及"由疾病、饥饿和战乱组成的方阵"——都在摧毁平民。约翰·帝博尔特(John Theibault, 1995:1—2)曾报道:"即便发生过黑死病和第二次世界大战,黑森州的村民依然认为'三十年战争'是降临到他们村庄的最大灾难。"因此,我们与赫伯特·兰格(Herbert Langer, 1980:10)一致,强调三十年战争对人民群众和统治集团造成的毁灭性精神创伤。

毋庸置疑,造成这种极端破坏的重要原因之一是,几乎在整个战争期间,军队都在战场上持续作战。用赫伯特·兰格(Herbert Langer, 1980:97)的话说,军队变成了"掠夺行李的火车",耗尽了农村的资源,并在他们身后传播恐怖和流行病(参见 Theibault, 1995:141—142, 151—160; Nichols, 1989:261—263)。由于战场上的巨大伤亡和持续不断的疾病传播,征兵使得德国、瑞典、芬兰和其他地方的村庄人口锐减。服兵役也变成了死刑的代名词(Lynn, 1991:95; Parker, 1997:186—188)。如果说这场战争的持续时间有助于解释破坏的规模,那么这一解释便回避了支撑战争持续的因素。这也使我们无法轻易解释交战各方的野蛮行径。

我们再次被引导着思考宗教变化的动机。约翰·劳尔森(John Laursen, 1998)认为,许多妥协的机会本可以大大缩短战争时长,但由于宗教使命的影响,那些不肯妥协的领导人错失良机。图尔敏(Toulmin, 1990:54)同样认为,宗教信仰的教条主义助长了杀戮的狂热:

> 流血冲突持续的时间越长,欧洲的状况就变得越矛盾。无论是
> 为了报酬还是出于信仰,有许多人会以神学教义的名义杀人放火,但

却没人给出任何确凿的理由来接受这些教义。新教改革者和那些反宗教改革者之间的知识辩论已经破裂，除了刀光血影，别无选择。然而，战争越是残酷，每个宗教体系的支持者就越发自以为是，相比之下，他们的对手则是愚蠢的或是邪恶的，或是二者兼有。

因此，我们不应该感到惊讶，野蛮程度在那个时代是难以启齿的（Langer, 1980:101），但在最近几十年里却有迹可循。在农村的掠夺同时伴随着酷刑和强奸，往往针对儿童和孕妇。没有任何宗教团体得以幸免；宗教异见者的残忍程度并不亚于他们的迫害者（Parker, 1997:186—188；Lynn, 1991:96；Wedel, 1991:42—45）。那些人的野蛮程度不断加深，以至于为斐迪南皇帝金库慷慨捐款的斯特里亚（Styria）居民认为，斐迪南的军队比可怕的突厥人造成了更多的破坏和痛苦（Nichols, 1989:261—263）。哈特莱特教派（Hutterite）信徒中的一群人或许遭受了最严重的侮辱，他们将异教徒与他们的基督教同胞进行正面比较："即便是突厥人和鞑靼人……也会认为这样做太过分了。"因此，韦德尔的观点与我们最初提及的图尔敏的分析相呼应，把哈特莱特教徒的遭遇视为是"净化仇恨"的证据（Wedel, 1991:46—47）。

人们可以想象，净化仇恨会带来冤冤相报的结果。事实上，有观点认为精疲力竭导致交战各方反复坐在谈判桌前，由此达成的条约通常被称为《威斯特伐利亚和约》。历史学家乔治·帕热斯（Georges Pagès, 1970:250）的观点被视为对这一系列事件的代表性解释：

> 《威斯特伐利亚和约》用独立国家——这一国际社会的概念，取代了统一的基督教世界的概念。该和约虽然没有公开表达这个想法，但它的确包含了这一社会观念，即不考虑组成国家政府的治理方法……；同样地，和约也没有说明占主导地位的宗教信仰。就国际层面而言，欧洲建立了一个独立国家的世俗体系。这是民族主义原则的开端。

哈里森·汤姆森（S. Harrison Thomson，1963：814）同样将《威斯特伐利亚和约》描述为在宗教宽容方面迈出了一大步："在具有争议性的宗教自由领域，和约所取得的成就虽然不具有革命性，但并非无足轻重……。完全的宗教宽容是难以想象的。传统的'教随君定'原则在君主阶层根深蒂固。然而，现在加尔文主义者也得到了宽容，君主也被明令禁止干涉臣民的宗教信仰。"汉斯·摩根索（Hans Morgenthau，1963：312）也坚持这一观点，认为三十年战争结束时，"主权是对某一领土的最高权力，这已成为政治事实，意味着领土上的国家主权已经超越了皇权和教权"，这同样成为国际关系学正统的典范。其他人也赞同这一观点。利奥·格罗斯（Leo Gross，1986：47）声称："《威斯特伐利亚和约》通过确立新教国家和天主教国家之间的平等，以及为宗教少数群体提供了保障，使得容忍原则神圣化。"特里·纳尔丁（Terry Nardin，1983：50）也将新兴的国际社会描述为一种相互容忍和适应的体系。尽管斯蒂芬·克拉斯纳（Stephen Krasner，1993：242—244；1999：73—82）对威斯特伐利亚体系实现了主权理念的说法表示怀疑，但他强调：和约尝试在民族国家体系中确定边界以遏制宗教冲突，实现政教分离，并以此来实现更大程度的宗教容忍。因此，总的来说，重申这一点，《威斯特伐利亚和约》通常被视为现代性使中世纪世界式微的关键标志。据称，这是一场从宗教走向世俗，从基督教统一的欧洲观念走向欧洲的独立国家体系，从相互重叠和相互竞争的权力网络走向以划清专属领土管辖权为基础的现代国家体系的运动。

在这些不同的表述中，最重要的是暗示《威斯特伐利亚和约》和新生的现代性体系代表着解决差异问题的初步但具有决定性的方案。我们希望深度理解这一解读，因为人们对威斯特伐利亚体系的普遍看法往往使我们对这一时期差异的创造性反应视而不见；在对差异的主导反应中，持续地（如果可以理解的话）逃避探索创伤根源的任务；三十年战争阴影下产生的知识分子话语，并非挑战而是加强了对差异的解释，认为差异是对稳定、安全和秩序等规范的危险偏离。因此，任何试图将《威斯特伐利亚和约》确立为迈向宽容现代性的明确标志的努力，都应给予更充分的理由。

走向"同一性帝国"

　　我们的论点几乎与广为接受的观点相反。与新出现的容忍愿景不同,我们认为,三十年战争的实践意义和理论价值在于推动了一场走向同一性的运动,也促进了承认和尊重多样性的运动。我们将分两步阐述。

　　第一,试图在威斯特伐利亚体系[8]所承认的相对自治单元内遏制差异,这延迟了对差异问题的深入探讨和参与。罗纳德·阿斯克(Ronald Asch, 1997:193—194)指出,《威斯特伐利亚和约》并不是解决宗教差异问题的方案,反而使 16 世纪的宗教冲突继续存在,虽然是以一种更加"温和的形式","确认了宗教教会的现有地位、权利和特权",从而"延续了宗教分裂"。加之对君主独立性的承认,最终导致"'欧洲'划分为天主教和新教两部分",同时刺激了"欧洲大陆的国家间建设"(Campbell, 1992:51)。主权国家之间的宗教容忍实际上是国家间均势的一种功能体现(Keene, 1998:21),但在新生国家情况却不尽相同,尽管那些条约相对地接受宗教自由,却使统治者受到道德约束。正如克拉斯纳(Krasner, 1993:244—245)所指出的,统治者受到的道德约束与主权支配国家信仰的权利之间存在冲突,而后者最初是由《奥格斯堡和约》承认并得到新兴主权现实和理论支持的。"从现在开始,"图尔敏(Toulmin, 1990:91)总结道:"确立国教成为通行做法。"通过距离来限制差异虽有助于将三十年战争规模的宗教战争的可能性降至最低,但也付出了代价:差异问题被简单地转移到了"国内领域"。

　　然而,在新近被神圣化的政治单元内部,宗教自由的效果却并不一致。图尔敏(Toulmin, 1990:92)描述了这一情况:在这种情况下,每个国家或地区均面临"宗教一致性和宗教容忍的持续性问题"。尽管人们期望服从一种国家信仰,但不符合主流的少数群体仍是种麻烦;被置于远处的他者,事实上却仍存于内部。图尔敏(Toulmin,1990:92)指出,尽管"在经历了三十年的流血冲突之后,几乎无人认为强制实行宗教一致性的代价值得付出",但"地方要求一致性的压力仍然很大,各地的宗教少数群体都受到某种程度的歧视或迫害"(也可参考 Laursen,1998:170;Kamen,1967:161—190,196—199,202—225)。但程度的确有所不同,每个国家的经历代表着"同一曲调的不同变化"。在奥地利,哈布斯堡家族仍然是反宗教改革运动的"领导者":"路德教的继续存在被视为对哈布斯堡王朝的不忠,工匠和专业人士组成的新教少数派不得不在皈依、死亡和逃亡间作出选择。"英国的天主教徒是被歧视的对象,但与法国对待"异教徒"的方式相比,他们的遭遇则相形见绌。在路易十四(Louis ⅩⅣ)的统治之下,"新教少数派被剥夺了从事多种职业的权利,并暴露在军事攻击之下,这迫使他们回到自己的传统据点"。因此,大量胡格诺派教徒选择了"逃亡",要么"横跨大陆,要么成为船民,前往英国或美洲"(Toulmin,1990.92;另参见 Laursen,1998:171—172)。因此,内夫扎特·索格克(Nevzat Soguk,1999:62,67—74)认为,胡格诺教派的迁移不仅是早期难民问题的关键案例之一,也象征着人们开始努力管理,有时甚至是同化人口——在一个新兴的领土国家体系中,这是治国之道的核心。相比之下,奉行加尔文主义的荷兰,由于缺乏长期且集中的制度约束,对待天主教徒及其他异教徒都相对宽容(Laursen,1998:174—175;Toulmin,1990:92—93;Keene,1998:29—30;Kamen,1967:191—193)。世界各地达成一种均势,这"避免了新一轮宗教战争的恐怖"(Toulmin,1990:93)。尽管这项成就很显著,但问题并没有得到有效解决——它被转移到了国内领域,人们希望能在国家内部管理和控制这一问题。

第二,人们普遍接受的观点是:威斯特伐利亚体系是向更文明时代过渡的一个关键点,但这种看法忽视了战争经历对于差异认知的负面影响。这一时期的精神遗产并不是对他者的开放性,也并非支持将差异视为一种资源,而是对差异的普遍怀疑。差异会导致混乱和堕落,只有同一性或统一性才能产生社会秩序和稳定。正如我们在下一章所探讨的,这两个等式已成为基督教思想的核心,并被早期的民族志学者所复制,用以理解"新大陆"的发现。对外部差异的处理应当遵循对内部差异的处理[9]——两种解决方案都可以从差异方程中推论出来,创建一个"同一性帝国"才是解决问题之道。

根据图尔敏(Toulmin,1990:67—69)对这一过程的描述,"三十年战争"动摇了"世界政治"的概念,即一种自然和社会秩序的等级安排及整合,这种秩序构成了中世纪后期思想和实践的基础。在由此产生的焦虑和悲观情绪的刺激下,恢复这种秩序的思想运动被视为一场"防御性反革命",即疯狂寻找确定性而最终导致选择的结束(Toulmin,1990:16—19,81;引自第17页)。更具体地说,回归文艺复兴时期人文主义的相对怀疑论和多元论的可能性被认为无法遏制宗教差异和巩固社会秩序:

> 在这种血腥的情况下,知识分子可以做些什么呢?只要人文主义的文艺复兴价值观在私人领域为蒙田保留影响力,或者在公共领域为纳瓦拉的亨利保留影响力,就有希望在诚实的个人之间对共同经历进行理性的讨论,这可能产生思想上的碰撞,或者至少产生有差异的文明协议。到1620年,那些处于欧洲政治权力和神学权威地位的人们不再把蒙田的多元主义视为一种可行的理性选择,就像亨利的宽容对他们来说也不再是一种实用选项。人文主义者乐于接受确定性、模糊性和意见分歧,但(在他们看来)这无助于避免宗教冲突:因此(他们推断)这是导致事态恶化的原因之一。如果怀疑论令人失望,那确定性就变得更加紧迫。一个人应该确定的东西也许并不明显,但不确定性已经变得不可接受。(Toulmin,1990:54—55)

此外,图尔敏(Toulmin,1990:55)继续说,在宗教信仰差异被证明是十分具有破坏性的地方,无可置疑的立场的吸引力是压倒性的:

如果没有任何有效的政治手段让宗派主义者停止自相残杀,那么未来是否还有其他可能的路径呢? 例如,为建立一个思想和信仰体系,哲学家会不会发现一种新的、更加理性的基础,从而实现怀疑论者所说的不可能实现的一致确定性? 如果在实践中,不确定性、模棱两可和对多元论的接受只会加剧宗教战争,那么现在是时候寻找一些理性的方法来证明哲学、科学或是神学学说的基本正确性或谬误了。

因此,图尔敏(Toulmin, 1990:56—62)将笛卡尔(Descartes)寻求单一和特定原则的冲动与这种情绪,以及回答蒙田认识论怀疑主义需求联系在一起,这种原则构成其他事物的评判存疑。许多人受到笛卡尔的启发,转而致力于"构建抽象的、永恒的智力方案"。确定性与"几何证明"或"数学结构"联系在一起(Toulmin, 1990:105, 20, 75; Collingwood, 1981[1945]:第二部分第一节;Friedrich and Blitzer, 1957:1)。正如图尔敏(Toulmin, 1990:76)所描述的,"如果伦理学与物理学和逻辑学一样站在理性的一边",人类就可以"避免各种不同和不确定的观点的混乱"。这一举动赋予那些成文的、普遍的、一般的和永恒的特权;同时贬低了"实践哲学",因为它依赖于"论证"或"案例分析",这涉及"特定情况下的特定人群,处理具体案例,变化的状况利益攸关"(Toulmin, 1990:70, 31—35)。前者承诺了确定性和安全性,后者则为分歧、冲突和混乱的危险开辟了道路。这种探究是为寻找一种"确定性",而这种"确定性"将"有助于弥合宗教战争所造成的创伤"(Toulmin, 1990:89)。

我们可回溯这种思索政治和政治组织的情绪带来的相伴而生和相互关联的后果。德博拉·鲍姆古德(Deborah Baumgold, 1993)解释道:17世纪的思想家——在她的叙述中最杰出的是格劳秀斯、霍布斯和洛克——在国内和国际的宗教冲突后参与了一项"政治平息"的计划。在更广泛的社会理论中,恢复政治秩序被认为需要坚不可摧的原则、证据和权力作为基础(Toulmin, 1990:76—77; Tuck, 1988:29; Boucher, 1998:225; Tully, 1993:184)。非常著名的是,这个时代的思想家在自然法和社会契约论思想中为权威的政治组织——主权国家——寻求一个基础。但正如塔克（Tuck，1993：xi—xviii；1999：1—15）明确指出的，与经院哲学中更广泛的自然法概念不同，早期思想家将"自然状态"视为一种最小的秩序，剥夺了（大部分）公民社会的丰富性和文化生活的特殊性。这种关于人类自然状态的观点在当时的政治想象中得到了一定程度的支持，因为当时主流观点认为美洲印第安人实际上处于公民社会之前或公民社会之外（参见 Slavin，1976；Jahn，1999）。根据与这种自然状态有关的公理进行推理，就好像它独立于不同的道德或宗教信仰，或与之保持中立。毕竟，谁会质疑人类自我保护的首要地位，也许还有财产权？因此，契约论的立场被视为证明政治权威的更确定（甚至科学）的基础，从而解决了威胁政治秩序的道德相对主义和宗教差异问题。

这一举措在当时主流思想家的著作中已经表现得非常明显，也是第三章所考察的当代现代化学说的先驱。塔克（Tuck，1993：171—172，174）称赞格劳秀斯的概念创新，将文艺复兴时期的怀疑论转变为一门新的道德科学的基础，宣称数学的确定性。在《捕获法》（*De Iure Praedae*）中，格劳秀斯（Grotius，1964：7；1925：23）把这种确保确定性的方法归因于：他以"对所有人都容易达成共识的某些广泛公理的初步陈述"开始，提供了"一个固定的点，从中可以追踪接下来的证据"，并"为我们的其他结论奠定了安全的基础"。特别是，格劳秀斯将怀疑论者关于自我保护的格言转化为最低限度的、据称是普遍的自然法的中心原则。通过创造，人类被赋予了维持自身存在所必需的"自然属性"。对格劳秀斯而言，"爱是整个自然秩序的首要原则，它的主要力量和行动都指向自身利益"。他立即从第一条原则中得出两条法则：自卫的权利和获得生活必需品的权利。由此，他推断出人们的必然要求：避免伤害他者，并注意尊重他们的财产（Grotius，1964：10—13）。因此，格劳秀斯试图从人类自我保护的驱动力和权利的简单原则出发，提供一个不容置疑的基础以维持自然正义和人类历史命运中逐渐出现的更丰富、尽管有些薄弱的公民秩序。正是这种秩序能够实现自然正义，从而使个人利益服从"公共利益"（Tuck，1993：175—176；1999：89）。

霍布斯和洛克都是这一思想运动的传承者。霍布斯因对人类自然状态的悲观描述而闻名,但是和格劳秀斯一样,他把某些自然法——主要由自我防卫的权利和相对于他者的约束义务所界定——视为一条通往正义的道路(Hobbes, 1996:1,第十三、十四章)。然而正如塔克(Tuck, 1993:306—308)所解释的那样,即使这种最低的伦理禁令也无法解决物质竞争、宗教和道德多样性等问题,这些问题引发了对自身和财产的恐惧(参见 Hobbes, 1996:Ⅱ,第十八章)。的确,在霍布斯看来,正是君主将人们的判断[10]统一起来的能力,促使个人将自己的大部分权利移交给主权国家。主权国家必须将个人行为导向"共同利益":"建立这种共同权力的唯一途径……就是把他们所有的权力和力量都赋予一个人或一群人,使他们通过不同的声音将所有的意志统一……。这不仅仅是一致或和谐,它实际上是将所有这些统一在同一个人身上"(Hobbes, 1996:120)。换句话说,理性决定主权作为应对道德和宗教不确定性问题的空间解决方案;权力在国家内部是空间化的,从而将个人意见和意志的危险多样性转变为主权观点和主权意志(Pocock, 1973:157—158, 191; Walker, 1993:62)。因此,霍布斯也把自己的作品看作类似于笛卡尔的成果,作为一种科学的创造,不受怀疑主义的攻击,也不受道德和文化争论的影响,因为这些争论会持久威胁着将人类带回内战的状态(另参见 Hobbes, 1996:28, 32, 145; Tuck, 1993:279, 285; Johnston, 1986:11, 22—23, 110—113, 124)。

虽然洛克常被认为打破了这一传统,但塔克(Tuck, 1999:第六章)却把他和格劳秀斯并列。洛克在《政府论》(下)(*Second Treatise*,于1681年前后完成)中写道,"自然法"教导我们,尽管每个人"必须保护自己",并将运用自然状态提供的"完全自由"来实现这一目标,但这"不是一种放纵状态"。相反,每个人都受到约束,这与他人的自我保护有关(Locke, 1988:269—271)。与霍布斯一样,洛克也认为强制实行自然法的相互制约是建立公民社会的首要理由和动机,但不同之处在于洛克更加强调公民反抗暴政的权利(Locke, 1988:Ⅱ,第八章和第十章)。

从我们的观点来看,最有趣的是当我们强调洛克的"治理行为"计划时,这种对个人自由尊重的明显的神圣性在一定程度被收回了。[11]洛克努力为政治判断以及由此产生的文明秩序提供无可争辩的基础,而随着时间的推移,这一努力屡屡使他怀疑人类是否有能力在真理和行为原则上达成一致。在《人类理解论》(*An Essay Concerning Human Understanding*, 1690)中,洛克认为,对普遍真理有某种先天的倾向的观点很容易被驳斥,因为在任何此类原则上都难以形成普遍一致的意见(Locke, 1996:8, 15—16)。仍不清楚的是,绝大多数人是否对确定道德和政治原则所需的推理非常擅长或感兴趣(Locke, 1996:9—10, 329—337)。由此可以得出这样的结论:理性且适当的判断力并不是与生俱来的,而是经过悉心培养的结果,而很少有人去追求或维持这种培养——洛克将注意力转向了教育和社会计划,以此确保至少对公民秩序的遵守(即便不是理性服从)。在这一方面,洛克的代表作是《教育漫话》(*Some Thoughts Concerning Education*, 1693)。在该书中,洛克(Locke, 1964:20, 26)将孩子[12]视为一张白纸,他们必须"服从纪律,顺从理性"。尽管洛克在要求免除"惩戒教育"方面似乎相当先进,但他认为教育是一个"治理"的过程,在这个过程中,教育工作者必须谨慎地应用"奖惩"原则,或者在可能进行真正教育的有教养的家庭中,要"知廉耻"。[13]只有这样,我们才能培养各种美德,使我们能够在一个基于财富、商业和理性共识的公民社会中生活(Locke, 1964:84—85, 100—101, 104—105, 148)。对于没能力参与这种公民社会的人,洛克建议采取更多的惩罚手段。[14]正如塔利总结的:洛克认为"刑罚"术语中的公民自我——是作为"法律治理模式"核心的"威慑机制"的产物(Tully, 1993:240—241)。在这方面,同在国际关系学中一样,对差异的威慑起着至关重要的作用。

鉴于这些思想家把社会和谐和政治团结放在首位,而且更多宗教十字军东征之类的威胁清晰可见,不足为奇的是当时主流观点的变化:主权当局有理由在必要时压制宗教自由,以遏制冲突并维护社会秩序。格劳秀斯、霍布斯和洛克(在早期著作中)都捍卫这一观点:君主有权支配国家的宗教,但这样做是出于对建立一种统一宗教信仰前景的怀疑。也就是说,出于实际情况或政治原因可以强迫宗教统一(Tuck, 1988:29—

33)，但不是出于宗教的理由。

或许最典型的就是洛克的担忧，他在 1659 年的一封书信中表达得相当清楚，[15]宗教团体极不可能"悄悄地团结起来……在同一个政府的领导下，一致追求同样的公民利益，携手走向和平与共同的社会，尽管他们通往天堂的道路各不相同"。不久之后，在《政府论》（全 2 册）（*Two Tracts on Government*，1660—1662）中，洛克将 16 世纪的宗教战争和政治动荡完全归咎于对宗教自由的无理要求。[16]在容忍宗教自由的地方，雄心勃勃的宗教领袖及其所影响的群体将试图为他们自己的信仰建造一座"圣殿"，从而尝试净化存在宗教差异的领域："允许人们自由地、无限制地行使他们的宗教信仰，他们将会在哪里停止，会把宗教束缚在哪里，难道不是宗教摧毁了所有与他们信仰不同的人吗？"（Locke，1993：143—144）。由此产生的后果是严峻的。不仅和平遭到威胁、国家遭到破坏，人民也遭受了毁灭性的打击："所有那些在欧洲造成如此浩劫和荒凉的火焰最初是由祭坛上的煤火点燃，最终却用数百万人的鲜血扑灭"（Locke，1993：144）。洛克建议立刻拔出宗教手中的剑，也就是说，除了"语言和精神"的武器之外，要解除宗教的武装（Locke，1993：144—145）。但这种限制更多是关于"治安官"的权威，而不是倡导宗教宽容。虽然洛克意识到基督教是"基于良心的信仰"，但它属于世俗权威的范畴，以"一套法律法规"来规范"社会的和平、宗教的尊严和福利"（Locke，1993：156—158）。更确切地说，洛克授权君主为了和平去自由裁决。因此只要统治者尊重基督教信仰的基本信条（也是最低限度的信条），那么得到支持的便不是冗多的个人信仰，而是在领土范围内统一的教会和一种共同的崇拜形式（Locke，1993：154—157）。[17]

与此同时，每位思想家的工作或生活均为宗教容忍奔走呼告，但这些努力受到了严格的限制。在面对宗教权威和反对谴责异端的法律时，霍布斯因捍卫知识探究而闻名，尽管人们普遍谴责霍布斯是无神论者，但他并未将他的慷慨施予非信徒（Tuck，1993：334，343—344；Pocock，1973：187）。这种限制与他对宗教相对同一性的要求是相当一致的。他简明扼要地说："当看到公共财富只属于一个人时，它也应该向上帝展示一个人的崇拜"(Hobbes, 1996:252)。尽管霍布斯仅仅通过要求公共的一致性来调和私人信仰(Hobbes, 1996:253),但他对在政治生活中展示个人道德判断和私人良心持敌视态度,并宣称它们是"公共财富的疾病"和"公民社会中的异端邪说"(Hobbes, 1996:223)。事实上,霍布斯将基督教合理化的计划(主要在《利维坦》中较少被阅读的第三、四部分进行)可能被看作与"个体心理学"的"结盟"或"规训",这一更普遍要求的一部分(引自 Tuck, 1993:308, 346;另参见 Johnston, 1986:109, 130, 210—212)。

格劳秀斯本人就是宗教分裂的受害者(这个故事将在下一章说明),在他的政治生涯和著作中,他在某种程度上捍卫了一种更为有力的宽容。他对当时的宗教冲突很敏感(对伊比利亚帝国根据教皇法令提出的主张持敌对态度),拒绝任何宗教战争或迫害的普遍权利(Grotius, 1925:516—517, 518—521)。然而无神论者却没有得到这样的仁慈,宗教异见者在面对政治需要时也没有得到任何保护(Kingsbury, Roberts, 1990:44—45; Tuck, 1988:30—31)。从格劳秀斯关于宗教的各种著作中可以清楚地看出,他的目标与其说是捍卫容忍差异的坚定观念,不如说是在为宗教统一而努力(Haggenmacher, 1990:145; Tuck, 1993:185)。他关于统一的方法大家耳熟能详:将基督教义缩减到最小和"不可否认"的方面。因此,基督徒之间的分歧被归为一类或搁置一旁,以便突出一组狭隘的共同点,并在必要时强制执行(Tuck, 1993:185—186, Tully, 1993:49)。格劳秀斯对基督教世界以外的人表现出较少的宽容,这一点从他著名的有关战争与和平法的著作中可以看出。尽管战争受到法律的限制,但在《战争法》(De Iure Belli)中,格劳秀斯发现了许多开战的理由,这些理由主要针对那些成为殖民化目标的非欧洲人。如果原住民暴力抵制皈依、限制运输或商业,或未能妥善耕种他们的土地,他们可能会发现自己受到奴役,他们的领土也会成为被征服的对象(Grotious, 1925:190—192, 194—204; 517—518;另参见 Röling, 1983:296; Kingsbury and Roberts, 1990:42—47; Tuck, 1999:第三章;Keene, 2002:第二章)。这所涉及的虚伪是显而易见的:"简而言之,当我们认识到格劳秀斯学说在理论上可以满足'高尚'的人,因为它指出了一条合理地通向更美好世界的道路,而在实践中,它并不以任何方式限制将非欧洲民族置于欧洲权威之下的努力,我们便可以理解为什么格劳秀斯学说颇为流行了"(Röling,1983:297)。

洛克后期的观点则反映了对宗教多样性的更多尊重。这种转变归功于两段深刻改变了他思想的经历。正如塔利所报道的(Tully,1993:52—53),洛克观察到基督教团体中已实行的相对宽容的做法,并看到英国强加宗教统一的尝试带来了更大的异议和不确定。洛克的这种思想转变体现在《论宽容》(*A Letter Concerning Toleration*,1685)中。宽容现在被视为"真正教会"的基本特征之一,洛克明确指出,真正的信仰不能被强迫,那些迎合自己不认同的信念的人也无法获得救赎(Locke,1993:390,394,410)。基于对信仰的理解,洛克的目标是"将公民政府事务与宗教事务区分开来,并明确二者之间的准确界限"(Locke,1993:393)。国家统治者的任务是保障人民的生命财产安全,不能强迫宗教信仰。鉴于信仰是不能被强迫的(教会是一个"自由和自愿的社会"),国家的惩戒措施完全不适用于这项任务(Locke,1993:396,420;另参见Waldron,1988:69)。统治者也不能更好地辨别宗教真理;他们强迫宗教服从的企图很可能助长怨恨和叛乱,从而扰乱和平(Locke,1993:407,428)。洛克指出,除了这种干预公民宗教生活面临的实际阻碍之外,上帝还得对那些拒绝宗教宽容的人进行审判(Locke,1993:390—393)。

显然,洛克已经改变了他早先的严苛立场,但我们应谨慎地接受他的观点,避免把其作为自由主义实践的朴素先驱。洛克不接受普遍的多元主义,宗教宽容的界限仍然受限。[18]事实上,洛克对不同政见者的宽容是反对某些既定的假设:自然法和基督教(新教)联合体(Locke,1993:421;另参见Tuck,1988)。因此,无神论者和天主教徒仍受到怀疑,因为他们都不会服从于当局(Locke,1993:424—426,431)。如此一来,合法的宗教信仰被限制在一种私有化、个性化信仰的新教版本中,尽管洛克认为宗教的多样性具有潜在价值,因为(新教)教会间会相互制衡

(Locke，1993：429)。无论如何，洛克已经接受了"意见的多样性……是无法避免的"(Locke，1993：431)，尽管"公共利益"仍然是一项规范性原则，在必要时超过了宗教实践的自由(Locke，1993：411—415)。因此，我们仍然倾向于认为，洛克不是"个人良知"的伟大捍卫者，而更多的是(如上所述)社会和政治制裁所强制实行的文化整合的支持者(Tully，1993：179—180)。

当我们注意到，与格劳秀斯一样，对文明同一性的制裁不仅针对在国内秩序中顽固违反自然法的人，也针对像美洲印第安人这样的外部人，当他们的政治和经济行为不符合文明的要求，这一判断只会得到加强。[19]这一结论很大程度上取决于洛克在《政府论》(下)(*Second Treatise*)中对财产和公民社会的理解。虽然这个世界最初是"让人类平等"，但个人占有财产是可能的，即使是前政治的"自然状态"，自我保护的自然权利允许个人获得和消费自然产品(Locke，1988：Ⅱ，285—286)。洛克认为，这种将自然作为财产占有的机制是劳动的运用(Locke，1988：Ⅱ，287—288)。这一逻辑最早应用于狩猎和采集(Locke，1988：Ⅱ，289—290)，洛克将此扩展到土地所有权："一个人耕种、种植、改良、培育和使用的土地越多，他的财产就越多"(Locke，1988：Ⅱ，290)。培育和改良的要求使洛克可以断言，圈地不会对其他索赔人造成损害，因为人类对土地的劳动"不会减少，反而增加了人类的共同财产"(Locke，1988：Ⅱ，292—295)。将土地作为私有财产的追逐最终产生了定居点和城市，这些定居点和城市"及时划定了各自领土的界限"。虽然财产的占有由自然法所证明，定居点的领土边界可以在自然状态下的社会进行谈判，但财产权和领土边界的明确划分则取决于政府的形成——通过"契约"建立一个由市民社会世界组成的权威统治机构(Locke，1988：Ⅱ，295，299)。因此我们可以说，这两个圈地——土地财产和领土边界——是相伴而行的：所有权和主权同样确立了统治权的排他性，通过这种权利，财产所有者和政治共同体可以将其他人排除在财产对象或共同体成员的利益之外。[20]洛克因此设想了一个有边界的领土国家的世界，每个国家都包含一个市民社会，在这个社会中，土地财产是权利的特有文明形式，而勤劳的财产拥有者是文明公民的缩影。

洛克通过对比来定义美洲印第安社会。更准确地说，他从假定缺乏这些欧洲实践和制度的角度来理解印第安人，似乎因此美洲的土地可以被视为欧洲扩张的开放之地。[21] 在洛克的描述中，印第安人只是猎人和采集者（Locke，1988：Ⅱ，289）。其结果是，尽管他们在狩猎和采集的过程中可能声称拥有财产权，但缺乏定居的农业生活（以欧洲模式），这使得他们无法对"土地本身"拥有类似主张（Locke，1988：Ⅱ，290）。因此，美洲的土地仍属于公共土地，可以由人类内部的任何人和所有人加以占有。根据上述观点，唯一需要的是，让那些有意愿并有能力通过劳动来改善土地以实现文明生活的人（英国人），把这些"空旷的土地"和"美洲的原始森林和未开垦的荒地"从公共土地中移除（Locke，1988：Ⅱ，293—294）。幸运的是，洛克向我们保证美洲土地的现有居民（但非所有者）不会受到任何伤害，因为这种占用只会增加"整个地球的产品"，以及他们作为商业社会参与者所能享受的"便利"。在亚当·斯密（Adam Smith）改写的著名的一段话中，洛克给出了明确的证据："在那里，一个拥有大片富饶土地的国王，吃住穿却比英国的临时工还要糟糕"（Locke，1988：Ⅱ，296—297）。因此，洛克对财产和商业的自由主义观点似乎与一项殖民计划密切相关，该计划消除了原住民对自己土地的任何主张以及任何不同生活方式的长期共存。用芭芭拉·阿内尔（Barbara Arneil，1994：609）的话来说，"英国农民通过他的理性和勤劳的应用，反过来成为新成立的公民社会的唯一合法成员"，因此"只有通过勤劳和理性，美洲印第安人才能从自然人转变为文明人"。由于公民（英格兰人）必然取代自然人（印第安人），洛克的自由主义"成为篡夺印第安人土地和将'自然人'同化到公民社会的哲学理由"。

作为一种总结，正如欣斯利（Hinsley，1986：138—150）所详细叙述的那样，主权权利学说必然与（特别是通过这些思想家）"政治体"相关，这个概念将人民、国家和领土聚集到一个统一、和谐的整体中。戴维·坎贝尔（David Campbell，1992：42）也将这种新兴的公民和国家概念称为"从差异性到同一性的过渡"。那么，在我们看来，将文化多样性和政治混乱等同,以及将文化统一性和政治秩序等同,是这个时代留给我们的政治思想遗产的核心。

詹姆斯·塔利详细阐述了这一观点。对三十年战争原因的主要解释是,它源于"主权所在地的冲突"——"古代宪法中相互冲突的管辖权和权力是战争的原因"。如果说歧义或不确定性是罪魁祸首,那么"宪法必须将权力组织起来,集中到某个主权机构中"(Tully, 1995b:66—67)。要想让人民被理解为有能力去构建一个主权权威,他们就必须被理解为"文化同质化,即文化是无关紧要的,可以被超越或者是同一"。因此,人们接受了这样的想法,即人民形成了一个"社会"。这个社会被定义为"自然状态下的平等个体",或者是"处于历史发展的'现代'水平上"的集体存在,或被定义为由善的概念联系在一起的"共同体"。无论采取何种观点,社会都被视为预先存在的"同一的政治联盟",其成员不可避免地(理性地)被吸引去构建这种联盟(Tully, 1995b:63—64)。这不同于旧政权的习惯和不规则(或"多种形式")性,也不同于各种历史上的野蛮或荒芜状态,这些都是造成如此多麻烦的根源,"在现代社会中,主权国家的人民……建立一部在法律和政治上同一的宪法:一部由平等的公民组成的宪法,他们被同等而非平等地对待;一部由一个国家的制度化的法律和政治权威体系组成的宪法,而不是由多个国家组成的宪法;一部与所有其他国家地位平等的宪法"(Tully, 1995b:64—67)。塔利(Tully, 1995b:66)认为鉴于多年的战争经验,这种"法律和政治一元论"是"完全可以理解的",但这并不能证明他所说的"同一性帝国"是正确的。[22] 相反的是,塔利认为同一宪政的现代理想阻碍了我们"承认和包容文化多样性"的能力(Tully, 1995b:1)。

图尔敏与塔利的评价相当接近。对于图尔敏(Toulmin, 1990:128)来说,一种新的"现代性框架"——建立在"不同主权民族国家内部的稳定原则,以及每个国家内部社会结构的等级制"基础之上——使一种新的社会和政治秩序合法化。尽管这代表着"对 17 世纪政治普遍危机的及时回应"——缝合了中世纪"大都会"(Cosmopolis)的"创伤"——但他对这一结果并不乐观。他认为,尽管我们发现这些确定性和合法性最终并不令人信服,但对于如何应对差异问题,我们并没有得到充分的指导(Toulmin, 1990:80, 89, 172—175)。

因此,在塔利和图尔敏之后,我们把《威斯特伐利亚和约》解读为不仅是对差异问题的延迟,而且将我们引向一条理论和实践的道路,这条道路对于多样性即便不是充满敌意的,也是充满怀疑的。当我们对现代性的欢呼不断使我们忽视《威斯特伐利亚和约》留给我们的指导不足时,这个问题就变得更加严重。我们接下来讨论威斯特伐利亚体系延迟所产生的当代回响。

结语:国际关系学与差异问题

正如我们已经指出的,国际社会与不同和独立的政治共同体间的宽容原则密切相关。这种观点有一定道理,但这种联系是相当脆弱的,并且其间充斥着复杂性和差异性。我们认为,更加准确的理解是,国际社会的理论和实践在很大程度上延迟了对差异的真正承认、探索和参与。这种延迟是通过几个相互交织的步骤实现的。在国际社会中,他者位于国家之外,超越了政治共同体的边界。国家作为一个政治共同体的观点表明,在国家内部,一个相对"一致"的领域是假定的——用塔利的话来说,就是一种文化的同质性和同一的宪制。换而言之,诸多差异构成了特定政治共同体并使每个国家复杂化。这些差异在国家的领土边界内保持着独立,并得以管理。政治共同体"内部"和"外部"之间的界限划分和管理,将差异问题界定为两国之间或多国之间的差异;这些差异被标记并纳入国际差异之中。这种对差异的构建使我们能够通过在政治团体间协商一种权宜之计来"解决"这一问题。以主权和不干涉为核心的最低限度规则将国际社会构成一个相互容忍的政治共同体世界。在这种解释中,正是这种主权解决方案的极简主义,和由此所谓的"中立"稳定了这一体系:任何人和所有人,不论文化或意识形态,都可以在这个世界上找到一个家。故事便是这样展开的。

我们建议对差异问题无处不在的国际社会进行不同的解释。有界的政治共同体构建他者(并被构建为他者)。在其边界之外,他者以其他国家、敌对团体、进口商品和外来思想的形式潜伏着,是一种永久的威胁。而在政治共同体内部,他者则表现为差异,破坏了假定的却很少(如果有的话)实现的"一致性"。内部的他者可以通过等级制、根除、同化或驱逐以及容忍的某种组合来管理或治理。外部的他者则自生自灭,只能根据自己的手段经历苦难或繁荣,在边境过境处被封锁、平衡和威慑,或在必要的情况下被军事击败或被殖民。正如导论中所解释的那样,我们对他者的反应似乎总是接近了托多罗夫的等式:差异被转化为劣等,从而被根除。事实上,用杰西卡·本杰明的话来说,"内在/外在"逻辑是一种"分裂"的行为——一种排除自我与他人重叠的行为,从而将我们对差异的反应转向"净化仇恨"。在自我边界之外安全地定位差异会阻碍我们充分承认和肯定存在于内心的他者,或欣赏并宣称自己是超越边界而存在的他者的一部分。其含义很明确:除非我们能够创造性地应对自我和他者的排他性,通过暴露和培养连接点及重叠空间(同时仍然尊重分歧和不相容),否则我们将无法找到平等和差异共存的理解之路。换句话说,我们仍然在很大程度上受制于三十年战争结束后所表现出来的对差异的冲动。我们仍然局限于将差异视为无序的狭隘理解,几乎完全没有意识到与他者交往所带来的机会和资源,从而使差异的"创伤"永久化。

我们可以在国际关系学的主题中看到这种分裂的过程在起作用。马丁·怀特(Martin Wight)的文章《为什么没有国际理论?》("Why Is There No International Theory?")是政治理论与国际关系学理论相抗衡的典范:政治理论是一个国家可能存在的"美好生活理论"的范畴,它与国际关系学理论在道德和政治上的贫乏形成了鲜明的对比。当国际关系学被区分为"循环和重复的领域"或"契约前的自然状态"(precon-tractual state of nature)时,就不可能有恰当的国际政治理论(Wight, 1966:17, 20—22, 26, 30—33)。必须明确的是,这不是对不同因素的简单区分，而是国家/政治理论和国际社会/国际关系学理论相互构成的分裂行为。正如罗布·沃克（Rob Walker，1993：第二章）所阐述的那样，国际关系学理论对现代生活的政治和道德限制以及可能性的解释开启了对内外界限的界定：政治和追求美好生活只有在主权国家内部才有可能；然而，主权政治共同体的条件是这些独立国家在伦理上有限且悲剧性的互动。

因此，内部/外部的分裂不仅是场域的构成，而且是与国际社会相关的差异问题延迟的前提。我们发现这种延迟的根源并非20世纪理论的短暂特征，而是假定的欧洲国际关系学的起源。国际关系学依然存在于这种遗产及遗留的差异问题中。我们将在第三章再次回到这一主题，在那里我们将从现代化理论的角度来考察传统国际关系学理论以及对冷战后趋势的几种现代反应。然而，这种探究依赖于对16世纪和17世纪差异的根源进行更深入的考察。特别地，我们探讨了欧洲人对"发现"美洲所产生的时空焦虑。在那里我们找到了早期现代化和发展概念的种子，这些概念影响至今。

注　释

1. 大众的解释包括 Barber(1995)，Greider(1997)，以及 Friedman(1999)。学术文献也日益得出类似的结论，参见 Macmillan and Linklater(1995)，Lyons and Mastanduno(1995)，Falk(1995)，Lipschutz and Mayer(1996)，Weiss and Gordenker(1996)，Weber and Biersteker (1996)，以及 Shapiro and Alker (1996)。

2. Blaney and Inayatullah(1996；2000)及 Inayatullah and Blaney(1995)代表了进行此类论证的早期努力。

3. 令人信服的是，安德烈亚斯·奥西安德（Andreas Osiander，2001）曾指出，威斯特伐利亚国家体系的思想，与其说是历史现实，不如说是一个国际关系学的基础性神话。我们的研究接受威斯特伐利亚体系作为一个起点，至少在战略上是这样，以便重新解读这一神话——或许可以构建一个替代神话，以服务于对国际关系的重新想象。

4. 例如，参见 Gross(1968：47)，Bull(1977：27—38)，Morgenthau(1963：第十九章)，Herz(1959：43—44)，Holsti(1991：第二章)，Ruggie(1998：188)，Linklater(1998：23—24)，Van Creveld(1999：86，159—160)，以及 Spruyt

(1994:178—179，191—192)。然而，最近在国际关系学中出现了各种抗议。首先，以斯蒂芬·克拉斯纳(Stephen Krasner)的《威斯特伐利亚及其他》("Westphalia and All That," 1993)为例，以这种叙述为目标，进而质疑国家体系构建过程中思想的决定性。他认为《威斯特伐利亚和约》具有模棱两可之处，它未能完全打破中世纪的秩序，这一讨论具有启发意义，但还不足以推翻理论与实践密不可分的观点。后来，他声称主权总是在破坏中得到尊重，以适应各种形式的统治，这一点同样重要(Krasner, 1999)。更具有说服力的是他的结论"构成性规则从不排除替代选项"(Krasner, 1999:235)。具有讽刺意味的是，克拉斯纳认为，他对主权的不同观点支持了国际关系学的正统观念。相反，戴维·斯特朗(David Strang, 1996:45)认为这种竞争性意味着"建构主义"研究路径的界定性特征。戴维·坎贝尔(David Campbell, 1992:第二章)同样明确指出，明确的中世纪与现代决裂的叙述被用来神圣化国家体系所形成的身份。最后，安德烈亚斯·奥西安德(Andreas Osiander, 2001;另参见1994:第二章)对威斯特伐利亚神话提供了有力反驳，并呼吁考察国际关系学领域中行动体与制度安排的多样性。我们仍然对克拉斯纳的立场感到好奇(和困惑)，但对奥西安德、斯特朗和坎贝尔的观点更感兴趣。

5. 鲁登道夫·海德认为(Randolph Head, 1998:96)，这种分裂不仅存在于四种主要的信仰——天主教、路德教、改革宗或加尔文教、英国国教——中，而且存在于众多的"范围广泛的宗派运动中，从寂静主义再洗礼派和社群主义的赫特人到像托马斯·闵采尔(Thomas Muntzer)一样的千禧年革命者"。

6. 这一原则后来以其更著名的形式被重新表述为：*cuius regio eius religio*(whose reign, whose religion)。

7. 关于蒙田倡导宽容的范围与限制，可参见 Skinner(1978:279—284)，Scaglione(1976)，Pagden(1982:52, 85)，Tuck(1988:23—24)，Todorov(1993:32—44)，以及 Boucher(1998:23)；关于对伊拉斯谟的讨论，参见 Remer(1994)及 Head(1998:97)；关于对莎士比亚的讨论，参见 Jorgensen(1976)。

8. 如前所述，奥西安德(Osiander, 2001:260—268)警告说，我们不应该把和平条约视为确立主权原则的统治。相反，它们确认了许多统治单元的自治权或相对自治权，有些超越了帝国的等级制度，有些则处于帝国等级制内。主权作为组织原则的全面实现，还需要再过一两个世纪。我们不应该忘记，新兴的国际法体系也承认并合理化了一套平行的殖民关系(参见 Keene, 2002; Anghie, 1996)。

9. 诚然，对待内部和外部他者的思想、习惯和政策的发展，在逻辑上是互惠的，在历史上也是同步的。在这种辩证法中，我们将强调《圣经》对人类起源的统一假设，以及宗教改革作为基督教内部的"创伤"，以此来突出我们所认为的可能是欧洲致力于统一并延迟差异问题解决的最深层原因。我们将在第二章更充分地讨论 16 世纪欧洲社会理论的《圣经》起源。

10. 我们相信霍布斯的话,并假设他的意思是"男性"才是一家之主,是"社会契约"的谈判者。尽管我们发现自己在描述这些作者时采用了性别中立的表述,但我们在整本书中都试图注意,思想家明显以这种方式限制了他们思想的所谓普遍性。

11. 这句话出自塔利第六章的标题(Tully,1993)。在本节中,我们基本遵循这一章和梅塔(Mehta,1992)的解释。另参见 Gay(1964:6—8,12—14)。

12. 更确切地说,应该是男孩,因为女孩的教育很少被提及。我们还可以补充一点,导师和仆人在"年轻绅士"的教育中所扮演的重要角色,也清楚地说明了他讨论的阶级基础。引自 Locke(1964:98)。

13. 洛克在几个方面都使用了政府的语言(Locke,1964:29,70)。关于奖励和惩罚的观点在第 36 页。

14. 在他 1967 年起草的一份《包含穷人就业方法计划的意见书》(*Draft of a Representation Containing a Scheme of Methods for the Employment of the Poor*)中,警察权力被用来胁迫底层阶级遵守纪律(Locke,1993)。而且,令人惊讶的是,这种棍棒式做法似乎非常适于他们的孩子(Locke,1993:450)。

15. Locke(1976:1),引自 Tuck(1988:33)。

16. 主要借鉴了塔利的观点(Tully,1993:47—52)。

17. 正如塔利所解释的那样(Tully,1993:49),洛克借鉴了格劳秀斯的观点,将基督教的本质限定为"基督的存在、天堂与地狱及基督教的核心伦理。基督教应该仅通过爱和劝导来维持和传播,而不是武力与胁迫"。这一举动将宗教自由的学说和任何关于特定崇拜模式的主张置于本质之外。

18. 参见 Creppell(1996:202,217—221),Wootton(1993:38—39,106—109),Tully(1993:53—57),Harris(1994),以及 Laursen and Nederman(1998:3)。我们也要挑战自由主义是无懈可击的理论假设,是独特宽容社会的基础。自由主义的所谓普遍性(或中立性)日益遭到拒绝,甚至被它自己的支持者所拒绝(Galston,1991:第二部分;Rawls,1996:第四讲)。宗教宽容的自由版本,例如世俗主义,不再是神圣不可侵犯的,现在被挑战为狭隘且过于严苛的(Connolly,1999;Chatterjee,1995;Nandy,1990;Nederman,2000)。我们在第三章讨论了这种观点。

19. 这一解释主要参见 Tuck(1999:170—171),Tully(1993:第五章;1994;1995a),Arneil(1994),以及 Bishop(1997)。

20. 对主权与私有财产的相互平行和相互构成的性质,详细的讨论参见 Kurt Burch(1998),简短的论述见 Friedrich Kratochwil(1995)及 C.M.Hann(1998:1—4)。有关政治共同体享有的排他性权利的进一步讨论,见贝茨关于资源的讨论(Beitz,1991:243),以及沃尔泽关于成员资格的讨论(Walzer,1983:第二章)。

我们将在第四章和第六章回到这一主题。

21. 塔利也是这样解释的(Tully, 1993:155; 1995)。洛克忽略了对印第安人能作的其他描述,这在很大程度上表明,《政府论》(下)是由洛克的野心所塑造的,他的野心旨在为英国的殖民努力辩护,其中洛克有其个人的经济和政治利益(Tully, 1993:140—143, 149—151; Arneil, 1994:591—595; Tuck, 1999:166—168, 170—178)。

22. "同一性帝国"一词源于塔利历史叙述的章节标题。

第二章
亲密的印第安人[1]

> 我们可以推断……在另一种文化中,对于真实的渴望在一定程度上是对自己内心真实的渴望的偏转。
>
> ——斯蒂芬·格林布拉特(Stephen Greenblatt),
>
> 《令人惊奇的财产》(*Marvelous Possessions*)

> 在我看来,你们才是那些散发着邪恶气味的人,你们让我感到厌恶和反感,因为你们只追求虚荣轻浮,生活过得舒适安逸,仿佛并不是基督徒。而这些可怜的印第安人却散发着一种神圣气味;他们给我带来慰藉和健康,因为他们向我展示了生活的残酷和忏悔,而我如果想要得救,就必须选择这种生活和忏悔。
>
> ——胡安·德·苏马拉加主教(Bishop Fray Juan de Zumárraga,
>
> 引自 Hanke, 1949:175)

在前一章中,我们讨论了 16 世纪和 17 世纪欧洲对宗教改革和反宗教改革的主要政治和伦理反应,包括试图消除差异。与大多数将《威斯特伐利亚和约》视为一个更宽容的新时代标志的传统解读相反,我们认为,"宗教清洗"的激进解决方案与试图在社会和政治思想中构建一个固若金汤的"同一性帝国"之间存在着实质性的连续性。因此,在我们看来,在应对那个时代未能与差异和平共处的后果方面,现代政治理论作出的回应并不称职(参见 Tuck,1999)。仅凭直觉可知,在理论差异性方面,国际关系领域在理论上难以理解差异并不是一个简单的理论视角异常,不能通过迅速找到认识论的眼科医生轻松予以纠正。相反,这个失败似乎是西方社会和政治思想主流观念的核心问题,这需要我们更深入地探讨产生这种视角的存在方式。在追求这一目标的过程中,我们再次发现自己置身于 16 世纪和 17 世纪,当时的欧洲正尝试理解对新大陆的最新"发现"和开发。这种与他者的对抗对欧洲的自我理解构成了严重挑战;美洲印第安人在当代和古代学习的公认范畴中只具有部分的可理解性(Hanke,1959:2—3;Hodgen,1964:第九章;Pagden,1982:1—3;Mason,1990:17—19)。了解印第安人成为当务之急,这刺激了旅行者的游说、传教士的报告、比较民族志的出现,以及欧洲政治单元与新"发现"民族之间关系的新概念等系列材料的出现,玛格丽特·霍金(Margaret Hodgen,1964)和安东尼·帕戈登(Anthony Pagden,1982)对此都有着很好的说明(Anghie,1996)。正是后两种发展——比较研究的兴起和欧洲政治实体与其他实体间关系的新概念——对我们解释欧洲人对待差异的主要反应存在局限性至关重要。

当然,比较是任何社会和政治理论的核心。在进行比较时,出于实际或政治目的,我们可能希望突出差异性或相似性。然而无论多么抽象或具体,比较总是需要一些既有相似性又有差异性的参与。相似性必须以差异性为框架,差异性也必然是相似性的背景;两者缺一不可,否则比较就无法进行(Campbell,1992:8;Collingwood,1933:26—53;Zizek,1993:122—124)。然而,诸多与他者的接触都试图违背这一原则,几乎都是一味地追求相似或差异。茨维坦·托多罗夫对"双重运动"的分析清楚地表明了这种做法的危险性。正如我们在导论中所描述的,"他者"面对的总是一种反应模式,这种反应模式要么试图将"他者"完全同化为自我,从而压制差异,要么将"他者"定义为完全不同的人,从而否定共同的人性。正如本章,托多罗夫的研究集中在美洲的殖民,但我们同意他的这一观点,即这种与他者的交往模式预示着现代时代的到来,并在当代的许多社会和政治思想中得到了再现(Todorov,1984:5;另参见

Dussell，1995：9—12）。在下一章中，我们将探讨这一终极主张。这里我们寻找的是双重运动背后的动机和其他替代反应的可能性。

我们认为，双重运动的反应模式通常受到某些非常强大但隐而不彰的承诺的影响。对于国际关系学/政治理论矩阵而言，这些隐藏的承诺不仅来自三十年战争的创伤，而且存在于16世纪和17世纪基督教欧洲的整体问题中。这一时期的主要愿望是把社会世界理解为源自单一的起源（创世），即使目前已经堕落或分裂，也要遵循上帝的目的和计划的指引，达致最终的救赎与统一。对单一起源和同一目的论的承诺，并没有把差异构建为生命中固有的、普遍存在的一部分，而是作为对上帝恩典的堕落、对上帝目的的背离和对上帝原有完美的退化。当然，这种对同一性的承诺必然要经受欧洲内外所报道和经历的差异的爆发（Elliot，1995：401—402）。如何协调欧洲文化的核心假设与对待差异的体验，以及如何对待差异已经成为关键问题。由于对同一性的承诺施加了巨大的压力，差异的发现带来了难以忍受的怀疑和焦虑。

在这种情况下，差异问题产生了两种相反的冲动。首先，它与怀疑和焦虑紧密相连，差异造成了恐惧——这是人类不得不解释和定位的东西，并且与自我保持着一定距离，这样它才可能得到遏制或是被征服。对"同一性帝国"的追寻就反映了这种冲动。其次，正如对格林布拉特和苏马拉加最初引用的隐性主题所指向的，怀疑也表明了渴望探索差异能够带来的乐趣和好处。作为一种激发欲望的因素，差异必须被探索和研究，以便揭示和对抗那些一成不变的束缚。这种反向冲动向我们释放了关于"民族志时刻"可能性的信号——我们在本书中捍卫的希望——其中差异被视为内部自我反思和社会批判的资源。如果说主导的推动力是将差异视为退化和混乱，另一种相伴而来的冲动则是将差异视为重生和救赎的媒介。[2]因此我们可能会说，将国际关系学打造为一个"同一性帝国"的承诺，既遮蔽又暗含了一个有待被发掘和培育的替代性时刻。

本章将开始这项任务。我们在16世纪和17世纪的主导模式中找到了这些对立的冲动，并在一系列重要人物的作品中找到了它们的存在：维多利亚（Victoria）、莱里（Léry）、格劳秀斯和康帕内拉（Campanella）。

在本章的结尾,我们认为这些论著发生了一个重要的转变,进而为 18 世纪及以后出现更广为人知的发展和现代化概念奠定了基础。我们的观点是,发展和现代化(以及随之而来的殖民冲动)对于差异、退化和混乱(我们愿称之为:无政府状态)的这种问题,既可以被看作一种解释,也可以被看作一种可能的解决办法。

因此,我们可以确认两种管理差异的策略。第一是前一章的主题,涉及利用边界分隔差异的空间策略。第二是本章的重点,涉及时间策略,征用发展或现代化的思想。在本章的结尾,我们将指出国际关系的基本结构:无政府状态是国际体系的排列原则,内含着发展或现代化的秩序。那么在接下来的章节中,我们可以考察当代国际关系学作为现代化理论的一种变种,是如何保持和强化这两种管理差异的策略的。

野人和印第安人

当欧洲"发现"美洲时,用以确定时空的边界、作为差异储存库的主要术语以"野蛮"(wildness)这一概念——"荒野"(wilderness)和"野人"(wild men)的存在——为中心(White, 1972; Sheehan, 1980; Mason, 1990; Seed, 1993)。尽管融合了不同的起源,但正如我们下面所展示的,对那些与"野蛮"相关的可怕人物和野蛮行径的重复反应塑造了欧洲人与美洲印第安人的相遇,也提供了一种很大程度上已经被预知的语言和一系列形象(Hanke, 1959: 3—5; Greenblatt, 176: 566; Mason, 1990: 23)。有了这些形象和范畴,欧洲人试图以符合两种目的的方式来解释印第安人:捍卫岌岌可危的文化优越感和维护基督教教义的完整性。[3]更具体地说,正如基督教教义所假定的,他们试图保持造物统一的理念和上帝教会的恢复作用(在"堕落"之后),[4]却被突然出现的新民族所扰乱,欧洲对世界民众的理解无法解释新民族,甚至连基督教福音似乎都没有触及。然而,"野蛮"这个概念却充满了模糊性,既能提供田园诗般的愿景，又会产生令人心生恐惧的景象，既将差异视为堕落的标志，又将其视为欲望的来源。这种模糊性的原因一方面在于与"野蛮"相关的类别和形象的复杂来源，另一方面在于维持野蛮和文明之间界限这一计划存在内在的紧张关系。

中世纪的野蛮概念接受了来自古希腊、罗马和希伯来语资源中的无数形象和思想，其间也充斥着基督徒的理解。怀特（White，1972：9—10，23—24）告诉我们，希腊人把秩序与城市的生活方式联系在一起，这与那些居住在郊外或森林里的人形成了直接对比，那里是潜在的混乱和孤立的存在。因此，残暴或野蛮以道德和地理的形式出现，同时作为对人类内部多样性的判断，分为更高级和更低级的部分，也可以对文明边界以及对文明之外的怪物、危险和诱惑加以判断。[5]中世纪晚期和文艺复兴时期对美洲印第安人的野蛮分类，借鉴了城市的文明与狩猎和采集者的野蛮之间的经典区分（Mason，1990：46；Sheehan，1980：52），却利用基督教正统思想加以编织；除了与城市相关的定居农业和商业的社会实践，文明还需要基督教虔诚的情感和装饰（Sheehan，1980：40—41）。美洲印第安人作为蛮夷或野人的地位是显而易见的，我们不应感到惊讶（我们将在下文看到），这些群体与一个前社会状态——"自然状态"——联系在一起，成为混乱和无政府状态的典范。

中世纪晚期对新大陆的解释，也受到基督教对古希伯来传统的理解，这些传统围绕着创世神话和堕落展开。中世界基督教对创世意义的解读，在很大程度上遵循了希伯来语的理解（参见 White，1972：12—14）。一个"全能（omnipotent）、全知（omniscient）、完全正义（perfectly just）"的上帝不能不生产一个完美和谐的秩序。虽然人类被置于这个秩序的道德中心，但也正是人类的行为破坏了"伊甸园状态"，导致人类被逐出了伊甸园，并被放逐到一个充满敌意和残酷的世界。正是在这一点上，希伯来文化和基督教的理解开始出现分歧。

对于古希伯来人而言，堕落具有一种病因学的功能：它解释了为什么人类失去了上帝的祝福，并提供了一条道路——坚守与上帝的契约，通过这个契约，上帝的祝福和伊甸园的条件均可以得到恢复。也许比希

腊人更为直白,希伯来人将人类构建分为三部分:圣约的民众,他们是
"道德上可被救赎的人类典范";外邦人,他们虽然陷入了"自然(状态)"
的困境,但却有可能被救赎;以及那些"野人",他们似乎已经"陷入了一
种低于'自然'本身的堕落状态,在这种可怕的状态下,救赎的可能性几
乎被完全排除了"(White,1972:12—13)。

　　在后来欧洲人对新大陆人民的思考中,这种类型的等级制度虽然并
没有被完全取代,但在基督教的思考中,堕落却有着截然不同的意义。
对于基督教来说,堕落似乎是一种"物种污染",是"人心存在的本体论缺
陷",这阻碍了上帝律法在地球的充分实现(White,1972:12)。如此一
来,人类多样性的观念便在某种程度上被每个人内部分裂的认知所替
代——即内在的原罪(野人)与通过信仰而使生命获得救赎的可能性之
间的分裂。在欧洲人与美洲印第安人的接触中,虽然有时只是勉强承
认,但是正如我们将要看到的那样,万事——无论堕落状态还是野蛮程
度——在原则上是上帝恩典所不能及的。除非被某种非常强大的宿命
论版本予以排除,否则传教计划便会诞生,其目的是恢复造物的和谐和
秩序(White,1972:17;Mason,1990:46;Sheehan,1980:6;Dussel,
1995:50—54)。因此,古希伯来人对野蛮的本体分离(ontic hiving-off)
被基督教本体论方案中的内化野蛮所取代。中世纪基督教将这种分离
转化为一个内部空间,而不是一个(地理和逻辑上的)孤立之地,允许其
信徒在时间上将野蛮(包括美洲的野性)——视为基督教目的论终结的
开端。这在维多利亚时期将自然奴役的概念转化为发展理论的雏形中
起到了重要作用(下一部分的主题),并预示了启蒙运动时期的进步与发
展理论(本章的结尾将予以讨论)和当代的现代化理论(下一章的重点)。

　　然而,野蛮概念的发展也伴随着差异,这在欧洲探险家、传教士和诠
释者当中引发了强烈的焦虑。这是是否存在替代性的系列概念所带来
的首要的,也是其部分的结果。野蛮可以被理解为与"欧洲文化中的原
始神话"相关的"前社会时期",由《圣经》对伊甸园的描述所引导
(Sheehan,1980:1),或者是一种原始的纯真和自由状态,不受社会生活
的限制,由希腊和《圣经》主题的某种结合而成(White,1972:22,25)。

当"野蛮"不仅仅是分离和遥远的,而且是与每个人内心的一种可能性这一概念结合在一起时,"野蛮"(无论是在欧洲社会之外,还是在每个人内心),就不仅是一个危险的场所,而且是一个希望之所在。"从社会控制中解放出来的人的形象,是性欲冲动完全占主导地位的人"(White,1972:21),狂野的人犹如一个荧幕,同时上演着"被压抑的欲望和焦虑"(White,1972:7;另参见 Greenblatt,1976:567)。怀特(White,1972:21)详细描述道:

> 在基督教中世纪,"野人"是特定焦虑的升华,缺乏由基督教文明生活机构所提供的三种安全感:性安全感(由家庭机构所组织)、生计安全感(由政治、社会和经济机构提供),以及救赎安全感(由教会提供)。"野人"没有资格享有文明的性、规范化的社会存在或制度化的恩典所带来的好处。但必须强调的是,在中世纪人的想象中,他也不会受到这些机构所施加的任何限制。他是欲望的化身,拥有力量、智慧和狡诈,随心所欲。他的生活危如累卵。他贪食,总会寅吃卯粮;他骄奢淫逸,没有罪恶或堕落意识(因而也被剥夺了更精致的享乐所带来的乐趣)。与此同时,他的体力及灵活性被认为与其良知的减退成正比。

这些焦虑体现在欧洲人对美洲印第安人的看法中。更确切地说,美洲印第安人被解读为"野人",是出于减少焦虑和怀疑的迫切要求,通过压制与这组范畴和形象相关的模糊性予以实现的。允许这种模糊性,似乎打开了另一种政治和伦理理解的可能性,但会挑战现有的自我和他者结构,并产生退化到无序、进入另一种堕落的威胁(Pagden,1982:196—197;1993:46;Sheehan,1980:3,38)。自我和他者必须从根本上分开(Mason,1990:58)——一种如导论中所述的"分裂"形式。就像杰西卡·本杰明(Jessica Benjamin,1988:62—63)所期望的那样,在这些遭遇中,双方之间任何可能的平等都被一个进程所消除,这个进程使相互作用的主体两极分化,成为完全不同且相反的倾向,如善与恶的化身。

因此,欧洲自我的优越性是通过排斥行为来捍卫的(Mason, 1990:41)。人们发现印第安人不仅未开化,而且野蛮得让人联想到野兽。[6]尤其常见的是同类相食(cannibalism)的场景,尽管这种实际行为显然缺乏证据(Sheehan, 1980:64—65)。任何抵抗欧洲影响的迹象,都会导致甚至强化欧洲人将印第安人与不礼貌和撒旦等形象简单等同,因此,印第安人开始代表着欧洲文明中所体现的对上帝法则的蔑视(尽管是不完美的体现)(Sheehan, 1980:37—41)。简而言之,与其他地区的描述相比,美洲和美洲印第安人被认为是激进的或绝对的他者(Mason, 1990:179; Whately, 1990:xviii)。这样做的动机很明显:只有把印第安人视为彻底的他者、否认他们的共同人性,焦虑和困惑才能得以消除。

其次(并以此为基础),美洲的发现似乎也威胁着欧洲的历史认知,这种认知植根于古典,尤其是《圣经》的来源。帕戈登(Pagden, 1982: 13)认为,欧洲观察者"被人类本性的同一性所吸引,这种信念要求每个种族都要在一定范围内遵循同样的'自然'行为模式"。虽然欧洲人曾想象过自己与各种他者的关系,但这些继承下来的理解却因新发现的民族多样性、社会和宗教习俗变得紧张,而在此之前,欧洲人发现自己对他们完全一无所知。随着发现了越来越多超乎想象的可憎的和残暴事件,欧洲世界去中心化趋势日益明显(Hodgen, 1964:213, 231)。也就是说,正如我们上面所看到的,为保持自我的纯洁而采取的排斥行为使得印第安人——作为激进的他者——难以与《创世记》(Genesis)中所产生的统一和秩序相协调。正如我们在前一章所看到的,(一个日益分裂的)基督教世界追求神学统一的热情支持者,以"世界的多样性……为问题,因为它损害了救赎的独特性"(MacCormack, 1995:106)。因此,解释美洲印第安人所呈现的多样性问题变得越来越紧迫(Pagden, 1982: 1—9; Hodgen, 1964:221—222)。

当时的思想家倾向于采用两种解释多样性的模式。这一问题要么在《圣经》的指导下予以讨论,要么是在古典哲学家提出的世俗历史环境观点下进行探讨。因为这两种方式都是"按照普遍尊重历史或遗传类型的解释来构建的"(Hodgen, 1964:222)。虽然《圣经》的权威发挥了主导作用,但由于在思想家和个人叙述之间存在张力,故这两种解释模式的成分均混迹其中(Whately, 1990:xxiii; Williams, 1948:140; Hodgen, 1964:225; Pagden, 1982:28, 50, 第七章)。诉诸《圣经》权威也没有产生一种完全一致的方法。思想家在捍卫更为正统的一元论(强调创造的单一性)和各种多元论(说明多个创造性场景)之间产生了意见分歧(Hodgen, 1964:272—275)。"第二个亚当"或"来自地球的自然生成"的想法被认为是异端邪说——这对人类团结和完整性构成了可怕威胁(Pagden, 1982:22—23)——由于它们对偏离上帝的秩序同样充满敌意,故没有提供替代性的伦理选择,所以我们暂时把多元论放在一边。[7]

利用这些资源,解释者通常把多样性视为创世之初完美状态的退化。激进的差异与正统观点相悖,正统观点认为人类起源于"一个单一的创造性行为,在时间上的一个单一时刻,在地球表面的一个单一地点"。这种对造物的理解认为地球上不同民族之间的最初差异并不大,人类最初是"一脉相承"——"身体上、种族上和社会上都是同质的"。然而,解释人类多样性所需要的额外文本资源也可以通过《圣经》来授权,尤其是可以通过《创世记》中关于"堕落"(the Fall)、"该隐的流放"(Cain's exile)、"大洪水"(the flood)、"大洪水后的人口重生"(postflood repopulation),以及在"巴别塔分散"(dispersion via Babel)的谱系中探询。这些因素被认为在很大程度上能够解释"同一性的破裂",这种"同一性的破裂"使人们在空间中分散开来,并在文化上对他们加以区分,尽管常常需要通过类比或猜测来扩展逻辑,以解释更多的当代现实(Hodgen, 1964:223—229, 243—244; 另参见 Allen, 1963)。利用《圣经》中的主题,即随着人类的堕落而失乐园,以及由于自相残杀(与该隐)和狂妄自大(在巴别塔)而导致的人口分散,人类的时间和地理空间开始被认为是堕落的(Hodgen, 1964: 254—255)。在堕落之后,空间和时间再也不是上帝美丽和完美展现的媒介。更准确地说,人类多样性和地理分散只是出现在上帝最初的计划之后,而且在很大程度上与最初完美的造物背道而驰。因此,人类代代相传和地理扩张的集合,产生了多种多样、程度不一的物种变异。时空并非实现上帝的创作,而是使其疏远,[8]差异被建构并解释为退化(Certeau, 1980; Williams, 1948:148)。

因此,美洲印第安人的"残暴"和"可憎"行为在基督教宇宙论中找到了一席之地。但是由于从时间和地理上都远离了创世时期,所有的一切都在堕落,所有的一切都在退化,维护野蛮和文明边界的需要便额外增加了神学和史学的分量。我们必须非常小心地厘清各种各样的时间和地理关系,以便同时解释新世界的人们,并维护欧洲和基督教文明的优越地位。[9]考虑到印第安人和欧洲人都必须被置于上帝造物的人类范围内,这不仅需要考虑到差异,还需要关注相似之处。于是,16世纪和17世纪的思想家被迫将他们的注意力转向他们自己与美洲印第安人相似的问题上(Hodgen, 1964:301)。[10]

尽管差异即退化的推论仍至关重要,随之而来的相似性问题也为思想家提供了机会,这加深了欧洲的时空关系及其复杂程度——无论是在空间上的外部世界(各种各样的印第安人和其他蛮夷),还是欧洲人眼里在时间和发展上优先于他们的内部世界(古希腊和古罗马)。他们的方法是找出一种特定特征上的文化对应关系,然后在两种文化的全部范围内进行比较。这被认为对分析"野蛮"文化特别有用,这些文化因缺乏书面史而被视为没有历史。在这种情况下,"给定一对类似的特征——一个来自当代但可能完全没有历史的文化,另一个则来自古代但富有文献记载的文化——那么古老特征的年代和证据的重要性就会被赋予没有历史的当代文化,使得当代文化仍然可以被用于文献,即使它是新近出现且在历史上留白的"(Hodgen, 1964:308)。也就是说,欧洲与其他国家之间的空间差异转化为了时间差异。随着时空的变换,被构建的野蛮人在时间方面的落后被等同于古代欧洲自我独立想象的时间起源。而空间上截然不同的他者也由此转化为时间上的先前自我(Armitage, 1995; Fenton and Moore, 1974)。[11]用霍金(Hodgen, 1964:339)的话来说,"从记忆中抹去"是美洲印第安人的历史性。虽然我们将在下文更加充分地研究这一时空策略的价值,但很明显,它相当于抹去了现在这一欧洲自我和他者共享的时间——一种"对同时代的否认"(Fabian, 1983)。

这种否认——正如我们将看到的,仍然是当代社会理论的核心——旨在解决某些问题。它似乎解释了美洲印第安人的起源。如果能够证实美洲人口是诺亚的后裔,那么创世的时空统一性就可以得到维持。人们提出了两种方法:首先,通过确定美洲印第安人和(已知)诺亚的亚洲后裔间的相似性;其次,通过记录他们从亚洲到美洲的迁徙路线。类似的提议包括印第安人"来自威尔士人、希腊人和罗马人、犹太人、以色列十大失落的部落、非洲人、埃塞俄比亚人、法国人,或腓尼基人"(Hodgen,1964:312)。在不同情况下,这些断言都依赖于(或多或少)仔细的相似性描述,美洲印第安人被拿来与过去和现在的民族相比较——人们认为,他们的相似性据信包含了"文化遗传关系"(Hodgen,1964:312)。然而与欧洲人的优越感相一致的是,人们总是认为"欧洲或欧亚文化是且应该是比美洲文化更古老的文化"(Hodgen,1964:313)。或者反过来说,人们开始接受这样的观点:相对于现在的欧洲人,美洲印第安文化和古代文化都是不成熟的(Hodgen,1964:332)。因此,这种从古代向美洲传播民族和文化的观念产生了一种比喻,美洲印第安人的形象被喻为这些古代文化的不变遗存。经过世代传承,印第安人的文化被描绘成一种"一成不变的、可以解释的固定的、原始的状态"(Hodgen,1964:332)。

作为本节的总结,我们想强调,这种比较方法有三个相互联系的因素,所有这些因素都在抑制共同的人性。第一,否认了不同民族在当今时代的同时代性。第二,这种对同时代性的否定是通过将某些民族视为一成不变的、无历史的来维持的。第三,通过声称一成不变的古代性将其转换为"没有历史的民族"[12],古代的(但内部的)他者和当代的(在空间上属于外部的)他者可能等同于自我先前的、不太先进的形式。这三个要素共同将差异构建为退化——这个问题需要回归同一性来予以解决。从一种不变的古代性(包括过去及同时代)走出,只有两种可能路径。一条是真正的道路,这条道路使基督教化的欧洲从原始状态转变为民众参与的有意义的历史。另一条则是从古代走向美洲印第安人的道路,这是一条"错误"的道路(因为他们没有受到基督的照拂),或堕落的道路(因为他们被基督遗忘了)。因此,野蛮的、野性的或残暴的文化既没有被赋予历史性,也没有被赋予可变性,唯有欧洲人才能施此恩惠。他们作为人类的平等性能否被承认,最终取决于皈依和同化。[13]

欧洲人的遭遇:显性和隐性时刻

虽然比较方法或许代表欧洲人对"发现"美洲的主要反应,但它绝不会穷尽在"接触区"中一系列遭遇所能证明的各种可能。我们已经指出了野性或野蛮概念中的一些含糊之处——既是堕落的标志,也是希望的源泉——以及在面对极端的他者时,这种观念推动了欧洲自我作出拼命努力。欧洲对待差异立场的模棱两可和细微差别值得进一步研究,但我们无法对各种反应详尽分类。我们采取的策略受到南迪(Nandy, 1983)和托多罗夫(Todorov, 1984)的启发,借鉴了这一时期几位重要人物的作品,用以概括欧洲反应的一些关键特征。我们将介绍和讨论四个人物的著作——弗朗西斯科·德·维多利亚(Francisco de Vitoria)、让·德·莱里(Jean de Léry)、胡果·格劳秀斯(Hugo Grotius)和托马索·康帕内拉(Tomasso Campanella)。每一种解释都表明欧洲对美洲印第安人的主流观点是堕落。然而,在每种情况下,我们也可以确定某些即兴因素。维多利亚的作品对我们的研究至关重要,他对印第安人的看法,即把他们视为绝对的他者——天然的奴隶,这种看法可以被转化为可识别的发展理论的一个雏形。莱里重新界定了同类相食(cannibalism),使其从绝对他性标志转变为一个批判性范畴,作为针对天主教内部其他派别的武器。更有益的是,它还被用作评价急剧变化的欧洲的一面镜子。格劳秀斯参与了关于美洲印第安人起源的辩论,我们提出了一种可能性,即美洲印第安人——作为一种至关重要的他者——可能是基督徒之间美化宽容的关键。最后,在康帕内拉那里,我们发现了从一种中世纪基督教观念过渡到一个公认的现代世界主义回答差异问题的答案转变的迹象,即使它在普遍的愿景中抹去了他者,但依然感受到了对他者的需要。如此一来,一方面,这些个人所引入的即兴因素——在后来的欧洲思想中被认为是文明秩序与无政府状态、发达与不发达之间的对立——有助于捍卫欧洲自我的边界,增强欧洲的道德和文化优越感。另一方面,每个人物都提出了一些要素,作为对文化和民族关系进行其他评估的资源。

弗朗西斯科·德·维多利亚(1485—1546):作为孩子的他者

> 在殖民扩张的过程中,当一个西方国家占领了,从字面上说,一个本土国家的空间时,人们便设想了几种替代办法来处理这种违规行为。最简单的方法是移动或迁移他者,例如北美和澳大利亚。另一个方法则是假装空间被划分并分配给单独的主体。南非的统治者坚持这一解决方案。大多数情况下,首选的策略是简单地操纵另一个变量——时间。在各种排序和测距装置的帮助下,人们赋予被征服的人群以不同的时间。
>
> ——约翰尼斯·费边(Johannes Fabian),
> 《时间与他者》(*Time and the other*)

弗朗西斯科·维多利亚,多米尼加神学家,萨拉曼卡(Salamanca)或西班牙法理学学派创始人,[14] 他是 16 世纪关于印第安人性质辩论的一个核心人物。然而,推动他介入此问题的动机更为宏大。他在巴黎接受的教育(1507—1522 年)使他沉迷于托马斯·阿奎那(Thomas Aquinas)的作品,也使他接触到新的人道主义怀疑论和各种新教教义(在他看来是异端邪说),这些教义是关于恩典和所有权(dominium)关系的。1523年回到西班牙之后,他当选为萨拉曼卡神学系的首席教授,一直任职到去世。在他首要的系列讲座中(1526—1529 年),维多利亚将托马斯主义复置于与古人平等的地位,并致力于恢复亚里士多德思想与中世纪自然法学说的一致性。这样做的一个核心动机就是反对文艺复兴时期的怀疑论和新教徒潜在的社会寂静主义,为扩大神学研究范围,并对日常生活关切的道德确定性进行辩护。维多利亚将自我和财产的管理权及所有权置于自然法则之中,而不是神或人的法则。因此,所有权被普遍化,不再局限于选民或真正的信徒,也不再受到惯例的约束。而且对于我们的目标至关重要的是,如果自治权是自然法不可分割的一部分,那么关于某些人天生是奴隶,或个人和政治团体可以自由自愿地被奴役的主张就必须予以拒绝(参见 Tuck, 1979:49—50; Anghie, 1996:323—324)。

维多利亚关于美洲印第安人地位的观点十分明确,在 1539 年的演讲《论美洲印第安人》(*De Indis*,出版于他去世后的 1557 年)中,他非常严肃地讨论了这一问题。维多利亚的《论美洲印第安人》努力将印第安人定位在一个等级分明的造物中。与他对自然奴隶这一类别的拒绝相一致,他坚持印第安人同样是人的观点。根据人们对印第安人的技术掌握水平及社会和宗教实践的普遍评估,维多利亚认为印第安人与自然法严重脱节,或者换句话说,印第安人处于一种独特而永恒的社会和宗教混乱状态之中。美洲印第安人似乎是欧洲人的一个明显欠发达的版本。维多利亚创新的重要意义,最好通过他演讲时所处的知识背景这一细节加以理解,不过我们认为这也是发展和现代化理论的一个关键先驱(也是早期的)。我们将在本章末和下一章讨论这一问题。

在 16 世纪 20 年代前,欧洲所拥有的关于印第安人的信息主要来自西班牙与那些"原始"共同体的接触,包括伊斯帕尼奥拉岛、古巴、牙买加和波多黎各等。西班牙人对这些文化几乎不感兴趣,但随着阿兹特克人和印加帝国被征服,以及一系列美洲新记述的出版——如埃尔南·科尔特斯(Hernan Cortés)的《关系宪章》(*Cartas de Relacion*, 1522),贡萨洛·费尔南德斯·德·奥维耶多(Gonzalo Fernández de Oviedo)的《印度自然历史概要》(*Sum-mario de la Natural Historia de las Indias*, 1526),彼得·马特(Peter Martyr)的《新奥尔贝》(*De Orbe Novo*, 1530),弗朗西斯科·赫雷斯(Franscisco Jerez)的《秘鲁征服的真实关系》(*Ver-dadera Relacion de la Conquista del Peru*, 1534),奥维耶多的《印度的自然通史》(*Historia General y Natural de las Indias*，1535)——这些都使西班牙人的兴趣开始高涨。这些证据，即精致技术的掌握、大城市、庞大帝国的政治结构、市场和交换网络、商业阶级、贵族统治、有组织的战争、对他者有系统的剥削以及有组织的宗教的存在，都证明了一些印第安人创造了高度发达的文化。毫无疑问，这使西班牙人意识到他们足够强大，值得严肃对待。即便如此，西班牙人和印第安人之间仍然存在着巨大的差异，尤其在宗教方面，这就引发了他们在宇宙秩序中的相对地位问题(Pagden，1982:57—58；Seed，1993)。

与此同时，宇宙论问题也是一个关于西班牙征服和奴役印第安人合法性的法律问题(我们借鉴了下列论著的观点，Hanke，1959：第二章；Pagden，1982：第三章；Marks，1992；Seed，1993；Anghie，1996)。奴隶制本身并不是一个障碍，因为它被视为"正义战争"的后果，但西班牙王室持续困扰于他们在美洲的权利声索所产生的各种法律和道德问题。他们一般沿用 1493 年教皇亚历山大六世(Pope Alexander Ⅵ)的诏令(教皇子午线)，因而允许西班牙和葡萄牙在美洲传播福音和享有领土权，但不允许奴役印第安人(参考 Hanke，1937)。显而易见，这种法律上的限制并未能终结美洲的奴隶制。

1504 年，斐迪南召集了第一次军政会议(junta)[15]——这是由神学家、民事律师和教规律师之间就美洲问题展开的公开辩论。不出所料，与会者将西班牙的主张合法化。然而由于这些问题带来的持续不确定性，以及来自多米尼加秩序日益增长的压力，斐迪南于 1512 年在布尔戈斯(Burgos)召集了第二次军政会议。正是在这里，贝尔纳多·德·梅萨(Bernardo de Mesa)和吉尔·格雷戈里奥(Gil Gregorio)首次运用亚里士多德的自然奴隶制理论为奴役印第安人进行辩护。显然，斐迪南仍不太满意，同年他请胡安·洛佩斯·德·帕拉西奥斯·卢比奥斯(Juan López de Palacios Rubios)和马蒂亚斯·德·帕斯(Matías de Paz)提供"想法"，前者被授命撰写臭名昭著的《要求书》(*Requerimiento*，翻译见Hanke，1941:71—88)。他们同样依靠亚里士多德的理论来支持针对印第安人的奴隶制。[16]然而这种解决美洲印第安人问题的方法似乎使亚历山大教皇的福音传教与亚里士多德哲学相悖。印第安人能够通过自愿皈依来实现他们的人类潜能,然而这一想法与他们适合自然奴役的特征并不一致——即他们缺乏自我理性和自我意志。因此,维多利亚面临的挑战是在保持亚里士多德和基督教传统的有力结合或调节的同时(这些传统推动了托马斯主义思想的发展),如何驳斥对亚里士多德观点的使用。[17]

在日益分裂和充满怀疑的时代,维多利亚的做法还受到这样一个使命的制约,即必须捍卫基督教的道德和历史力量,以及欧洲社会和政治制度。路德派通过强调上帝的旨意具有不可知性,威胁要削弱公民权威的基础,而各种改革者则挑战异教或无神统治者的权威(Haakonssen, 1996:25—36; Skinner, 1978:140)。正如我们在前一章中所看到的,对政治混乱的恐惧普遍存在,这也有着充分的理由。如果说路德教派似乎削弱了神圣法和自然法之间保持明确联系的能力,那么怀疑论者就会拒绝道德原则的普遍性,甚至可能暗示自然法与政治生活完全无关(Skinner, 1978:140—141; Tuck, 1993:第二章)。作为回应,维多利亚和他的萨拉曼卡学派通过诉诸理性来寻求确凿无疑的结论——从万无一失的首要原则中推导出无可辩驳的道德戒律和合法的政治制度。更确切地说,正如帕戈登(Pagden, 1982:61)所解释的,他们认为,他们的"主要任务"是提供"对自然法的诠释"。虽然这预示了后来(部分世俗化)的社会契约思想,如前一章所讨论的,维多利亚希望避免暗示自然法可能与上帝意愿相脱节。与之相反,自然法被置于一个等级体系之中,逻辑上从属于《圣经》所揭示的上帝行为和神圣律法的永恒法则,但支配着人类法或实在法(positive law)(Haakonssen, 1996:16—17)。因为自然法是"上帝的旨意",所以它是"内在、公正且合理的",而实在法只有符合自然法,才是公正和合理的(Skinner, 1978:148—149)。自然法甚至可以扩展到社会礼仪中最世俗的方面,因为作为上帝植入给所有人类的一套"清晰而简单的观念",所有的人,不管是基督徒还是非基督徒,都可以用理性来辨别它的应用(Pagden, 1982:60—63)。这是至关重要的一点,正如我们将要看到的,因为它使所有的人,包括最近发现的印第安人,成为统一人类共同体的一部分,这也是康帕内拉世界主义的核心。

　　虽然这一结论与上帝造物的统一性的普遍观点是一致的,却让许多人感到不安,因为美洲印第安人不只是欧洲人所认知到的人群。即使抛开上面讨论过的最荒诞的关于残暴和可憎的描述,考虑到当时的观点这也是很困难的,美洲人民"不仅仅是一些众所周知的模式所产生的当地变种",而是表现出"反常"和"非自然"的行为(Pagden,1982:64)。然而如果印第安人仅仅是非理性的(因此是自然奴隶),那么就很难解释越来越多的描述涉及他们娴熟的技术、他们的城市和帝国政治制度,以及他们复杂的(如果是邪恶的)宗教行为。但如果印第安人是理性的人,他们能够获得自然规律,从而能够自治,那么就很难解释他们的活人祭祀(human sacrifice)、他们相对原始的农业技术和艺术,尤其是描述所呈现的同类相食(cannibalism)。西班牙的正义主张依赖于这些描述,而这正是维多利亚在他的《论美洲印第安人》中所要解决的困境(Anghie,1996:323)。

　　维多利亚提出的问题是找到征服美洲殖民地的正当理由(Vitoria,1991:233)。由于征服已经是现有秩序的一部分,维多利亚的方法包括在自然法和神法中确定那些解释(并证明)征服的要素,但这也可能需要对殖民政策进行调整。因此,用帕戈登(Pagden,1982:67)的话来说,对印第安人采取正确的政策是"一个触及人的本质和社会秩序的形而上学的问题"。

　　对剥夺印第安人自治、领土统治和财产等自然权利的解释,维多利亚首先考虑了四个经常被引用的理由。他认为,如果印第安人是:(1)罪人;(2)异教徒;(3)傻瓜——从本质上是不完整的,或者精神上是不正常的;或(4)本质上是非理性的人,那么印第安人可能会丧失这些权利。维多利亚(Vitoria,1991:240—246)毫不犹豫地将前两者搁置一边。正如我们所看到的,剥夺罪人的自然权利就是陷入错误的信仰——归因于威克利夫(Wyclif)、胡斯(Hus)和路德教徒(the Lutherans)——即认为所有权是基于信仰确立的。统治者的合法性取决于对真正信仰的拥护,这一观点可能会给西班牙人,甚至是任何拥护它的人带来危险的影响。印第安人也不能被认为是异教徒,因为他们要么对基督教一无所知,要么已经堕落到远离基督教起源的地步,被视为无法对自己的信仰负责。

而已有第三和第四点理由要求维多利亚更多地利用不断积累的有关美洲人民的证据。这样的证据至关重要,因为强调印第安人愚蠢或非理性,就是或明确或隐含地涉及亚里士多德自然奴役理论的核心经验范畴。根据他对新大陆证据的解读,维多利亚驳斥了这些关于印第安人的说法。他写道,印第安人"和其他人一样有判断力"。他们"在自己的事务中有某种秩序",通过"组织合理的城市、恰当的婚姻、治安官和领主、法律、工业和商业,所有这些都需要使用理性"来表达。重要的是,他们"同样有一种宗教形式(种类)"(Vitoria, 1991:250)。在这些方面,美洲印第安人符合亚里士多德自己的文明生活标准(Pagden, 1982:68—79)。然而,在另一方面,维多利亚(Vitoria, 1991:251)承认了这样的指控:"这些野蛮人是……愚蠢且迟钝的",他们"违反自然法的罪行"(Vitoria, 1991:273)。正如维多利亚(Vitoria, 1991:272—275)所明确指出的,虽然剥夺印第安人权利的理由并不一定是正当的,但对于某些指控的确需要谨慎对待,如同类相食和活人祭祀,因为这些都标志着存在一种理性上和社会上混乱的形式。

对维多利亚而言,同类相食是对自然法的公然冒犯。[18]对历史记录的研究表明,同类相食的确是一种犯罪。当注意到吃人肉这件事是所有文明国家所憎恶的,他得出结论:所有(文明人)"都认为这种习俗是可耻的,这是因为,根据自然法它本就如此"(Vitoria,引自 Pagden, 1982:85)。但共同习俗本身并无济于事,仅仅意味着存在着趋同的人类法律:除了普遍接受的道德上的不可辩护性之外。维多利亚面临的挑战是:要准确解释为什么这种行为违反了自然法。虽然自然法不允许杀害无辜者,但对同类相食来说,最重要的是它违反了创世时建立的区分所有权的等级秩序。维多利亚解释道,自然世界属于人类,因为上帝创造了自然世界供人类使用。自然之于人,如同人之于神。因此,人不可食人,因为人属于上帝。同样,奴隶制可能是人类法下的一种法律关系,但人类并没有在自然法与神法中创造出一种本体论上的所有权，在自然法和神法中，自然属于人，人属于上帝。由于他们误解了这种权威关系的等级划分，印第安人继续犯下严重的类别错误，故他们的行为明显是不人道和不自然的。维多利亚的结论是印第安人陷入了一种社会和宗教混乱，因为他们始终无法看到世界的真实面貌（Pagden，1982:86—87）。

对维多利亚而言，与同类相食相比，活人祭祀更容易理解（Pagden，1982:89—90）。他赞同人类强烈地需要向上帝祭献他们最珍贵的财产，即生命。他也明白，人的牺牲在基督教中发挥着重要的作用，正如亚伯拉罕（Abraham）愿意牺牲他的儿子，当然，也包括耶稣自己在十字架上的牺牲。尽管有这种共情，但维多利亚会更多地谴责印第安人的做法，不是去强调这两种宗教体系间的连续性，而是再次强调印第安人对自然法范畴之间等级关系的混淆。上帝为人类提供动物以供祭祀，不希望任何人摧毁上帝眷顾的创造物。对于活人献祭，就像同类相食那样，维多利亚看到了印第安人未能理解上帝秩序中最重要的戒律。因此，他的结论是，印第安人对现实的看法是扭曲的，他们的精神世界是有缺陷的。美洲印第安人精神世界的紊乱表现为各种文化和技术的不足：印第安人只有初步的农业知识，他们缺乏使用铁和其他金属的能力，他们也没有文字，最后，他们无法充分管理自己的领地。总之，印第安人是人类，但不是完全意义上的人类。

虽然维多利亚的父权主义态度显而易见，但这并不代表亚里士多德的自然奴役理论同样如此。他明确指出，印第安人的匮乏状况并没有改变他们作为人类的本质，他们并非永远愚蠢或不理性。相反，作为人类他们拥有理性，尽管他们的理性能力大多处于明显的休眠状态，是一种尚未激活的潜能（Vitoria，1991:250）。印第安人自己实现这种潜力的努力失败了，尽管这并不是因为他们缺乏人性的特征，用胡安·马尔多纳多（Juan Maldonado）的话来说，而是因为这种潜力"既没有教师也没有导师"（Pagden，1982:92）。维多利亚与马尔多纳多的意见相似。错误不在于他们的本性，而"主要归因于他们所受的邪恶和野蛮教育"，因为"他们已经脱离救赎数千年了"（Vitoria，1991:250）。也许这是人们能找到的一个最接近的精确时刻,无论好坏,帝国征服理论获得了理想主义的影响力及其教育动力。[19]

　　慈善事业,或者说在这种情况下传教士的热情开始于家庭理想,也可能是一种说法,即以家为起点、以家为归宿、以家为真正的目标。因此,维多利亚很快就得出了他关于印第安人可教化性的观点,以内部他者为参照物。欧洲的贫穷劳动者与印第安人有着相似之处:"即使在我们中间,我们也能看到许多农民(乡下人)和野兽没什么不同"(Vitoria,1991:250)。帕戈登(Pagden,1982:97)引用了维多利亚之后一个世纪的理论家伏尔泰(Voltaire)的话,证实了这一点:

　　　　这个类比十分明显,也很有启发性。对于所有受过良好教育的城镇居民来说,农民在生活状况上似乎与他们所豢养的动物(如果不是一样的话)很接近,就像印第安人一样,他们对世界一无所知。伏尔泰后来嘲讽地描述为"美洲野蛮人"(les pretendus sauvages d'Amerique)的那些人,与每天在乡村遇到的那些野蛮人别无二致,他们"与配偶和少数动物生活在茅屋里,日复一日,年复一年"。欧洲的农民"说的是在城镇里没人能听懂的方言,孤陋寡闻",他们在市井生活中没有容身之地,甚至比工匠阶级还要"灵魂乏味",因为工匠阶级无论多么低级,好歹还是"城里人"。

　　帕戈登接着解释道,印第安人这个词甚至适用于那些"阿斯图里亚斯人(Asturias)、卡拉布里亚人(Calabria)、西西里人(Sicily)、阿布鲁齐人(Abruzzi)。他们声称,这些地区的人就像'野蛮人'一样活着,一夫多妻,显然信奉多神论"。的确,正如上一章所指出的,印第安人一词被扩展到"所有背离正统信仰的人,不论种族,甚至包括像荷兰人那样的文明人"(Pagden,1982:97—98;另参见 Mason,1990:60—63; Friedman,1983:35—36)。

　　因此,维多利亚对亚里士多德自然奴隶制理论的挑战开始缩小欧洲人与外部他者之间的本体距离。帕戈登(Pagden,1982:99)对于这一结果的描述十分有趣：

> 对于我们的目的，维多利亚的类比还有一个更为深远的理论维
> 度。因为维多利亚坚持认为教育应为印第安人的行为负责，维多利
> 亚有效地将他从半理性的永恒空虚中解放出来，并置身于一个历史
> 空间中，在那里他与其他人一样受到知识的变迁、进步和衰落规律
> 的支配，无论他们是基督徒还是非基督徒，欧洲人还是非欧洲人。

然而，在欧洲人和外部他者的本体距离或水平距离得以缩小后，一
种正统的分隔取而代之。一种基于时空/历史距离的垂直等级制横空出
世，其中，教师处于阶梯的顶端，而各种类型的内外印第安人则处于阶梯
底部。[20]印第安人被认为是"生活在隶属关系、行为模式、语言模式和表
达模式之外的野蛮生物，而这些构成了文明人的生活；在心理上还像是
个孩子，作为无法思考的、情绪驱动的、半理性的存在"（Pagden，1982：
104—105）。欧洲的监护是启蒙和公共秩序的先驱。这是一盏明亮的
灯，向教育者展示了有价值的劳动，这种自信的前兆后来也成为"白人
负担"的痛苦恶兆。[21]尽管维多利亚的观点是针对"属于两种不同文化体
系的社会之间的秩序问题"（Anghie，1996：331），但他的观点并未成为
有关文明阶段、现代化或发展的成熟理论。这一运动耗费了一些时间，
也许只有在杜尔哥（Turgot）和苏格兰启蒙运动成员的手中才达到了明
显的现代形式（Meek，1976；Friedman，1983：36—37）。我们将在本章
末尾和下一章再回到这个主题。

维多利亚作品产生的影响在于开始用垂直时空或发展空间取代水
平/本体空间。在这个过程中，印第安人的地位从奴隶转变为儿童；欧洲
人则从主人转变为老师/父母。人们不必成为西班牙的辩护者，将美洲
印第安人的这种地位变化视为一项重大的历史成就。如果说维多利亚将
印第安人视为儿童或学生的做法并不符合我们当代对平等的要求，但它
的确是这些要求的先驱和基础。[22]更确切地说，对维多利亚成就的全面
评价取决于我们对其所培养的课业帝国主义（pedagogical imperialism）

性质的评价,尤其取决于发展的思想是否促进或阻碍了平等的目标。本书的其他部分将以某种方式对与发展理念相关的课业帝国主义进行评估。

让·德·莱里(1534—1613):作为内部和外部他者的食人族

> 对莱里而言,图皮人食人族*的仪式化,通过它的规制和重构,保持了对朋友和敌人之间稳定的区分;与欧洲野蛮人无形、动荡不安的本性不同,它使得大范围的、明确界定的信任区域成为可能。
>
> ——珍妮特·惠特利(Janet Whatley),
> 《不真实的真相》("Une Révénce Réciprogue")

> "他者"之所以存在,仅仅是因为我与我自身不是简单的同一,并且具有一种潜意识,我无法了解自身存在的真相。这种真相导致我寻求他者,迫使我与他者进行"沟通",希望能从他们那里得到关于我自己、我的欲望的真理。
>
> ——斯拉沃热·齐泽克(Slavoj Zizek),
> 《与否定一起停留》(Tarrying with the Negative)

食人者——或者食人族——在16世纪的欧洲比较模式中占据了一个关键位置,这有点类似于流氓国家、反人类罪的罪犯、恐怖分子、恶人和裙带资本家在我们这个社会所扮演的角色。将他者指定为食人族标志着衡量差异和相似性过程的决裂时刻;他者的行为不再是一系列不同社会理解的结果,而是被推向了绝对差异的领域。事实上,同类相食的行为被认为是在道德上和身体上的彻底背弃,因此,食人者的行为已经超越了人类的范畴(Pagden, 1982:80—83)。这是一个"充满威胁的、被禁止的世界",那些食人族"被流放到宇宙的另一边,处于征服者事业的外部界限"(Certeau, 1988:233)。"那,"在谈到吃人肉时欧洲人可能会

---

* Tupi Cannibalism,祖先是南美印第安人。——译者注

78

说,"恰恰是我们所不会的。"

让·德·莱里的作品《巴西之旅的历史》(*History of a Voyage to the Land of Brazil/Historie d'un voyage faict en la terre du Brésil*,1578)也反映了这种诠释冲动。他的旅行提供了关于"原始世界"的长久图景。蒙田在他的随笔中将其铭记(Lestringant,1993:127);17—18世纪的多位哲学家——洛克、拜耳(Bayle)、狄德罗(Diderot)和卢梭——重新诠释了这一观点,无论是卑贱还是高贵的野蛮人(参见 Lestringant,1993:128—129);克洛德·列维·斯特劳斯(Claude Lévi-Strauss)将其誉为民族志的开创性文献(Certeau,1988:212)。然而,莱里的著作也表明他对食人族和野蛮人的描述更为复杂。他把同类相食作为对抗天主教徒的武器,同时是他自己用来理解现代世界新教徒的一面镜子,这在某种程度上模糊了欧洲人与图皮人(他者)之间的明显区别,并构成了其论著的大部分内容。

造成这种模棱两可的根源可能部分在于莱里自身,而不是基于同类相食和宗教差异之间的复杂关系。[23]莱里一生中遇到过三次食人族的图景:1557年,他在巴西的图皮纳姆巴(Tupinamba)逗留期间,据他说,图皮人会仪式性地吃掉他们的俘虏;在返回法国时,他乘坐的那艘船上(船上民众)备受饥饿折磨;以及多年以后(1573年),保皇派(天主教)军队对法国小镇桑塞尔(Sancerre)进行了长达8个月的围攻。作为加尔文派传教士和天主教迫害的对象,莱里在当时宗教冲突中的地位也塑造了他对野蛮本质的理解。在莱里看来,野蛮人的存在不仅是内部和外部危险的来源,而且是进行内部反思和批判的民族志时刻。

关于让·德·莱里的早年生活我们知之甚少,只知道他出生在勃艮第的新胡格诺派(Huguenot)教徒家庭。宗教改革和宗教战争(1562—1598年)对胡格诺派教徒的迫害达到了顶峰,深刻地塑造了他的一生。在莱里成年的时候,加尔文在日内瓦建立了一个神权政体,这也是法国流亡者向法国进行传教远征的基地。莱里追随一支传教团体回到了日内瓦。1556年,莱里被要求参加第一次新教传教使命团赴美洲。尼古拉斯·杜兰德·德·维莱加格(Nicholas Durand de Villegagnon)是这次任务背后的推动力量,他是一名曾与摩尔人和土耳其人作战的军人。法国王室有很多理由支持他在巴西建立殖民地的冒险行动。当然也是因为有钱可赚,尤其是源自巴西木材的染料。国王还想挑战教皇把美洲赐予西班牙人和葡萄牙人的训令。这些动机似乎很清楚。但正如法国本身的分裂一样,特派团的宗教目的也是分裂的。维莱加格请求且得到了一位著名的胡格诺派同情者的支持,他就是加斯帕尔·德·科利尼上将(Gaspard de Coligny),胡格诺派未来的领导者,后来在圣巴托洛缪大屠杀(St. Bartholomew's Day massacre)中殉难。根据莱里的说法,维莱加格还联系了他在巴黎上学时便已经认识的加尔文,以寻求当时日内瓦改革教会牧师的支持。旅途中的十四位加尔文主义者都设想他们将要成立加尔文主义的使命团。然而在抵达巴西后,他们得知维莱加格根本不是宗教信仰改革的保护者,而是一个反复无常的危险人物。殖民地也因为圣餐(the Eucharist)陷入了激烈的争吵之中。当莱里一行的三人被杀时,其余人逃离了殖民地,躲在附近的小贸易站避难。在两个月的时间里,他们全靠图皮人的热情好客才得以存活。莱里将搭乘下一艘商船返回法国,但这艘船实际上偏离了航向;船上的许多人死于饥饿,幸存者靠吃稀有的猴子、鹦鹉、貘皮和老鼠谋生。事实上,在到达法国后,船长承认说,他考虑过杀同伴以为食(Léry, 1990:214)。

尽管莱里往返巴西的旅行以及在图皮度过的几个月构成了《巴西之旅的历史》一书的基础,但该书出版已是二十年后。这个时间间隔之所以重要,有两个原因。第一,在这段时间里,莱里经历了圣巴托洛缪大屠杀的余波(1572年8月,参见Kingdon, 1988),同时在桑塞尔的围攻中被捕(1573年1—8月)。莱里之前从巴西返航时遭遇饥荒的经历帮助他教导部下如何用老鼠和皮革烹食。围攻造成的饥饿迫使一对父母吃掉了死去的孩子。正是这一经历促使莱里在《巴西之旅的历史》一书中将这些欧洲人的相食事件和图皮人仪式化的同类相食进行了比较。第二,莱里出版该书似乎是希望对安德烈·泰韦(André Thévet)的《宇宙学》(*Cosmographie Universelle*, 1575)作出回应。泰韦,方济各会的修士,也是前往巴西完成传教的人物之一,在莱里到达巴西之前,他在那里已经度过了十周时间。泰韦的早期著作《法国安蒂克奇闻》(*Singularities de la France Antartique*, 1556)在他从巴西回来后不久便得以出版,这使他在同时代人中赢得了巨大的声誉,并对欧洲塑造巴西印第安人的形象作出了很大贡献。泰韦的新书与前一本相似,但增加了一些段落,他将巴西传教的失败归因于加尔文主义者煽动叛乱。泰韦是凯瑟琳·德·美第奇(Catherine de Medici)的牧师,也是查理九世的皇家宇宙学家,与天主教权力中心有着密切的联系,因此他的指控具有更高的权威性。也就是在泰韦发表这些指控的时候,莱里的《巴西之旅的历史》(第一版,1578年)出版。正如在前言中所表明的,莱里撰写该书的动机就是为了澄清事实。

莱里对图皮人的描述并不稀奇。珍妮特·惠特利(Janet Whatley, 1900:xxiv—xxv)介绍道,到1550年,巴西印第安人也已成为欧洲奇观的一部分:

> 1550年,当亨利二世对鲁昂(Rouen)进行国事访问时,一个充满巴西异域情调的场景呈现在他的眼前,塞纳河的岛屿上建立了一个模拟的巴西村庄,那里有50个真正的图皮印第安人,还有250名身着野蛮人装饰(赤裸、涂着黑色和红色)的水手,他们在满是猴子和鹦鹉的树林中打猎、砍伐巴西木、战斗和跳舞。

事实上,根据惠特利的说法,在16世纪和17世纪,图皮人是"美洲的全能寓言人物"。"在无数的绘画、壁画和雕塑中都能发现这号人物,穿着带羽毛装饰的裙子,头戴头饰,手持一柄盘形木剑:这个人物就是一个典型的图皮印第安人"(Whatley, 1990:xxiv)。关于图皮人的这些图景使印第安和巴西成为欧洲可以消费的实体。

正如我们所提到的,正是图皮人作为食人族的地位引起了欧洲人的厌恶与好奇(参见Greenblatt, 1991:14—25)。在他的著作《巴西之旅的历史》中,莱里准确而详尽地描述了图皮人在吃掉敌人时所感受到的快乐。莱里甚至描述了被俘孕妇肚子中的孩子。莱里认为图皮人吃人不是因为上瘾或是美味,而是为了报复自己的亲人被吃掉。莱里似乎能够理解他的语言所能产生的效果,因而有意识地增强读者的恐惧感。在对图皮人的同类相食行为进行了多次令人毛骨悚然的描述之后,莱里强调:"我可以再举一些类似的例子,用以说明野蛮人对敌人的残酷行径,但在我看来,我的表述足以吓倒你,足以让你汗毛直竖"(Léry, 1990:131)。除了具体细节之外,莱里还以读者可以预料到的方式,使其从中获得喜悦和反感。他的方法恰恰是把他自己的所见所闻转化成一种语言,用以唤起"原始"景象和声音以及对最初经历的奇妙感,以此来确立叙述的权威性(Greenblatt, 1991:21—24; Pagden, 1993:46, 51)。这种能力/权威的转化取决于这样一个事实:这些故事是在他曾经亲自经历过的遥远的美洲大地上展开的。从心理和地缘政治上看,莱里的故事似乎远离本土,但正是这种看似遥远的距离使莱里获益。

在某些程度上,这种距离看起来是绝对的。米歇尔·德·塞尔托(Michel de Certeau, 1988:218)表示,大西洋有助于清楚地划分新世界和旧世界,自从莱里跨过大西洋后,他的巴西之旅就定格在《巴西之旅的历史》一书中。物理距离被一系列对立所填补,这些对立将原始人与文明人分隔开来,最明显的就是原始人不穿衣服。莱里经过一些观察,以及正确运用"基督教训诫工具"衡量后,他得出结论,原始人热爱节日和休闲,忽视以利润为目的的生产活动。原始人的生活被一种享乐主义所支配,却忽视了责任的要求(Certeau, 1988:221, 228)。因此,莱里的描述再现了原始的形象,即印第安人构成文明的那些元素的缺失:基于人类技巧征服自然的定居的城市生活(Pagden, 1993:6)。

作为一名虔诚的加尔文主义者,莱里和图皮人之间的距离首先被认为是宗教上的。莱里将各种基督教传教失败归因于宿命论;而图皮人完全被排除在上帝计划之外(Lestringant, 1993:129—130)。在他们的生活方式中,那些让莱里(他的许多读者通过他的描述)惊讶的元素证明了撒旦存在的证据;他们的身体被附身,并且"他们显然地和实际地受到恶灵的折磨"(Léry, 1990:138, 141)。在莱里看来,图皮人的原始生活方式、同类相食的行为和他们永久的堕落状态间有着明显的联系(Pagden,

1982:169；Pagden，1993:46）。在格林布拉特（Greenblatt，1991:15）所谓莱里的"卡夫卡式的逻辑"（Kafka-like logic）中，图皮人"被永久地诅咒，因为他们敬畏一位他们不认识也不可能认识的真神，并因此他们拒绝承认"。对于这样的"无神论民族"来说，基督徒在新世界的传教是徒劳的——这在一定程度上归功于莱里的观念创新（Lestringant，1993:130）。正如帕戈登（Padgen，1993:43）所言，这种分化是"末世论的"。

正是基于此，包括莱里在内的许多思想家开始打破新旧世界的界限。正如我们在前一章中讨论过的，随着 16 世纪中叶宗教冲突的加剧，基督徒发现自己因相互指责偶像崇拜而分道扬镳，而不是被欧洲与其他地区分裂的连续性所定义。在宗教战争的背景下，一些天主教徒和新教徒对印第安人的宗教信仰采取了一种相对宽容、赞赏的态度。正如我们所看到的，对许多天主教思想家而言，印第安人的宗教献身被视为是一种潜在可能——一种潜藏在创世统一中的基督教——在欧洲的指导下可以转化为真正的天主教。尽管这仍被普遍谴责为不充分的（唯一的例外是拉斯·卡萨斯，在他自己皈依之后，他更多地以自己的方式看待美洲印第安人的宗教信仰；参见 Todorov，1984:185—201），印第安人的宗教信仰可能因另外两个原因而被赞赏。首先，尤其是对新教徒来说，印第安人的宗教习俗是用来对付宗教敌人的武器。因此，图皮人宗教习俗的堕落可以与天主教"神像崇拜"和同样堕落的做法相提并论。或者，当这些做法被认为是值得赞扬的时候，它们也会得到尊重，恰巧是因为这种比较是对天主教徒的蔑视（Lestringant，1993:127—128；Greenblatt，1991:8；Grafton，1992:137—139）。其次，许多欧洲人在印第安人身上感受到自我迷失的回声，一种他们希望从自己身上找回的东西。天主教徒和新教徒之间的宣传战凸显了他们之间的矛盾，却隐藏了他们对另一种宗教实践的共同排斥，这种宗教实践较少地与《圣经》和系谱或时代历史联系在一起，而更多地融入了日常生活的内在性。我们想说的是，为避免或消除这种吸引力，必须加强对印第安人习俗的排斥，比如同类相食。然而正如我们将要看到的，这并不是一件容易的事情，因为触发这种排斥性的标志——同类相食——远非外来的，而是与己密切相关。[24]

　　类似的矛盾心理也是莱里对图皮人反应的核心。正如我们已经提到的，莱里在《巴西之旅的历史》中利用厌恶与吸引之间的联系，为读者重现了他自己的经历。但莱里的目的并非单纯地强化距离感或者不可通约性。塞尔托（Certeau，1988：221）指出，最初以跨越大西洋为标志的新旧世界之分被另一种区分方式——社会和自然——所打破，即把欧洲人和图皮人的社会生活置于一个共同的领域。基于此，莱里把欧洲和图皮人的实践相提并论，并不仅仅是为了凸显欧洲人的高明。相反，图皮人的"异域世界"有时被作为"伦理乌托邦"来支撑欧洲。塞尔托（Certeau，1988：213）将莱里的航行描述为"通过他者的调解回归自我"。

　　更具体地说，在莱里关于同类相食的讨论中，他迅速而有力地将传统上的遥远转变为令人不安的熟识，将图皮人的做法与国内的野蛮行为相比较。他的目的很明确："以便于让那些读到这些可怕事情的人，认识到每天在巴西土地上由这些野蛮的民族践行着的故事，也能更仔细地思考这里，即在我们中间每天发生的事情"（Léry，1990：131—132）。然后，莱里把图皮人的镜像对准那些"高利贷者"，这些人"敲骨吸髓，把活着的孤儿寡母，非我族类——一律生吞活剥"。很快，莱里就将他的主要目标对准了天主教徒，尤其是那些迫害胡格诺派的人，首先是圣巴托洛缪大屠杀，其次是桑塞尔（Sancerre）围攻：

　　　　此外，如果谈及真正咀嚼和吞食人类的野蛮行径，我们发现，甚至在意大利和其他地方，一些人打着基督徒的旗号，不满足于残酷地处死敌人，甚至还要吃掉他们的五脏六腑。我尊重历史。暂且不谈其他地区，谈谈法国。1572年8月24日发生在巴黎的血腥悲剧（圣巴托洛缪大屠杀）……当时在全国发生的各种骇人听闻的罪行中，人肉（这比那些野蛮人更野蛮，他们被拉出索恩河，然后在里昂被屠杀）难道没有被公开拍卖给出价最高的人吗？他们的五脏六腑——难道没有被刽子手所吞食吗？（Léry，1990：131—132）

　　莱里并不能就此结束他的讨论，"同样，在欧塞尔（Auxerre）市一位自称信奉改革宗信仰的科厄尔·德·罗伊（Coeur de Roy）惨遭屠杀后——犯下这起谋杀案的人难道不是把他的心切成碎片，然后卖给那些恨他的人吗？在经过炙烤之后——他们不也是如獒犬一般吞噬了他吗？"(Léry, 1990:132)

莱里在一开始使读者对图皮人的实践感到高兴和厌恶后，随后，将这种迷恋转化为复仇的武器。正是法国人的屠杀，特别是那些攻击、谋杀和真的残食胡格诺派教徒的人，远超法老（Pharaohs）、亚哈（Ahab）、尼禄（Nero）和希律（Herod）*的野蛮行径。为避免我们对此视而不见，莱里再次强调了他的观点：

> 因此，我们从此以后不要再对食人的野蛮人（即同类相食的野蛮人）的残忍行为如此深恶痛绝，因为在我们当中有一些人，比我们所看到的那些只袭击敌国的人更糟糕、更可恶。他们（我们当中的有些人）已经投身于对亲人、邻里和同胞的杀戮中，因此，人们不必远离国土，更不必远至美洲，就能够看到如此可怕和惊人的事情。(Léry, 1990:133)

所有这些均可被视为反驳泰韦，尤其是反击天主教霸权的一部分。然而，他除了对天主教徒表示愤怒之外，可能还有另一个更为紧密的目标。但在开始讨论之前，我们需要澄清一个相当重要的问题。

莱里的图皮人民族志最终成为"美洲胡格诺派资料库"的重要且丰富的来源之一。弗朗克·莱斯特兰冈（Frank Lestringant, 1993:127—128）认为，莱里的《巴西之旅的历史》、于尔班·肖文顿（Urbain Chauveton）的《新世界历史》（*Histoire Nouvelle du Nouveau Monde*）和特奥多雷·德·布里（Theodore de Bry）的《伟大航行》（*Grand Voyages*），直接导致了蒙田的散文《食人族》（"of Cannibals"）和《指导者》（"of Coaches"）。在 16 世纪晚期，这个文集主要围绕两个主题：第一，对西班牙征服罪行

---

* 后三者分别为以色列暴君、古罗马暴君和犹太暴君。——译者注

的谴责;第二,"捍卫自由快乐的野蛮人,血淋淋的征服者本该让他天真无知,即使冒着永远被诅咒的危险"(Lestringant, 128)。这两个主题相互联系:胡格诺派文集提高印第安人的地位,主要是为了讽刺天主教徒。这种伟大抱负在特奥多雷·德·布里和伯纳德·皮卡尔(Bernard Picart)的作品中达到巅峰。在他们的作品中,反对罗马教会的哲学斗争十分明显,例如,"弥撒(the Mass)被贬低至卡菲尔人(Kafirs)和霍腾托人(Hottentots)原始的、有时令人厌恶的仪式的水平"(Lestringant, 1993:128;可参见 Greenblatt, 1991:15)。后来,法国启蒙运动的人物减少和简化了胡格诺派文集,使得民族志日渐丧失丰富性,从而产生高贵野蛮人的温柔而简单的形象,作为捍卫自然自由和谴责各种社会制约的武器(Lestringant, 1993:134—136)。

重要的是,不能将莱里算作把野蛮形象简化为高贵的那拨人中(Whatley, 1990:xxi)。莱里的确表达了对图皮人的赞赏:"对于这个尘世的生活,我已经表示并将再次强调,当这里(欧洲)的大多数人被赋予这个世界的财富时,他们却怨天尤人。而他们(图皮人)恰恰是那种随遇而安的人,他们无忧无虑,乐知天命"(Léry, 1990:133)。然而这种赞赏是选择性的,仅限于今生:"至于幸福和永恒的祝福(我们相信并且只能从耶稣基督那里获得),尽管我以前说过他们拥有过上帝的一瞥和暗示,但这依然是一个被上帝诅咒和抛弃的民族,如果在天堂之下还有任何这样的民族的话"(Léry, 1990:150;字体强调为我所加)。因此正如莱斯特兰冈(Lestringant, 1993:130)所指出的,即使图皮人"今生得救",他们的"来世必将迷失"。[25]

尽管如此,莱里的《巴西之旅的历史》中还是流露出一丝怀旧和懊悔(Lestringant, 1993:129)。透过莱里对图皮人的描述,珍妮特·惠特利感受到了某种失落,尤其是对一个更具"节日感"和"骑士精神"的欧洲的渴望。惠特利写道:

> 正如莱里所描述的,异域的新大陆文化在某些方面与旧世界具有相似性,而现代化——通过宗教改革——将以更纯粹的宗教或更

有效的经济结构的名义加以压制。那些激情四溢的表演，出手阔绰的消遣，那些年轻的图皮族青年如同"莫里斯舞者"一般跳舞，击打着沙槌舞动着穿过村庄，那些载歌载舞的图皮族青年，那些春风得意的战士，那些对亡夫真情流露的妇女——所有一切都直接呈现着欧洲的骑士传统，反映了公元前的仪式，也展示了古老的英勇行为准则以及壮丽恢宏的节日传统。（Whatley，1990：xxxvi—xxxvii；另参见 Whatley，1987：281）

与此同时，莱里注意到图皮人是为了复仇（也是为了荣誉）而战，这不同于他所观察到的欧洲同胞为了战利品而战。当然，尽管他钦佩这种骑士精神的可贵，但也由此怀疑，正是这种为荣誉而战的斗争给欧洲带来了巨大的破坏。正如惠特利（Whatley，1990：xxvii）所指出的："（图皮人）根深蒂固且无休止的仇恨，与他写作之时天主教徒和新教徒之间恶毒的报复关系毫无二致。莱里知道，无论是在巴西还是在法国，这种荣誉都是致命的。"

如何解释这种复杂而模棱两可的基调？许多他者只是简单地捍卫了"文明与野蛮之间对立的摩尼教观点"（Lestringant，1993：129）。惠特利（Whatley，1990：xxxvi）指出："也许在被转移到美洲之后，他们（节日和骑士传统）可以拥有庇护所，在他们'野蛮'的伪装下受到爱戴，即使他们在国内被那些在教义上支持莱里观点的势力所打击。"莱里将那些既吸引他又让他排斥的东西清除掉，将其转移到图皮人身上。为了消除这种矛盾心理，从而与他的怀疑保持一定距离，莱里允许自己批判性地审视这种矛盾心理的内在根源。如此一来，他所要批判的对象固然是那些天主教徒，但也包括对一个充满自己加尔文主义精神的现代世界的担忧。莱里在《巴西之旅的历史》中所表达的是，外部的他者总是与内在的他者紧密联系在一起，欧洲人可以通过利用美洲印第安人，开始与自身内部的紧张关系建立亲密联系。基于此，正如吕斯·贾尔（Luce Giard，1991：213）所指出的，我们充其量只能研究"与自我内在的他者进行最艰苦的战斗"。正如我们在下一章中要说明的，与我们内在的他者性相关的痛苦之战对于解读当代现代化思想同样重要。

胡果·格劳秀斯(1583—1643):他者与包容的空间

> 对差异的虚假拥抱只是在镜像中将他者视为自我的对立。因
> 此,它排除了处理自我内部所存矛盾倾向的必要性。这种对自我认
> 识的逃避,构成了失乐园后应对外部复杂性时的诱惑。
> ——杰西卡·本杰明,《爱的纽带》(*The Bonds of Love*)

胡果·格劳秀斯的作品"反映了那个时期的动荡不安"(Kingsbury and Roberts, 1990:1)。[26]这些动荡包括三十年战争时期的宗教和政治冲突,特别是荷兰从西班牙争取独立的斗争,荷兰与西班牙、葡萄牙和英国的殖民竞争,以及荷兰改革派内部宗教分裂的个人影响。格劳秀斯最为著名的论著——《海洋自由论》(*Mare Liberum*, 1609)关于海洋自由的讨论,以及《战争与和平法》(*De Jure Belli ac Pacis*, 1625)关于国际法的论述——使他在众多的自然权利理论家和国际法学家中脱颖而出,成为具有深刻革新意识的创新者(Tuck, 1979; Kingsbury and Roberts, 1990)。通过将重点从《圣经》教义转向依赖于人类学或社会学的普遍自然法解释,他的作品达到了将宗教信仰因素转化为世俗理想的效果(如前一章所述)。鲜为人知的是,他的许多明确的神学著作,其中一部分集中于捍卫他的宗教观点以及他的赞助人和盟友的观点,使其免受更正统的加尔文主义者的异端指控,另一部分集中于他统一基督教的计划。

我们将把注意力集中在他另一个更为晦涩的文本上——《论美洲原住民起源》(*De origine gentium Americanarum dissertatio*, 1642),在这篇文章中,格劳秀斯表达了他自己对美洲印第安人起源的猜测,关于该问题的讨论已经非常激烈(参见 Hodgen, 1964:第七、八章)。该文写作动机很难揣测,尤其相对于他的其他作品,该文显得尤为仓促且论证粗疏。格劳秀斯的异常匆忙也许是最好的解释,正如乔安-保罗·鲁比斯

(Joan-Paul Rubies, 1991)所表明的,格劳秀斯渴望反驳约翰·德·拉特
(Johannes de Laet)的观点,拉特是当时研究印第安人的专家,也是享有
盛名的神学家,还是正统加尔文主义的代表人物。但是格劳秀斯长期以
来都十分反对加尔文主义,他和他的盟友深受其害。我们想要强调的
是,格劳秀斯如何利用关于美洲印第安人起源的辩论,挑起其加尔文主
义对手的极端不宽容。也就是说,印第安人充当了宗教反对派之间的信
息交流媒介——他们各自对差异的宽容度进行争论的场所。尽管在我
们看来,格劳秀斯对宽容的辩护十分有限(正如我们在上一章所讨论
的),但与他的加尔文派同行相比已经相当广泛了。格劳秀斯在辩论中
的角色确实表明,在为内部多样性开辟空间时,印第安人是如何成为西
方的亲密盟友的。

　　《论美洲原住民起源》一书的目标可能是德·拉特,他是一位著名的
知识分子,他备受推崇的《新世界》(*Novus Orbis*, 1633)一书讨论了关于
美洲人民起源的问题。德·拉特关于印第安人的信息主要来源于西班
牙人安东尼奥·德·赫雷拉(Antonio de Herrera),其著有《关于卡斯泰
拉纳斯将军的历史》(*Historia General de los Hechos de los Castellanos*,
1601—1615);以及对赫雷拉影响最深的何塞·德·阿科斯塔(José de
Acosta),其著有《印第安人的自然和道德史》(*Historia Natural y Moral
de los Indias*, 1590)。阿科斯塔是西班牙的耶稣会士,至今仍被认为是
16 世纪最严谨的理论家之一(Huddleston, 1967)。他认为美洲印第安
人起源于鞑靼(Tartary)和西伯利亚(Siberia),他是第一个尝试通过用亚
洲和美洲之间假定的大陆桥来解释印第安人起源的人。他认为,这种迁
徙发生在巴别塔(tower of Babel)被毁之后,这使得印第安人成为基督
教家族的一部分,即便是堕落的一部分。这种观点将阿科斯塔直接归于
单一起源主义的(monogeneticist)传统之中。作为荷兰人和加尔文主义
者,德·拉特本应被视为西班牙耶稣会士阿科斯塔的天敌,但我们发现
德·拉特却借用阿科斯塔的著作严厉批评了格劳秀斯关于印第安人起
源于挪威的说法。荷兰人和西班牙人之间奇异的理论联盟,加之两个加
尔文主义者之间的尖锐敌意,揭示了在德·拉特和格劳秀斯之间的竞争

中,有更重要的事情超乎标准的宗教改革对抗之上。

格劳秀斯以荷兰神学家亚伯拉罕·缪利乌斯(Abraham Mylius,比利时语［Lingua Begica］)的理论为基础建立了他的印第安人起源学说,基于(相当薄弱的)语言类比,缪利乌斯假定北美印第安人来自古老的荷兰辛布里部落(Dutch tribe of Cimbri)。[27]为支持这一观点,格劳秀斯探寻了诸多古人思想,例如哈利卡尔纳索斯(Halicarnassus)的狄俄尼索斯(Dionysius)、塞勒斯特(Sallust)、塔西陀(Tacitus)、斯特拉博(Strabo)、普林尼(Pliny)、希罗多德(Herodotus)、卢坎(Lucan)等,并将他们与同时期西班牙、法国、荷兰和英国的游记进行了比较,如彼得·马特、威尼斯的泽诺(Zeno)、弗朗西斯科·阿尔维雷斯(Francisco Alverez)以及保罗·萨尔皮(Paulo Sarpi)。格劳秀斯反对阿科斯塔关于亚洲大陆桥的论点,并指出鞑靼地区马匹众多,而美洲地区却没有马匹。然而在这种反对中,他几乎没有给文化动力学(cultural dynamics)的可能性留出任何空间。例如,印第安人可能是驯养马匹之前的鞑靼人的后裔,或者在迁徙过程中,鞑靼人/印第安人可能改变了风俗习惯。我们将会看到,这种肤浅的推理对格劳秀斯并没有好处,反而使他遭受了严厉的批评。有趣的是,格劳秀斯在推理自己的观点时的确使用了更加动态化的文化论点。在为冰岛人和北欧人是北美人口的来源进行辩护时,他解释了北美人缺乏基督教的原因。他指出:在基督教进入挪威之前,挪威人就已经移民到北美了;如今的挪威人已经成了基督徒,但他们的美洲亲戚却还没有(Rubies, 1991:230)。

在《对格劳秀斯文章的评注》(Notae ad Dissertationem Hugonis Grotii, 1643)中,拉特奚落了格劳秀斯相对薄弱的推理,并教导他如何正确衡量来自印度群岛的现有证据。[28]不足为奇的是,格劳秀斯也对他的宿敌嗤之以鼻,如在《争论》(Dissertatio altera, 1643)中取笑拉特的名字。拉特不甘示弱,在他的《回应》(Responsio, 1644)中提出了更为精确和严格的分析来反驳。

讨论这场辩论的细节甚是无趣,或许不如谈谈为何格劳秀斯会冒险出版如此有损他个人声誉的作品,因为此前格劳秀斯已经获得遍及欧陆的声誉和尊重。第一种解释认为,《论美洲原住民起源》一书是对当时殖民斗争的介入。正如其他人论证的起源似乎赋予了某个欧洲强国征服美洲以优先权一样,格劳秀斯的冰岛移民身份也许证明了荷兰或瑞典抢夺法国或英国殖民地这一野心具有正当理由。[29]然而,这种论点与格劳秀斯自己关于非欧洲民族的著作以及他经常使用的征服理由大相径庭。

早在 1604 年,格劳秀斯就发表了《征服的权利》,之后出版了更为著名的作品——《战争与和平法》和《海洋自由论》。格劳秀斯跟随维多利亚的步伐,把他当成有用的天主教消息来源,以挑战教皇的诏令,并且拒绝任何将所有权(dominium)与信仰联系起来的论点。格劳秀斯同样不承认美洲印第安人天生就是奴隶,他在很早之前就驳斥了这一论点。他甚至断言,传教士和课业理想掩盖了现实主义的冲动:"很久以前,普鲁塔克(Plutarch)就指出开化野蛮人不过是贪婪的伪装"(Grotius,引自 Rubies,1991:235)。

格劳秀斯对这些帝国主义理由的拒绝,并不意味着他是殖民扩张的反对者(参见 Grovogui,1996:55—63; Keene,2002:第二章)。相反,他的大部分工作涉及为荷兰海外政策寻找理由,以打破西班牙和葡萄牙在东印度群岛的垄断地位。他早期对共和军事荣誉的人本主义式的拥护是其部分理由(Tuck,1993:159—170),但他对荷兰帝国主义的支持很大程度上与他对自然法的特殊改造(正如前文所述)更为一致。虽然自卫(self-defense)或自我保护(self-preservation)的权利确实能够更清楚地证明荷兰反抗菲利普二世和西班牙的统治具有合理性,但这在《征服的权利》中却被用来支持国家和个人使用武力,特别是像联合东印度公司这样的实体(Tuck,1999:79—85)。对欧洲竞争者和地方统治者使用武力的权利,主要依赖于关于财产性质和贸易权的争论。格劳秀斯假设,作为自我保护权利的一部分,个人拥有获取和保护货物的自然权利(不受限制),只要他们对物品的获取符合公正的交换或战争原则。这种对自然法必要性的理解,被用来强调荷兰人获取海洋的动机是正义的,而伊比利亚人将其排除在外的努力则是非法的(因为没有人可以主张对海洋的合法所有权)。鉴于惩处违反自然法罪行的权利可以延伸至所有人而无须考虑共同体的存在,荷兰可以正当地对那些非法垄断的欧洲竞争者进行战争,并对那些拒绝商业往来或威胁荷兰商人生命和财产的东印度政治团体开战(Tuck, 1999:89—94)。因此,格劳秀斯在拒绝伊比利亚人对权利的过分主张的过程中也限制了东印度(公司)主张的权利。事实上,他们捍卫国土和生活方式的诉求被自然法的要求所压制,而保证了旅行者和商人的进入。正如我们在上一章所提及的,这种对原住民权利的否定成为欧洲为帝国主义辩护的关键。

尽管这使得有关格劳秀斯对非欧洲人尤其同情的观点变得复杂化,但依然清楚的是,他认为新世界的人民不是那么野蛮的起源。这与他主张印第安人独立于国王和教皇的主张是一致的,而这将支持荷兰在新世界无限自由贸易。然而,他在 17 世纪前 25 年的著作中将众所周知的自然法与殖民扩张联系起来的观点,让人难以想象他又在 17 世纪 40 年代代表瑞典人(或荷兰)对美洲印第安人的起源提出了不同(且生硬)的主张。

针对格劳秀斯出版的关于印第安人的著作,第二种可能的解释是它不针对西班牙对新世界的控制,而是在对人类单一起源(the monogenist theory)进行辩护,反对伊萨克·德拉·培伊埃尔(Isaac La Peyrère)的多元起源论(the polygenism)。培伊埃尔的《前亚当时代》(*Pre-Adamitae*)虽于 1655 年在阿姆斯特丹正式出版,但该书在 1641 年于巴黎首次发行,在时间上先于格劳秀斯的《论美洲原住民起源》。乔安-保罗·鲁比斯(Joan-Paul Rubies, 1991)和理查德·波普金(Richard Popkin, 1987)都认为培伊埃尔是犹太弥赛亚主义(Jewish messianism)的支持者。培伊埃尔不相信摩西(Moses)已经撰写了《创世记》,并质疑他的权威性。他辩解道,古希伯来书中所记载的并不是全人类的历史,而是特定人群的历史。他认为灭世洪水应该是局部性的,也相信早在亚当之前就已经有了外邦人,他们与亚当、洪水和诺亚有着同时期却独立的历史。在《创世记》与人类多样性证据之间的对抗中,培伊埃尔拒绝了传统的妥协,即人类多样性是原始统一性退化的标志。他似乎认真思考了阿兹特克人和中国人的说法，即他们的纪年表要比诺亚和亚当的更加古老。他的多元起源论认为，用鲁比斯的话来说，"在不同的时刻和不同的地方有着不同的创造性行为，因此……人类的多样性才是亘古已有的"（Rubies，1991：239）。尽管如此，这并不意味着培伊埃尔支持多样性。与此相反，他的犹太—基督教复合背景包含了强大的弥赛亚成分，旨在促进世界的统一并消除多样性。

尽管培伊埃尔的解释源于对《圣经》的严肃对待，尽管他在物质和其他领域都得到了圈内重要人士的支持，倘若没有这些支持，他的思想将不会被印刷出版，但正如我们所想象的，人们对他的多元起源说作出了迅速的消极反应。天主教徒和加尔文主义者都认为他是异端和危险的人。鉴于此，格劳秀斯的论著被看作通过引经据典、借助《圣经》和来自新世界的证据来重申人类的统一性。格劳秀斯或许期待拉特会支持他的观点，因为他们都是一元论者。问题在于，除了对培伊埃尔进行批评（格劳秀斯在他对拉特尖锐批评的回应——《争论》中详细阐述了这一点），格劳秀斯还提出了自己关于印第安人起源的有争议性的理论。拉特和其他人能够接受格劳秀斯对培伊埃尔的批评，却反对格劳秀斯的观点。实际上，在对格劳秀斯的回应中，反对印第安人的挪威起源是拉特的主要目标。

让我们更深入地分析格劳秀斯和拉特之间的立场分歧。鲁比斯认为，他们争论的深层根源既不是对推进殖民计划持有不同的战略，也不是对人类多元起源论极端危险性有不同看法。正是对加尔文主义本身的对立看法造成了他们之间的分裂。格劳秀斯对加尔文主义正统派怨恨的根源可以追溯到改革派内部的分裂，这导致他在荷兰颇有前途的政治生涯毁于一旦。[30] 格劳秀斯出生于著名的代尔夫特家族（Delft），他的早期学识成就使他得到提拔（1607 年被任命为法律顾问），之后又被联合省议会任命为官方史官，不久之后，他就与荷兰著名政治家奥尔登巴内费尔特（Oldenbarenvelt）建立了密切的联系。格劳秀斯作为奥尔登巴内费尔特的门生，尽管后者影响力巨大，但这种联系也使格劳秀斯付出了沉痛的代价。奥尔登巴内费尔特与荷兰教会中的抗辩派结盟,反对正统的加尔文主义宿命论,支持雅各布斯·阿民念(Jacobus Arminius)的神学观点,主张上帝主权和人的意志是相容的。这两派之间的紧张关系持续多年,各种妥协方案,甚至包括格劳秀斯提出的妥协方案,都被如拉特一样的反抗辩派(Contra-Remonstrants)拒绝,认为这些都是异端邪说,甚至是教皇主义的。[31]不出所料,那些正统者既不愿意放弃他们的神学,也不愿意容忍另一种神学。反对抗辩派的强大力量很快赢得了荷兰议会的多数席位,并呼吁最终解决这种裂痕。

从 1618 年 11 月 13 日到 1619 年 5 月 9 日,改革教派的集会在多德雷赫特(Dordrecht)举行,目的是结束分裂。多德雷赫特会议最终支持反抗辩派,这导致奥尔登巴内费尔特被斩首。格劳秀斯只好谴责之前的恩人以免被处决;他被判处无期徒刑,摆脱服刑的唯一办法是流亡海外(由他的妻子策划)。二十年后仍在流亡的他,对正统派所作所为给他造成的伤害记忆犹新。抨击宿敌拉特,报一箭之仇,对于格劳秀斯撰写关于印第安人起源可能更具吸引力。

根据鲁比斯的评价,我们进一步提出建议,通过赋予印第安人欧洲血统来提升他们的价值,这种尝试以便为"内部的印第安人"开辟一个更有价值的空间。鲁比斯(Rubies, 1991:241)注意到,在与格劳秀斯相似或他认同的理论家之间存在一种共通的模式:

> 具有虔诚主义和信仰主义倾向的少数群体有着重要的传统,他们赞成单一起源论,并在政治和宗教领域展现出学术兴趣。他们中的一些人就美洲的起源论提出了自己的答案,例如波斯泰尔(Postel)和蒙塔纳斯(Montanus),他们将秘鲁视为《圣经》中的采金运宝之地——俄斐(Ophir);利普修斯(Lipsius)更喜欢柏拉图的亚特兰蒂斯(Atlantis);迈利乌斯(Mylius)则更倾向于一个寒武纪(Cimbrian)起源。所有这些作者都共享一种将美洲人与《圣经》或文明的起源关联起来的关切,而不只是将美洲人视为堕落或野蛮的源起。

　　换言之,荷兰改革派圈子中不太正统的人倾向于赋予美洲印第安人更高的出身。

　　在这种宗教和政治背景下,我们开始理解拉特认同阿科斯塔而非格劳秀斯关于印第安人起源理论的观点。即便阿科斯塔既是西班牙人,又是耶稣教会传教士,拉特也欣然同意他的观点。通过将印第安人的起源与非基督徒以及因此受到谴责的鞑靼人联系起来,拉特(和阿科斯塔)可以贬低印第安人的价值。[32]同样地,拉特也会对任何在加尔文主义者正统理论外价值的理论怒不可遏,比如格劳秀斯的学说,不管这些理论重视的是印第安人还是自由派加尔文主义者。与之类似,如果说格劳秀斯认为,受到迫害的内部少数群体与外部印第安人之间紧密相连,且由后者所代表,那么二十年的流放生涯使格劳秀斯加深了对增进被贬损者和被迫害者价值的兴趣,无论这些被贬损者和被迫害者是内部的还是外部的。鲁比斯似乎有类似的想法:“在这种情况下,格劳秀斯关于人类普遍融合的策略可能间接启发了他对美洲印第安人问题的处理,通过强调他们与基督徒、欧洲人和中国人的市民社会的密切关系”(Rubies,1991:241)。虽然这仍然是一种希望将印第安人同化到欧洲自然法视野中的手法,但它留出了一些宽容的(尽管有限)空间。

　　印第安人作为一种媒介使得信息能够跨界传递,例如在天主教徒和加尔文教派之间,也包括在加尔文教派内部之间。对格劳秀斯而言,也许对外部他者更加尊重的做法,会导致对内部他者采取类似的容忍态度——比如抗辩派和人文主义者。因此,格劳秀斯似乎利用印第安人创造了一个空间,在这个空间里,怀疑可以表达,并且在那个被加尔文主义视为是退化和禁忌的空间里,合法的对话能够进行。拉特认识到格劳秀斯的立场,尤其是这种立场会对他所珍视的正统观念构成威胁。这两位加尔文主义者之间的斗争,以及关于印第安人起源的两种理论,都可以被解释为他们对差异的质疑所引发的争论——其中一位将质疑或差异视为潜在的亲密关系,而另一方则认为这是威胁秩序的敌人。对拉特而言,如果要保留共和体制的秩序,就必须消除差异;格劳秀斯对将秩序建基在确定性之上的必要性同样敏感,但寻求一个不那么全面的同一性,故为差异留存了一定的空间。尽管这似乎与被指定为印第安人的实体几乎不相关联,但这种论述对非欧洲人的影响不容忽视。尽管这仍然是"同一性帝国"冲动的体现,但格劳秀斯把印第安人视为盟友,并在加尔文教派间展开了一场争取宽容的斗争,这标志存在着更充分地尊重人类多样性的可能。

托马索·康帕内拉(1568—1637):多样性以及对普遍主义的冲动

> 欧洲帝国在美洲大陆的遗产——可能是一种全新生活方式的制造——事实上表明,征服和毁灭最终不可避免地成为应对文化差异的唯一方式。
>
> ——安东尼·帕戈登,《欧洲人与新世界的相遇》
> (European Encounters with the New World)

尽管托马索·康帕内拉的作品在当代文艺复兴学术界之外不再得到广泛认可,但在 17 世纪,他却以其跨越哲学、科学、艺术和政治领域的著作而闻名。康帕内拉出生在那不勒斯(Naples)的一个穷人家庭,但他年少得志。他在意大利、西班牙接受训练,并受其影响。对我们来说,最为重要的是,康帕内拉也是一位"激进的预言家和世界改革者"(Headley, 1995:243)。1599 年,他曾在卡拉布里亚(Calabria,意大利)发动了一场反对西班牙当局的民众起义。毋庸置疑,康帕内拉的观点将其置于危险之中,正如他的同胞乔尔丹诺·布鲁诺(Giordano Bruno)的遭遇一样。在 1600 年,乔尔丹诺·布鲁诺(多米尼加人,也是那不勒斯人,诗人和哲学家)被烧死在火刑柱上。康帕内拉被判处终身监禁,服刑近 30 年,熬过了几次酷刑。在服刑期间,他全力撰写了数部传世名作——1600 年的《论西班牙君主制》(On the Monarchy of Spain, De Monarchia Hispanica)、1601 年的《政治格言》(Political Aphorisms, Aforisimi Politici)、1602 年的《太阳城》(The City of the Sun, Citta del Sole)。[33] 托马斯·康帕内拉对当时辩论的最大贡献在于:他倡导一个普遍的基督教帝国。最令人好奇的是千禧年神学与现代科学的结合,为他的政治(和乌托邦)思想提供了启发。康帕内拉的"基督教天启论"(Christian providentialism)试图协调神圣与世俗、宗教与"科学理性主义"之间的德治(Pagden, 1990:60);其他人(如格劳秀斯)也希望这样做,但是康帕内拉对人文主义怀疑论(humanist skepticism)的回答更雄心勃勃,更包罗万象。当我们记得欧洲帝国事业常被其支持者赋予预言性特质时,那么,在康帕内拉的叙述中看到将预言和现代主义元素奇特地并列在一起似乎也就不足为奇(Pagden, 1995:27)。如今,关于自由主义普遍性的类似预言(尽管是世俗的主张)与科学、技术和信息的驱动力结合在一起,这似乎很奇怪,但对国际关系学的重要因素来说却并非如此。我们将在下一章讨论这个话题。

　　康帕内拉对(基督教)帝国的辩护始于对人类知识的主张。在康帕内拉看来,既然"人类所有的知识都起源于单一的神圣智慧,并按照单一的神圣计划运转,那么它必须表现出一种自然的统一性"(Pagden, 1990:44)。上帝的计划向所有能够读懂它的人——包括历史学家、自然哲学家、神学家和占星家——自我昭示。因此,基督教被简化为救世主的生平和教义——"自然法则最纯粹的表达,基督教只是在其中增加了圣礼(sacraments)"(Headley, 1995:249)。因此,任何根据理性生活的人(无论他或她是否自知),都已经是基督徒了,而一个普适的基督王国内在于自然秩序之中(Pagden, 1990:51—52)。这些信仰使康帕内拉与新兴的新教观点发生了冲突。他反对强调原罪论,反对基督教作为救赎者的角色,主张效法基督在世间的生活。他拒绝针对少数人的预定救赎,而相信上帝的计划是让所有人都得救,即使是撒旦和堕落的天使"也会在与上帝的普遍和解中被接纳"(Campanella,引自 Headley, 1995:250)。考虑到人类的多样性(包括新发现的美洲人),他对只有当时的基督教世界才有机会获得救赎的想法深感不安。这就是他重塑传教工作的重要原因之一。他跟随维多利亚的步伐,不仅因为他相信基督教与自然法之间的一致性,而且还因为维多利亚主张沟通的权利。对康帕内拉而言,与维多利亚一样,这实际上意味着福音传播和普及基督教的权利。

　　普世的基督教需要一种政治形式——"神权君主专制"——才能获得成功,而康帕内拉提名西班牙君主制为基督教帝国的代理人,然而在他的晚年,由于西班牙相对衰落,他把这个职责授予了法国人(Pagden, 1990:50—51)。与塞普尔韦达(Sepúlveda)类似(他显然没有读过),康帕内拉为教皇授予在亚洲和新大陆的所有权(dominium)辩护,并以非欧洲人的无知或违反自然法为由对其进行征服(Pagden, 1990:53)。基于此,康帕内拉提出了他的论点,明确反对上个世纪的萨拉曼卡学派(Salamanca),正如海德利(Headley, 1995:262)所解释的,因为康帕内拉认为维多利亚及他的学生认为不能用武力来传播福音(Gospel)是错误的。仅有医生的治疗还是不够的;士兵需要惩罚同性性行为、神像崇拜和同类相食的罪行。通过这种方式,康帕内拉运用维多利亚关于基督教与自然法一致的主张来断言,当说服失败时,基督教帝国有权将理性和普遍的公民秩序的命令强加于所有人。海德利(Headley, 1995:262)指出,康帕内拉的严厉态度是第三代传教士面对印第安人意想不到的抵抗带来的结果,这导致了一种与"种族偏见"混杂在一起的绝望情绪。[34]

　　然而,康帕内拉对世界基督教君主制的愿景并不仅是对其他欧洲同僚做法的单纯接受。相反,他关于这一主题的著作显然是乌托邦式的。例如在《太阳城》一书中,他呈现了一个"由一位哲学王统治的受过理性教育的共同体,在那里,艺术被用于指导公民履行他们的公民义务"(Pagden, 1990:38;另参见 McKnight, 1989:88—89)。这一愿景也反映了他在世界范围内对西班牙君主制的倡导,尽管他也部分地被土耳其人对分裂基督教世界所构成的危险感到不安(Pagden, 1990:49)。在《论西班牙君主制》中,普世帝国的目标是传播符合上帝计划的生活方式,并认为只有精通政治科学的君主才能实现人类的幸福生活(Pagden, 1990:52—53, 63)。这并不是对谨慎使用暴力的简单许可。在康帕内拉手中,"国家理性"(reason of state)的语言与权力和权利携手同行(Tuck, 1993:71)。他的政治"科学"是统一知识体系的一部分(上帝的意志在单一的神圣计划中得以实现），其中政治艺术必然植根于对"终极事业"的理解。他的政治"审慎"——"现实主义"的权益——充满了美德、慷慨、自我克制与尊重（Pagden，1990：45—47）。以这种方式，康帕内拉对西班牙君主制下普世帝国的雄心壮志也成为了对欧洲君主自身实践进行批判性反思的契机（Certeau，1988：155）。事实上，他解释说，由于西班牙人在美洲表现出来的"残酷和傲慢"，他将普世帝国的职责转移给了法国（Pagden，1990：53）。

所有迹象都清楚地表明，康帕内拉非常关注人类多样性带来的问题（McKnight，1989：88—89）。他称赞哥伦布的发现、路德对天主教的突破，以及天文学取得的最新进展，因为它们挑战了传统权威，尤其是挑战了欧洲舆论的狭隘性质。唯有如此，才能促进人类知识和基督教的发展，使其真正实现普遍性（Headley，1995：253）。或许是预见到当代对破碎化的大同主义式的谴责以及构想一种后无政府主义秩序（下一章予以讨论），康帕内拉在其叙述中将普及基督教视为解决人类破碎化和多元化问题的方案：

> 如果世界由一国号令天下，那么随着陆上和海上交通、贸易和通信的发展，人类知识就会增长；人们可相互交流、互相学习，尤其是可交流天文学、占星术、物理学、政治学知识，因为"三人行，必有我师"。而魔鬼，嫉妒人类有此机会，故希望我们固步自封、坐井观天。魔鬼更希望我们拒绝交流，闭目塞听，如此我们将自以为是，视他者如无物。人类语言和宗教千差万别，如果我们不求同存异，互救互爱，那么我们唯有兵戎相见，彼此恐惧，最终自然是目无尊长、互为仇雠（Campanella，引自 Headley，1995：254）。

康帕内拉对多样性的评价已经比较正面——其他人提供我们所不知道的知识来源——但这种评估仍是空中楼阁。事实上，康帕内拉的普世基督教计划并不排除借助印第安人来解决欧洲问题，尤其是西班牙问题。在关于西班牙君主制的著作中，康帕内拉建议利用印第安人来解决他认为西班牙面临的最大问题——人口的减少。为了试图说服菲利普三世引进印第安人,他建议让那些皈依基督教的印第安人从事农业活动、手工生产方面的培训,有些人甚至接受某些主教、修道院院长和男爵领的培训;那些没有皈依的则可以成为厨房的劳动力。这种外来的劳动力将使西班牙人得以解放,专心于军事训练,而这也是保护传教士所必需的(Headley,1995:255)。

与此同时,他的作品也证实了在拉斯·卡萨斯传统中对印第安人的同情(参见 Todorov,1984:185—201;Dussel,1995:68—72;Pagden,1982:119—145)以及对各民族不同习俗的尊重。在一篇文章中,他以印第安人的口吻写道:

> 我们的领袖都认为你们西班牙人是上帝之子,驾着飞船,伴随着雷鸣炮响从云端降临,就像上帝本人一样。你们是高贵的生灵,就像半人马(centaurs)那样,是不朽的战士……。但现在我们知道,你们和我们一样是凡人,利欲熏心,违背你们自己的誓言杀死了我们的国王。我们知道,炮兵、时钟、书信和马术等艺术都是人类的发明,而不是神的发明,你们残酷地消灭我们,使我们沦为奴隶。我们理解你们西班牙人的贪婪、狡猾和勃勃野心,你们以宣扬福音为借口,奴役和掠夺着其他国家。因此,我们并不认为你们的宗教实践优于我们。如今可以发现,我们在很多事情上都具有相似性,甚至在很多事情上优于你们。上帝并未抛弃我们或对我们漠不关心,无论上帝是一个还是多个,他均会眷顾其子民(Campanella,引自 Headley,1995:261)。

与大多数理论家一样,这种对欧洲文化和基督教的明显批判并不是为了使欧洲立场相对化而进行的民族志反思。相反,印第安人的声音只有在支持有效改变宗教信仰时才会发挥作用,因为这有助于克服多样性和碎片化。事实上,印第安人的确堕落了,很多常见的行为都被作为证据——同性性行为(康帕内拉自己也曾被指控)、一夫多妻制、神像崇拜,尤其是同类相食。因此,为把印第安人从堕落和混乱中解救出来,西班牙人严厉的教育手段十分必要。"我们被逼无奈,"康帕内拉断言,"作为医生,在重症面前我们只能使用手术刀"(Campanella,引自 Headley,1995:262)。

当我们考察康帕内拉关于基督教帝国的政治计划时,上述观点会更加清晰。虽然康帕内拉的著作缺乏对国家制度和实践的详细分析,但康帕内拉建议法律形式必须简单,尊重当地风俗,并完全符合自然法。很明显,正如当代世界主义者一样,康帕内拉强调的是普遍性而不是多样性。尽管他对西班牙哈布斯堡王朝表示支持,这部分地取决于它在一个帝国中将各种民族和语言融合在一起,但他自己的计划却涉及一个激进的同化项目。他所建议的"文化转型"过程包括传播单一的语言、共同的习俗与同一的公民信仰,甚至选择性繁殖计划以改进物种。用现代科学的话来说,康帕内拉的计划是一项宏大的社会(和生物)工程领域的项目(Pagden,1990:55—59)。

因此对康帕内拉而言,美洲印第安人服务于三重目的。首先,他们的"发现"预示着科学在认识论中的主导地位,以及对知识而非权威的追求。其次,他们预期的皈依则意味着世界的统一,也就实现了基督教末世论(eschatology)。最后,在他们被视为激进的差异时,他们提出了一项欧洲计划,要求超越有限且狭隘的愿景。当然,这最后一个目的隐藏在喧嚣不堪和自以为是的种族中心主义中。

尽管如此,我们应该注意的是,在这种以种族为中心的参与中,除了超越显而易见的自我欺骗外,真正需要的是克服欧洲民族中心主义。在这里,他者的空间被颠倒,因而他者不再是外围的,被排斥和厌恶的他者反倒是自我认识和自我反省的中心(Todorov,1984:109)。我们不能过分苛刻地指责康帕内拉在他那个时代无法认识并接受这一理想。但我们不该对当代世界主义者仍未能充分认识到类似需求而无动于衷。

作为国际关系学先驱的 16 世纪和 17 世纪

我们曾多次暗示，书中所考察的人物预示着当代思想的关键因素。当然，这两个世纪与当代国际关系学仍存在一段距离，因而还有一段更加漫长的故事可以讲述。[35]我们希望在此明确这段故事的轮廓，以此作为下一章及之后各章的序言。

在努力抵制怀疑主义和处理美洲印第安人所呈现的差异的过程中，维多利亚通过坚持自然法的特权以及制定一种通过教授和皈依来矫正差异的策略，以维持道德上的确定性。正如我们所看到的，由格劳秀斯领导的新教思想家，以维多利亚将自然奴役理论转变为发展理论为基础，但逐渐赋予自然法以准世俗的地位（另参见 Haakonssen, 1996：25）。面对怀疑和分裂，为重建道德确定性和政治权威的坚实基础，他们放弃了萨拉曼卡（Salamanca）自然法学的野心。由此他们倾向于确定一套最低限度的、在他们看来没有争议的戒律，不同的宗教教徒甚至怀疑论者均予以赞同。他们的策略直接借鉴了对美洲印第安人的主要解释——美洲印第安人是野蛮的、未开化的、史前的人类存在。

从格劳秀斯开始，学者开始以这种方式呈现世界的历史，要么以《创世记》提供的遗传或系谱学观点为准绳，要么以"自然状态"为逻辑起点展开论述，这两种呈现方式相互重叠（Meek, 1976：14；Jahn, 2000）。与格劳秀斯一样，霍布斯在《利维坦》（*Leviathan*, 1651）一书中对人类起源既作了圣经式的描述，也作了非圣经式的描写，后者明确地将自然状态的"原初状态"与美洲印第安人的环境联系起来。霍布斯记述了战争状态，而没有商业和农业的刻画，"人类的生活"是"孤独的、贫穷的、肮脏的、野蛮的且短命的"，直接与"美洲许多地方的野蛮人"联系在一起（Hobbes, 1996：第一部分，第十三章）。这组联想使得"野蛮人"很难被理想化（Ashcraft, 1972：153—154；Meek, 1976：16—17）。此外，尽管卢梭等人致力于去想象出一类高贵的野蛮人,但最终在社会理论中占主导的却还是那些卑劣的野蛮人形象。[36]例如,尽管普芬道夫(Pufendorf)的《自然法与万民法》(*The Law of Nature and Nations*,1672)拒绝了《圣经》权威中的"自然状态",但他遵循了格劳秀斯的设想,想象了一个与之相当的原始状态——他也将这种状态与美洲印第安人联系起来(Berry,1997:31)。以人类原始状态为基础,普芬道夫构建了一个历史理论,其中私有财产以三种形式出现:居无定所的猎人与渔民、牧民的羊群与牧群、定居农业生产者的土地资产。然而,正是约翰·洛克在《政府论》(1690)中为历史分层理论开启大门。起初,与普芬道夫一样,洛克也遵循着《圣经》的描述,即认为亚伯(Abel)是牧民,该隐(Cain)是耕作者。但关于兄弟俩的叙述很快被解释人类起源的另一种版本所取代,该版本重点关注的是处于"自然状态"的美洲印第安人。洛克在《政府论》(下)中提出了著名的观点:"世界的开端在美洲"(Locke,1988:Ⅱ,301);"美洲……依然是亚洲和欧洲最初时代的模式"(Locke,1988:339);与《创世记》相反,在"最初的时代",农业和商业取代了狩猎和放牧(Locke,1988:Ⅱ,第五、八章)。因此,米克(Meek,1976:22—24)得出结论:"由此,人类秩序次第演进的观点正式出现……。不同的观点经由不同的生存模式被认为是随着时间推进而进步的。"

正是杜尔哥(在其1751—1752年的《普遍史》[*On Universal History*]一书中)和史密斯(Smith)(在1750年代以来的各种讲座中)提出了被视为"四阶段理论"的成熟版本——也许是当代发展和现代化理论的直接先驱(Meek,1976:23—25,73—75)。[37]粗略来看,该理论声称,"社会的进步通常是无意识的、但是由规律引导的四个前后相继的社会发展阶段,而后者主要基于四种不同的生存形式":狩猎阶段、游牧阶段、农业阶段、商业阶段(Meek,1976:75;另参见 Berry,1997:第五章,尤其是第115页)。尤其是对苏格兰启蒙运动思想家来说,该理论支持将历史视为一个普遍过程,朝着进步的方向发展(尽管在道路上会出现一些反常),对于人性改善的前景相当乐观(Berry,1997:第三章和第四章;Stocking,1975:75)。因此,正是法国和苏格兰启蒙运动的人物在很大程度上完成了维多利亚所发起的运动。希伯来思想和亚里士多德自然奴役理论的关键——自我和他者之间的本体(ontic)和水平(horizontal)空间——被明确地转化为时间距离,这取决于出现了一种历史理论,设定了一系列随时间推进而进步的阶段。

然而这种转变既揭示了断裂性(breaks),也呈现了连续性(continuities)。就断裂性而言,也许最引人注目的是,人们不再专注于举例证明上帝对待人类的方式,而是开始关注自然和社会环境在产生人类差异中所起的作用。另一个重要的转变是对未来产生了决定性的积极期许——即米克(Meek,1976:130)所说的"资产阶级乐观主义"和贝里(Berry,1997:70)所指的对人类完美性的信念。更确切地说,18世纪的社会理论家们把美洲印第安人(以及他们自己的腹地,如苏格兰高地和爱尔兰)的卑劣形象作为一个基准和出发点,构建了一个他社会实现经济和社会进步的理论(Jahn,2000:119;Berry,1997:76)。[38]在得出文化差异是不同社会背景的产物——即社会所处的发展阶段这一结论后,他们可以想象采取改变这种背景的可能策略,就像他们自己的背景已经改变一样(Stocking,1975:82)。他们认为,这些策略将加快发展的步伐,从而使他者变得更加文明(Berry,1997:76)。[39]在过去的几十年和几个世纪里,一个突出的问题(并影响到当代的思维)是:如何加速实现这种发展?我们相信,19世纪和20世纪社会科学的大部分内容可以理解为是对18世纪末确立的这些基本主题的变体(参见 Wazek,1988;Becker,1932;Jahn,2000;Forbes,1982)。[40]正是基于这一观点,我们将在下一章中把国际关系学视为一种现代化理论来解读。

国际关系学是一种现代化理论——这一判断可以通过我们对16世纪和17世纪启蒙思想的关键先驱进行解读而得以勾勒。虽然我们已经强调了维多利亚将文化和空间差异转变为时间距离的做法,但至关重要的是这种转变也影响了国际关系学的空间框架。更准确地说,各种发展理论都为帝国关系提供了启发,并成为构成国际关系学各种"内部/外部"或无政府状态/秩序等二元对立的关键(Walker,1993;另见 Anghie,1996)。从我们对维多利亚作品的解读可以清楚地看出,他将美洲印第安人视为自身较早或较不发达的版本，旨在证明西班牙在新世界的帝国活动是合理的。如果说西班牙帝国主义还包裹着一层理想主义的外衣，那么英格兰、荷兰及法国的思想家则更广泛地使用美洲印第安人的另一种景象，这些景象被定格在一种"落后的"或原始的条件之下（缺乏财产和政府管辖，缺失秩序），以抹杀任何原住民对土地所有权和主权的要求；新世界被宣告为"无主之地"（Pagden，1995：37，第三章；Grovogui，1996：第一章和第二章；Strang，1996；Tuck，1999；也可参见前一章对洛克的讨论）。

"野蛮"（savagery）或"原始"（barbarism）的概念在帝国主义后期和新近阶段依然发挥着关键作用。不过正如帕戈登（Pagden，1995：第六章）告诉我们的，到19世纪初，世界领主地位的宏伟愿景逐渐被取代，以商业交换为基础的新愿景应运而生。这一转变引发了关于殖民主义（尤其是相对于帝国主义力量而言）的相对成本和利益的广泛辩论，但给人的总体印象是帝国主义计划给殖民地带来了好处。19世纪后半叶，欧洲文化优越论（现在已具有了明显的商业愿景）的陈词滥调再次登上中心舞台，却逐渐变为一个基于实证法学说的"文明标准"（Gong，1984：尤其是第35—40页对早期观点间的延续性分析；Strang，1996：31—32；Grovogui，1996：18；以及Gong，1998）。因此，19世纪末和20世纪初的帝国主义是根据一种"人类理论"（theory of mankind）来运作的，这种理论基于各国人民自治的能力和作为文明国家对国际社会的参与能力来对各国人民予以区分。在这里，"原始人"或"野蛮人"旨在证明和赋予殖民实践以合理性（Wight，1992：第四章）。通过这种方式，与"精神启蒙"相关的"古老的天启语言"被转化为"启蒙理性主义"语言，其中科学家、技术人员和管理人员成为主角（Pagden，1995：第四章）。更确切地说，由于非欧洲人被归类为"原始人"，他们在主权话语之外被讨论——作为需要被安抚和教化之地，是欧洲人需要"信任"的"托管之民"或需要"保护"的地方（Wight，1992：75—78；Grovogui，1996：第四、五章；Keene，2002：第三章）。正如布莱恩·施密特（Brian Schmidt，1998：125）在国际关系学科史中提醒我们的，这些非欧洲人及所处之地"位于国际社会之外,身陷无政府状态之中"。事实上,施密特(Schmidt, 1998:140,另参见第 235 页)指出,"必须扩大对内部混乱(即无政府状态)地区的政治控制",使 19 世纪晚期和 20 世纪早期的国际关系学研究将殖民统治的考察置于中心。正如我们(可能还要补充)对失败、不文明、流氓或恐怖主义国家的类似关切,使得人道主义干预、反恐战争、维和与国家建设等问题同样成为当今该学科的核心问题。

诚然,"无政府状态"概念在该学科中还具有另一个更普遍认可的作用。尽管有关国际关系学理论基础的主张(包括前一段所述的关联性)通常忽略了无政府状态的争议性和变化性,但主要人物已经非常清楚地将国际无政府状态与早期现代"自然状态"概念联系起来(Schmidt, 1998:39—42; Jahn, 2000:第八章)。无论追溯到霍布斯(Morgenthau, 1963; Bull, 1977)还是卢梭(Waltz, 1959),国际体系都充满了原始或野蛮民族的特征:缺乏稳定的政治权威,以及由此导致的(至少是相对的)国内混乱和(相对)贫乏的道德、社会和商业关系。然而,与我们在前一章的论点一致,理查德·塔克(Tuck, 1999:引言)认为国际关系学并非建立在早期现代政治概念的基础之上(这是传统理解),而是早期现代政治理论家基于对国家间(和宗教间)冲突的理解构建了政治概念。正如我们所看到的,他们的冲动是用一个"同一性帝国"来取代分裂和多样性,这种同一性帝国将差异置于国家边界之外,并在内部管理或消除差异,甚至有像康帕内拉一样的人也在寻求着一种全球同一。"资产阶级乐观主义"的出现加剧了这种冲动,正如我们已经看到的,在这种情况下文明使命蓬勃发展,其形式是对使用科学重构社会和自然环境的信念压倒了对基督教的皈依。[41]

在这种国际关系学与现代化的社会理论中,印第安人、"野蛮人"、无秩序之地,均从基督教堕落之处被转变为文明进步的原始、可怜、卑劣和永久的标记,这是欧洲积极自我的对立面。最重要的是,对于差异的恐惧感依然强劲。与过去一样,不允许他者拥有独立的本体论地位;他者的存在只能通过将他们视为统一的、潜在的现实之表达,才能得以解释(Berry, 1997:59, 69, 88; Collingwood, 1946:82)。差异仍然是有待解决的问题,建立统一的世界秩序才是解决之道。正如我们将在下一章看到的,直到今天依旧如此。

结　　语

> 承认主体间性时间(Intersubjective Time)几乎可以从定义上消除任何形式的距离。毕竟,现象学家试图通过他们的分析来证明社会互动是以主体间性为前提,而如果不假设所涉及的参与者是同时代的(即共享同一时间),那么主体间性又变得无法想象。事实上我们可以从这一基本假设得出进一步的结论,即要实现人类交流就必须创造同时性。交流,归根结底是创造共享的时间。
>
> ——约翰尼斯·费边,《时间与他者》

随着哥伦布对新世界人民的错误认识,"印第安人"一词的使用及与之相关的"狂野"或"野蛮"开始泛滥,并实现了地域和理论上的拓展,尽管如此,这些内容迄今未得到细致的民族志考察。对此,我们心知肚明。然而我们似乎忘记了,在16世纪和17世纪,这个词也渗透到了欧洲的内部。它开始与所有的他者联系在一起——天主教徒、新教徒、西班牙人、荷兰人、戈摩派(Gomorists)、抗辩派、农民、女巫,最重要的是怀疑自我。

维多利亚的理论向我们展示了理想主义元素如何被纳入帝国主义理论。纵向的时间/历史距离取代了本体/水平分隔:奴隶变成孩子,奴隶主变成父母,基督教和自然法的包容性取代了亚里士多德关于自然奴役制的看法。这种理想主义在现代帝国主义内部的发酵是提供滋养还是成为毒素,或是复杂的混合,如今的辩论仍在继续。即使他的理论所带来的意外后果颇具争议,但重要的是要记住维多利亚的动机之一是捍卫印第安人拥有权利的观念。

　　至少在某种程度上,让·德·莱里的观点也让人同情。如果忽视他对印第安人永恒诅咒的确定性,我们可以发现莱里不仅有一种欣赏印第安人的能力,利用他们的同类相食在读者中制造一种民族志紧张的时刻,而且创建了一个对自身不安的疑惑进行检验的过程。为摆脱那些疑惑,莱里将目光转向了图皮人,在那里他可以驾轻就熟地欣赏、拒绝、哀叹或批评他们。他似乎需要图皮人与自己内心的印第安人对话。在格劳秀斯那里,这种对话欲望越加全面地政治化。在拉特和格劳秀斯之间的激烈辩论中,对印第安人评价的高低无异于代表着加尔文主义是否会许可一个公共对话空间,在这个空间里,怀疑能否被培养、收获,进而滋养政治体。其中,美好生活、健康和文明的其他做法都陷入了危险之中。

　　各种外部或内部印第安人(隐藏)的并列,并不意味着格劳秀斯、莱里和我们所提到的其他理论家不是基督教、自然法和/或商业文明之普遍性的虔诚信徒。正如罗斯托(Rostow)的代表作《经济增长的阶段》(*The Stages of Economic Growth*,1960)所说的那样,他们不仅相信,而且完全期待世界在几十年内发生改变。但当遇到那些占据退化空间/时间的人的抵抗时,这种极端的乐观主义就会动摇。当乐观主义微小而脆弱的光芒破灭时,我们发现康帕内拉(以及19世纪和20世纪的帝国主义者、各种美国的冷战分子、当今的反恐十字军)提出了一种愤慨和残酷的帝国主义。因此,基督教化他者的计划带来了沉重而始料未及的课业后果。

　　从维多利亚到康帕内拉,从对建立一个包容的普适性的狂热期许到迫使他者承受我们失败期望带来的绝望偏执,这一循环证实了斯蒂芬·格林布拉特的观点,即"了解另一半对文化本质的渴望,在一定程度上是对了解真实自我的一种偏转"。当然,这一循环的后果之一便是加剧了我们与内部和外部他者交流的失败,从而延续了"同一性帝国"的偏隘性。然而在这个循环中,存在一个替代的时刻,它使我们能够兼收并蓄那些必然产生的关键抵抗——这种抵抗是我们内部印第安人的日常营养,我们愿意认为,它蕴含着我们自我救赎的内核。

注　释

1. 我们在本章的标题中引用并转述了南迪的观点(Nandy, 1983)，即敌人总是内在于我们自己之中。

2. 关于通过与种族、民族和文化他者"混合"而获得重生和救赎，参见 Robert Young(1996:特别是第 41、71—72、107—109 页)，Nandy(1983:第一部分)，以及 Honig(2001)。

3. 有些人或许会反驳，我们低估了帝国对诋毁原住民族主权的急迫性。参见 Grovogui(1996:特别是第一章)。在本章的后面，我们将更清楚地指出文化优越感与原住民权利运动之间的关系，这也是前一章所提及的主题之一，另见 Keene(2002)。

4. 安·汤斯(Ann Towns)颇有说服力地指出，我们忽视了原始创世和堕落的复杂性所具有的性别特征。不仅存在两个创世时刻(因此"差异建立在创世基础上")，而且堕落本身也催生了一种社会理论，即"女人是人类堕落的罪魁祸首"和"物种退化的元凶"。女人被融入"荒野和混乱的概念中，这是欧洲人自命要去管理和控制的"。因此，"妇女和印第安人同时都是危险和欲望的场所，……两者都受制于时间和空间上管理差异的努力"。与在导言中提到的南迪的论点一致，被殖民者"在合理化征服的过程被女性化了"。

5. 怀特解释道(White, 1972:24)，希腊人拥有一系列丰富的奇幻图像，可以投射到野蛮或野性的领域。中世纪的解释者利用这些图像，尤其是通过普林尼(Pliny)和希罗多德(Herodotus)传递给自身(参见 Whatley, 1990:xxii; Mason, 1990:第三、四章; Hodgen, 1964:第一章; Pagden, 1982:第二章)。

6. 帕戈登(Pagden, 1982:22)解释道，中世纪基督徒对自然界等级观念的承诺——存在之链(the great chain of being)——允许范畴混杂。"因此，在这些相互联系范畴的空隙中，或许有一个'人'的位置，他与野兽如此接近，以至于被他人视为非我族类。"

7. 也就是说，那些支持多元解释的人并不认为差异是一种有营养和价值的资源。相反，他们一致认为差异是问题，只是以不同的方式想象问题的起源，并希望用不同于单一起源论的方案来克服这一问题。我们将在稍后讨论格劳秀斯时回到这一主题。

8. 在《资本论》中，马克思也遵循了这一推理，让流通的空间/时间为商品的"原始"生产服务。参见 Levine(1978)。

9. 读完该段之后，桑卡兰·克里希那(Sankaran Krishna)回应道："我依然不清楚摩西/《圣经》的传统是如何自信地认为自己是起源，而所有的他者都是纯粹原创性的次等复制品的。在资本主义/帝国主义之后，我或许能更好地理解这一点。但是，欧洲人对他们独创性信心的来源需要进一步解释——但能否如愿则难说。"克里希那详细说明了挑战的难度，但仍有猜测的余地。也许是对这一愿

109

景信心不足的压抑所引发的,从而产生了如此强烈的自信投射。这种信心和怀疑的内部分歧,以及这种对基督教真理的真实性及其时空关系的深刻模糊,或许有助于解释欧洲资本主义和帝国主义的独特特征。或者,正如尼古拉斯·奥努夫(Nicholas Onuf)最近对这个脚注所作的评论那样:"我认为这一定与《圣经》有关。令我感到震惊的是,在加尔各答,英国人理所当然地认为,法律和伦理上的授权,例如法律和规范需要,会必然嵌入印度教的文本材料中,这也使当地的宗教学者感到惊讶。如果是这样的话,那么伊斯兰教,作为一个伟大的宗教,也会拥有同样的信心。"值得注意的是,正如我们在下文提及的,也正如库尔特·伯奇(Kurt Burch)在阅读这一章节后强调的那样,对于欧洲旅行者和思想家来说,书面文字的缺乏是差异与自卑的关键标志。拉萨·瓦拉达拉金(Latha Varadarajan)也想知道日本帝国主义的实践或雅利安人对印度次大陆的入侵与欧洲的做法有多大程度的偏离。因此,在我们看来,研究其他帝国主义的相对信心无疑是值得的。关于不同文明如何看待他者文明的有趣而短暂的比较历史,另参见 Friedman(1983)。

10. 今天,这似乎是一个奇怪的问题,也许是因为我们认为文化相似性是理所当然的。它们可能植根于人类基因的共性,或者是某些随机过程的结果。或者,我们不太关心单一起源的确切时间和地点,也理所当然地认为,不同的文化或许对共同的问题有相似的解决办法。但是,这些解决方案都不适用于这一时期的思想家。

11. 关于"野蛮人"一词的类似用法,可参见 Jones(1971:387)。

12. 借用了埃里克·沃尔夫的表述(Eric Wolf, 1982)。

13. 即便是最有同情心的观察者和对美洲印第安人的支持者也是如此,例如拉斯·卡萨斯。对欧洲人来说,他们的完全人性仍是一种有待实现的潜力。参见 Todorov(1984:第三章,185—193)及 Nederman(2000)。

14. 在国际法传统中,维多利亚是典范式人物。参见 Grisel, 1976; Marks, 1992;及 Anghie, 1996。令人怀疑的是,维多利亚是否以这种方式看待自己,尽管他确实通过他的学生和学生的学生收获了巨大的影响力,包括多米尼加人多明戈·索托(Domingo de Soto, 1494—1560)、梅尔希奥·卡诺(Melchor Cano, 1509—1560),以及耶稣会士弗朗西斯科·苏阿(Francisco Suárez, 1548—1617)和路易斯·德·莫利纳(Luis de Molina, 1535—1600)。这些思想家共同"对天主教欧洲神学思想产生了影响,并在许多领域进行了实质性重构"(Pagden, 1982:60)。例如,正如我们将看到,这对格劳秀斯的影响是巨大的。我们对维多利亚背景的描述借鉴了塔克(Tuck, 1979:45—49; 1993:137)和帕戈登(Pagden, 1982:60—61)。

15. 正如帕戈登所解释的(Pagden, 1982:27—28),"几个世纪以来,西班牙的学者和欧洲其他地方的学者一样,在知识和道德问题上,充当着国王的非官方顾问……。大学和国王之间的协商通常采用军政府的形式,在神学、民法和教会法这三个道德问题上具有一定权威的学术代表将展开公开辩论,宗教教团和皇家委员会则挑选成员进行监管。在会见结束时(似乎由正式演讲组成,几乎不允许任何意见交换,尽管形式或许有所不同),每个与会者都向国王或皇家委员会提出书面意见……。这些意见后来怎么样,便不得而知"。

16. 鉴于人们对印第安人实践的普遍看法和亚里士多德的威望,许多作者被他对野蛮民族的能力和地位的理解所吸引也就不足为奇了。简单来讲,它以一种熟悉的概念,证实了他们的偏见。帕戈登(Pagden, 1982:47)阐述道:"很容易看出,亚里士多德的理论所具有的吸引力,部分或全部,尤其对于那些在他们的世界观中找不到像印第安人文化形式的人来说,他们的文化形式与自己的文化形式是如此不同,以至于违背了人类行为所依据的前提。托马斯·梅尔卡多(Fr. Tomas de Mercado)神父认为,把亚里士多德的理论概括为一句话,即印第安人显然是'野蛮人',而'野蛮人永远不会被理性所打动,只会被激情所打动'。"印第安人自然是野蛮人,因此,很明显,他们是天生的奴隶。

17. 这并不意味着维多利亚或他的追随者结束了这场辩论。相反,或许最著名的辩论便是"巴利亚多利德大辩论"(the Debate at Valladolid, 1550—1551),在胡安·希内斯·德·塞普尔韦达(Juan Ginés de Sepúlveda)和拉斯·卡萨斯之间展开,发生在维多利亚的介入及其去世之后。关于这场辩论的讨论,可参见Hanke(1959)。

18. 帕戈登(Pagden, 1982:80—81)称欧洲人对食人族的兴趣是"一种痴迷",到15世纪末,这种痴迷已经"成为异域风情的保留曲目"。

19. 约翰·帕里(John Parry, 1976)详细评论了西班牙思想家对殖民地人民所表现出的深切责任感。我们还应注意到,维多利亚关于印第安人的论述包含了一系列其他自然法主张——交流、旅行和商业权利——这些主张支持西班牙的扩张,并证明了对印第安人的战争是正当的,因为他们拒绝这些要求(Pagden, 1990:20—22; Anghie, 1996:327—331)。这些是今天自由理想主义的关键组成部分。事实上,我们可以更广泛地追溯它对格劳秀斯和国际法的影响(参见Grisel, 1976; Marks, 1992)。正如安东尼·安吉(Antony Anghie, 1996:333)所说:"国际法的用词远非中立或抽象,而是陷入了压制和消灭外来文化的历史中。"

20. 换句话说,在"存在之链"思想中,创造的等级制被转变为另一种形式,并被重建为一种时间秩序。参见 Friedman(1983:37)及 Onuf(1998b:214)。

21. 阿希斯·南迪(Nandy, 1983; 1987b)用另一种方式阐述了这一观点。帝国文化否认他者的过去,声称他者并没有过去,除了拥有帝国文化的过去。此外,它否认他者的创造性未来,因为他者的未来仅仅是欧洲现状的展开。也就是说,他者既古老又年轻:古老在于它的鼎盛时期已成为过去,它和欧洲古代一样古老。但是他者又仍处于婴儿期,因为它既没有改变也没有进化;被殖民的他者在发展上与古人处于同一水平。霍金(Hodgen)似乎预示了南迪的洞察力,她认为已经出现了一种惯例,"赋予当代野蛮人以早期性和古老性"(Hodgen, 1964:345)。我们可以把这种策略想象成一种时间帝国主义和剥削的类型,这对于"同一性帝国"的创造至关重要。值得注意的是,对他者文化成熟地位的否定,涉及两种时间观念的融合。一方面,时间只是以年为单位来衡量的人与事的代际流动。在这里,美洲印第安人和欧洲是同时期的;他们共享着时间。另一方面,时间是从社会和价值的角度加以衡量的——根据自我与他者的相对文明程度。基于此,美洲印第安人与古时期一样年轻,二者都先于且外在于基督教世界。

22. 因此,印第安人是从社会等级制向平等过渡的事业的一部分;是相信教育可以作为平衡器的信念基础的一部分;以及是调节自由主义内部紧张关系的来源。因此,教育的功能与"竞争"相同——事实上,教育就是一种竞争。二者都致力于揭示、教导或告知我们每个人在社会等级制中的自然地位。我们将在第四章阐述这一主题。

23. 正如珍妮特·惠特利(Janet Whatley, 1990:xxi)所指出的那样,莱里站在宗教改革与"发现"美洲的十字路口。

24. 帕戈登(Pagden, 1982:83—84)阐述道:"血海深仇,食敌之肉,在欧洲并非罕见。1476年,加莱亚佐·马里亚·斯福尔扎(Galeazzo Maria Sforza)在米兰被撕成碎片,肢解的四肢被愤怒的人群吃掉。在法国的宗教战争期间,新教徒对天主教徒采取了更为恶劣的行为,而天主教徒也对新教徒采取了类似行动,正如蒙田观察到的,任何图皮人都曾对他的敌人施过刑。1572年,部分被屠杀的胡格诺教徒在巴黎和里昂被公开出售;在一次荒诞的仪式谋杀行为中,据说在洛代沃奇迹般保存下来的圣福尔克伦(Saint Fulcran)的尸体被当地新教徒射穿了很多洞,并在一次庄严的宴会上被吃掉。"在评论贝尔纳尔·迪亚斯(Bernal Díaz)声称的本土神庙内充满了欧洲无法比拟的事物和事件时,斯蒂芬·格林布拉特写道:"因为贝尔纳尔·迪亚斯实际上描述的并不是难以想象的外星人——这种事情怎么可能被描述呢?——而是他自己信仰体系的一个替代版本:神庙、高高的祭坛、对圣血的崇拜、供奉祭品的雕塑、'十字架之类的符号'。这是把入侵者和他们准备奴役并摧毁的人联系在一起的同源性的核心,因此,这就是我所说的'封锁'最有效的地方"(Greenblatt, 1991:134;字体强调为我所加)。

25. 如果我们认为,对欧洲人来说,也许恰恰相反,即使他们在来世得救,他们也会在今生迷失,那么,我们也可以在这里看到一种等待民族志接触的交流。我们在后面的章节中将更充分地探讨向他者学习的可能性。

26. 格劳秀斯传记的更多细节可以参见 Roelofsen(1990),Tuck(1993:第五章),以及 Edwards(1981)。

27. 格劳秀斯还发现了其他提升印第安人价值的方法。为了解释关于尤卡坦半岛印第安人割礼的习俗,他假设,他们不像众人认为的那样,是以色列失落部落的犹太人后裔,而是来自埃塞俄比亚遭遇海难的基督教渔民。在与其他文化比较的基础上,他还认为秘鲁印第安人来自中国,中国在当时仍然是一个备受推崇的文明。

28. 格劳秀斯也从后来的辩论参与者那里受到类似的待遇,如奥格尔比(Ogilby)(参见 Meek, 1976:53—56)。

29. 格劳秀斯是荷兰人的党羽,当时他还受雇于瑞典王室。鲁比斯(Rubbies, 1991:237)详细阐述并拒绝了格里奥奇(Gliozz, 1977)提出的这一建议。

30. 引自 Edwards(1981:1—8)及 Roelofsen(1990:98—120)。

31. 值得注意的是,虽然与主要的抗辩派人物密切相关,但格劳秀斯的主要宗教关注点却是不同的:他与正统派一样设想了基督教的最终统一(Haggenmacher, 1990:145)。但是,正如上一章所解释的那样,他认为这种统一无法通过强加单一的、浓厚的神学观点来实现。相反,与他对自然法的极简主义观点和早期接受的人文主义教育相一致,他试图通过将基督教信仰降低至所有派系都能同意的最少因素集来统一基督教(Tuck, 1993:185—186)。

32. 关于印第安人可否皈依基督教,阿科斯塔和莱特或许都不同意。天主教徒与加尔文主义者之间的分歧依然存在。

33. 关于康帕内拉传记的更多细节可参见 Headley(1995；1997)；Pagden(1990:37—63)。

34. 帕戈登认为,美洲的发现教会了欧洲人"一种绝望的形式:认识到无论如何界定'野蛮人',最终都无法在一个已经明显具有欧洲特征的世界体系外拥有一席之地,而在这个体系中,'野蛮人'永远无法生存"。弗朗西斯·哈金斯(Francis Hutchins, 1967)为在印度的英国人展示了一个类似的周期:预期的传教成功,随之而来的是由本土抵抗导致的悲观情绪,并导致帝国力量持有一种种族实质主义观点。

35. 许多人已经讲述了这个故事的部分内容。我们将在下面的简要总结中引用它们,并将此作为以后工作的主题。

36. 斯泰利奥·克罗(Stelio Cro, 1994)讨论了高贵的野蛮人这一主题从古代到美洲的演变。关于对野蛮人或"原始主义"的积极评价,乔纳森·弗里德曼(Jonathan Friedman)提醒我们,"进化论不是反对原始主义的学说……原始主义只不过是对进化论的负面评价,而不是对它的否认"(Jonathan Friedman, 1983:37)。

37. 科林伍德(Collingwood, 1946:76—81)、福布斯(Forbes, 1982)和亚科诺(Iacono, 1994)认为,"四阶段理论"的阐述涉及从基督教社会理论到世俗化理论的过渡。

38. 然而,也不乏一些严厉的批评(参见 Berry, 1997:第七章)。

39. 以马克思在《资本论》第一版的序言中所说的为例："一个国家应该而且可以向其他国家学习。一个社会即使探索到了其自身运动的自然规律——本书的最终目的就是揭示现代社会的经济运动规律——它既不能跳过自身发展的自然阶段，也不能用法令来消除这些阶段。但是它能缩短和减轻这些阶段产生的痛苦"(Marx, 1977:92;字体强调为我所加)。

40. 即使我们把时间轴进一步延伸到过去，我们对发展起源的论述也支持了后来的"后发展"作品的许多特点(Escobar, 1995:第一章;Rist, 1997:第二章;Cowen and Shenton, 1996:第一章)。

41. 有关 18 世纪与 13 世纪关切之间存在强烈连续性的论述，请参阅 Becker (1932:特别是第 31、101—103、130 页)。

第三章
国际关系学与现代化理论的内在生命

他们疯了,他们不仅想要土地,还想要改变世界。

——维克拉姆·钱德拉(Vikram Chandra),

《红色泥土与倾盆大雨》(*Red Earth and Pouring Rain*)

当时,我对他们与现代主义交往所具有的真实而令人绝望的严
肃性有了模糊印象,因为我意识到,费尔哈恩(Fellhaheen)看待他
们物质生活环境的方式与大学经济学家一样:一种令人羞愧的不合
时宜,一种时间上的扭曲;我知道他们对日常生活中的事物从来都
不是无知的,因为他们知道还有其他地方、其他国家没有泥墙房屋
与牛拉的犁,因而那些房屋和犁具,都是虚无缥缈的东西,幽灵流离
失所,等待着被驱逐与安息。因此,我第一次对"历史文明"的含义
产生了怀疑。

——阿米塔夫·高希(Amitav Ghosh),

《在古老的土地上》(*In an Antique Land*)

自冷战假定结束以来,现代化日益被重新想象为一种全球进程。这
种重新构想的形式各不相同,从自由主义理论者对自由和平区扩张的描
述,到宣称"全球化"在推动全球公民社会和全球治理方面不可阻挡的作
用。因此,新形式的现代化理论,即所谓新现代化(neomodernization)成

为国际关系学的重要理论。这种事件与理论的融合,促使我们研究国际关系学与现代化理论的交叉逻辑,特别是它们对第三世界他者所呈现的文化差异进行的理论处理。我们对这种交叉逻辑的研究建立在一种日益强烈的观念基础之上,即国际关系学并不是一个自主领域。国际关系学理论并没有形成一个独特的研究领域,而是植根于一系列学科及其子领域的基质中。也许最突出且最复杂的是,国际关系学与政治哲学(political philosophy)相互交织(参见 Walker, 1993; Onuf, 1998b)。同样地,我们可以发现,国际关系学被嵌入新古典主义经济学的逻辑之中(Waltz, 1979),植根于政治经济学传统(Gilpin, 1987; Rosenberg, 1994; Inayatullah and Blaney, 1995)以及更广泛的社会理论中(Wendt, 1999)。本章的写作前提是国际关系学理论未能对社会理论作出独特贡献,因为它始终回避和否认所面临的历史问题——即如何处理文化差异。事实上正如我们在第一章中所指出的,国际关系被定义为一种承诺,这种定义能使其避免对托多罗夫所描述的"双重运动"进行反思,即差异会转化为劣等,而平等则以同化为代价。国际关系学没有考虑到文化差异不仅会带来问题,也会提供机遇,它只是通过假定差异会削弱建立秩序的目的,从而延续了前几章所讨论的传统。此外,通过指出无政府状态与秩序之间的永恒张力,国际关系学理论试图将差异限制在国家边界之内,进而回避了差异问题。

本章阐述了一套关于国际关系学最基础的主张,这些主张涉及更接近当代的文献:现代化理论。尽管我们经常认为现代化理论被理智化趋势所取代(从 20 世纪 50 年代到 70 年代,现代化理论在政治科学中占据了近 30 年的主导地位,或许随着冷战的结束又得以复苏),但我们的直觉是现代化理论的关键主张仍保持活力,尤其是在国际关系学中。更具体地说,我们认为现代化理论为国际关系学回避差异问题作出了重要贡献。这种贡献复杂而有趣。最引人注目的是,现代化理论认为地缘政治的空间划分是理所当然的,通过这种划分,差异得以遏制和驯化;也就是说,克服无政府状态的问题成为局限于国家边界内部的(可管理的)问题。虽然不够明显,但为了扩展前一章的主题,现代化理论认为所有文化或社会经过一个次第发展阶段是自然的、普遍的。值得注意的是,这种正在展开的现代化进程可以通过"援助"(aid)和"帮助"(assistance)予以提速,如果"援助"源自那些已经走过现代化道路的国家,且被那些因差异而被视为低等的国家所接受。这样一来,现代化理论既继承了维多利亚的创新,也继承了启蒙运动"四阶段理论"以及后来的演化和发展理论。此外,国际体系本身被视为一种无政府空间——一种永久的自然状态,其性质永远是"原始的"或"野蛮的"(我们在上一章提出的等式)。因此,16世纪和17世纪对"野蛮"的普遍回应,似乎是对后来试图驯服无政府状态的一种预演,包括最终希望将差异同质化为"同一性"的愿望,这对当代有关自由和平、全球公民社会和全球治理的争论至关重要。

但还存在另一个时刻。也许令人惊讶的是,鉴于现代化理论的普遍声誉及其与国际关系学在遏制和消除差异过程中携手合作,对此我们已做了注明,但对现代化理论的仔细考察可以发现它提供了另一种替代性愿景的成分:与前一章让·德·莱里(或许还有格劳秀斯)所揭示的比较民族志政治学(ethnological politics of comparison)相似。这一隐含的主题可能将国际关系学与其源起的历史问题相联系,并赋予国际关系学作为一门面对、理解和处理差异的科学和艺术的独特使命。[1]

本章的下一节将阐述现代化理论是如何通过两种二元对立的方式消除差异的——内部与外部的空间划分,以及传统与现代的发展顺序。紧接着第三节,我们认为,现代化理论对同化文化差异的努力有其深层的基础,这是一种非辩证的比较逻辑,这一逻辑虽然假定了人类的共性,但仍主张共性必须被创造。[2]第四节是本章的核心,我们将考察现代化理论的隐性主题。我们首先指出,一些理论家通过将国际体系本身视为现代化的对象,以及具有自由现代性推崇的渐进式差异化、整合化和普遍化等特征的对象,从而模糊了内部与外部之间的二元对立。该主题保留了消除差异的希望,因此,除了作为当代相关主张的前奏之外,我们对这一主题不太感兴趣。第二个主题涉及传统与现代的二分法,这暗示了差异的不可通约性,我们可以在对理论家如塞缪尔·亨廷顿(Samuel Huntington)、加布里埃尔·阿尔蒙德(Gabriel Almond)、西德尼·维巴

(Sydney Verba)和克利福德·格尔茨(Clifford Geertz)的分析中找到这
一主题。基于此,我们可以得出这样的结论:现代性也许不能解决差异
问题。与其等待差异消失,我们不如对差异的存在采取另一种姿态。在
第五节中,我们评述了各种新现代化理论者,如自由和平论者、全球公民
社会和全球治理的理论家等,努力再现与现代化理论相关的对差异的蔑
视和排斥。尽管如此,我们在结论中表示,利用现代化理论的隐性元素
抵制同化,并找出比较的民族志基础是有可能的。这一民族志举措的目
的在于,将国际关系学与其历史形象直接联系起来,即国际关系学是涉
及差异问题的理论。

国际空间的时间延展

国际关系学通常被认为是一种主要关乎空间的理论,但我们希望更
充分地强调现代化或发展的时间维度。罗布·沃克强调国际关系学的
时间性,他认为国际关系中的无政府状态"暗示着历史无法进步的目的
论",但"在国家内部,普遍主义者声称,真善美能够随着时间的推移得以
实现"(Walker, 1993:63)。简而言之,主权提供了一个空间架构,其时
间维度则是"发展"(Walker, 1993:147)。尼古拉斯·奥努夫(Nicholas
Onuf, 1991:432)在他关于主权的"概念史"(conceptual history)中也表
达了相同的观点。主权的外部面向将全球空间永久性地界定为一个由
国家组成的世界———一种"有着丑恶倾向和致命潜力"的无政府状态。
然而,这种"在早期现代化模式中固定国家间关系"是主权内部面向的一
个条件,使国家成为一个不可分割的领土结构,从而"使现代性能够在国
家内部实现多种可能性"。因此,国际关系学和现代化/发展作为一种理
论纽带出现了,作为在空间/时间中展开的社会进程的替代性愿景,它将
内部和外部生硬地予以分割。一方面,国际或全球时间被冻结在原始状
态中,不允许国际体系的"发展"。另一方面,空间是固定的,而时间却以

特定方式在每个民族国家内部演进,总是目的性地走向现代自由(即文明)社会。

因此,现代化理论被认为是一种特殊的"语言或习语",通过这种"语言或习语",现代西方的"全球愿景"得以(并将继续)阐述(Dallmayr, 1996:149—150)。[3]然而,重要的是要记住,现代化理论是作为一种后殖民理论发展起来的——在某种程度上是对新独立国家的出现予以回应。而且,就像康帕内拉对新发现的民族多样性的回应一样,对构建一种普遍而比较科学的坚定承诺与解决西方民族中心主义问题的迫切需要直接相关。因此,加布里埃尔·阿尔蒙德(Gabriel Almond, 1960:9—12)拒绝接受这一科学,这门科学无法超越"人类政治经验的有限领域":仅关注"现代复杂的国家,主要是西方国家"。他认为,统一运用"政治系统"的概念是超越"国家与非国家"界限的一种手段,这种区分能够将注意力从非西方的政治形式上转移开。事实上,在其他地方,阿尔蒙德则指出,"非西方数据"的不断增多是战后比较政治学增长的主要动力(Almond, 1978:20—24)。在他们对"公民文化"的研究中,阿尔蒙德和维巴(Verba, 1965:10)认为,跨国研究被看作对"美国狭隘主义"(American parochialism)的逃避。阿尔蒙德、柯尔曼(Coleman)和白鲁恂(Pye, 1966:v)将比较政治学系列丛书的目标描述为"扩大和深化我们对政治制度性质和多样性的理解"。一些同时期的实践者同样指出,在日益相互依存的情况下,克服民族中心主义(ethnocentrism)是系统比较分析的主要动机(Wilson, 1996:xiii—xiv; Lane, 1997a:2—6)。其目的在于建立一种比较研究,这种研究将以中立的术语进行表达,因而是可以普遍适用的。正如我们所看到的,正是通过这种对人类共性的(也许是)善意的但最终相对不加批判的探索,现代化理论以及部分比较政治学的实践者仍陷于托多罗夫的双重运动之中,他们的策略既要求同化他者,又要将他者标记为不同且劣等的。

现代化理论者试图通过使用两个二元论来建立共性与普遍性:内部/外部的空间划分以及从传统到现代的发展序列。第一种是隐含的。与将国际关系学视为暴力和无序领域的传统图景不同,现代化理论者通常将其研究对象描述为在统一的国内领域中可能存在有序和进步的共同体。这种共同体的出现似乎取决于这样一种观念,即社会生活必然是一种"系统"(system)(参见 Chilcote,1981:第五章综述部分)。现代化理论者对"系统"一词的使用表明,社会生活恰好是一个完整的关系集合,集中关注了建立和维护社会政治稳定的机制与过程。虽然这一起点并不独特,但对我们而言,现代化理论者十分有趣,因为他们倾向于假定特定的国家"社会"是最具包容性的社会制度。他们认为,那些子系统被适当地整合到一个统一的(国家)社会整体,而更大规模的社会整合不是可行或者令人信服的。正如瓦利耶(Vallier,1971:208—209)所指出的,比较探究"特别适合于将社会作为观察和分析单位",因为社会具有"整合、连续性和秩序逻辑……但未在其他类型的团体中表现出来"。

当现代化文献采用一种不那么抽象的语言,明确将国家政治系统或民族国家作为分析单元时,这种假设也就变得更加清晰。在加布里埃尔·阿尔蒙德(Gabriel Almond, 1960)的经典表述中,国家被认为是一种政治系统,包括一系列制度和机构(或政治结构和角色),它们必须履行稳定或维持社会系统作为一个整体所需的职能(另参见 Almond and Powell,1966:16—21;Huntington,1969:8—11,163—164)。用阿尔蒙德的话来说,"政治系统"不仅仅是整个社会系统的另一种说法,而是一套"合法的互动模式"或"政治结构",它们的作用在于维持"内部和外部秩序"(Almond,1960:11)。尽管阿尔蒙德曾暗示"外部秩序",但几乎对国际关系学只字未提。的确,与一般的现代化文献相一致,阿尔蒙德将民族社会、民族政治文化和民族国家(作为众多民族国家之一)视为理所当然。用斯蒂芬·图尔敏(Stephen Toulmin, 1990:119)的话来讲,在类似情况下,国际体系的空间界限和内外二元关系的存在,都清楚地表明了现代化文献的"回音"或"弦外之音",但"作者(很少)费心去解释"。

在追求非种族中心主义共性的同时,也有一个明确的认识,即政治发展的过程最终会导致全球范围内(完全自由的)现代社会和国家的实现(Chilcote，1981:180)。在某种程度上，这一承诺是冷战环境的作用之一，[4]但对自由主义的接纳也被纳入传统与现代的二元对立体系之中。更准确地说，现代化理论者在应用或改编帕森斯社会学理论（Parsonian）的"模式变量"时，抓住了现代国家自由主义愿景的基本特征。帕森斯社会学理论模式利用了一系列的二元对立，将现代社会生活与其他形式——传统的或前现代的——予以区别，并提出了一套发展序列，它们将不可避免地（如果不能总是平稳地）从传统走向现代（我们借鉴了 Chilcote, 1981:174, 180；及 Dallmayr, 1996:152—154）。[5]

现代人的"自我导向"，意味着个人及其私人关切的首要地位，以及以自由主义的个体性取代了前现代的集体身份作为社会的存在模式。同样，"情感中立"标志着理性、科学和后果评估战胜了情感、迷信和公共冲突。这种中立性要求公共生活的世俗化，信仰的私有化，以一种信仰和生活方式的市场形式呈现。现代社会生活功能的日益专门化和分化取代了无差别的制度，这提示了自由社会的许多特点。市场驱动的劳动分工是社会生活的一个独特而又受保护的领域。个体被建构为拥有相互竞争但最终可以调和的利益，同时为解决社会领域内部和社会领域之间发生的冲突的专门机构也被创建出来。同样，基于成就所获得的地位也使个体的表现（尤其是在市场上）优于传统的身份和等级，并使自由主义个体性和自由主义公民的思想规范化。相对于前现代形式的特殊性，现代化的普遍性意味着一套共同的权利、一套统一的法律体系和一个合法的政府。这种自由主义国家的概念通过同一性和个性差异的独特并列，保持了主权的不可分割性和社会的一体化，即使它声称拥有多元化。现代化理论者认为这种现代国家地位和多元社会的自由主义版本是一种新兴的"世界文化"（Pye, 1963:19），或者，正如伦纳德·宾德（Leonard Binder, 1971:12）所言，历史已成为欧洲现代化强迫下的"丰功伟绩"。我们可能会说，在现代化理论者的手中，主权国家的自由主义愿景成为文化本身的一种解释——一种关于现代世界多样性的局限和可能性的普遍主义主张。

比较的辩证法

现代化理论关于政治系统和发展序列相对统一的假定并非偶然。相反,民族国家作为遵循共同发展模式的"相似单元"概念,是现代化理论者建构比较可能性的核心("相似单元"的概念源于华尔兹,参见Waltz, 1979:95—97)。阿普特(Apter, 1971:4—6)认为,寻求比较研究核心的"普遍性"需要两种"方法"。第一,可比性是通过"类比"建立的,即把所有的政治视为由"宪法"管理或被组织为"系统"。第二,可比性由"思维实验"(mind experiment)构建而成,它确定了任何"集体"都必须实现的功能。因此,比较主义者很自然地把"不连续的变量"和功能性"必要条件""作为对整个系统进行比较的基础,尤其是围绕从前工业社会向工业社会过渡的广泛主题"。换言之,阿普特似乎在暗示,比较政治学的可能性在于这样一种能力,即想象政治活动在"相似单元"中发生的能力,这些"相似单元"内部组织方式大致相同,并沿着共同的维度和方向发生变化。

图纳(Teune, 1990:38)更准确地解释了这些"时间和/或空间比较逻辑"的重要性。在研究对象"几乎是全部人类经验"的情况下,面临的挑战则是"减少这种差异"(variance reducing)以便"找到模式和关联性"(Teune, 1990:47)。图纳(Teune, 1990:47, 51—55, 57—58)将此称为"系统之间的等价问题":"为在系统之间比较某些事物,有必要确信所比较的要素及其属性是'相同的',或表示某种等同的东西。"各种各样的"差异减少方案"被用来建立这种"等价性",其中最突出的是系统理论及其功能性要求和(几乎不变)的发展序列概念。政治系统的概念旨在建立政治行为单元的等价性,尽管这些政治行为单元独立运作且分散在空间中。政治发展的概念则意味着这些单元的变化模式是相同的。尽管图纳迄今仍对这些努力在减少差异方面的成功程度表示怀疑——现象的意义往往与背景有关,单元则是在相互依存而非独立背景下发生变化的——但他强调这项任务对比较研究的持续重要性。

在所有现代化的文献中,都可以找到比较基础的类似表述。例如,阿尔蒙德和鲍威尔(Almond and Powell, 1966:30)认为,如果我们要将比较扩大到"人的所有政治经验",那我们将面临着被压垮的危险,这一压力来自:形式的多样性、规格和结构模式的差异,以及公共政策和绩效的不同。因此,他们建议我们将政治生活设想为必然以"政治系统"的形式存在,以降低复杂性。劳伦斯·迈耶(Mayer, 1972:86—92)在对比较方法的标准讨论中,将民族国家视为用于比较的"分析层次"问题的解决方案:民族国家是"系统","可以被视为未指定的社会、经济、文化和政治变量的存储库"。麦克里迪斯(Macridis, 1978:17—18)指出,比较分析需要对"系统和制度"进行"平行比较"的可能性,即"在实际或分析的统一背景下对变量进行比较,以便发现引起变化的因果关系"。科尔伯格(Kalleberg, 1966:69—70)指出,尝试发展"一种更具动态、经验解释性的、真正比较的分析方法"依赖于这样一种假定,即"存在这样一种政治系统",通过这一系统,可以识别其类型,并能够确定其变化过程。除少数例外情况,如此架构问题及比较分析的可能性仍是比较政治教科书的标准做法。[6]

因此正如人们的普遍实践那样,比较政治强化了现代化理论的核心理论承诺。为发展抽象理论而降低可变性并不一定是忽视或模糊差异,[7]但不足为奇的是,我们不太相信抽象的"政治系统"能够避免将人类的经验缩减为近乎单一的西方视野。事实上,现代化理论似乎使我们的政治想象力变得贫乏,使我们陷入了相似单元和发展序列的世界中。我们在此要提出的观点包含了这一主张,但也包含了对比较这一普遍做法的更深层次的批评。更确切地说,我们认为比较政治往往是按照时空顺序来构建的,这种时空顺序重现了托多罗夫的双重运动逻辑,即"人类的相异性被立刻揭示并被拒绝"(Todorov, 1984:49—50)。这种说法需要进一步作出解释。

根据托多罗夫(Todorov, 1984:240)的说法,"比较主义者把那些对他来说是外在的事物放在了同一个层次上，而他自己依然是唯一的主体"。虽然这似乎是在研究对象间建立某种平等，但托多罗夫的语气暗指事实并非如此。看似对"平等"的承认实则是将空间上分离的对象同化到一个由比较主义者强加的共同模式中（或者更好的说法是，比较主义者和行动者将这种强加视为一种自然）。因此，学者对"均等"的建构是将人类在空间上分散的政治经验同化为"世界文化"或"单一事件"的更广泛过程的一部分。或者，用国际关系学的表述来说，将国家视为国际关系中（形式）平等的相似单元，但又对其社会和组织形式之间的实质差异予以悬置，这为同化日益强烈的国家地位准则提供了理由（Blaney，1992）。

在更深入的研究中，"平等"和"同一性"的等同反映了将差异视为劣势的平行转换。作为研究对象的主体，比较主义者隐含的自我构成包含了约翰尼斯·费边所说的"疏远"（distancing）。他解释道，把人类经验放在同一水平上似乎是"融合的"，但实际上是"建立在疏远和分离的基础之上"（Fabian，1983：26）。更确切地说，"比较方法"对科学地位的主张以及随之而来的"中立性和客观性……允许在任何时间、任何地点'平等'对待人类文化"，这都需要"时间的彻底自然化"（Fabian，1983：16—17）。时间被同时（且有问题地）建构成"一个独立于它所标记事件的变量"并被"空间化"，从而使跨越空间的"差异"被时间化为发展的"阶段"（Fabian，1983：13—15）。比较主义者作为科学研究者的求知权和特权依赖于这种时空疏远。费边（Fabian，1983：26—27）认为："在建立分类法和发展序列之前，实体或特征首先必须是分离且不同的，然后才能利用它们的相似性来进行比较。"也就是说，通过部署时空方案，减少差异，"变量"得以简化以揭露出可比较的模式和关系。

这种"疏远"的做法涉及一种否认民族和文化"同代性"（coevalness）的比较政治。费边（Fabian，1983：85—86，99）曾提醒我们，这些时空的"分类图式"并非随意，而是有等级的。通过拉开彼此的距离，非西方、"欠发达"的民族和文化被排除在学者的对话之外，除了比较主义研究者。托多罗夫（Todorov，1984：240，250）认为，比较主义者对其研究对象的建构排除了"对他者外在性的肯定，而这种肯定与对他者作为主体的承认是相辅相成的"。紧接着,他强调,"比较并不意味着把他者和自我放在同一水平,也并不是对自我类别的质疑"。因此,这不能促进"不同文化之间的相互启发"。南迪(Nandy,1987b:12—15)更一般性的评估与此相关,并且更准确地说明了这一点。现代西方文化,在我们这个时代甚至不亚于16世纪,将自己呈现为"理解他者的框架、工具或理论"。因此,这种"霸权式的、狭隘的视野"自相矛盾地运转着,一边拒绝"非西方"的他者,一边却又"接受它们作为自我进化的早期阶段"。自我与他者之间的互惠或真正对话式的互动难以通过假定的"文化等级"予以实现。

因而我们不应该对图纳的判断感到惊讶,即一个国家从比较中所吸取的教训很可能源于那些与它最相似的国家。当差异几乎被无一例外地视为落后或危险时,人们只能从相似中学习。然而,我们可能会对希尔斯(Shils,1963:8)的观点感到不安,他希望以"假定所有人类的基本相似性"的统一范畴为基础进行比较研究,以有助于美国制定对世界的政策。也许更令人困扰的是白鲁恂(Pye,1968:15,19—20)的主张,即有关经济和政治现代化的学术研究是"美国对外经济援助的智力支持",是"国际关系学中迄今为止学术理论指导公共政策最紧密的例子"。因此,他认为他可以说"大学"是创造"世界文化"的关键原动力。

这表明,尽管共性声称是预先存在的,但实际上必须加以培养。必须教育那些被认为有差异的人,即使他们不愿意,也必须使他们认识到,将他们同化为与欧洲人"一致"是有好处的。这依然是白人所需承担的课业负担——一种由特定比较而产生的政治负担。

时间和空间民族志与差异的表现

正如我们所指出的,现代化理论倾向于对文化形式进行某种空间划分和时间排序。现代化理论者将现代性视为一种单一的世界文化,这就要求我们既要把握国际关系的无政府状态与国内空间发展可能性的平衡,又要坚持传统与现代的二元性,即在很大程度上传统与现代不相容却又是前后相继连续的生活方式。然而,没有任何传统的志向和愿望是单一的。事实上,对于那些关注现代化的人来说,即便现代化理论也包含着超越双重运动范畴的思想资源。那些将差异转化为同一性或劣等的主流做法,在某些方面可被替代性和对立的研究路径所反击。

模糊内部与外部:国际关系学的现代化

许多作者在现代化理论的大框架内直接讨论国际关系学的问题。这类研究通过模糊国内外政治间的区别和/或暗示现代化进程对国际体系特征的影响,含蓄地挑战了内外部的空间划分。实际上,这些作者设想了促使国际关系自身现代化的力量。这种可能性取决于将国际体系设想为一种"前现代"形式,其自身的现代化与个体国家的现代化平行交织(Riggs,1967:326)。这些早期现代化文献中的诠释,似乎是当代自由和平、全球公民社会和全球治理倡导者的先驱。对此,后文会有详述。

国际关系学的现代化理论者将"相对现代化"和"相对非现代化"国家的组合体视为"社会背景"或"国际关系的背景"(Levy,1966:2,4)。随着现代化在社会之间创造出更多的共性,促进了社会之间的相互依存,他们所强调的国家的相对稳定性对于解释国际关系的特征日趋重要。因此,至关重要的是必须管理现代化进程以确保各国的稳定,以此作为推动国际关系更加和平的条件(Levy,1966:8—9,31—32;Von Vorys,1967:352—353)。尽管许多结构现实主义者认为这是对"第二意象"思维的不合理运用,但这类分析表明国内现代化进程具有明显的国际影响。如果这样,共同体和无政府状态的国内或国际边界将越来越难以维持,国际关系的特征也将不再能够脱离现代化的"社会背景"来理解。国家内部的现代化成为无政府状态的解药,也是推进国际体系稳定的手段。

值得一提的是,这与当代的"民主和平论"观点极为相似。民主和平论取决于这样一种主张,即国内自由主义实践的逻辑在全球范围内的延伸,可以实现国家间关系的稳定(Chan,1997)。相反,在自由经济和政治制度缺失的地方,我们可以预期,无政府主义的逻辑将继续占据主导地位(Singer and Wildavsky,1996)。因此,民主和平论的观点可以被解读为政治想象的部分转变,甚至当自由和平论者明确坚持内外部界限时,就已经破坏了政治共同体和国际关系间的明确区分(Blaney,2001)。

更有力的主张是强调日益融合、增强的相互依存和全球一体化的过程,这也是更为普遍的一种观点。尽管理论家谨慎地避开了当前全球同质化的图景,但他们指出现代化是实质性相互依存和一体化的引擎之一(Rustow,1967:2—4;Inkeles,1975;Moore,1979)。由此产生的结果是,现代化作为一个全球性进程,而民族国家作为权威的场所和社会进程的容器,二者间产生了一种深刻的张力。更确切地说,日益增长的"人类活动的大多数方面在一个更大的框架内融合,在某些情况下甚至包括全人类",这构建了"与国家界限重叠的社会关系和文化制度"(Black,1971:23),同时对"国家主权与权力"及"民族个性与独立"构成了挑战(Rustow,1967:239)。

然而这类主张的提出者,却在关于上述进程对国际体系的影响程度上存在分歧。大多数论者认为民族国家将继续发挥作用,并将抵制完全的全球趋同(Rustow,1967:280—282;Black,1971:23)。其他人则认为这将产生一个更加戏剧性的转变。例如,爱德华·莫尔斯(Edward Morse,1976:192—193)认为,"国际社会"正在"经历持续不断的变革"。更具体地说,传统的、威斯特伐利亚式的"治国之道"——排他性主权、以国家建设为英勇任务、外交政策的首要地位、均势——正变得不合时宜。在现代化的压力下,日益加强的经济相互依存关系不仅削弱了国家行动的自主性,而且破坏了国家作为国际关系单一行为体的主张(Morse,1976:10,45)。置身于以国家为中心且无政府状态衍生出系列问题的体系中,现代化产生了"国际监督机制集中化的必然趋势"。这些机制对促进"'全球社会'朝着合理方向发展"至关重要。这些机制将采取的形式尚不清楚;莫尔斯提出"世界或区域联邦主义"的可能性,或者如果不是世界秩序模式工程的想象,也可能是"围绕特定问题领域组织起来的……国际基础设施"的稳步扩散。很明显,要协调"围绕跨国和共有问题"的国家政策,就需要实质性的制度发展与变革(Morse, 1976:193—194)。因此,莫尔斯得出结论,尽管有所保留,"历史似乎验证了大多数现代化理论者的预测:普遍主义取代了特殊主义,并赋予体系最基本的跨国主义"。这并不是要预测世界将在全球范围内完全同质化,而是要宣布一个"普世文化"的到来,这种文化"与支离破碎的反主流文化(counterculture)共生"(Morse, 1976:15—16)。

这些主张至少有四分之一个世纪的历史,反映了早期对普遍秩序的想象,也预见了当代对全球化资本主义、全球治理和全球公民社会的大量讨论。这预示着我们正处于一场由技术进步、广阔的市场力量和全球文化流动所推动的根本性重组之中。这些(现代化)进程通过刺激世界作为单一的经济单元、全球社会和全球政治空间的到来,进而侵蚀国家主权并克服无政府状态的问题(参见 Rosenau, 1990;1997;及 Mittelman, 1996)。早期的现代化理论者和许多当代理论都清楚地表明,现代化进程的全球化打破了政治的时空框架(Held, 1995)。因此,现代自由主义"政治系统"的发展模式不再局限于单一民族国家;相反,它可能作为一个全球公民社会在世界范围内传播(Lipschutz, 1992)。然而正如莫尔斯提醒我们的,在全球范围内,它面临着诸多反主流文化。用今天的话来说,我们生活在一个"全球化"和"碎片化"并存的时代,一个自由主义全球化项目和多种形式的抵抗并存的时代(参见 Brecher, Childs, and Cutler, 1993; Walker, 1988;及 Crush, 1995)。

白鲁恂对内外部关系采取了一种差异化但相当有趣的方法。在《沟通与政治发展》(*Communications and Political Development*, 1963)一书中,他明确地将国家体系和现代化联系起来,这让人联想到沃克和奥努夫的最初构想:外部的无政府状态与内部的政治发展。白鲁恂指责其他政治发展研究者没有努力阐明现代化文献与国家体系思想间的关系,并将这种疏忽归因于将民族国家视为"自然"的倾向(Pye, 1963:12)。特别有趣的是,白鲁恂(Pye, 1963:19)明确指出,"民族国家体系的演变作为基本要素之一,支持我们所说的'世界文化'在所有社会的逐步扩散",

这种世界文化包括"启蒙运动的科学观和理性,无止境的技术进步,以及自由的政治、宗教和社会形式"。

白鲁恂在后来的著作《政治发展面面观》(*Aspects of Political Development*,1966)中详细阐述了关于世界文化发展的主张。在该书中,我们发现了国际关系现代化的戏剧性变化,白鲁恂强调领土主权和统一宪政的必要性,认为其是作为真正的世界文化现代性的关键部分(Pye,1966:6)。他的叙述充满了对差异的深刻质疑,这成为暴力和强加殖民主义的托辞,将它们作为消除不受现代法律和国家结构管辖的空间的手段。白鲁恂(Pye,1966:6—7)是这样描述这一进程的(再现了早期帝国话语的语气和意义):

西方文明在全世界范围内的传播及其在殖民主义时代建立的复杂历史中,贯穿着诸多主题,而最基本的主题是欧洲人的一贯要求:人际交往,尤其是争端的处理,应受到明确的放之四海皆准的法律的支配。当欧洲人执着于进入非西方世界时——作为贸易者和商人、传教士和冒险家——他们坚信一切社会都应该合理地组织起来,成为一个具有主权性质的遵守法律规则的国家。无论欧洲人走到哪里,他最先提出的问题之一就是:"这里由谁负责?"按照欧洲人的思想逻辑,每一块土地都应该归属于某种主权之下,而生活在这片土地的全体人民应该有共同的忠诚和相同的法律义务。并且在早期的文化冲突中,欧洲人的反应是寻求一种法律调节,而一个公认的法律秩序的缺失,无疑会使这些早期的欧洲冒险家们感到生活的不适。

过去的三百年里,在西方与世界其他地方看似随意的接触过程中,反复出现的一个恒定主题是:欧洲国家体系坚持不懈地致力于把所有社会改造成民族国家的复制品。在欧洲人看来,如果一个人没有受到一个不具人格色彩的国家的统治,也没有感受到自己属于一个国家的一部分,这是不可思议的。欧洲体系要求所有的领土都隶属于某个特定的管辖范围,每个人都应从属于某个政体,所有的政体都应在国际大家庭中表现得恰如其分。

　　无论欧洲人走到哪里，总对任何其他社会生活的安排方式感到不耐烦，并利用剩余的精力和资源致力于使其他国家符合现代民族国家的标准。在整个这一时期，那些感到有责任维持民族国家体系的稳定和顺利运行的人们，将所有未能达到民族国家最低标准的国内权威视为根本威胁。这种担忧已经在欧洲人的心中留下印记。这表现在西方人以不容忍的态度对待未达到最低标准的一切——这种感觉也让西方人感到不安，因为他们敏锐地意识到民族中心主义的邪恶。这同样反映在西方人的坚持上：对于那些不自觉自愿地按照民族国家标准行事的社会，必须迫使它们这样做。哪怕这意味着对其内部事务的直接援助和公开干预。

令人震惊的是二者的并置，一方面对国家体系的"演变"和现代性"扩散"所涉及的暴力持坦率态度，另一方面却没有对这种暴力的必然性进行严肃质疑，也没有对现代政治形式的特殊性进行认真反思。我们不禁要问，这些难以调解的冲突给其他民族和文化带来了哪些"令人不安"的后果，以及对殖民受害者的"敏锐意识"造成了何种思维混乱。我们看到的不过是一个全球空间均质化的方案，必要时可以诉诸武力。

很显然，这一过程的最终结果可以部分用来解释殖民主义的必要性。白鲁恂在他著作的结论部分想象了这一进化和扩散过程的完成。尽管注意到南方政治发展面临的挫折、困境和危险，但他仍以一种更加乐观的态度收尾，重申了国家现代化及其成果的必然性（Pye，1966：188—189）。最重要的是，白鲁恂认为现代化的必然性是国际社会过渡到相对文化平等、和平与互利互动状态的基础：

　　　　一旦达到了这些最低标准，并随着各国越来越多地解决了它们基本的国家认同问题，为其不断发展的文化感到骄傲和自豪时，那么所有的地方文化同世界文化的关系将呈现一种新的形式。世界文化也将不再可能与西方社会的特定文化混为一谈。取而代之的是,在能够承认人类平等的现实条件下,将有可能欣赏人类文化的多样性。在这种情况下,任何地方的人们都能根据他们的个人才能切实地为丰富世界文化,进而丰富全人类的生活作出贡献。

我们该如何看待这种走向全球愿景的自由多元主义目的论冲动——一个值得后冷战时期全球主义者或理想主义者想象的愿景(例如,参见 Linklater,1998)? 尽管我们倾向于接受白鲁恂对民族和文化平等的承诺,他将多样性视为人类福祉的愿景,以及他对文化间富有成效的对话所作的暗示,但很明显,白鲁恂仍在托多罗夫双重运动的框架内处理文化差异问题。也就是说,在白鲁恂所描述的现代化国家体系中,平等只有以被西方同化的自由现代性为代价才能实现。虽然这并不是要否认同化可能带来的某些收益,也不是否认西方现代性的洞察力或许有助于为人类活动提供助力,但我们可能会犹豫接受平等必然要求"同一"的假设。如果不反对这一等式,非西方国家的平等就会建立在一个永远等待实现的条件之上,从而成为将非西方差异定性为劣等的持续基础。而且,正如白鲁恂明确指出的,这种劣等化的归因已经是并将继续成为对暴力和文化强加的一种辩护。因此,我们认可南迪的观点,我们将白鲁恂的现代国家体系视为霸权国家体系,以西方力量为后盾的现代化构想,是文化互动和谈判必须在其中进行和评判的框架。尽管它带来了希望,但它依然是个保留了文化"优先秩序"概念的框架,其隐含的对话思想仍然是"不平等的对话"。

在现代化传统中,所有这些作者都认为现代化的逻辑已经超越了国内的"政治系统",涵盖且改变了国际关系。国际关系失去了其永恒和悲剧性的性质,现代化作为一个全球体系发挥了魔力。不足为奇的是,全球体系设想的变革在很大程度上被视为现代化理论的核心:从无政府状态到社会整合、职能分化、普遍主义和统一标准、人权,以及明显的自由多元化。然而,借用莫尔斯(Morse,1976:15—16)的话,这种普遍主义的文化只有相对于诸多特定的他者才得以存在。因此,全球性自由现代性与其说解决了差异问题,不如说与之相对,反而界定了差异。遗憾的是,正如我们将在下文看到的,最近的理论仍然如此,这些理论将现代化理论的核心部分以改头换面的方式循环利用。

模糊传统与现代:混合模式

面对诸多批评,现代化理论者反驳道,传统和现代只不过是理想类型。[8]如果我们接受这一提示,即这种二元属性只是一种启发式的目的,并且在实践中,传统和现代性的特征必然是模糊的,那么我们会发现,现代性作为一种世界文化或单一事件的观念将更加难以维持。我们的目标不仅仅是接受多元现代性的理念(Berger and Dore, 1996;"Multiple Modernities," 2000)。相反,本着在现代化理论中寻找他者声音的精神,我们专注于以下作者的研究——亨廷顿、阿尔蒙德和维巴以及格尔茨——他们以不同的方式使常见的时空框架复杂化,从而打破了现代化进程中的单一历史叙事。

塞缪尔·亨廷顿在某种程度上脱离了现代化传统——甚至被认为是修正主义者——因为他凸显了政治发展的压力和危机。亨廷顿并没有将政治体系的稳定视为理论,而是将政治秩序视为政治生活中持续存在的一个问题。对亨廷顿(Huntington, 1987:9—10)来说,秩序对发展中国家而言是一个特别严重的问题,因为我们不能假定各种被广泛接受的发展目标具有"兼容性"。事实上,亨廷顿(Huntington, 1987:10, 12)认为"所有美好的事物或多或少相向而行"的想法是幼稚的。发展使我们陷入"困境、选择、权衡、危机,甚至恶性循环",进而导致难以解决的冲突。在这方面,亨廷顿似乎还接受了某种形式的"道德多元主义"——正如我们已经看到的,人类福祉具有"不可减少的多样性";这些福祉可能是"竞争性的"或不相容的生活方式的组成部分;而且,没有办法以一种人人都能接受的方式调和冲突(Gray, 1998:20)。在他最近关于"文明冲突"的必然性的著作中,这一观点更加清晰(Huntington, 1993)。这里最重要的是,道德多元主义是对自由主义思想的一种挑战。自由主义认为,界定自由社会的基本政治解决方案是中立的,因此原则上可以为所有人接受。

因此，毫不奇怪，亨廷顿不接受"自由发展模式"（the liberal model of development）的"良性路线"，即假定从传统向现代的平稳过渡，以及关键政治价值观的轻松调和：社会经济发展、相对物质平等、民主参与和政治稳定。他认为（Huntington and Nelson，1976：18—19，160—161），关键在于"扩大政治参与"不是"对整个社会的普遍的善"，而是"一种与其他目标相竞争的善"或者"一种可能对实现某些目标有用，却对实现其他目标没有帮助的手段"。虽然它往往支持更多的物质平等，但参与的增多会减缓经济发展，并通常会对政治权威——进而对政治稳定——造成压力。因此，亨廷顿警告不要将参与的价值强加给发展中国家。然而必须指出的是，这一观点并没有使亨廷顿对发展论的承诺作出修正。他认为，"推动政治参与扩大的经济和社会力量，长远来看是全球性的和不可阻挡的"（Huntington and Nelson，1976：170）。

与"道德多元主义"相一致，亨廷顿对利害关系的解释并没有将政治秩序问题局限于发展中国家。相反，这似乎是政治生活中的一个普遍问题：不同社会对政治参与的重视程度不同。在被认为是理想目标的地方，扩大政治参与就会涉及对其他目标在成本与权衡方面的取舍，这些成本与权衡会在不同社会因现代化或发展水平差异而有所不同（Huntington and Nelson，1976：17）。亨廷顿（Huntington，1975：62—63，102）在他对美国"民主瘟疫"（the democratic distemper）的分析中更加清楚地说明了这一点。美国的民主危机在一定程度上是周期性的，是政治组织中相互竞争的价值观和原则之间持续存在的紧张关系："权力与自由、权威与民主、政府与社会"。因此，政治秩序问题不仅仅是现代化的一个功能——过于夸大——而且是现代化（如果不是社会生活）本身的一个持久特征。

这种传统和现代对立的复杂性是一种有用的纠正。它似乎为更平等地对待不同权重的竞争性价值观开辟了空间，而这些价值观是现代化与非现代化（不完全现代的）社会生活形式中所不可或缺的。如果没有任何普适性的手段用以调和人类福祉之间的冲突，便很难声称任何特定的权重——如自由主义的现代化——具有本质上的优越性。然而，亨廷顿似乎排除了这种可能。与发展相关的价值观之间存在着永恒的张力，这导致亨廷顿以牺牲自由、民主和社会为代价来拥抱权力、权威和政府。对亨廷顿来说，对人口的控制——统治的权力——在逻辑和经验上都是优先的。这一优先事项在他对"民主的治术"这一问题的独特表述中得到了充分的阐释（Huntington，1975:63—64, 113）。与其说民主是一种治理形式，不如说是一种必须加以节制的价值观，一套由某些特定权威的主张加以约束的实践。亨廷顿（Huntington，1969:第四章）的反应似乎是霍布斯式（Hobbesian）的：因为在相互竞争的价值观之间不能达成最终的和解，并且只有权力才能建立有序的政治，因此我们别无选择，只能赋予权力以特权从而维护秩序。因此，在国内政治中，亨廷顿希望利用权力来驯服美国精神与社会中潜伏的、具有破坏性且不受控制的民主力量。或者与此同时，他为发展中社会的"普力夺统治"（praetorian rule）辩护。他认为在面对现代化所涉及的权衡引发冲突时，"普力夺统治"可以作为恢复秩序的一种手段。在国际政治中，他认为以文明力量为代表的相互冲突的价值观不可调和——共存则需要各方相互孤立或服从（Huntington，1993:27, 48—49）。

虽然亨廷顿的观点看起来中立，却带有浓厚的党派色彩，因为他将一套价值观——与他对混乱（disorder）的焦虑联系在一起——凌驾于其他所有价值观之上。然而由于他的党派偏见在很大程度上存在偏执，破坏了与现代化理论相关的浪漫发展场景，因此亨廷顿的观点也部分地消除了国内政治与国际政治之间的区别。也就是说，他对现代性的悲观解读似乎威胁到了国内社会和政体作为自由现代化净化或保护场所的观念。虽然任何打破内部/外部区分的观点都值得予以推介（尽管亨廷顿可能声称我们给出了有争议的解读），但我们发现这里没有什么直接价值。相反，我们认为亨廷顿表达了消灭他者的愿望。结合白鲁恂关于欧洲对破坏性的、不受控制的政治形式的不容忍立场，以及欧洲早期对美洲印第安人的看法，亨廷顿似乎以一种鲜明且偏执的后冷战形式，继续为针对非西方国家施加权力而辩护。然而，亨廷顿的惊人之处在于，无论是在发展中国家还是美国国内，国际关系中针对外部他者的暴力也转向对内部无法控制的他者的暴力。为强调上一章的观点，他者既包括外部，也涉及内部。而且，如果说有什么经验教训的话，那便是不祥之兆：对外部他者的暴力很容易滑向对内部他者的暴力（参见 Campbell，1992，以及我们在第一章和第二章对宗教战争和帝国主义的讨论）。或者更进一步，一个人对他者的施暴，也可能冒着对自己施暴的风险。[9]

我们可以很容易将加布里埃尔·阿尔蒙德和西德尼·维巴的著作《公民文化》(*The Civic Culture*)置于现代化的框架中。在此书中，两位作者超越了在面对竞争性替代方案时维持自由民主政治制度之稳定性和有效性的担忧(Almond and Verba, 1965:v；另参见 Brint, 1991:112；及 Girvin, 1989:32)。特别是在非洲和亚洲的新兴国家，他们将这种强调追溯到对民主必然性的怀疑（尽管怀疑显然不涉及其道德优越性）。阿尔蒙德和维巴并不质疑现代化理论的基本发展假设。相反，他们认为通过世界范围内的启蒙运动，一种更现代的、参与性的文化必然会使狭隘文化和主观文化日渐式微(Almond and Verba, 1965:3—4；另参见 Rosenbaum, 1975:60)。然而，和亨廷顿、白鲁恂一样，他们关注平衡传统政治文化要素与日益占据主导地位的现代、相对更具参与性形式之间的困难及可能性(Brint, 1991:112)。最后，相对于亨廷顿或格尔茨（我们将会看到），阿尔蒙德和维巴对这一问题的评估十分乐观。

阿尔蒙德和维巴的乐观主义不仅是对现代性不可避免的不完整性更为平静的接受。甚至，它还涉及这样一种看法，即这种不完整性实际上是相当可取的。具体而言，"公民文化"（尤其是美国和英国的特征）支持稳定的民主体制，正是因为对政治的理性和参与性取向没有被取代，而是被持续的"被动、传统和对狭隘价值观的承诺"所调和(Almond and Verba, 1965:7—8, 131—132)。这种相对消极和顺从的自由民主政治文化概念受到许多批评，特别是来自那些主张对政治生活采取更具参与性与平等观点的人(Gibbins, 1989:7—8)。尽管我们对这种批评表示同情，并尝试遵循解读亨廷顿的方式，但我们想强调这一文本的不同之处：阿尔蒙德和维巴暗示，据称是按时间顺序排列的文化，不是真正的前后相继文化，可能并且应该在当下并存。阿尔蒙德和维巴(Almond and

Verba，1965:6—7)将"公民文化"称为"混合了现代与传统"的政治文化，并认为西方文化在这个意义上必然是"多元的"。他们提出了"平衡"和"组合"作为相互竞争的两股力量之间的适当关系，不禁使人想起亚里士多德对"混合"政体的拥抱。可以看出，阿尔蒙德和维巴所说的"混合"文化并不是指多种元素的简单整合，而是建议一种"明显矛盾的融合"，这种混合"使它们能够相互作用和交流，同时不破坏或分化彼此"（Almond and Verba，1965:6，31—32，476）。

这些耐人寻味的话语可能会引起人们对目前政治和道德可能性的另一种解读，这也是阿尔蒙德和维巴所支持的。也就是说，《公民文化》的潜台词可能被解释为破坏发展序列的思想，而这是现代化理论的核心，也是早期的"四阶段理论"的核心。传统在当下与现代并存，不仅是过去的一种遗存，而且是一套鲜活的文化材料，可以以各种方式与现代进行有益的结合。阿尔蒙德和维巴似乎在任何类似的混合中都假定现代的主导地位，但这种偏好与对英美政治形式优越性的最初政治判断有关。我们不必接受这一判断。同样地，虽然阿尔蒙德和维巴似乎将这种互动和交流局限于国内政治系统中各文化阶层之间的关系，但我们发现没有必要这样做。取而代之的是，我们可以假设，不同文化形式的相对平等（无论是在国家内部还是在国家之间），用阿尔蒙德和维巴的话来说，可以作为相对传统和相对现代的政治体制间进行非破坏性、非对抗性的互动和交流的基础，或者用我们的话来说，作为一种更加互惠的交流或对话的平台。

与前面我们研究的许多 16 世纪作品一样，克利福德·格尔茨的《整合式革命》（"The Integrative Revolution"）也只是提供了对这种可能性的一个暗示。格尔茨对新兴国家现代化问题的构想类似于白鲁恂对国家地位和文化完整感之间存在协调困难的理解，但更加精确，更富启发性。对格尔茨（Geertz，1963:108）而言，"这些新兴国家的人民同时受到两种强大动机的鼓舞，两种动机完全相互依存，但又截然不同，且往往实际上是对立的——既希望被视为负责任的代理人，他们的愿望、行为、希望、意见以及观念都'至关重要'，也希望建立一个高效有活力的现代国家"。基于这一陈述,我们对格尔茨的研究遵循两条主线:一条关注他对这些愿望之间对立关系的理解;另一条则着眼于对这种相互依赖关系的描述。我们以这种方式来区分我们的阐释,因为它能够让我们突出格尔茨思想中的两个相互关联的含混之处:一个是教导者与被教导者之间的倒置,另一个是他者既存在于内部也存在于外部的想法。这些都解释了格尔茨在其文章结尾所作的暗示,即新兴国家的经验对旧国家具有重要意义。

格尔茨(Geertz,1963:108)将"原始情感"(primordial sentiments)与"公民政治"之间的对立具体化,而"原始情感"在他看来,指的是"人们的自我意识仍然与血统、种族、语言、地域、宗教或传统的总体现实联系在一起":现代化的"实践性"方案基于"主权国家"并由"主权国家"主导,作为关键的"实现集体目标的积极工具"。更确切地说,国家在现代获得中心重要性的事实,并不意味着这种新兴的"自我意识"(sense of self)必须或最好以主权国家的形式或在主权国家内部得以表现。相反,这种自我意识必须积极融入现代社会:

> 原始联盟及其对立面是一个密集又错综复杂的网络,但又有待澄清,在大多数情况下是几个世纪逐步结晶的产物。这个从昔日疲惫不堪的殖民政权废墟之上诞生的陌生公民国家,被强置于精心编织与精心构建的骄傲与怀疑的结构之中,且被嵌入现代政治的构造中。(Geertz,1963:119)

关键在于,建立一个公民国家的过程可能会给这些人民带来严重的损失:

> 要使这些特定而熟悉的特征服从于一个包罗万象却外来陌生的公民秩序之下,就有可能会丧失自主权,要么是被吸纳为文化上没有差别的群体,要么更糟糕的是,被其他竞争族裔、种族或语言群体所支配,这些群体能够赋予这种秩序自身的个性特质。但与此同时,……它们如此强烈地渴望并决心实现社会改革和物质进步,取

决于它们凝结成为一个适度规模、独立、强大的、秩序良好的政体的强度。因此，坚持要求被承认是一个有存在感且重要的国家，以及追求现代性和活力的意愿，这往往会引发分歧，而新国家的大部分政治过程都围绕着使它们保持一致性的努力而展开。(Geertz, 1963：109)

借用托多罗夫的语言，我们可以把这些替代方案转换成双重运动的形式。一个国家要被承认是世界舞台上的一员——这是共同和平等的时刻——要求将主权国家的公民政治与实现物质进步所需的社会实践（科学、市场等）相结合，并将自身融入其中。然而，如果强调自身的身份有别于现代性——代表着差异性时刻——有可能面临内部分裂、有限的物质"进步"，以及随之而来的被认定为劣等或落后地区（或者用更为现代的术语来说，被指认为"准失败国家"或"失败国家"）的风险。

格尔茨(Geertz, 1963：119)对这些对立的"相互依赖性"的构建，建立在共性与差异之间的相互作用之上。概念化这种紧张关系的问题在于，其解决方案——"政治现代化"——也是问题的根源，因为它"一开始并不倾向于平息这种（原始）情感，而是加速它们"。更确切地说，公民政治的引入是"整个政治生活模式的转变"，它改变了身份与统治之间的关系。格尔茨(Geertz, 1963：120)认为："正是主权公民国家的形成过程相较于其他事物，激发了狭隘主义、社群主义、种族主义等情绪。因为它们为社会带来了可以为之奋斗的宝贵目标，同时催生了能够与之抗衡的可怕新生力量。"

在回顾了六个国家的经验之后，格尔茨重申了这一共同模式。他指出，现代化将"传统原始群体……聚合为更大、更分散的单元，这些单元的参照单位现在已经变成'国家'——从这个意义上说，整个社会都被新的公民国家所涵盖"。这一过程也将局部意义上的"原始相似性和差异性"转变为"在整个国家社会框架内相互作用的"群体多样性，并为"在新国家中个人身份和政治完整之间的直接冲突创造了条件"(Geertz, 1963：153—154)。

通过这一举措,格尔茨(Geertz, 1993:119—120)将这种对立面关联起来,视之为现代化进程本身的一个特征。这种关联也使他能够考虑新国家的经验与欧洲经验之间的关系。一方面,这种类比是严格的。新国家的寡头统治者正在参与一个过程,就像现代欧洲的初期一样,要求他们在一个一体化的社会中合法化自己的统治,并创建这个一体化社会。这些新国家也被视为与西方走在一条共同的发展道路上,从而导致原始情绪无法彻底消除("这种紧张关系……也许根本就无法解决"),不过,通过在一个中立或普遍化的国家政治中贯彻去合法化、非现代化政治身份的战略,可实现对原始情绪的驯化。格尔茨(Geertz, 1963:128)认识到这一目标在任何地方都"无法完全实现",但工业化国家的例子表明"这是相对而言可以企及的"。

这种"相对性"十分重要,因为它向格尔茨(Geertz, 1963:128—129)暗示我们不能过分看重传统二分法,即传统与现代之间的二元对立;而宣称"一方的扩张"是"以另一方为代价"的声称更是完全错误的。如果是这样,我们或许可以考虑对这种紧张关系进行调和,这种调和所带来的损失低于格尔茨最初的暗示,并且一种原始的"自我意识"可能会在一个社会中找到更多的空间,而这却是现代公民身份的社会和政治要求所不允许的,阿尔蒙德和维巴似乎也这样认为。但当格尔茨(Geertz, 1963:155)指出"一种简单、连贯、定义广泛的族裔结构,正如在大多数工业社会中发现的,不是传统主义尚未解决的残余,而是现代性的标志"时,他便远离了这种逻辑。没有驯化,即没有同化,就不可能实现融合。我们依然陷在这种双重运动之中。

这一叙述的其他方面表明我们应该追寻格尔茨预先予以排除的道路。他对原始情感的最初认知——作为历史上沉淀的含义和身份——表明了这种自我意识的价值。他将先前欧洲的兴起与当前的"一体化革命"(integrative revolution)相比较,这或许会让我们认为,当前被取代的东西不仅是现代性本身的创造,而且包含了包括莱里在内的当时欧洲人以前(和现在)所感受到的有价值的生活形式的诸方面。结合格尔茨关于原始情感永远不会完全黯然失色的鲜明论断,我们可以认为他支持对新国家和工业化国家进行不同解读：二者都提供了调和原始和文明的不同方案，与之相伴的成本与收益也各不相同。基于此，格尔茨与此前几个世纪的作品背道而驰，因其将时间转换成空间；从把差异视为需要被发展序列抹去的观点，到把差异视为一种潜在的资源。借用格尔茨的话，我们可以说国家间的差异是所有国家的资源。

格尔茨暗示了这样一种解读，即新国家的实验构成了人类回答普遍性问题的答案之一（他在后来的作品中明确了这一点，我们将在结论部分看到）。然而，格尔茨（Geertz，1963：157）警告说，尽管这些实验的方向令人担忧，"但是尤其是那些显然未能解决自身最棘手的原始问题的社会成员，他们能对这些实验抱有冷漠或轻蔑的态度吗？"鉴于作品在美国出版，且出版日期为 1963 年，我们假设格尔茨提及的是美国的种族问题。这种倒置意味着——传统不仅存在于外，也存在于内；所谓"老师"和"模范"也可能需要被教导，且可以从其所谓"学生"的经历中学习——这也表明了对"世界文化"的不同看法，对现代史的一种截然不同的解释，而不再是将其视为"丰功伟绩"。

本章节所提及的文本虽然在许多方面堪称现代化文献的典范，但也允许一种反对传统和现代两极对立的阅读方式。如果现代性不能最终解决价值冲突，或者必然是不完整的，只能以各种"混合"模式存在，或者要求传统的他者作为自我反省的来源，那么维持不变的发展序列的概念或世界主义自由秩序的构想就会变得困难。在这些现代化理论的隐性理解中，就像从 16 世纪和 17 世纪思想家那里恢复的那些理解一样，我们可以找到一种政治想象的资源，能规避将自由现代性作为国内或全球安排的普遍主义主张。

当代国际关系学中现代化理论的再循环

正如我们已经暗示的，现代化日益被重新想象为一个全球性进程，而现代化理论的新形式——用我们的术语来说，新现代化——已经成为国际关系学中的重要理论。将现代化的时间动力从国家转移到全球，是否会改变已经发挥作用的有害的比较逻辑似乎值得怀疑。事实上，有很多意见对各种形式的新现代化理论表示怀疑。虽然在许多方面存在重叠，但我们讨论新现代化思想的三个流派：自由和平论（the liberal peace）、全球公民社会（global civil society）和多元全球共同体（pluralistic global community）。

早期现代化理论家模糊了内政和外交间的界限，自由和平论者认为，将自由民主政体（liberal democratic polities）的规范和制度模式扩展到国际关系学将会改变国家之间的互动模式，因为它们将在"跨国民主文化"的范围内运作（Russett，1990：127）。[10] 因此，自由和平论似乎承诺，在地缘政治空间中传播自由政权的全球现代化进程将对"世界政治产生革命性影响，使得国际战争过时"，但正如詹姆斯·李·雷（James Lee Ray，1997：61）提醒我们的那样，"只有世界变成齐整的民主国家，才能如此"。因此，世界政治的格局可以被理解为一种新的二元结构，即将现代化理论的内容在国际形势中循环利用：一个和平、民主和财富的区域和一个无政府、混乱、专制（且乐观）发展的单独区域（Singer and Wildavsky，1996：x1，3；Russett，1990：120）。事实上，这种对立常被视为自由主义"意识形态"的核心，这种意识形态是自由主义国家之间建立和平关系的一种因果机制（Owen，1997：95）。正如约翰·欧文（John Owen）所解释的，政策制定者和广大公众所持有的政治和道德愿景"总是与相反的观点形成对比"，而自由主义者通过"排斥和反对"的过程形成了一个群体（Owen，1997：14，29）。更准确地说，自由主义国家"被认为是合理的、可预测的、值得信赖的"，而非自由主义国家则"被初步（prima-facie）认为是不合理的、不可预测的、具有潜在危险的"（Owen，1997：96），就像早期的印第安人一样。

在现代化理论的革新过程中，自由民主国家及其前殖民地间的关系被演绎为一种纯净与污染的"寓言剧"（morality play）。这意味着，与今天的"野蛮人"、边缘化和无政府状态的民族和地区相比，西方自由派的文化观念被建构为正常或自然的,后者永远走在通向成熟的自由主义自我认同的道路上(Forment, 1996:314—317, 321—323)。与此同时,正如乌黛·梅塔(Uday Mehta, 1990:429—430)所明确指出的,所谓人类能力和价值的自由主义概念的普遍性,隐藏了一套非欧洲世界似乎从未完全拥有过的"社会凭证",从而解决了恰当的自由主义者的界限(在这种情况下,是和平的),即谁被包括在内和谁被排除在外。正如塔里克·巴努里(Tariq Banuri)所解释的,这种对对立面的建构甚至违背了早期现代化理论中隐性声音所暗含的可能,它否认了社会存在混合模式的普遍性,并在自由主义中净化了个人的"传统"特征(Banuri, 1990:77—81)。在所有这些方面,自由和平论文献体现了现代化思维和双重运动的反思特点。坦吉和劳森(Tanji and Lawson, 1997:151)总结了"他者化"起作用的过程:

> 文章所假设的民主模型已经暗含了有关什么构成了"真正民主"这一问题的"答案",该模型已被用来在世界政治中划定民主共同体的边界。因此,"民主"在该理论中的含义被权威地预先假定具有无懈可击的普遍性,并被用作全球范围内道德高地的基础。然而,基于所谓"真正民主"的愿景宣称道德高地,往往会加剧对那些实际上被排除在外或归为"不文明"类别的人的敌对态度。……这种做法只会使身份政治最令人反感的方面合理化。敌人和朋友可以通过强调特定的文化身份予以构建,这些文化身份反过来又会导致对自己人和外部人、民主和非民主、传统和现代性、亚洲和西方等的二分法倾向。

因此,我们不必惊讶于自由和平论是促进(或加强)自由民主作为全球标准的宏观思想和实践基础的一部分(参见 Parekh, 1992:160; Linklater, 1993:30; Young, 1995; Watson, 1997; Gong, 1998; Barkawi and Laffey, 1999:419—423; 及 Blaney, 2001)。也许更有力的是,约翰·格雷(John Gray, 1998:34)提出了"相信(自由)制度的普遍合法性"

的影响:"这种普遍主义信念所激发的自由主义政策必然会把所有其他制度和生活方式视为对手或敌人,而非合法的替代选择。自由主义的道德并不包含生存方式多样性的政权实现共存的准则。只要世界还存在着多种多样的政权,那它就是冲突的根源。"

即便对自由和平论者来说,这种针对非自由主义者的暴力煽动也司空见惯。多伊尔(Doyle, 1983:324—325)认为这是一种典型的"自由主义轻率"(liberal imprudence),而拉塞特(Russett, 1990:129—132, 142)则认为存在一种民主的"仇外心理"(xenophobia),通过这种情绪,非自由主义者被构建为出于自由目的而进行合法干预的场所和暴力道德十字军东征的对象。我们认为这是我们在这部作品中始终强调的对差异的恐惧之延伸,也是现代化思想核心中比较政治的特征。在后冷战时期的自由主义十字军东征与针对他者发动的长期暴力史之间建立联系,并无不妥(Pagden, 1995: 198—200; Chandler, 1999; 2001; Mayall, 2000:74 75; Brown, 2000:7)。

当代全球公民社会的支持者对文化差异也表现出类似的厌恶,尽管他们明确支持多样性和对话的概念。这些思想家所取得的平衡具有指导意义,因为这主要再现了早期现代化理论的比较政治特征。正如罗尼·利普舒茨(Ronnie Lipschutz)所描述的,"正在进行的公民社会项目"是"去重构、重新想象或重新绘制世界政治版图"。尽管他在试图预测未来时会(恰当地)采取回避的态度(Lipschutz, 1992: 419—420; 2000:5),但一个新兴的全球公民社会似乎涉及一套"共同规范或行为准则"的传播,以及具有"文明社会"特征的"全球意识"(Lipschutz, 1992: 398—399)。理查德·福尔克(Richard Falk, 2000:317,另参见 Falk, 1995)也认为全球公民社会的力量对于通过创建"人本治理"(humane governance)来恢复新兴世界秩序至关重要,包括"在全球范围内"应用"广泛共享的道德标准和社会目标"。然而,这些声称"人类"和"全球"的姿态在他们的叙述中得到缓和。例如,利普舒茨(Lipschutz, 1997:98—99; 1999:226—227; 2000:181)唤起了对新中世纪的类比,以表明全球公民社会可能涉及的身份、活动和监管方式的多样性。福尔克在承认差异所带来的挑战时表现得尤为谨慎。他认为,如果不同群体之间没有共识,就不可能实现"人本治理",只有通过"开放式对话"才能实现这一点(Falk, 1995:2, 4;另参见 Falk, 2000:325—326)。

然而,我们有充分的理由质疑利普舒茨和福尔克已经远远超越了比较政治这一现代化思想的核心(参见 Pasha and Blaney, 1998;以及 Blaney and Pasha, 2000)。事实上,以一种推测式的世俗天命论(providentialism)形式,两位作者都依赖于对全球现代化进程的描述,将民主和转型可能性的基础赋予跨国社会运动、全球非政府组织网络、跨国界的公共利益团体等(类似观点参考 Keck and Sikkink, 1998:33)。福尔克(Falk, 1997:125—126)认为"全球化"不可避免,关键是全球秩序将要呈现的特征。通过在真正的"全球维度"上同时弱化国家并培育社会生活,全球化建立了一个"地球村"并具备了"人本治理的潜力"(Falk, 1995:11, 19, 119; 2000:318—319)。利普舒茨的范围更为广泛。在他看来,全球公民社会之所以可能,是因为技术变革和市场自由主义的传播,导致全球社会空间发生了根本性转变。事实上,他描绘了一个"无国界的世界",其中包含了一个新的全球相互依存的人类——一个全球命运共同体(Lipschutz, 2000:159, 97—98)。这种边界的消除伴随着自由主义政治文化(个人主义、市场和公民社会)的急剧扩散,这是一个"全球自由化"的过程,在这个过程中,主权国家被"主权个体"所取代(Lipschutz, 2000:3—4, 135)。利普舒茨(Lipschutz, 1992:407)甚至认为,自由主义已经成为"全球政治中新的主导'操作系统'",因此,"经济和政治自由主义的原则类似于文明共同体中的公民法,存在于个体国家的法律之上"。

利普舒茨和福尔克都清楚地表示,世界已经是一个整体,而他们对多样性的有限承诺,必须在这种(自由主义)统一的背景下得以理解。利普舒茨(Lipschutz, 1992:407)关于多元主义的概念——"高度的多样性和异质性,以及广泛的活动"——集中在现代个人的"日常生活和伦理行为"上,而不仅仅是提供一个和平共处的空间,或者容纳多种竞争性生活方式,这些可能并不会带来更多富有成效的互动。同样,利普舒茨(Lipschutz，2000：156，160，173—174）认识到，世界仍将是一个混乱的地方——"许多政治团体，一些基于空间，另一些则基于从属关系"。但是所有这些混乱局面都陷入了一种"人民政治"（politics of people）之中，类似于主权国家和国家公民身份刚出现时的状况，这要求调整新兴的全球公民社会和广泛的全球治理体系之间的权威关系；也就是说，用治理取代无政府状态。我们不会质疑利普舒茨的观点，即国际社会的空间界限未能耗尽或包含当前的政治想象力或力量。正如我们在前三章所说的那样，它也从来没有这样做过。我们质疑的是利普舒茨的推动力，这与他基于"全球大同"（global cosmopolis）愿景推进新现代化全球政治以及他所拒绝的国际关系学促进国家现代化如出一辙，即容忍、驯化、消除多样性。跟随利普舒茨，我们便从一个同一性帝国走向了另一个同一性帝国。

尽管福尔克（Falk，1995：4）表示否认"一切试图将他者与邪恶联系起来的努力"，但他对差异的尊重，正如在与他者遭遇初期一样，被证明是相对"吝啬、狭隘和防御性的"（我们借用了康诺利的措辞，参见 Connolly，1995：xii）。他的一些表述可资为证。与康帕内拉一样，福尔克（Falk，1995：2）提出新兴的全球力量"必须同时尊重和庆祝文化多样性"，但这一吁求立即被"注意人类团结和全球统一"的指令所限定，该指令似乎具有逻辑和实际的优先地位。类似地，福尔克（Falk，1995：11—12）认为全球化有助于揭示"人类经验的异质性"，从而使"从对抗性的遭遇中学习他者"成为可能。我们对此欢欣鼓舞，直到我们发现这种遭遇的真正意义是"在对特殊性的肯定中重新发现普遍性"或"在欣赏差异的同时超越特殊性"。在福尔克规定"重叠的共识"或"重叠且趋同的思想"作为人本治理的前提和基础的地方，他采用了一种久经考验的自由主义策略，即"强加一种由使我们达成共识的因素所构建的认同"，同时将重要的、通常是肯定生命的价值观置于政治生活之外，这些价值观千差万别或相互竞争（Bickford，1996：7—8）。然而，弗莱德·多勒米尔（Fred Dallmayr，1996：24，27）反驳道，"同一性被假定为在一般原则的基础上持续存在"，而"历史文化和信仰"则被"逐渐'剥离'或被转移到民间传说中"。这种排除在外是指被"对立力量"改变的可能性，或承认在全球公民社会的政治/伦理标准之外还存在着无法超越或同化的差异的可能性。取而代之，福尔克的愿景是将他者纳入一个预设的全球统一框架之中。因此，当他谈及"政治斗争"（Falk，1995:13—14）或"动员各种民主力量"（Falk，2000:319）时，他所指的与其说是关于可能世界和地方秩序性质的协商或对话，倒不如说是实施（假设不是强加）一个先前存在的全球愿景的过程（另参见 Masicotte，1999）。也就是说，用罗布·沃克（Rob Walker，1994b:673）的话来说，全球公民社会被解读为"某些假定已经存在的世界政治或普遍伦理"的推动者，可以"摆脱""现代国家主义政治的肮脏外表……以揭示其背后的某些本质或潜在的人性"。

与利普舒茨一样，福尔克关于全球公民社会作用的论述，相当于将现代化思维的全球变种，转向了一种被否定的普遍化秩序的旧版本。如果我们接受对战后现代化理论的政治或伦理影响的批评，我们可能同样会警惕普遍主义者的自命不凡和边缘化他者的举动，这是现代化项目的最新流行版本。而且，与自由和平论一样，公民社会本身也是一个试金石，用来检验由官方政策制定者和援助机构、专业活动人士、政策分析员以及私募基金会组成的相互支持的传教网络（"Sins of the Secular Missionaries"，2000；Encarnacion，2000）。也许还有其他理论和实践的选择，正如我们将在下文中指出的。

自由主义的现代性也以白鲁恂的国际文化多元主义（international cultural pluralism）或康帕内拉的普世帝国（universal empire）的更新版（更全球化）的形式出现。例如，安德鲁·林克莱特（Andrew Linklater，1998:2—3）就把"对文化差异的进一步尊重"的强烈呼吁纳入他对全球社会"不容置疑的普遍主义"愿景之中。但与白鲁恂一样，他协调这些要求的策略已成陈词滥调，即拒绝多元主义，但只是以一种非常有限的形式。

人们很容易（更强烈地）认为，尊重差异在林克莱特的作品中几乎没有发挥作用。与康帕内拉一样，他的大部分作品交织着各种哲学和社会学主张，以创造一个关于人类不可阻挡走向普遍主义进程的叙事。某种程度上,这是一个人类互动规模不断扩大的故事:在这里,全球化只是这个进程的最新阶段,这个进程从部落开始,随着国家公民身份的兴起而得以延续,如今已经涵盖全人类(Linklater, 1982:165—168,第九、十章,另参见 1990;以及 Linklater and MacMillan, 1995)。正如现代化理论家莫尔斯(林克莱特非常喜欢引用他的作品,见 Linklater, 1995:250)所论述的,我们正处于一场"治国方略的革命"之中,这场革命由现代性的前进步伐引发,走的是我们现在熟悉的路线。林克莱特注意到,人类操纵自然能力的进步、工业化的迅速扩散、商业交往在世界范围内的推进,也许还包括关键的道德学习,都使得人类拥有了更具普遍主义的视角(Linklater, 1990:143—146; 1998:28—33, 122)。

虽然人类目前处于一种真正的相互依赖状态,在这种状态中个人或群体的行为会产生跨越国界的影响(Linklater, 1998:104; 1999:474—475),但问题在于我们的政治和伦理观念很难与时俱进。对林克莱特(Linklater, 1998:122—123, 119)而言,这一差距是"现代性未竟事业"的一部分,因为我们需要的不是超越现代性,而是对"已经包含在现代性道德文化资源中"的包容性全球社会进行回溯。更确切地说,这种"超验的普遍主义"(transcendent universalism)要素内在于现有的国际社会组织中(Linklater, 1998:23—27)。因此,尽管林克莱特(Linklater, 1990:136)有时将"民族国家、国际社会以及人类共同体"称为人类社会"相互竞争的"愿景,但在他的著作中,它们作为人类政治发展和伦理发展的前后相继阶段更加可信。我们再次发现自己仍处于一个在思想、观念与地域上存在先进与落后之分的世界(参见 Jahn, 1998:641)。

鉴于我们目前的讨论,林克莱特的观点对于回应差异似乎无济于事。尽管本意并非如此,他依旧将差异视为劣等或落后的标志。在他看来,一个普遍的共同体"对文化、性别和种族的变化表现出敏感性,在过去极为罕见"(Linklater, 1998:5)。林克莱特所面临的困难在于把差异问题完全想象为歧视性的排斥。因此,在他看来,无论个人和群体的意愿如何,普遍主义的当务之急并不是"将深刻的道德意义附加到阶级、种族、性别、人种和异己地位的差异上"(Linklater, 1998:5)。林克莱特分析了后殖民时代早期的第三世界解放运动，他认为这场运动是对包容性世界秩序的呼吁（Linklater, 1998:24），而不是一种渴望独立生活的表达，至少在一定程度上是这样的（参见 Bull and Watson, 1984; Bull, 1984）。因此，对话仅起到打破壁垒和道德隔阂的作用（Linklater, 1998:4），而从未揭示（也许是不可调和的）价值观、身份和生活方式的冲突，这也就不足为奇了。与自由主义传统相一致，无论是在现代早期还是当代的变体，林克莱特似乎都不愿意接受与差异进行真正对抗所带来的风险和不确定性，也不愿面对可能在这种遭遇中暴露出来的"永久性隔阂"（参见 Mehta, 1999:23—27）。事实上，林克莱特的所有论著似乎都预示着对国家体系的世界主义反应。在他看来，由于所有论据和论点都指向普遍主义回应的必要性，多样性便被搁置一旁（Walker, 1999）。既然已经预见到实质上的政治结果，那么，对话能够实现怎样的目的便不得而知（Lensu, 1998）。[11]

林克莱特（Linklater, 1998:4）肯定会争辩说，他所提议的只不过是一套"程序上的普遍性"（procedural universals），通过回避"任何关于良好（全球）社会的实质性愿景"以支持对话。但这种回应具有欺骗性，这类似于自由主义思想中格劳秀斯、霍布斯和洛克等人对"薄的"（thin）程序主义的呼吁。这种呼吁保持中立，从而能够被所有人接受。无论其伦理或政治观点如何（参见 Linklater, 1996b:113; Rawls, 1996），很明显，程序性自由主义意味着个人所持有的一种独特自由主义视野，以及培养一套独特自由的美德，哪怕这种美德可能会与其他生活方式相抵触，甚至威胁到其他生活方式（参见 Galston, 1986; Nandy, 1990; Hopgood, 2000）。艾丽斯·马瑞恩·扬（Iris Marion Young）补充道，对话社区作为一种协商的手段的想法，仍旧假定了某些特定的言论方式（正式的、一般的、理性的），并赋予其特权。对于那些认为激情和玩乐对他们的沟通和说服方式至关重要的人来说，除非他们遵守自由主义的规范，否则根本无法被倾听（另参见 Bickford, 1996）。因此，中立或普遍同意的主张"误识了它所依赖的党派偏见"（Connolly, 1995:124），而林克莱特的普遍主义只是众多观点中的一个特定的（相对厚重和实质性的）愿景。有

趣的是,林克莱特很清楚这种批评(参见 Linklater, 1996a:290—292,
1998:87—100),但当他重新专注于追求一种世界主义观点时,他似乎把
这些担忧都抛诸脑后。如此一来,与白鲁恂一样,林克莱特所谓(全球)
自由现代化,用南迪的话来说,似乎是评判其他文化生活形式的霸权式
框架。与此同时,正如我们迄今为止的论证所预期的,除非被主流愿景
同化,否则偏离全球自由主义愿景的行为都会被断定为落后、倒退或堕
落的。

结语:基于比较的民族志政治

遗憾的是,现代化的空间领域从国家转移到全球,也没有改变其核
心的时间动力。这种时间动力思想(如今已经全球化)的再循环使我们
的注意力从所认定的国际关系学理论的核心问题上转移开来,即如何揭
示一种比较政治,这种政治既不把差异视为即将被消灭的欧洲文明的对
立面,也不将其视为即将被同化的先前的欧洲自我。也就是说,一种霸
权式的全球比较政治复制了双重运动的反应:差异几乎立即被视为混
乱、恐惧、怀疑和傲慢。如果这样,为什么我们不能用对待早期变体的嘲
笑态度来对待当代全球现代化思维的循环利用?难道我们不能抵制对
差异问题的永恒延迟,转而培育支持一种替代性的、更具"民族志"色彩
的比较政治的资源吗?

幸运的是,我们可以借鉴现代化理论中的隐性声音。虽然不排斥人
类在许多方面共性的存在,也不排斥在人类努力的各个领域达成普遍
(即使有时是短暂的)一致的可能性,但现代化理论中的其他声音宣称要
培育一种敏感性或政治想象,以更充分地认识、理解、和培育差异。

基于以上格尔茨的暗示,我们希望强调培养一种民族志的比较模
式,在这种模式中,主要的立场(尽管不是唯一的)是将比较作为批判性
自我反思的来源。托多罗夫提醒我们,正如我们在莱里的作品中所指出

的,当我们对差异更为敏感时,知识绝不仅仅关乎他者,而且关乎我们自己:"内部和外部之间的对立不再相关,我的描述所产生的他者拟像也不再保持不变,这已经成为他者与自我之间可能的理解空间"(Todorov,1995:15)。因此,托多罗夫呼吁我们采取一种民族志立场,在自我与外部他者之间以及自我与内部他者之间建立一种"对话"(另参见 Ashis Nandy,1987b:17,55)。这种对话需要高度意识到我们的知识对先前判断(即"偏见")的依赖、对我们自身所持范畴的相对性,以及我们所理解的历史和文化(也许是"种族")的特殊性(Todorov,1995:15)。在最近的一篇文章中,格尔茨(Geertz,1986:111—112)详细阐述了这一点,并且明确了他早期关于现代化论著中隐含的观点。他呼吁我们"去接近他者,接触他者,寻求捕捉他者的直觉和差异",多样性所具备的力量能够在接触中向我们展示:我们与他者"以什么样的角度"可"面向世界"。

正如格尔茨(Geertz,1986:120—121)所指出的,多样性的力量被夸大了,"与其说多样性被界定为有框架的单元,不如说其边缘明确的社会空间、截然不同的生活方式正混杂在界定不清的空间中,它的社会空间的边缘是不固定的、不规则的且难以定位的"。"那些异世界和异域思维的存在,大多并非在别处,而是在我们的周围,近在咫尺……。这似乎要求我们调整自己的修辞习惯和使命感"(Geertz,1986:119;字体强调为我所加)。更确切地说,这种情况要求我们放弃直接诉诸令人反感的比较,这种比较证明"使用暴力以确保与那些拥有暴力的人的价值观保持一致"是合理的,也不会陷入一种"空洞的容忍,对任何事无所作为、无法改变"(Geertz,1986:118)。相反,我们可以富有想象力地使他者参与进来,"探索我们之间的空间特征",以此作为我们各美其美、共同生活、和平共处、美美与共的前提(Geertz,1986:118—119)。

因此,我们建议,混合模式的概念也可以很容易地应用于我们评估和重新构想全球政治场景的努力当中。我们将在第六章对这一主题展开充分讨论,在那里我们讨论了多重主权和重叠主权的概念,但现在,我们可以得出一些初步结论。当我们铭记文化实践和政治实践总是多元复杂的、混合着不同模式、需要平衡各种人类善意与价值之间的竞争(也许是不可调和的)时,我们能够抵制当前的"遏制"学说(包括今天的食人族、"流氓国家")、"民主扩大",或当前对人权的处理方式、对法治的尊重以及构建"纯净"或"污浊"政权的善治。我们也可以拒绝通行做法的诱惑——要么是一个国家特殊主义的世界,要么是一个奉行世界主义原则和建立世界政府的世界(或最新版本的全球治理)。与此相反,我们可能会期待欣赏混合模式的全球空间安排。这意味着承认和保护差异,允许使用边界来保护人类存在的多种模式。然而,我们并不是要恢复绝对主权的秩序,这种秩序否认自我与他者之间的重叠。相反,一个多种形式共存的世界本身就具有混合模式的特征——既不是完全的国际社会,也不是全球性的国际大同(global cosmopolis)。我们可以想象异质性的(全球、区域和地方的)社会进程与政治安排,这涉及划分和协商独立、共享及重叠的权力的复杂方式(Blaney and Inayatullah, 2000; Inayatullah, 1996)。

如前所述,我们围绕国际关系学当前状态的替代方案提出了理论和制度建议(Blaney and Inayatullah, 1994; Inayatullah and Blaney, 1996)。在制度层面,我们呼吁建立一种基于不同文化之间展开对话的国际关系学;在理论层面,我们呼吁在认真对待全球结构和行为体意义和意图的同时,注重文化交往的真实历史。然而,随着研究的推进,我们越发认识到,这种呼吁的潜在效用遭到来自欧洲文化内部固有的先前承诺的反对。这些(先前承诺)包括:未能认识到在历史和理论层面对差异所带来的机遇和问题时的厌恶;未能意识到这种厌恶会产生一个理论循环(例如,现代化之后是新现代化),进而延续了这种厌恶;一个理论层面的盲点,通过消除差异作为潜在资源的可能性,将差异固化为导致混乱的根源;以及普遍使用和滥用比较政治,这种比较政治既依赖于暴力,又依赖时间推移来消除混乱和差异。如果这些论断是合理的,那我们可以得出结论:目前的国际关系学要找到替代性的制度与理论,可以从对差异进行更全面、更完整的理解,对比较政治进行民族志解读。这样的重构或许会使我们发现,国际关系学不只是既有社会理论的残羹冷炙,而是可以成为所有形式的全球理论和实践的必要出发点。我们将在后续章节中尝试开展这种重构。

注　释

1. 遵循米歇尔·德·塞尔托的创造,吕斯·贾尔(Luce Giard, 1991:212)将这种差异的科学称为"异质学"。

2. 需要说明的是,我们没有试图将比较政治学的子领域作为一个整体,或对其过去半个世纪的发展加以描述。相反,本节更狭义地关注现代化理论与国际关系学所共有的地缘政治。这种比较被广泛地采用,也许是我们论点的一种暗示,但我们将不会对此集中辩护。

3. 虽然通常只是含蓄的,但戴维·阿普特(David Apter, 1965:vii)非常明确地承认接受了西方"愿景"。我们还应注意到,这一节主要提到的是 20 世纪 50 年代末到 70 年代末的文本,我们旨在揭示现代化理论只是西方世界观核心组成部分的一个特定实例。

4. 我们应该在这里做一点限定,因为早期的现代化文献大多将苏联视为一种现代性替代(如果是不受欢迎的)模式的典范。因此,许多人将苏联的作品视为了发展中国家的"心灵和思想"而斗争的一部分。许多作品对自由民主在与苏联竞争时的命运产生了显而易见的焦虑,参见 Almond and Powell(1966:第十一章),Almond and Verba(1965:vii, 1—5),Organski(1965:第八章),Apter(1965:第十二章),Rustow(1967:254—272),Lowenthal(1962),及 Watnick(1962)。这种偏见在近期冷战后现代化理论的复兴中继续存在,它被认为是胜利的自由主义。参见 Pye(1990)及 Diamond(1990)。此外,令人信服的是,克里斯托弗·辛普森(Christopher Simpson, 1998)将现代化和发展研究与冷战安全机构联系起来,证实了早期卢克(Looker, 1978)和图恩(Teune, 1990)的断言,即"比较政治学"的兴起与美国实力的崛起和冷战有着直接关系。

5. 对"模式变量"和帕尔森发展序列的明确引用可参见 Apter(1965:18—26),Almond and Powell(1966:27—28, 49—50),Kalleberg(1966),以及 Macridis(1978:17—19)。

6. 这种比较在政治制度、国家或民族国家之间展开已属约定俗成。参见 Mahler(2000:11, 14);Hague, Harrop, and Breslin(1998:5, 272);Lane(1997b:9);以及 Wilson(1996:第一章)。然而,也有少数的例外。麦克里迪斯和布朗(Macridis and Brown, 1986)编辑的读本补充了关于世界经济、世界体系理论和依赖理论的讨论,以及跨国比较的资料。莱恩(Lane, 1997a:2—7, 34)对政治系统和结构功能主义语言的强调,在其对相互依存的观察中进行了部分修改。

7. 正如我们在第二章中所指出的,在比较技艺中,共性和差异必然共存。

8. 批评这种二元论不切实际,在当时很普遍。除此之外,参见 Gusfield

(1967)，Whitaker(1967)，Kothari(1968)，以及 Tipps(1973)。甚至一些较著名的现代化理论家也接受了这种二元论的"理想"色彩。参见 Almond(1960:10—11)及 Coleman(1971:73—74)。

9. 尽管修昔底德享有"现实主义者"的权威地位，但许多解释者仍将此视为他对伯罗奔尼撒战争叙述的重点。参见 Forde(1992:373，380—381)及 Johnson Bagby(1994:143)。

10. 这掩盖了更广泛的关于因果机制在"自由和平论"中起作用的辩论。对此非常有用的总结参见 Chan(1997)。

11. 我们或许会读到马克·霍夫曼的评论（Mark Hoffman，1991:171），他认为林克莱特的对话更多的是他自己头脑中理论间的辩论，而非个体或群体间的对话。

第二部分
差异研究与当代国际关系学

第四章
国际政治经济学作为竞争的文化

竞争被认为是国际政治经济学（International Political Economy，IPE）的核心原则，也是国际关系无政府结构所产生的普遍现象（参见Gilpin，1987；及Waltz，1959；1979）。作为国际社会的成员，国家是独立的行为体，它们必须依靠自己的资源和努力来实现国家的目标和宗旨。当国家间的目标和宗旨变得不相容时，各国对"自助"的要求就变成"竞争性自助"（competitive self-help）。正如我们经常被告知的，当无政府状态下的国家被迫根据相对于其他国家的收益来确定目标的重要性时，竞争就会在国际社会中发挥重要甚至决定性作用。

当我们考虑到国家已嵌入于资本主义的全球劳动分工当中时，这种特征会更加凸显。尽管资本主义扩张和整合的逻辑正在将全球纳入一个单一的经济空间，一个真正的世界经济，但政治边界仍把这个单一空间划分为国家单元，部分原因是这些边界作为分配装置发挥作用。各国在世界市场上为本国公司和地区争夺市场份额，并促进和吸引其境内技术先进和利润额高的公司和行业的发展（Strange，1992；Reich，1991；Prestowitz，1994；Pellegrin，2000）。无论我们认为国家是其公民经济福利和安全的保障者，还是主要关心提高自身能力，竞争仍是国际社会的一个突出特征。

这并不意味着国家间的竞争穷尽了国际社会生活的特性。虽然涉及多边合作、跨国流动、地方抵抗以及区域和全球治理的替代方案日益普遍,但在国际关系学的主要流派中,存在一种倾向,即只在竞争关系的背景下理解这些做法(Keohane and Nye, 1977; Haas, 1990, Buzan, 1991; Goldstein and Keohane, 1993; Katzenstein, 1996; Waltz, 1999; Keohane, 2001)。[1]在国际政治经济学的主流观点中,很少会有人质疑"竞争"仍然是国际关系学社会理论的核心概念。

国际关系学将竞争视为一种既定条件,从而表明竞争文化对我们想象力的影响。在这一章中,我们开始纠正这一理论的缺失,我们认为,竞争应该被视为一个有意义的计划的一部分——竞争是一种社会实践,它将某些价值和原则并列在一起,同时以某种类型的自我为中心构建自我与他者的关系。更具体地说,我们认为,国际政治经济学是一种特殊的文化形式,其特征是不断尝试通过竞争来调解平等原则与社会等级制度之间以及同一性与差异性之间的对立。一方面,现代竞争的实践将行为体构建为形式上平等且独立的竞争者,这与具有相对固定和先赋地位(ascribed status)等级的前现代世界模式形成鲜明对比。另一方面,这种竞争性做法仍然包含社会等级制度。他们继续把这种平等的正式地位加入一个等级体系之中,这种等级制度不是被赋予的,而是在持续竞争的社会进程中得以揭示。由此可见,在现代竞争实践中所揭示的等级制暴露出一种令人不安的紧张关系,这种紧张关系既表现为行为体之间的平等,也表现为对这种平等关系的实质性否定。

鉴于经济主义在国际关系学中悠久而神圣的历史,我们意识到,尽管国际关系学中的文化问题日益受到关注,但将国际政治经济学的结构和过程嵌入"文化"之中仍然存在争议(Walker, 1990; Rengger, 1992b; Huntington, 1993; Katzenstein, 1996; Lapid and Kratochwil, 1996; Jahn, 2000)。虽然文化已经成为人们谈论的话题之一,但作为与之相关的范畴,它在国际关系学和国际政治经济学理论中的地位尚不明确。虽然确立文化在国际关系学和国际政治经济学中不可或缺的地位这一任务已经超出了本章的目标,也不是本书的目的,[2]但我们也希望将国际政治经济学作为一种竞争文化和一种竞争性文化等级制度。这种逻辑解释的合理性能够推动理论向一种文化的国际关系学和国际政治经济学方向发展,我们将在下一章中讨论卡尔·波兰尼(Karl Polanyi)的作品时更充分地探讨这一主题。我们在本章的目标是将国际政治经济学重新描述为一种竞争文化,以便对竞争的矛盾和超越竞争文化的可能性提出一套理论、政治和伦理主张。

我们的讨论分为三个部分。第一部分是给出界定竞争文化逻辑的意义与目的结构。在第一小节,我们强调,形式平等原则与竞争所揭示的社会等级制度之间的特殊并列是社会实践和竞争目的的核心。我们注意到,竞争文化似乎是将托多罗夫的"双重运动"所具有的两个极性结合起来——将平等和相同与差异和等级制度结合在一起。我们借鉴了许多理论家和分析家的观点来阐述这种文化逻辑,尤其是弗里德里希·哈耶克(Friedrich Hayek)的作品。尽管我们对哈耶克的政治结论提出质疑(如本节后半部分和结论所示),但我们发现,哈耶克作为竞争文化的"传递者"是非常重要的。在第二小节中,我们将呈现亚当·斯密与哈耶克如何用大致相同的方式来明确表达差异。他们都将劳动和知识领域的差异分别视为现代社会的机遇和需要解决的问题。然而,由于将现代社会限定为本体论上分离和个性化的人的秩序,从而排除了差异为竞争文化提供替代方案的可能。因此,要解决差异造成的问题,唯一可能且合适的办法便是交流与竞争的过程。在第二部分,我们论证了主权的逻辑与资本主义全球劳动分工(capitalist global division of labor)在一个国际社会的理论和实践中的交织,这同样制衡了形式平等与揭示等级制度的原则。国际社会生活被建构为一种竞争文化,同时作为一种竞争和文化等级制度,这种竞争和文化等级制度旨在排除社会生活的任何替代愿景。最后,我们得出结论,依附于形式上平等的个体的"天然"自卑感和优越感构成了竞争文化的核心社会矛盾。通过强调这种矛盾,我们将注意力集中于现代社会未能处理好从传统等级制向现代平等的转型过程——这一混乱促使现代社会的行为体把他者建构为成熟的压迫和剥削对象。结尾部分,我们将竞争重新解释为追求卓越自我的内部驱动力,但只有通过接触他者才能实现加速。

竞争的意义结构

在本书的导论中，我们认为，将"文化"的术语引入国际关系学会让我们注意到那些有意义的、有目的的方案——生活的形式——的构建和维护，这是一项常见却始终充满多样性的人类计划。因此，我们开始思考将国际政治经济学建构为一种竞争文化意味着什么。首先，显而易见的是，竞争并不是一种自然事实。[3]相反，社会实践涉及一种意义和目的的特定结构，这使得竞争在现代社会的文化逻辑中发挥核心作用。社会世界是一个有意义和目的世界，这一观点并不意味着行为体根据一组特定的意义和目的行事就一定会达到预期的结果。因此，在关于竞争的论述中，我们并没有过多地关注可能的竞争主体——国家、跨国公司、知识生产者等。若要我们指出一个正在塑造并延续我们当前竞争行为的根源，那就是对现代竞争文化核心的混淆，关于意义和目的的深度困惑。更确切地说，我们指出，我们[4]愿意和/或被迫表现出一种强大的困惑，即追求平等本身产生了社会等级制度。此外，我们指出，现代个体作为"竞争者"的身份，将其社会建构的差异在逻辑上置于社会之前，从而使社会不平等被视为正常的、自然的现象。由此，根据我们的理解，竞争实践内部的意义和目的混淆类似于一种结构性约束。然而，我们希望强调的是，这种结构是构成性的，既是对能动性和个体性的约束，也是对它们的支持。[5]

总之，我们的出发点是，竞争并非自然事实，而是一种社会实践。[6]在本章的两节中，我们将勾勒出现代社会生活中关于竞争的意义和目的。尽管我们想要揭露这种文化逻辑的矛盾，这一愿望与弗里德里希·哈耶克或亚当·斯密的目标大相径庭，但他们的声音却在我们的叙述中显得尤为突出。因为他们都对竞争的意义和目的进行了深刻探索（和辩护），无论是独自进行的还是基于阅读使然。事实上，他们对竞争文化逻辑的阐述得到了其他人的普遍支持,这些人被迫把这一逻辑视为道歉或批评的前奏。

等级制的自然化

在我们这个时代,有关竞争的讨论假定处于竞争中的人在形式上是平等的。与此同时,竞争环境假定并建立了成就与价值之间的排名(或等级制度)——胜利者与失败者,金牌、银牌和铜牌、前十名榜单,等等。这些对立原则之间能够调和吗?当然可以。然而,我们将会看到的是,这种调和过程再现了双重运动的冲动(Tordorov, 1984)。在竞争的文化逻辑中,当这种不平等被视为由社会过程所揭露而非创造出来的,等级制便被视为不会违背个体的形式平等。竞争文化如何试图将正式平等和揭露出来的等级制结合起来,仍需进行深入研究。

弗里德里希·哈耶克(Friedrich Hayek, 1979:67—68)的观点有助于我们理解这一逻辑,他把竞争描述为一种实验,一种"发现过程"。进行竞争既是发现个体差异的一种假设,也是发现个体差异的一种方式;也就是说,竞争要求个体采取具有竞争力的策略,调动并展示他们特定的能力、技能和努力的效果和程度。当根据个人的努力和成就来确定等级时,个体在等级体系中的位置就被认为是自我相对于他者的价值和优点的象征,[7]正如我们将会看到的,由于人类互动的偶然性,我们不能假设优点和奖赏之间存在完美的对应关系(Hayek, 1976:72—78, 115; Knight, 1936:56)。在现代社会,个体通过与他者的比较来确立自己的价值——这种比较通过进行竞争得以实现(Lane, 1991:221)。

然而,竞争并不是社会等级制度的根本来源。现代不平等的真正根源是个体之间预先存在的差异。正如哈耶克所解释的,竞争产生的排名仅仅反映了"关于人类物种最独特的事实之一"——"人性的无限多样性"以及"个体能力和潜力之间的广泛差异性"。事实上,这些差异在逻辑上被视为先于竞争本身而存在。因此,竞争是以一套规则的形式出现的,这套规则旨在揭示自然赋予但仍然潜藏的事物。[8]

此处会存在歧义。差异的前社会特征的观点似乎削弱了先前的观点,即通过竞争所产生的社会地位是由社会决定的。虽然个体差异的前社会性与竞争的社会特征的观点存在一定的张力,但这种张力由于竞争的展开而部分减弱。在这个过程中,个体会被激励去提高他们的技能并为此付出努力,也许还会采用成功竞争者的方法作为模范——即"示范效应"(demonstration effect)。此外,因为竞争贯穿人的一生,所以在连续的竞争中实现社会流动才具有现实可能。竞争在一定程度上保留了它作为一种社会过程的特征,原因在于:竞争过程旨在揭示和刺激个体之间内在差异的"开发"或显示(Hayek,1960:第六章;引词引自第86页)。我们很快便会回到这个具有歧义的问题上。

哈耶克拥护竞争,因为竞争能够促进个体自由。作为一个发现过程,市场体现并表达了竞争对手作为平等个体和独立(尽管匮乏[9])自我的地位。竞争者作为财产所有者和"自由签约的个体"进入市场,并拥有财产权(Knight,1936:49)。在哈耶克(Hayek,1976:107)看来,市场既是自由平等的个体表达自身个性、独立和自愿行为的体现,也是这种行为的意外结果。[10]

哈耶克进一步强调了市场所采用的发现程序的意义,因为它能生产重要的社会产品。正如我们所指出的,市场组织的激励制度不仅解放了人类的生产力,而且引导这些努力去生产他者所需要的东西,从而形成经济相互依存的局面。市场揭露了生产率低下的努力,同时验证了较高生产率的努力,从而提供了有效竞争战略的模型,并且以较少的资源和努力创造更大的财富。正如哈耶克所解释的,市场上的竞争是有价值的,因为它们能够创造财富,提高每个人实现他或她"独立且不可比较的目标"的机会。[11]通过这种方式,市场实现了价值,并产生了一个特定版本的美好社会。总之,竞争文化通过竞争机制认可、支持并产生了独立、形式平等和自由的自我,从而产生了一个富裕的社会。鉴于这些优势,对于竞争机制也会产生不平等回报的事实,似乎是可以接受的代价。

接受这种利益与成本的公式存在一定缺陷:它隐藏了一个更深层次的问题,即哈耶克的平等和不平等的结合依赖于对立的本体论基础。在竞争文化中,形式上的平等由社会构成,并作为市场社会内在必要的社

会价值得到明确认可。然而,不平等仅在竞争表达、揭示和实现差异的
程度上才具有社会性。这些差异的起源与任何社会进程无关,因其是自
然产生的。这些自然赋予的差异随后被市场转化为不平等和等级制度。

采用这种混合式本体论会产生两个结果。哈耶克认为,在竞争的文
化中,等级制既有自然的成分,也有社会的成分,所以当等级制度被证明
是由竞争的社会规则造成时,批评者就很难对此提出质疑。我们最多可
以根据特定规则集不足以执行排名任务(设计糟糕),或违反适当规则
(存在作弊),或因为这些规则未能承认竞争对手之间的形式平等(存在
歧视),以对特定排名提出质疑(Hayek, 1976:71, 123—124;另参见
Nozick, 1975:150—182)。在一种竞争的文化中,我们被引导去思考等
级与等级制不在伦理考虑之内,因为它们被视为既定的,不受人类意志
的支配。社会不平等因此被自然化和去政治化。

这种混合式本体论的第二个结果是:胜利者和失败者可以对差异作
出不同解读。在沉醉于他们认为应得的结果时,胜利者可以指出,在原
则上,社会竞争的过程是公平的。与此同时,失败者非但不接受结果,反
而会凭直觉认为,竞争过程,即便是公平的,也只是将前社会的、自然所
赋予的个体特征转化为竞争结果。这种强大的政治冲突将继续存在,因
为其紧张局势的更深层次根源尚未得到揭示,从而剥夺了争论各方改革
社会秩序的动力(Kramnick, 1981)。

我们可以把这种表述与双重运动联系起来。平等被解释为一种正
式的法律地位,它掩盖了行动者之间的差异。尽管这些差异被掩盖了,
但并不能被忽视;它们作为一种无法解释的先验实质的形式出现,而市
场将这种先验实质揭示为不平等的基础。因此,这种双重运动的两
面——平等/同一与差异/劣等(inferiority)——在竞争的文化中被牵强
地联系在一起。

通过将差异视为与市场社会相关的个体化和前社会特征,这就排除
了差异或许不会转化为更高或更低的排名,而可能被视为提供了社会生
活的另一种愿景的想法。这种不平等的自然化,确保了差异在当前几乎
没有任何政治和伦理意义,除了作为非生产性和过时的存在和行为方式

的例证。也就是说,形式上的平等与同一的地位支撑着从现在开始去创造未来;差异被视为一种潜在的现实,在未来被揭示为不平等或过去竞争失败的残余。

竞争过程中的差异

虽然这种形式平等和实质性社会等级的对立表述抓住了竞争文化逻辑的核心,却没有充分探讨差异在市场社会中的作用。为此,需要更仔细地审视劳动分工和知识分工的概念。我们转向哈耶克和亚当·斯密来梳理他们对差异问题的理解。他们将差异构建为一个现代问题——一个只有通过市场竞争才能解决的问题。

在 1776 年《国富论》(*Wealth of Nations*)的第一章中,斯密(Smith,1976:第一卷,第一章)把美洲印第安"野蛮人"想象成了"万事通"(a jack-of-all-trades)。在身体和心灵上,"野蛮人"具有猎人、厨师、木匠、裁缝等的技能和知识。因此,个体"野蛮人"之间的区别仅仅是形式上的——他们的区别仅仅在于每个人占据着不同的身体和不同的空间。在一个"文明"的社会里——正如斯密所强调的,劳动分工已经"彻底"形成——每个人都拥有不同的专业技能:他[12]是木匠,就不是铁匠;他是裁缝,就不是陶工;他是枪械匠,就不是面包师。"文明"的个体只具有特定的技能和专业的知识。这些特殊的技能差异是财富的来源之一。请注意我们在第二章末尾提及的基调变化,即差异可以被视为一种资源,而不是一个无从解决的问题。然而,这些劳动分工的差异虽然是财富的来源,但也成为一个"文明"社会必须解决的问题。斯密面临的问题在于:不同的劳动专长如何推动整个社会的生产力发展的?也就是说,考虑到每个人仅擅长一种特定的技能,那每个人将如何满足他或她的所有需求?斯密的"解决方案"是坚持市场交换的运作方式,使商品流通到所有劳动者手中,每个人的需求从而得到充分的满足。至于斯密是如何得出这一结论的,还需要进一步阐述。

斯密在《国富论》伊始就比较了两个抽象的国家,以解释为什么一个国家贫穷而另一个国家富裕。他关注的是这两个国家的劳动特征和素质。如果劳动被分工——也就是说,如果在团体内部存在劳动的功能分化和专业化——财富就会产生。如果没有这种分化,每个人都必须独立完成所有的任务,这种劳动的"统一性"或"同一性"便会导致贫困。为了说明劳动分工的财富创造力,斯密(Smith, 1976:8—9)在第一卷第一章开头举了一个著名的大头针工厂(pin-factory)的例子。在每个工人都要完成制造大头针所有工序的情况下,斯密注意到,他"纵使竭力工作,也许一天也制造不出一个大头针,要制作二十个,当然是绝无可能了"。但如果制作大头针的过程"被分成若干环节",在斯密的描述中,可能多达"十八种操作",那么一个人就可以在任何地方生产 200 到 800 倍数量的大头针。[13]教训很明显:与工业生产相关的劳动分工是通往富裕和"文明"社会的必由之路。

在"文明"社会中,我们发现了一个类似于市场交换的有益教训。在市场运作之处,社会的财富便会流入所有工人的手中。通过这种方式,劳动的差异被聚集在一起,创造了一个富裕的社会,满足了所有差异化和专业化劳工的需求。斯密解释道:

> 在一个政治修明的社会里,最底层人民之所以普遍富裕,是因为各行各业的产量由于分工而大增。任何劳动者除自身所需以外,还有大量产品可以出卖;同时,因为一切其他劳动者的处境相同,每个人都能以自身生产的大量产品换取其他劳动者生产的大量产品,或者,同样的结果,以他们大量货物的价格交换。别人所需要的物品,他能充分提供;他自身所需的产品,别人亦能充分给予。于是,社会各阶级实现了普遍富裕。(Smith, 1976: 15;字体强调为我所加)

然而,关于"普遍富裕"(universal opulence)扩散的说法存在一些奇妙之处。斯密似乎把工人看作独立的生产者,他们拥有自己的生产资料,有剩余产品可以交换。事实上,直到《国富论》第二卷,斯密才揭示了这一例子中所涉及的社会关系。在那里,我们发现工人在大头针厂工作，因为他们除了出售自己的劳动力，没有其他财产；他们在一个由股权所有者（或资本家）控制的功能分化的结构中从事专门工作，以此赚取工资。工资是在合同中约定的，这些合同是由其唯一财产是劳动力的人与拥有资本的人之间达成的契约，通常对后者有利。第一章中对社会关系的忽视，使得斯密将工厂里的工人看作独立的生产者，而不是向资本家出售劳动力的工薪阶层；然后，斯密将劳动分工的分配性结果描述为独立生产者之间的交换过程，而不是雇佣劳动者的消费过程。与此前的长篇大论相反，独立个体剩余产品的物物交换和雇佣劳动者为维持生计而消费工资的交易并不是"一回事"。[14] 大量财富之所以能自然地向社会所有成员扩散，纯粹是因为斯密在《国富论》第一章中忽视了工厂中个人的实际社会状况。那些功能不同且依赖于与资本家合同的各部分突然变得平等且独立——不仅拥有自己的生产资料，而且能交换盈余。

总而言之，通过将技术劳动分工（即大头针工厂）的要求与由独立行动者组成的社会劳动分工的要求衔接在一起，斯密能够得出财富获取的"涓滴"（trickle-down）原则。他能够通过采取两种截然不同的行动，来"解决"个人的不同技能如何为社会整体利益服务的问题。首先，财富的创造是劳动者之间差异的结果，如大头针工厂的例子；其次，将财富分配给"社会的不同阶层"是独立生产者之间交换的结果。所涉及的众多交易，虽然看起来是变幻莫测的过程，实际上受到了有益的政治经济学法则的支配。这些交换建立了人与人之间的桥梁，使每个人都成为他者的资源。因此，他者的差异是每个人财富的来源和一个富裕社会的基础。

如果斯密对差异的反应有令人称赞之处，即把差异理解为现代社会的机遇，而不是简单地视为必须予以消除的危险。然而，这种认知具有狭隘且阴暗的一面。与哈耶克一样，斯密把行为体在形式上的平等与实质上的不平等牵强地结合。维持这种平等/同一与差异/不平等（inequality）的并列关系依赖于一种"分裂"的行为（参见 Benjamin, 1988），但斯密的描述相对模糊，这令人怀疑他所引入的二元对立。更确切地说，斯密反对文明社会的独立个体是原始社会般的社会存在，同时他又混淆了劳动者在市场社会中的地位。独立个体在某些时候被转化为独立的生产者,但有些情况下又表现为沉浸于某种社会关系或社会结构体系中。我们需要更仔细地研究该问题。

一方面,对斯密而言,现代人类是个体化的,通过劳动分工的成果得以分离。与完全被群体所包含的"野蛮人"截然不同,现代人独立于群体之外,并根据其特有的技能与他者予以区分。这种二元对立——分化为纯粹的"野蛮人"群体和现代"文明"社会中纯粹独立和个体化的行动者——对于斯密而言至关重要。[15]通过净化现代个体的社会存在,斯密模糊了生产中所涉及的社会关系和社会结构。一旦生产的社会关系被模糊化,现代个体就以独立生产者的面貌出现。只有把收益的分配看作独立生产者之间讨价还价的结果,他才得出一个有益的结论:普遍富裕将会涓滴而下。因此,正是对社会"野蛮人"与"文明人"之间对立关系的净化,促使斯密将劳动的分离和个性化转化为生产者的独立性,进而使他能够解决分配和差异劳动的问题,据称这令人人受益。

另一方面,虽然"野蛮人"和"文明人"之间的对立关系以及与此相关的发展模式是《国富论》阐述的核心(参见第二章的讨论),但斯密并不总是以最纯粹的形式来维持这种区别。随着第二卷中对工厂社会关系的介绍,我们发现劳动者所处的位置包含了对立的每一方面。"自由的"劳动者不受土地或主人的约束,但在实际的社会条件下,由于缺乏其他手段,他被迫订立契约,把自己的劳动力出卖给资本家。也就是说,这种地位包含自由和独立个体的现代理想,个人因努力而获得回报,并且也像"野蛮人"一样,依赖并服从于更强大的社会体系。[16]这种对立和嫁接并不仅仅是一种简单的混乱,而是保证了"普遍富裕"扩散的相对平等,同时神圣化了由市场地位等级划分产生的社会不平等。

哈耶克的观点与斯密相似,但他将重点从劳动转向了知识。如果说在斯密看来,国家财富是由"劳动分工"构成,那么对于哈耶克来说,财富则是由"知识分工"构成。我们已经从斯密那里看到,"原始"或前现代社会的特点不是分化,而是劳动的同一或一致。因此,哈耶克将原始社会描述为同样遭受着知识同一性的痛苦:

　　只有在原始社会的少数群体中,成员之间的合作才能在很大程度上依赖于这样一种情况,即他们在任何时候都会或多或少地知道相同的特定情况。有些智者可能更擅于解释立即感知到的情况,或者忆起其他人不知道的遥远地方的事情。但个人在日常追求中遇到的具体事情对所有人来说都将大同小异,他们将共同行动,因为他们所知道的事情和他们的目标相差不远。(Hayek,1973:13—14;字体强调为我所加)

相比之下,文明社会的知识——哈耶克称之为"伟大或开放的社会"——是专门化的:

　　在伟大或开放的社会中,情况完全不同。在那里,数百万人在相互影响,我们所知道的文明已得到高度发展。长期以来,经济学一直强调的"劳动分工",此时已成事实。但人们对知识碎片化的强调很少,即社会的每个成员只能掌握所有人所拥有知识的一小部分,因此,每个人都不了解社会赖以运作的大部分事实。然而,正是对知识的利用超过了任何人所能掌握的程度,且每个人都在一个大多数决定因素是未知的连贯结构中行动,这一事实构成了先进文明的独特特征。(Hayek,1973:14)

　　与斯密的观点类似,正如我们通过前面的章节已经熟悉的,现代和原始之间有着鲜明的区别。我们将在下文更充分地讨论哈耶克对这种区别的应用。

　　尽管哈耶克对"先进文明"的偏好十分明确,但他和斯密一样也认识到这种知识的划分或差异构成了现代社会要解决的核心问题。只有当知识汇集在一起时,它才是有用的;当知识"仅作为所有人各自的、局部的、有时是相互冲突的信仰而存在"时,知识徒劳无益(Hayek,1960:25)。正如哈耶克(Hayek,1990:26;另参见1973:16;1979:68)所说:"我们变得越文明,每个人对其文明赖以运转的事实就越无知。知识的分工增加了个体对大部分知识的必然无知。"

　　然而,不同于斯密的是,哈耶克不太关心将涓滴效应作为知识差异问题的部分解决方案。如果说斯密用政治经济学的有益规律来解决劳动分工,哈耶克则是用竞争解决了知识分工的问题。在之前章节的基础上,竞争作为"发现程序"的作用至关重要,因为我们没有其他可接受的手段来确定个人拥有的哪些知识是有价值的:"正是因为每个人都所知甚少,特别地,我们很难知道我们当中谁的知识最渊博,故我们相信许多人的独立和竞争性努力会令我们得偿所愿"(Hayek, 1960:29;字体强调为我所加)。这个引用中的关键词是"最渊博"(best)——哈耶克通过该词在现代社会中引入了一个明确的社会等级。哈耶克认为,虽然每一种差异都包含了知识的某些方面,但这并不是说我们对特定知识的需求是一致的。有些人拥有的知识比其他人更好。的确,那些知道什么对整个社会最有利的人应该发挥领导作用:

　　　　尽管一个进步的社会依赖于这种习得和模仿的进程,但是它却能把它所引发的欲望视为继续努力的激励。进步的社会并不保证这种努力的结果能被每个人都享有,它甚至也不考虑由少数人先行享有一些东西而确立的范例会导致大众因不能实现这些欲望而蒙受痛苦的问题。这似乎很残酷,因为它在增加给少数人的恩赐时,也激增了大多数人的欲望。然而不论如何,只要它仍是一个进步的社会,那么就必定有人领先,而其他人继而追进。(Hayek, 1960:44—45)*

　　问题在于我们如何才能理解领导者和追随者之间的这种差异。当然,解决办法是通过市场上的竞争。哈耶克希望并相信,竞争揭示了不同个体化知识所具有的相对价值,因而带来进步。[17]必须由"进步"本身证明竞争的合理性,原因在于:正如我们上面所指出的,哈耶克并没有假

---

* 参见邓正来译本。——译者注

装认为市场产生的回报准确地反映了个人的价值。

斯密和哈耶克似乎同意这种观点,即现代社会的差异问题——无论是劳动差异还是知识差异——最好且容易通过市场的运作来解决。他们也有净化原始和现代区别的冲动。对哈耶克来说,他对差异问题的陈述正是基于这样一个假设,即所有知识都是个体的且分离的。如果现代社会中的知识也有一部分是公共共享的——要么作为一种隐性的东西由语言、传统和知识遗留下来,要么就是作为一种集体潜意识,那么问题就不会那么明显,或者具有截然不同的性质。哈耶克(Hayek, 1960:45)拒绝了这种可能性:"知识只作为个体的知识而存在。把整个社会的知识作为一个整体的比喻同样糟糕。所有个体知识的总和并不是一个整体。"在这一断言中,哈耶克非常清楚地表达了他对本体论个人主义(ontological individualism)的承诺。这排除了部分与整体之间的任何辩证关系或互构关系。"部分"仅作为单独的、独立的实体存在;"整体"不允许作为"部分"出现和维持的背景。哈耶克几乎是悄无声息地排除了一个同时承认部分和整体意义的中间立场。

通过这一排斥行动,其达到了一个至关重要的目的。虽然大多数是隐含的,但这种对中间立场的排斥是为了加强现代和"原始"之间区分的纯洁性。这种现代和"原始"的二元性构成了两种选择:要么知识作为一个包含个体的整体,就像在"原始"社会中一样;要么知识在个体之间被分割,没有社会的残余。通过这种分裂的行为,哈耶克创造了一种两极分化的逻辑形式——即自由社会和不自由社会。基于此,"原始"的历史外部他者和现代"文明"历史的内部他者——具有强烈团结或自我重叠的愿景或实践(例如社会主义和神秘主义)——在分析上被融合为"伟大或开放的社会"独特特征的敌人。哈耶克认为,任何以社会名义建立政治权威来解决差异问题的行动,最终会摧毁个人自由(Hayek, 1944)。只有在本体论上独立的个体通过他们自己的意志才能建立起通向他者知识的桥梁。正如我们所看到的,某些进程本身就促进了这种衔接:自由缔约方之间的交流和竞争得以进行。因此,哈耶克将我们限制在两个极端的选项上,以此作为知识划分问题的解决方案。要么通过个人对社会整体的服从来重新整合分散的知识——"通往奴役之路",要么通过个体在市场上的自由和自愿行动来克服分裂和分离的过程。[18]在二者之间寻找空间,会使人们对哈耶克的主张产生怀疑,即市场提供了一种独特且合适可行的解决方案。我们在这里的部分任务就在于否定哈耶克对中间道路的排斥。[19]

哈耶克似乎暗示,在现代社会中赋予"社会"概念以任何空间都犯了一个范畴错误。哈耶克不能(或不愿)承认社会结构的重要性,正如斯密在《国富论》第二卷中所做的那样。当生产的社会关系塑造了经济行动体的地位和行为,使专业的劳动者对抗资本所有者时,关于本体论中独立个体的观点,即使不是欺骗,也接近于神话。我们的观点不是完全否定现代社会中可能存在的平等和自由。相反,我们希望强调拒绝哈耶克所强调的两极对立,从而认识到社会的重要性。我们不再可能把社会等级制天真地视为通过竞争所揭示的本体论先验事件,也不可能简单地把不平等看作个人独立和自愿行动的自然结果。相反,不平等可以被视为现代个性的社会条件之一,也是市场竞争的社会基础。在现代社会中,个人的平等和自由似乎受到限制,并在构成上与社会不平等交织在一起。市场上的竞争失去了它们神圣不可侵犯的特性——比如超越政治问题——我们可以开始衡量它们的优劣及适用范围。

这种对"社会"的限制,也消除了我们对市场社会任何替代方案的政治想象。知识的个体化被公开用作一种武器,用来反对哲学家或政治理论家的自命不凡,它们声称要设想一个更好的社会。哈耶克写道(Hayek, 1960:30):

> 诚然,所有的政治理论都假定大多数人非常无知。但是,那些为自由进行辩护的人与其他人不同,因为前者把自己和最为明智的人也都纳入了无知者的行列。相比那种在动态的文明演进中不断被加以利用的知识总量,最为明智的人所拥有的知识与最为无知的人能有意识使用的知识之间所存在的差异,便显得毫无意义了。

但哈耶克使用这种武器造成了很多附加的伤害，使得我们没有资源去想象其他形式的生活。在知识完全属于个人的情况下，群体无法共享身份和传统、提供文化价值观和文化愿景、为独特的社会实践提供信息，除非通过有组织的竞赛。在没有获得（至少是默示的）社会知识的情况下，个人如何知道在社会生活中"混下去"也变得含糊不清（Wittgenstein，1958:151，179；Giddens，1979:5）。如果像我们在导论中所说，我们对社会生活作出批判性反应的能力取决于至少有一些共同价值观和意义的背景，那么社会批评家作为一个孤立的个体则保持沉默。在社会批评之间进行对话同样不再可能，因为我们对苦难的认识和反应怎会不是一种个体特征呢？自我和他者之间的共同苦楚和重叠都被排除在定义之外。最后，通过将所有知识视为被相对无知的个人所拥有，哈耶克消除了任何其他（包括外部和内部）可能作为市场社会批判性镜像的知识。由于人类进步的最终结果是将所有的"原始"社会转化为"文明"社会（将所有的"野蛮人"转化为现代人），哈耶克将这些差异作为一块重要的垫脚石，从而排除了他者作为进行持续批判性反思资源的替代方案。因此，在清除了原始对现代的污染之后，他者便成了一群独立的个体，他们对任何社会的设计都一无所知，只能向我们呈现出我们自身的无知。所有的智慧都集中在市场的运作中。对于它（市场）的决定，我们只能默默接受。

斯密和哈耶克的立场都包含着通过压榨差异以取得进步成就的坚定承诺。不同于16—17世纪的《圣经》解释者，面对新世界和陌生族群的"发现"，斯密和哈耶克对差异的重要性和力量作出了重大的让步。然而，每位理论家对差异的立场也包含着我们早先发现的强大张力：平等和等级制之间的张力只有通过嫁接双重运动的对立两极才能调和。平等意味着法律上的同一性，它产生并证明了差异转化为劣等和优越关系的合理性。

维持这种张力需要一种我们已经详细讨论过的欺骗（deception）。社会等级制必须潜在地存在于个人之中，并通过竞争的展开而得以揭示。不平等不能被视为主要的社会事实——市场社会本身产生的结果。

必须使个人的自愿行为成为社会不平等的原因，且需要从观念上消除这一看法，即不平等是自由和形式上平等的个体状态的一个条件。所有这些都要通过一个富裕社会的社会福利的生产来予以证明。

非常引人注目和有趣的是，斯密和哈耶克都承认类似这种"欺骗"的东西处于资本主义社会的核心。在《道德情操论》(*The Theory of Moral Sentiments*)中，亚当·斯密(Adam Smith，1979：183)承认，劳动分工所创造的权力和财富应该被认为是相当"可鄙和微不足道的"："权力和财富在当时看来，无论它们是什么，都像是庞大而费力的机器，制造出一些微不足道的便利……。它们可以遮挡住夏天的阵雨，但是挡不住冬天的风暴，而且，常常使住在里面的人同以前一样，有时甚至会感受到比以前更多的担心、恐惧和忧伤，面临疾病、危险和死亡"(Adam Smith，1979：182—183)。然而，很少有人能够觉察到这种由财富造成的欺骗，因为这样的洞察力需要具备抽象和哲学的能力。亚当·斯密(Adam Smith，1979：183—184)以辛辣的讽刺看待这一大众洞察力的失败，因为没有它，"文明"既不能创造，也不能进步：

> 正是这种欺骗唤醒了人类的勤劳，并使之持续运转。正是这种欺骗最初促使人类耕种土地，建造房屋，创立城市和国家，在所有的科学和艺术领域中有所发现、有所前进。这些科学和艺术使人类的生活变得高尚且丰富；它们完全改变了地球面貌，把自然界的原始森林变成宜人而肥沃的平原，使荒芜贫瘠的海洋成为新的生存之地，成为与地球上不同国家沟通的伟大航道。

这种欺骗与"看不见的手"相结合，导致富人不仅为了自己的利益，而且为了整个社会的利益而创造"文明"。

哈耶克关于市场社会的著作也包含了类似的功能性欺骗。如果说斯密悲观地指出了财富和福利之间缺乏联系，那么哈耶克则认为个人努力和回报之间存在类似的断裂：

在市场秩序中（或被错误地称为"资本主义"的自由企业社会中），个人相信他们的幸福主要取决于他们自己的努力和决策，这当然很重要。的确，没有什么环境比这样一种信念更能使人精力充沛、更有效率：一个人是否能达到他为自己设定的目标主要取决于自己……。但毋庸置疑的是，这也使人们对这种一概而论的真实性过分自信，而对那些认为自己（也许是）同样有能力但却失败了的人来说，这无疑是一种痛苦且巨大的挑衅……。因此，我们应该在多大程度上鼓励年轻人相信，当他们真正尝试时他们就会成功，或者更应该强调的是，有些不应得的人会成功，但有些应得的人却不会，这真的是一个困境——我们是否应该让那些对有能力和勤劳的人一定会得到适当报酬抱有强烈信心的群体的观点占上风，而这些群体将因此做许多有益于他人的事情。如果没有这些部分错误的信念，大多数人是否会容忍回报上的实际差异呢？而这些差异部分基于成绩，部分则靠运气（on mere chance）(Hayek，1976:74；字体强调为我所加；另参见1960:44—47)。

人们不禁会想，"靠运气"——这种情况虽然超出了个人的控制范围，却在塑造社会结果方面发挥了相当大的作用。在错误的时间出现在错误的地点——这也许只是一个简单的随机因素，无法解释；也可能本身在很大程度上说明了个人对信息和地域移动性的相对掌握。这些与其说是运气问题，不如说是社会地位和对财富的优先控制的问题。也许真正的困境在于：我们是否应该让那些成功希望渺茫的人安贫乐道、坐吃等死？[20]

正如本书所论述的，对欧洲宇宙学中"一"（the one）和"多"（the many）的探索，很多人都支持这样一个结论：问题在于差异，而解决办法在于同一。相比之下，斯密和哈耶克强调了差异的创造力，都认为差异可以作为他者的资源。尽管他们试图掩盖平等与社会等级制之间的紧张关系，但他们强调由差异产生的劳动/知识分工有助于促进"文明"。然而，他们的确认识到这种"文明"的创造力、权力和财富都是有代价的。

没有人能保证财富能够满足更深层次的追求。一个人的劳动/知识也不能直接转化为个人的报酬。但在竞争文化的民间故事和传说中，必要的欺骗能够维持这种虚构的联系。

作为一种竞争文化的国际政治经济学

竞争的逻辑似乎也是国际生活文化的核心特征。通过对国际政治经济学的描述，我们可以强调主权和全球资本主义的逻辑交织如何再现竞争文化的矛盾。主权承诺在一个国际社会中实现政治共同体的平等和独立，但这与世界市场竞争所揭示的资本主义全球分工的等级秩序相并列。这些相互交织的实践共同构成了国际社会生活中作为竞争文化的"构成性视野"（constitutive horizon, Walker, 1993:9）。

主权的概念——国家的独立性以及最高政治权威的缺失[21]——使大多数国际关系理论家联想到充斥着战争的"自然状态"、国家间的弹子球（billiard-ball）模式，以及无政府状态难题（Ashley, 1988）。但具有讽刺意味的是，尽管有人抗议无政府状态这个永恒的问题，这种"自然状态"还是"被实现"。我们与科妮莉亚·纳瓦利（Cornelia Navari, 1978: 119）一样关注：

> 构成国际关系的"自然状态"是否存在某些奇怪之处，即它并不总是存在的事实？它是一种*既定的*自然状态，源于此前发生的事情……（?）

事实上，自然状态确实必须被发现。对于当时的人们来说，将社会组织与外部权威隔绝，变成弹子球，两者之间的空间被掏空，这是很不自然的。国家作为弹子球的概念成了一种惯例；它是规定性的。其他惯例也维持了这种状况，例如不干涉和承认惯例，也都是规定性的。简单地说，两者之间的空间是"空的"并不正确。从某种意义上来说,只有当国家处于弹子球状态时,它才是"空的"。但这个空间充满了维持这种形象的惯例。它也充满了这样一种惯例,即为了某些目的,社会必须成为国家。

正如这一点所表明的,同时也是赫德利·布尔(Hedley Bull)区分"体系"(system)和"社会"(society)的关键,国际社会不仅仅是孤立的政治团体之间相互作用的一种模式(Bull, 1966; 1977:第一章;Watson, 1987; 1992)。相反,国际社会是一套由历史构建的社会实践,由一种或多或少普遍的(国际)社会生活形式予以稳定并赋予意义。从更接近布尔的角度来看,国际社会要有一套公认的准则和原则,具有共同的价值和目的,这些准则和原则赋予国家间互动以形式和意义,赋予参与者以社会价值和内涵。因此,国际社会是一种文化,因为它是意义和价值分配的具体方式,也是组织国际社会生活的特定方式,从而使国家被视为弹子球。[22]

更确切地说,主权原则被理解为对基督教世界等级制社会秩序的反抗达到了顶点。后者坚信外部力量(上帝、教皇、君主)决定每个"团体"的生活,并将它们编织成一个单一的"基督教联邦"(Gross, 1968:54)。一个由主权国家组成的国际社会的建立强化了这样一种想法,即最终的权威应属于每个独立的共同体,在这个意义上,每个共同体都是自决的。其理念是,每个政治共同体都应该受到属于它的规则、规范、目标和宗旨的约束,这些在某种程度上表达了该共同体对美好生活所蕴含的"价值观和愿景"(Walzer, 1980;另参见 Jackson, 1990a)。民族自决、人民自决或领土自决的思想均涉及主权概念的种种内涵(Tamir, 1991; Buchanan, 1992)。[23]

国家平等原则和包容义务(the obligation of tolerance)似乎是主权和共同体自决的必然结果。利奥·格罗斯(Leo Gross, 1968:54, 59—60)解释道,平等和独立政治共同体共存的原则是国际社会的核心:"在政治领域,《威斯特伐利亚和约》标志着人类放弃了社会等级结构的思想,并选择了一种新的制度,其特点是多元国家共存,每个国家在其领土内拥有主权,各国主权平等,不受任何外部权威的约束"以及"正是这种国际社会的概念,在平等的基础上包容了全人类,而不论其宗教和政府形式为何,这一概念在 17 世纪战胜了中世纪的观念,即建立在不平等基础之上的等级森严的基督教社会"。

至少在原则上,我们在第一章和第二章中已经指出了这种包容和平等的限度——在国际社会中,每个政治共同体都被承认为主权平等,并且享有同样的权利和义务。这种地位平等意味着每个政治共同体都有义务尊重他者的主权(Hinsley, 1986:258; Wight, 1977:135),允许不同版本的美好生活在主权边界的保护下得以演绎,并且在很大程度上能够避免不必要的干扰。当然,各种形式和不同程度的不受欢迎的入侵仍在继续发生,但主权原则允许我们将这些入侵界定为"干预"(参见 Weber, 1992),在主权限定的范围内,这一原则赋予国家追求共同体愿景时便利行事的权利。正是在这个意义上,平等原则和包容差异构成了国际社会,并在其中得到体现。

我们必须再次强调,在一个国际社会中,各国被视为独立平等的主权国家,因为它们被假定为践行各国人民特定价值观和传统的场所。这种价值观和传统,或者简而言之,是将"文化"——对应于国家,或者国家能够充分代表或包含文化,这仍然是非常有问题的想法,并且是对主权不满的来源。我们最初注意到这一点,基于此提出了全球社会生活的文化和伦理"复杂性"。然而在国际社会中,"民族性"仍然是"最普遍的合法价值"。事实上,主权逻辑的力量迫使生活形式主要被"想象"成:要么作为政治共同体(与他者划有界限,作为国家具有同等的主权),要么作为新生国家,要么作为多民族国家中相对自治的行为体(Anderson, 1983;另参见 Anthony Smith, 1979;以及 Walzer, 1980; 1994)。因此,无论国家作为国际社会内部政治共同体"价值观和愿景"的容器的局限性如何,生活形式主要是作为或在国家内部(在国家社会内部行动)寻求表达并构建其身份的传统和实践。

从这个意义上说,每个国家或政治共同体都被认为是一个独立且平等的自我,具有自我意识以及用于表达该身份的一系列计划或目标及价值观。任何这样的身份都会对经济"政策"产生影响。政治共同体的身份可能出于自身利益而合并或排除资本积累和经济增长，例如分别以发展主义者和生态运动为代表。然而，重要的是要认识到，即使是简单的再生产或零增长也需要创造财富；也就是说，任何政治共同体的计划、价值观和愿景的实现都依赖于一定程度的富有，促进财富创造是社会生活的必要组成部分。主权的观念通过保留和保护国家对自身资源和努力的权利，作为实现其目标的手段，来解释这种内在驱使。查尔斯·蒂利（Charles Tilly，1993:29）指出，这一概念是自决原则的核心："如果……一个民族控制着自己的国家，那么该民族就在国家控制的领土和利益方面享有集体权利，排斥或使其他民族处于从属地位。"因此，将主权视为国际政治经济学中"集体财产权"的归属也许并非不公正："尊重一国国内管辖权的要求是该国公民享有的一种集体财产权——它使国家有权排除外国人使用或受益于其财富和资源，除非该国自愿接受"（Beitz，1991:243）。因此，主权边界划定了一个空间，以追求一个共同体的身份，并界定和保护作为实现这种生活方式的手段所利用的资源和努力。此外，国家对这一权利的主张意味着其他共同体也有平等的权利为自己的目的保留资源和财富。如此一来，主权将生活形式构成和划分为离散的政治和经济单位。[24]

　　每个国家必须依靠自身资源和努力的规则被贴上"自助"的标签。这一要求虽然有时很困难，但也被认为是一种美德，由真正独立的人予以实践，这有助于共同体的自我实现。换言之，人们认为在共同体基本上自给自足的情况下，政治共同体的独立性更有保障，能够更充分地实现。然而，自助的要求却将政治共同体置于竞争之中。国际政治经济学通常认为国家间的竞争在两个独立的领域展开——世界经济和攸关军事竞争的战略领域。我们需要更详细地研究连接和区分这两个竞争领域的意义和目的的结构。然后，我们可以确定竞争在界定政治共同体性质以及它们之间在国际社会中的关系方面所占的位置。

　　经济竞争在世界市场内进行，这是个相互依存的系统，每个政治共同体为确保自身生计，都必须为他者的需要而进行生产。因此在全球分工范围内,每一个政治共同体既是生产者又是消费者,既是他人需要的需求者又是他人需求的提供者(Inayatullah and Blaney, 1995; Vernon and Kapstein, 1991; Moore, 1989; Reich, 1991)。人们可能认为,世界经济更应该被视为个人和企业间的经济互动。虽然这种描述并不准确,并且对许多目的来说都很有用,但我们想要强调的是,国际社会中的主权实践授权国家作为集体经济行动者。哈耶克(Hayek, 1944:220)曾概述过这种授权产生的后果并对此表示遗憾:

> 国家边界标志着生活水平的巨大差异,国家集团的成员资格使我们有权分享同一块蛋糕,而这不同于其他集团成员所分享的蛋糕,这种观点既没必要,也不可取。如果把不同国家的资源看作这些国家作为整体的排他性财产,如果国际经济关系,而不是个人之间的关系,日益成为贸易机构组织起来的整个国家之间的关系,它们就不可避免地成为摩擦和嫉妒的根源。

事实上,"贸易国家"(trading state)的概念被视为理解国际关系史、特别是当代国际关系史的一个重要概念(Rosecrance, 1986)。

国家,作为主权国,进而作为竞争激烈的世界市场中的贸易机构,在维持和监督世界市场竞争以及作为生产者和消费者参与这些竞争方面被赋予了复杂的角色。作为竞争性国际经济秩序的守护者,各国必须建立一组有利条件,即"积累的社会结构"(social structure of accumulation),以制定竞争规则并使世界市场具有在全球范围内创造财富的目的。这包括作为个人和公司财产权的担保人的作用,包括建立和维持一套国际经济机构,以确保竞争性世界经济规则的稳定和执行。[25]

一旦被独立国家的行动所保护,市场就被认为是在全球范围内作为一种发现程序运作,以奖励那些最能满足他者需要而使用资源和付出努力的工作。作为独立的生产者,每个政治共同体在满足世界经济的内部需要时,根据其对全球生产的贡献(即其个人、公司和地区所作的贡献)的市场价值来获得在全球财富中的份额。作为独立的消费者,每个国家都能够利用全球财富来支持其文化的自我表达,前提是在市场对其贡献的估值允许的范围内。由于每个国家都必须提供和发展自己的能力以实现其目的,国家为了获得全球生产份额而相互竞争。因此,各国参与激烈的全球竞争,从而在其边界内和全球范围内为其公司创造条件,以确保世界市场份额,并促进其公司在边界内发展技术先进且高利润的生产能力,这便不足为奇了(Strange, 1992; Reich, 1991; Prestowitz, 1994; Krugman, 1996:第六章;Cerny, 1995; 2000)。尽管不恰当地被描述为零和博弈(zero-sum game)(Krugman, 1996:第一章),但这些"竞争性自我完善"的过程(Bright and Geyer, 1987)在短期和长期内,相对和绝对地以不同的组合为一些国家谋取了利益,却以牺牲他国的利益为代价。基于此,世界经济中的竞争似乎不仅揭示了个人和公司的等级制,而且揭示了政治共同体的等级制。

正如在一个单一社会中,竞争应用于世界市场,以实现重要目的和表达基本价值。第一,将经济互动作为竞争以刺激全球生产,并提高满足政治共同体及其成员需求的可能性。这样做的理由是:由于市场揭示并奖励(即使不完美)用于满足需求的资源和努力的等级制,所以每个国家(其中的个人、公司和地区)都将它们的资源和努力用于生产那些回报最大且与它们能力最匹配的产品。正如亚当·斯密所揭示的,由于财富受到市场范围的限制,确保世界市场的运行将促进财富的扩张并增加满足全球需求的机会。在这种情况下,世界市场内正在进行的经济竞争之所以受到重视,是因为这些竞争会增加全球财富,并使每个政治共同体有机会获得表达和实现其生活形式所需的财富(Smith, 1976:第四卷,第四章;Murphy, 1994)。

第二,通过竞争而得以揭示的国家等级制之所以受到重视,是因为它提供了一种范例,即政治共同体作为经济行为体适当且成功的组织。当文化自我表达的成功依赖于"竞争性的自我提高"时,由此产生的国家和群体能力等级似乎也是对文化的评价(Esteva, 1992; Lummis, 1992)。国际政治经济学的这一特征体现在经济成功和潜力等级的词汇中。发达经济体与落后经济体形成对比,现代社会与传统社会形成对比,传统社会认为现代化代表着未来经济成功的战略。同样地,国家也分为发达国家和欠发达国家,或者以某种方式乐观地描述为发展中国家。一方面,这种概念化词汇(conceptual vocabulary)表明,竞争所揭示的等级是文化形式、能力与努力的等级制。另一方面,这种等级制提出了一种模式(或一组模式),将文化形式组织为相对成功的经济竞争者(参见Hayek, 1960:46—47)。政治共同体在世界经济中实现其生活方式的机会,将取决于对自身价值和传统的调整,以适应竞争性的发展战略或工业政策。那些被揭示的文化形式的等级制为政治共同体提供了信息,告诉他们有关竞争文化中的有效和无效信息,从而促进了全球财富的产生过程。

第三,这种政治共同体的等级制度也是有效的,因为它表达并实现了政治共同体的主权。共同体的独立性和形式平等表现在它们作为经济单元的地位上,它们拥有主权财产权。主权财产权承认并建构了政治共同体的个性,划定了包含或实现每个独立共同体独特特征的空间。因此,在生产资源、能力和努力方面的相关个体差异在逻辑上被视为先于或独立于全球竞争本身(甚至可能是自然事实)。[26]因此,世界市场所进行的竞争保留了其合法性,竞争可以被视为揭示了在多种生活形式中个体差异潜在的等级制度。

因此,我们可以说,一个国际社会所特有的经济竞争在很大程度上再现了平等原则与等级制度的奇特并存,而这种并存又激发了竞争文化的活力。世界市场在形式平等的产权所有者之间进行的竞争产生了一种生活形式的等级,这揭示了在独立共同体的个体差异中潜在的等级制。由此可见,在国际社会中,就像斯密和哈耶克对国内社会的描述一样,竞争试图将双重运动的双方结合在一起,再现了调和平等和等级制之间的冲动。

与此同时,与斯密和哈耶克一样,竞争文化的替代方案在很大程度上被抹掉了。正如我们已经暗示的,文化所"揭示"的等级制被建构为师生关系。尽管较弱的竞争者相对于较强的竞争者可能具有一定的经济实力,但初级产品和劳动密集型产品的这些优势在很大程度上标志着它们的欠发达。[27] 对于这些国家，它们的治理形式、金融监管、产权制度以及个性模式和家庭生活都受到了审查，并被提议进行改革，这些专家兜售的正统观念植根于发达经济体的自我理解和政策声明（如果不一定是实际实践的话）（Silbey，1997；Young，1995；Williams，1994；1999；Nieuwenhuys，1998；Hopgood，2000；Pupavac，2001）。在这种教师和学生、必须被改变的模型和地点、援助者和受助者之间的框架之中，那些在竞争阶梯底端的人所提供的差异，被排除在为那些先进者提供关键性资源的可能性之外。因此，竞争文化被视为事物的自然和正常秩序。差异仅限于与经济竞争有关的方面，或旨在通过发展予以根除的东西（Sachs，1992；Escobar，1995；Rist，1997）。

军事领域的竞争与国际社会的经济竞争交织在一起，也是竞争文化逻辑的独立表达。在国际社会中，每个国家都必须关心保护其成员的身份，通过"自助"确保其共同体的福祉和安全。共同体之间的互动可能对每个共同体的身份构成威胁，因为另一个共同体代表着一套可能超越边界的替代价值观和传统。当一些共同体试图把自己的生活方式强加于他者时，文化上的防御立场就变得更加尖锐，在国际社会中这是一种不幸又十分常见的现象。这种强加可能由一种生活形式的等级制主张所激发并予以合法化，这种等级制可能是由成功的征服本身所揭示，也可能是在其他领域所揭示，即竞争性地发现一种潜在的优势和劣势。这种威胁和侵犯行为日益严重，因为"自助"原则不仅将国家实现和捍卫政治共同体身份的能力囿于其自身资源和努力，也提供了一些国家可以有效声称自己拥有其他国家的资源和努力的手段。更具体地说，正如戴维·莱文（David Levine，1991:39）警告我们的，"当共同体之间的边界限制了……对财富的获取"，共同体之间获取财富能力方面的不平等可能会产生冲突。那些在现有边界条件下难以获取财富的人可能会调拨它们的资源，以便试图强行改变边界及获取财富的途径。那些能力较强的人或许会利用他们在资源和财富方面的优势，作为一种工具，去掠夺那些不那么受欢迎和无力抵抗这种入侵的人。在哈耶克（Hayek，1944:220—221）看来，这种将国家划分为政治和经济单元的做法造成了"武力竞赛"和"权力冲突"。这种威胁和诉诸武力的情况促使各国将自己部分地组织为"保护单元",建立"防御工事和堡垒",以此来转移这些威胁(Herz, 1959:14, 40)。有些观点将这种相互脆弱性称为"安全困境"(security dilemma)(Ashley, 1988; Jervis, 1978; Herz, 1950)。在安全困境中,每个国家捍卫其政治共同体完整性的努力似乎是对其他国家同样努力的潜在威胁,这促使每个国家加固堡垒,并对所有其他国家构成更大的威胁。在这种情况下,尽管政治共同体的安全对每个国家来说都是关键目标,但没有一个国家能完全如愿。

因此,战略竞争不仅在物质上具有破坏性,而且对于国际政治经济学认为重要的社会目的同样具有破坏性。同时,对于一种竞争文化的辩护者来说,这种评价只是对一个国际社会的局部分析。虽然战略竞争可能造成不同程度的相互不安全,却被认为给体系带来了秩序,从而(也许是自相矛盾的)促进其个体单元的生存或安全。我们需要更密切地审视战略竞争的两个社会实践方面,因为国际政治经济学所宣称的这一竞争目标,与在市场社会中政府视为理所当然的目标没有直接的可比性。

一方面,战略竞争建立了国家的等级制度,即"大国"(powers)等级。权力之间的不平等成为强者实施威胁或部署武力以胁迫弱者的事实基础。在这种胁迫发挥作用的地方,强者能够对弱者发号施令,包括部分支配国际关系的规则和原则。国家似乎被分为两类,一类是可以制定法律的国家,另一类是必须遵守法律的国家,这违反了国家主权平等的理念,使相对弱小的国家受到了强者的威胁。从这个意义来说,战略竞争的过程对于实现和表达主权(独立、平等和包容)价值的作用较小,反而对于这些价值的侵犯作用较大(Clark, 1989:218—219; Bull, 1977:205)。

另一方面,战略竞争所揭示的等级制度被认为具有重要的社会目的:据说,它通过识别那些能够在维持秩序中发挥关键作用的国家,以支持秩序及国际社会的准则和原则。战略竞争的展开,使得大国、中等国家和小国之间有了区别。[28] 之所以主张战略竞争的必要性,是因为在这种区分模糊不清的情况下,需要进行战略竞争来澄清各个国家的相对地位(改编自 Blainey, 1988：第八章)。这种澄清至关重要,因为在竞争的全球文化中,强国被认为在维持国际秩序方面负有特殊责任。在布尔(Bull, 1977：202)看来：

> 其他国家承认大国拥有某些特殊的权利和义务,大国的领导人和人民也认为他们拥有某些特殊的权利和义务。例如,大国主张这种权利,并有权在确定影响整个国际体系的和平与安全问题上发挥作用。他们接受并被他者认为有责任根据其所承担的管理职责修改他们的政策。

因此,大国的作用是"为国际秩序作出贡献⋯⋯通过处理他们之间的关系⋯⋯并利用它们的优势,对整个国际社会的事务给予一定程度的总体指导"(Bull, 1977：207)。只有当国家加入一个具有共同规范、价值观和目标的社会时,这种特殊的管理角色才有可能实现,以便这些大国在维护社会稳定方面的贡献能够得到其他国家的承认和接受,尽管武力在维持这种情况方面也发挥着实质性作用。[29]人们普遍接受这一作用,至少包括那些指导国际秩序的国家,也包括许多重视该秩序的国家,因此建议继续将这种"外交规范"纳入国际社会的组织结构中——欧洲协调、国际联盟、联合国(Bull, 1977：202; Clark, 1989：113,第六、八、九章)——并且继续呼吁当今大国发挥其作为国际和平与安全保障者的作用,甚至可能以(再)殖民为代价(Jackson, 1990b)。

这一分析,揭示了武力在战略竞争中以及在维持(大部分)国家独立(如果不是平等的)方面的核心作用。我们不应得出如此结论：在这种情况下,武力是不受约束的。相反,武力既得到承认及运用,又受到约束(Clark, 1989：21)。大国特殊角色的合法性取决于它们是否有能力约束自己,并能够缓和全球战略竞争所产生的破坏性后果。[30]这种竞争实际上是温和的,因为在攻击发生时,"堡垒"的倒塌通常并不"预示着国家本身或其居民'生活方式'的毁灭"。相反,维护每个政治共同体的重要性不仅体现在规范上,而且表现在国家实践中,包括大国实践也日趋受到重视(Herz, 1959:61, 71—75)。在战略竞争中,利害攸关的通常是国家作为"大国"的地位,以及每个国家在管理国际社会事务或某些地区事务中将要发挥的作用(无论是微不足道的还是实质性的)。

截至目前,我们认为战略竞争主要是军事实力的问题,但国际政治经济学则认为经济能力对于长期的战略竞争力至关重要。[31] 同样,在战后时期,作为国家保护其政治共同体的责任的组成部分,经济竞争力以及确保全球市场条件的需要得到了越来越多的重视。由于经济竞争力也被视为一个战略问题,因此大国关系的逻辑也适用于经济领域。大国(包括没有实质军事影响力的经济大国)已经开始充当世界市场规则的守护者。先进的工业社会、它们的公司和公民在国际金融和贸易机构中正式发挥的主导作用,以及通过各种协商和经济管制机制非正式发挥的主导作用,是这一原则实施的一个例证(Clark, 1989:175—178; Watson, 1992:第二十五章; Patel, 1995; Scholte, 1997; Roberts, 1998)。有关日本、德国和中国作为大国的相对地位,以及俄罗斯、美国和欧洲在界定欧洲(以及世界)军事和经济安全方面的相对作用产生的辩论虽然存在争议,但仍是对这种思想应用的一种尝试(Agnew and Corbridge, 1995:第六章; Pauly, 1999; Xia, 2001; Yan, 2001; Bergsten, 2001; Kurth, 2001; Wallace, 2001)。

与竞争文化的逻辑一致,我们将竞争以及竞争过程视为要么是它们自身既定的,要么是无政府结构产生的因果效应,这揭示了它们作为某种意义和目的的结构。国际政治经济学可以被理解为平等原则与等级制度的特殊交织,并通过竞争予以调节。国际社会的内在逻辑将针对差异的两种极端反应混合在一起。行为体(作为主权竞争者的角色)的形式平等与独立表现了国家在本质上的"趋同"。然而,国家之间的差异则被转化为在世界市场上展开的竞争所揭示的文化等级。而且与斯密和哈耶克一样,先进竞争对手的他者被降至一种落后的状态,从而保护了一种竞争文化,使之免受来自替代性价值与传统的批判。在国际社会中,没有竞争力的行为体沦落为被奴役的地位,既没有能力设定援助条件,也不能作为对现有秩序和建立新秩序进行批判性反思的伙伴。

超越竞争还是维持竞争张力？

那么，将竞争视为"文化"和将国际政治经济学视为竞争文化的意义何在？我们认为，竞争的文化逻辑涉及脆弱的平衡。首先，竞争文化是通过将重要目标和价值观理解为社会属性的，并将个体视为本体论上的原始存在，即在某种程度上是自然而然的，从而形成的。个体的基本特征——独立、平等和自由——在逻辑上同样被赋予优先性。社会制度负责实现这种既定的个体特征；如果社会不能尊重上述特征，它就被认为超越了界限，是对个体的压迫。一个以市场交换和竞争为基础的社会被认为可以表达和实现个体作为竞争者的自由、平等和独立。与此同时，市场竞争也揭示了成就与努力的排名——不同数量和质量的劳动和知识——激发财富的创造。因此，社会利用竞争的"发现"功能来达到重要目的：维护并促进自由、平等和个性的伦理规范，推动创造一个"伟大的"或"文明的"社会所必需的财富。无论竞争的起源或其与涉及人性的其他观念之间的地位如何，它都被赋予了一种社会性；它被视为体现了社会意义，并被用以服务重要的社会价值观。

在这种说法中，个体被视为差异的容器和来源，这些差异通常先于且外在于竞争。事实上，竞争的力量和价值在于，它揭示了在原则上对所有人开放的过程中预先存在的差异。竞争过程被认为独立于个体性格和特质方面的不平等，也不对其负责，因此，社会不平等被视为一种既定的不平等，且本体论上的原始个体在很大程度上与社会过程分离。换言之，自我在逻辑上被建构为先于社会且与社会分离的，社会不平等便被自然化了。国际政治经济学表达了这种紧张关系，即个体行动者相互作用所产生的结果、结构、制度和机制是社会意义及目的的建构，与这些行为体的前社会特征及其动机和需求之间存在一种张力。[32] 因此，竞争文化被（矛盾且有问题地）理解为需要由本体论上分离的个体来构建社会世界。

其次,在这种悖论基础上,竞争文化建立在平等与等级制原则令人不安的并列之上。个体行动者在社会构成上具有形式上的平等。每个行为体在形式上都是平等的,或作为在市场内进行竞争性互动的产权所有者,或作为(竞争的)国际社会中的主权政治共同体。在竞争文化中构建的社会等级制,不会被认为违背了这一最初的社会条件,因为等级制被视为平等社会条件的先验和外部因素。因此,等级制并不是真正的社会条件。相反,财富和权力的等级制被建构为自然形成的,且在国际政治经济学中被视为给定的。[33]

然而,针对竞争文化中不平等问题的"解决方案"只有在这种情况下才能成功,即我们允许社会生活是由逻辑上具有优先性的个体所构建的。正如我们所看到的,当我们将个体行为体的需要、动机和能力视为前社会的,那么有关等级制是社会建构的观点将不得不被抛弃。取而代之的是,如果我们开始将自我(个体、主权政治共同体)和自我等级(无论是国内的还是全球的)都视为在社会生活中构成的,那么正如我们所建议的,竞争文化所定义的计划就开始动摇,甚至走向崩溃。"天生的"自卑感和"与生俱来"的优越感依附于(社会上)平等的个体或政治共同体,这被视为竞争文化的核心社会矛盾。

如果这种关于竞争和竞争性自我—他者关系中意义和目的的结构化描述是正确的,那么我们似乎还没有意识到这一说法的含义,即我们已经用现代平等取代了传统的等级制,现代平等构成了作为自我的个体和作为主权的政治共同体。正是这种在现代平等观念中持续存在的无法理解的能力,使得现代社会的行为体将自己建构为相对于他者的竞争者,同时将他者建构为危险的、具有威胁的行为体,并使他者处于从属和被剥削的地位。我们可能将其视为未能超越双重运动所暗含的可能性造成的结果。在竞争文化中,除与市场相关的知识或劳动力之外,他者被视为(至少是形式上)平等的,其差异被抹去。当这些差异被市场竞争的结果标记为劣等时,可以通过管理或纠正予以消除。而且,诚如我们在前几章的观点中所暗示的,一个人强加于他者的东西往往会对自己产生回报：内在的他者也必须被抹去、贬低或改造。事实上，斯密和哈耶克似乎都认识到自我与他者可能面临的堕落。斯密认为，在现代社会中，对财富及其附属品的追求即使不是普遍的，也必然是广泛的，这种追求使个人专注于"琐事"（trifling）。哈耶克认为，我们以自我追求的名义接受了市场社会，这种市场社会无法维持技能/努力与回报之间的系统性关系，除了作为必要的社会神话。无论采取哪种观点，我们强加给他者的虚幻市场社会，我们已经并将继续强加给自己。即使竞争文化在某些方面对社会来说是进步的，但在这两位竞争文化的杰出倡导者眼里，这或许是一种持续的自我欺骗行为，也是对我们可能成为另一个（或许是更好的）自我的否定（另参见 Lane, 1991:318—319）。总之，在竞争结构中，个体被迫利用和剥削自我与他者，以此作为促进人类进步或追求财富的一种手段。

由此，还需突出本书的核心关注点，尽管在哈耶克和斯密看来差异既是机遇也是问题，但两者都大大限定了机遇。个体之间的差异——在劳动或知识层面——都包含着不平等，这些不平等有待市场揭示和利用，以对知识和劳动的优劣进行排序。正如我们所看到的，在竞争过程中的失败者不仅变得湮灭无闻；他们也成为教学和竞争性计划的一部分，胜者即为师为范。然而，这种竞争教学法在一定程度上消除了它所宣称的珍视差异。差异被扁平化为劳动分工或知识分工，为社会提供了一种有用的资源，任何人都可以从中学习。生活方式的差异本可以提供对人类生活意义和目的的另一种解释，却没有被视为机会，反而被看作落后、不发达、非理性或者危险的错觉，并被市场适时地予以"惩罚"并进行改革。哈耶克对于强制和同质化的恐惧，正是通过那些有意规避的制度予以实现的。哈耶克和斯密或许仍会抗议：市场的自由和平等，尽管部分是幻想，却比任何强加乌托邦理想的努力更加可取（Hayek, 1976:73—74）。当然，这种"现实主义"是国际关系理论的支柱，理论家经常辩称，为了遏制潜在征服者、十字军和其他具有传教意图的他者之帝国野心，国家间的国际等级制度是可接受的且必要的成本。

然而，我们想知道的是，在没有暴力和剥削的情况下，是否有可能从这种"开放"或"无政府"的社会中获益。哈耶克无法接受托多罗夫、南迪和本杰明的见解，即自我和他者是相互依存且重叠的；对哈耶克而言，排中律原则（the principle of the excluded middle）是绝对的。个体主义本体论排除了将个体与群体区分的社会生活竞争性愿景的可能性，但揭示了自我和他者之间存在某些重叠与联系的观点。自我被视为内部同质的弹子球，它与其他自我互动但不彼此渗透。这一途径被封闭：通过内省，或者通过与内外他者的对话，获得他者的经验和自我认识。学习仅限于竞争的结果。换句话说，不存在一个具有表现力的整体，每个人都是不同却有贡献的部分，不存在共享的经验，不存在集体的潜意识，也不存在从一种经验形式到另一种形式的内外部穿梭。唯一的学习路径是通过实验，从自我和他者市场计划的失败与成功中汲取经验。对哈耶克来说存在诸多的社会实验，但却没有社会经验。

还存在替代性本体论，一种是我们在本书中提供的供考虑的本体论，另一种则是内/外部本体论。这可能涉及两种模式：一是实验，或通过实践进行学习，包括哈耶克所表达的竞争；二是与他者对话，他们对世界的不同经历和愿景可以促进自我反思——这是一种内省的过程，促使人们从自我出发，走向自我并超越自我，走向外部的他者并回到内在的他者。尽管斯密和哈耶克所倡导的竞争实践可能会在某些方面激发卓越，尤其是在物质进步方面，但它们却使我们在其他方面变得贫瘠。我们或许可以最大程度地减少这种情况的发生：我们把他者看作实现"微不足道"的目标的手段，并将自我与他者置于价值等级制度中进行社会比较，但前提是我们能够将竞争重构为自我内部的比较过程（参见 Dallmayr, 1996：第十章，尤其是第 248 页；Nandy, 1987b：35；Lane, 1991：221—222）。通过展现自我的差异部分，我们能够培养一种创造性的张力。引用亨利·戴维·梭罗（Henry David Thoreau）的话，同时呼应熊彼特（Schumpeter）关于"创造性破坏"（creative destruction）的观点，我们可以说，这种内部的"竞争""本质上是革命性的"——"一切能使情况好转的变迁都是如此，正如人的生死悸动"（in Love, 1998：376—377）。与熊彼特的观点不同的是，这并不是简单地在给定的生活形式中激发一种有限的进步概念,也并不需要贬低或清除竞争对手。相反,这种革命性的内部竞争过程尽管开辟了新的前景和方向,却保留了终极他者——怀疑(doubt)。追求其他路径可以维持而不是削弱自我各部分和各维度之间的张力。这种张力可以成为创造力的一种非剥削性来源。

此外,通过拒绝一种假设自我与他者绝对分离的本体论,我们可以恢复一种辩证的视野,在这种视野中分离必然与重叠和联系共存,并将自我之间的各种分离和重叠视为内部"竞争"的资源。倘若没有这种重叠和社会联系,我们可能会被迫接受哈耶克的观点,即学习仅发生在实验过程中,我们自己和他者在市场上的成功与失败提供了惨痛的教训。如果这种重叠和社会联系存在,那么我们不仅可以通过竞争实验来学习,还可以通过分享经验来学习。正如下一章里将要充分讨论的:他者的经验可以成为一种教训,一种不必通过竞争所揭示的等级制度的教训。在这种学习占据主导地位的地方,也许我们可以抵制将差异转化为等级——比如低劣或优越。也许我们可以重新使用我们的竞争技能以追求内在的卓越,使他者的丰富多样性成为欣赏自我内部潜在丰富性的催化剂(反之亦然)。差异及其最深层次的表现,即怀疑,将始终对人类构成挑战。然而,当我们能够学会与怀疑共处而非消除怀疑时,我们可能会将差异视为具有无限创造力的可再生资源。

注 释

1. 幸运的是,由于这些主题日益成为国际关系学的核心,这一点越来越不正确。例如,参见 Walker(1988);Rosenau(1997);Keck and Sikkink(1998);Wapner and Ruiz(2000);及 Albert, Brock, and Wolf(2000)。

2. 最近的几篇文章试图接受这项更宏大的任务。参见 Eriksen and Neumann(1993);Verweij(1995);Lapid(1996)。

3. 正如阿尔菲·科恩(Alfie Kohn, 1986:第二章)所指出的那样,这是一个不容易通过证据来决定的问题,尽管他反对竞争是自然的这一主张。我们的论点可以这样表述:尽管物种的生理特征使其能够适应竞争(以及合作,我们或许可以补充),但竞争的具体特征——其有意义和有目的的特征——不能从人性的"事实"中解读。在国际关系文献中,肯尼斯·华尔兹(Kenneth Waltz, 1959)在《人、国家与战争》中提出了最有力的论据,他对"第一意象"的否定,也许是最强烈地反对将竞争作为一种自然事实的例子。诚然，我们对竞争作为一种意义与目的结构的理解不同于华尔兹，他将竞争视为无政府状态的因果效应。

4."我们"应该被理解为：具有不同程度的反思性和抵抗力的人类。

5.乔治·马库斯和迈克尔·菲舍尔（George Marcus and Michael Fischer，1992:78）赞同地引用了雷蒙德·威廉姆斯（Raymond Williams）的观点，其大意是，解释必然"将……在限定的社会环境中对其主体观点的理解与精准呈现大规模的渗透的困难结合起来"。在马库斯和菲舍尔之后，我们的目标是把政治经济的"外部力量"作为"'内部'建设和构造的组成部分"（Marcus and Fischer，1992:77）。

6.我们将在下一章继续讨论，并使用卡尔·波兰尼关于经济"实体"和"形式"概念的区分。

7.哈耶克尝试质疑把"价值奖励"作为现代竞争社会合法化的价值观，从而将我们的注意力引向其他目的，但他也承认了这一概念所具有的普遍吸引力，我们将在下文强调这一点（Hayek，1976:第八章）。

8.现在应该很清楚，我们不会使用"竞争性"或"竞争"的术语来指代市场的内部结构。在这里，竞争并不是静态的，就像在一个完全竞争模型中的参数和均衡解一样。相反，竞争是一个过程，是一系列的竞争斗争和策略。参见 Schumpeter（1976:第七章），McNulty（1968），及 Lane（1991:221）。

9.需求，如个人的技能和努力，被视为在市场和竞争之前或之外所给定的。参见 Levine（1988）。

10.政治经济学传统通常雄辩地阐述了个人自由的神圣性，即便这种思想受到了严格的审查。参见 Marx（1977:第一章;1973:243—245），Hegel（1991:第一部分，第一、二节，论"产权"与"合同"；第三部分，第二节，论"公民社会"），以及 Levine（1978:第一章）。

11.我们主要引用了哈耶克的观点（Hayek，1976:第十章;1960:第五章）。另参见奈特（Knight，1936:47—53）和罗森伯格（Rosenberg，1994:第五章）对竞争社会中个人价值和财富生产的社会利益展开的讨论。这些经济行为体相互依赖并刺激人类生产，这一主题也是亚当·斯密研究的核心，我们将在下一节呈现这一点。

12."他"字的使用并不是偶然的，这符合斯密对现代经济行为体主要是男性的想象。参见 Rendall（1987）。

13.从最严格的意义上讲，工厂里没有一个人生产大头针。更确切地说，大头针是一个生产过程的结果，在这个过程中，每个工人都是一个组成部分。当他暗示"每个人……可能被认为在一天内制造4 880枚扣针"时，当他把工厂劳动分工的效果制成表格时，斯密似乎承认了这一点（Smith，1976:9;字体强调为我所加）。这种在把工人视为独立个体和将工人嵌入社会结构中转换的模式是斯密特有的。我们将在下文回到这一主题。

14. 斯密(Smith, 1976:第一册,第八、九章)本人认为,工人和资本家之间的讨价还价过程明显有利于资本所有者。独立生产者之间围绕剩余产品展开的物物交换,似乎更加平等。

15. 斯密所塑造的独立生产者形象,实际上可能是行会的熟练工匠与资本主义条件下自由劳动的结合。

16. 正如马克思所述(Marx, 1973:158;另参见第471—516页),尽管资本主义社会推翻了"个人依附"关系,但它用"建立在客观依赖基础上的个人独立"之间的社会关系取而代之。

17. 对哈耶克来说,这种假设基于一种信仰:"我们对自由的坚信,并不是以我们可以预见其在特定情势中的结果为依据,而是以这样的信念为基础,即从总体观之,自由将释放出更多的力量,而其所产生的结果一定是利大于弊"(Hayek, 1960:31)。或者说:"并不是我们在今天可以提供给少数人的所有舒适条件,或早或晚都能为所有的人享用。诸如个人服务之类的舒适条件,就显然不可能推及大众。它们属于富人在社会进步中被剥夺的优越条件。但是,少数人所拥有的大多数便利,随着时间的推移,的确能够为其他人所享用。实际上,我们力图减少当前痛苦和贫穷的所有希望,也都是建立在这一期望之上"(Hayek, 1960:51)。

18. 然而,如果强制可以导致一系列"自愿"行为,那么,自愿行动和强制之间的区别就失去了价值。如果市场可以让我们改变计划,那么我们可以想象强制是通过人的行为发生的,而不是通过人的设计发生的。

19. 我们在第五章对卡尔·波兰尼的研究进行分析时,更充分地探讨了这样一个中间空间的可能性。

20. 对哈耶克观点的微妙评价可参见 Shklar(1990:75—77, 117—118)。

21. 欣斯利(Hinsley, 1986:26)相当简洁地指出,主权是指"在政治团体中存在的一个最终的、绝对的政治权威……,但在其他地方不存在任何最终且绝对的权威"。

22. 埃里克森和诺伊曼(Eriksen and Neumann, 1993:239)同样引用布尔的"国际社会"作为国际关系文化分析的一个重要起点。

23. 诚然,分离/自决的权利可能与目前的主权关系存在冲突,有关二者之间紧张关系的详细讨论,参见 Hannum(1990)。

24. 贾斯汀·罗森伯格(Justin Rosenberg, 1994:特别是第五章)提供了一个令人信服的解释:将经济作为一个与政治生活相关联的独特领域,对于资本主义社会而言是必须的。

25. 我们在很多资料中找到了类似描述。参见 Thomson and Krasner(1989);Mayall(1982);Tarullo(1985);Agnew and Corbridge(1995:第七章);

Jessop(1997);及 Gill and Law(1993)。"积累的社会结构"一词源于 Gill and Law(1993:95)。

26. 在李嘉图看来,生产能力作为自然事实的构建是明确的。在当代理论中,要素禀赋,无论被视为自然禀赋还是人为禀赋,都被视为在确定贸易回报的过程之外给定的。见 Gilpin(1987:第五章)。

27. 尽管各种"激进"的政治经济学(依附理论或世界体系理论)已经使这种情形,即将国际社会大致划分为核心和边缘,成为国际社会图景的关键,但我们几乎不需要这种区分,尽管这种区分在很大程度上被认为是理所当然的。

28. 布尔(Bull,1977:第九章)运用了所有这些等级,以及"准国家"的概念。除了"准国家"概念外,这些术语都是国际关系学常用概念的一部分。由于罗伯特·杰克逊(Robert H. Jackson, 1990b)的努力,"准国家"一词在学术界流行起来。有观点认为,杰克逊的研究是对全球不平等的一种致歉。参见 Inayatullah (1996)。

29. 在布尔(Bull, 1977:15—18)的观点中,大国维持着基于武力和合法性的某种结合而形成的"霸权"。在斯蒂芬·吉尔和戴维·劳(Stephen Gill and David Law, 1988:76—80)作出的区分中,布尔的用法介于葛兰西学派和现实主义霸权概念之间。

30. 冷战时期超级大国是冲突的主要渊源,这导致超级大国冲突的合法性水平较低。参见 Clark(1989:第九章)及 Bull(1977:第九章)。当今大国在面对飘忽不定或者明显自利的行为时,也在为确保其角色的合法性而斗争(Walker, 2000; Blinken, 2001; Ricks, 2001; Wu, 2001)。

31. 保罗·肯尼迪曾很好地阐述了国际社会中军事实力与经济实力之间的相互关系(Paul Kennedy, 1987)。尽管军事实力和一个国家的财富之间在任何时候都不能简单等同,但肯尼迪明确指出,经济成功对于维持任何时间长度的军事实力都是必要的。当然,肯尼迪还指出,军事力量或许会在经济成功中发挥作用,尽管这种关系目前似乎在减弱。

32. 这种情况很容易与新现实主义与新自由主义的国际政治经济学相联系,却不易与马克思主义国际政治经济学相联系。因为马克思主义传统坚持行为体的内在社会性与资本主义劳动征服形式的历史特殊性。然而,马克思主义方法本身倾向于把社会形式的特殊性解释为人类作为(抽象的)社会生产者的外在与先前本性的特定表达。参见 Levine(1978:8)。

33. 同样地,对新现实主义和新自由主义框架而言,这一结论是难以辩驳的。这并不是说个别学者可能不关心国际不平等问题,而是说他们的知识参考体系几乎没有给他们质疑不平等留下空间。基于此,马克思主义传统表现最佳,但我们认为马克思主义对不平等的批判最富有成效的建构,取决于现代社会关系中个体性的社会决定。对马克思的这种解读,参见 Inayatullah and Blaney(1995)。

第五章
面向民族志的国际政治经济学

近年来,卡尔·波兰尼(Karl Polanyi)的著作在国际政治经济学和批判发展研究领域的重要性似乎有所提升。他在国际政治经济学者中的声誉很大程度上归功于 1944 年出版的《大转型》(*The Great Transformation*)*(Polanyi, 1957),在该著作中,他探讨了 18 世纪末到 19 世纪初自由市场计划在欧洲的兴起。波兰尼将这一系列历史事件视为反思自由思想和实践本质的机会。他的批评如今已广为人知:实施自由市场的自由主义愿景会使经济从社会中脱离出来;这威胁到人类的生计和自然环境,并呼吁社会自卫,也就是波兰尼所说的"反运动"(countermovement)或"双重运动",而反运动则为一个更具包容性的民主计划提供了种子,该计划将经济重新嵌入社会生活和人类目标当中。国际政治经济学的理论家将 19 世纪的"大转型"与 20 世纪晚期的新自由主义全球化计划相提并论,从而确立了波兰尼在当代的意义。新自由主义全球化计划同样引发了诸多形式的抵制,并努力限制不受约束的市场关系的范围(参见,例如 Ruggie, 1994; Gill, 1996; Hettne, 1997; Bernard, 1997; Latham, 1997; Birchfield, 1999; Helleiner, 2000; Soederberg, 2001)。[1]其他学者则更多地关注发展的论述,故对波兰尼作品的解读略有不同。他们强调了波兰尼对非市场和非欧洲文化的讨论,以及对经济

＊ 也译为《巨变》。——译者注

的实质主义与形式主义理解之间的区分。[2]他们以这种方式利用波兰尼来捍卫文化(或差异),以面对一个格式化的(如果不是事实上同质化的)现代发展计划(参见,例如 Escobar, 1995:第三、五章;Sachs, 1992)。尽管相互重叠,但国际政治经济学和批判发展研究对波兰尼的相关分析往往被视为截然不同或迥然不同的解读。

相反,我们认为这两种解读应该被视为波兰尼思想的核心,而且是波兰尼对资本主义进行双重批判的内在关联的两个侧面(另参见 Berthoud, 1990:171; Topik, 2001:82)。一方面,我们认为波兰尼部分参与了一项内在批判计划:在(欧洲)发展/政治经济的文化项目内部寻找批判的资源。发展被视为破坏了社会生活与自然环境,而这恰恰是它所组成并谋求发展的社会本身。或者换句话说,一旦将自由和平等与将经济从社会中分离出来的努力紧密联系在一起,实现个人自由和平等的现代计划——用我们的话说,一种"竞争文化"——就会变得具有破坏性。

然而,正如我们在导论中所讨论的,内在批判的思想掩盖了构成道德论证背景的愿景和传统多样性。同样地,尽管将波兰尼定性为一个内在的批评者,抓住了他的计划的一个重要方面,但并没有完全理解他将批评置于文化交往的"接触区"的方式(Pratt, 1992)——部分地外在于或超出发展/政治经济的计划。波兰尼明白,他对资本主义的批判旨在从现代西方之前和之外的社会形态中吸取教训,包括抵制欧洲不受监管的市场,以及抵制非洲和其他地方的殖民经济结构的强制实施,并在二者间建立联系。更重要的是,他在他者对自己传统的批评中发现了更大程度的自我理解,以及潜在的反抗压迫联盟的可能性,这种联盟既包括自我也包括他者的参与。因此,我们不应仅仅把波兰尼当作一个政治经济学家,或者把他的研究仅仅归入经济人类学的范畴。事实上,只有两者兼备才能使波兰尼的作品成为一个整体,并为这两个领域确立一种知识遗产。我们将这一遗产解读为,在政治经济学和经济人类学重叠的空间里——在民族志的国际政治经济学中——我们可以找到资源以对当代资本主义进行双重或对话性批判。

一种多传统间的对话

我们通过回归茨维坦·托多罗夫和阿希斯·南迪的作品来强调对话元素在波兰尼的双重批判形式中的核心作用。虽然他们既不是政治经济学家也不是人类学家,但他们对文化差异以及文化比较的危险和可能性的理解,有助于我们阐明波兰尼的努力,即他试图揭示社会生活形式的多样化,并将这些多样化不仅作为知识比较的来源,也作为批判政治的来源。托多罗夫(Todorov, 1984)和南迪(Nandy, 1983; 1987b)以一种惊人的相似方式,通过抵制构建纯粹的压迫和反压迫力量的摩尼教宇宙,在接触区内建立了一个对话空间。在导论中,我们简要地介绍了他们对历史人物的描述——托多罗夫列举的哥伦布和科尔特斯,南迪所言的吉卜林和奥威尔——以此来说明双重运动的对立反应及其与殖民压迫的关系。殖民话语在这两种截然不同的反应之间摇摆:差异被解读为低劣或一种被承认的平等,但以将他者同化为自我为代价。这些反应表现出"分裂"的行为(Benjamin, 1988:63),其中自我与他者似乎是相互排斥的选项。自我与他者间的界限被严格划定(不允许有重叠的可能),经过仔细的监管,并映射到"文明"与"野蛮"、男性与女性、先进与落后、教师与学生之间的差异上。他者似乎适合被剥削和殖民监护,如果不是(在更"文明"的时代)被奴役的话。充其量,我们会发现自己处于不平等的对话中。

如果托多罗夫和南迪对文化互动的可能性的评估是分裂的例证,那么波兰尼则以一种特定的政治经济形式对这种做法提出了挑战。一方面,他以"经济主义"(economism)为目标,试图净化经济中的对立元素,因为这种分裂形式既在理论上证明了市场经济的主导地位,也证明了社会空间作为市场社会在实践中的同质化。另一方面,他拒绝将简单的倒置视为市场社会的替代方案——一种纯粹的非市场的生活形式。为进一步预想我们下文对波兰尼的讨论,我们可以认为,托多罗夫和南迪让我们将"经济主义"和"浪漫主义"之间相互关联的对立所产生压迫的最深层根源视为对话失败的表征。因此,对于托多罗夫、南迪和波兰尼(我们将会看到)来说,恢复对话本身成了一项伦理义务。

托多罗夫和南迪为对抗殖民主义的反对话(antidialogism)及其各种当代共鸣创造了对话的可能性。托多罗夫(Todorov, 1984:247)设想了一种对话,这种对话基于对"他者是主体,与我相等,但与我不同"的认识和态度,从而在双重运动中转变了"他者"的极化框架(polarized framing)。这种对话需要寻求"真理",而不是将其作为一个参与者服从另一个参与者观点的"出发点",它是作为一种建立"理解"的规范性理想,超越了"个人偏见和狭隘主义",但未能消除参与者特殊性的"共同视野"(common horizon)(Todorov, 1984: 160)。南迪(Nandy, 1987a: 118)和托多罗夫一样,呼吁重塑"公共话语空间",使"我们时代的文明相遇"(civilizational encounters of our times)的各方在平等的基础上相遇。事实上,"有权势的人很少考虑与无权势的人分享世界"这一事实被一种呼吁所抵制,即自我和他者"必须团结起来,使文化间对话成为现实,通过跨文化对话建立新的多元未来"(Sardar et al., 1993:90)。

鉴于过去的影响和现在的不平等,这种对话何以可能? 相对于双重运动中自我与他者的对立,托多罗夫和南迪列举了一系列历史人物,他们代表相同和差异的重叠空间,指出一系列替代选择的可能性,这些可能性促使我们走向对话的极点,以及遵照托多罗夫的观点,与民族志相互关联,去向批判性和互惠性的文化启迪实践。

在《征服美洲》(*The Conquest of America*)开篇,托多罗夫(Todorov, 1984:3)指出"自我对他者的发现"无处不在,包括"我们内部的他者",以及"外部的"他者,无论是远是近。对托多罗夫(Todorov, 1995:12, 46)而言,"他者为他者"(other as other),不仅有助于了解他者,对于认识自我也至关重要。作为超越双重运动的第一步,自我应意识到自己的身份,在不将他者同化于自我的情况下寻求了解他者(Todorov, 1995: 15)。但这种对他者的不同认识并没有耗尽我们对自我和他者体验所蕴含的机遇,就像托多罗夫在《征服美洲》中所提及的人物那样。

恰帕斯的多米尼加主教(the Dominican bishop of Chiapas)——巴托洛梅·德·拉斯·卡萨斯神父,他一生的转型经历使他的理解远离了双重运动的严格对立(Todorov, 1984:185—193, 240)。尽管早年他作为同化主义者"关爱"印第安人,但后来他把托多罗夫所说的"视觉主义"(perspectivism)引入其宗教观点中。他诉诸(对他及他的伙伴)显而易见的普遍原则——人类的虔诚和崇拜上帝的愿望——并以此为依据对这些印第安人种类繁多的宗教变体进行辩护。用托多罗夫的话来说,拉斯·卡萨斯的推理揭示了"宗教而非教义",通过将西班牙人和印第安人的宗教体验并列,从而使文化相对化,既没有将印第安人同化为西班牙人,也没有暗示印第安人的劣等。在这方面,根据托多罗夫的说法,拉斯·卡萨斯仍然是一个"比较主义者"。虽然拉斯·卡萨斯在他的理解中找到了表达印第安人差异的空间,但他并没有使用或允许印第安人的宗教经验和范畴来解释和批判他自己的基督教观念。因此,拉斯·卡萨斯承认了身份差别但未及倡导对话,这种对话本可以改变他如何看待他者,也可改变他如何看待他自己。

对托多罗夫(Todorov, 1984:219—241, 250)而言,方济各会会士贝纳迪诺·德·萨阿贡(Benardino de Sahagún)超越了拉斯·卡萨斯,并向我们指出关于自我与他者知识的更高的民族志阶段。萨阿贡与讲纳瓦特语(Nahuatl)的拉丁语学生进行教学对话,以学习纳瓦特语。萨阿贡对印第安人的评价是平等却不同的(因为印第安人拥有一套独特的优劣势),这也使他不同于其他研究者,他谴责了西班牙的征服。尽管萨阿贡从未放弃让印第安人皈依的承诺,但他参与了一个代表和保护印第安人文化的项目。在他的《历史》(History)一书中,萨阿贡利用各种目击证人和报告对征服事件呈现了三种平行但又有分歧的叙述:用纳瓦特语和西班牙语写成的书面叙述,以及通过绘画进行的视觉描述。托多罗夫指出,这本书"允许我们听到一个声音,即它有着内在的多样性"。萨阿贡的观点比较复杂,包含了印第安人的价值观和愿景。然而,这种内部多样性并未被充分用于批判性的自我审视。不同的声音被并列,但没有在自我反省的批判过程中相互渗透。因此,萨阿贡宣示了——虽然没有完全达到——民族志的立场;几乎没有证据表明,他试图建立一种"有助于文化之间互相启发"的对话,这种对话使"我们审视他者的面目"(Todorov, 1984:240—241)。

托多罗夫(Todorov, 1995:15)呼吁我们将这一民族志任务作为一种调节性的理想:

> 我不再渴望,也不能够认同对方;然而,我也不能够认同自己。这个过程可以这样描述:对他者的认识取决于自我的身份。但是,对他者的认识反过来又决定了我对自己的认识。既然自我认知改变了这个自我认同,整个过程就周而复始:对他者的新认识,对自我的新认识,等等,直到永远。

虽然以这种方式与他者接触会动摇我们的观点,但并不会消除我们的视角。我们相对于他者的认同感也因此转变:"我用引号来解读自己,内外部的对立不再相关;我所描述的他者拟像也不再保持不变:这已成为他者和自我之间达成谅解的空间"(Todorov, 1995:15)。虽然这一过程没有终点,但这一理想激励并给予它一个"特定的方向",因此在该过程中各个阶段所丧失的"普遍性"会在"其他地方被恢复:不是在目标之中,而是在计划之中"(Todorov, 1995:15)。

南迪的讨论非常类似,不过,正如我们将要看到的,他把文化的对话——托多罗夫所言的民族志时刻——转化为一种明确的批判性政治实践。南迪关于历史人物的故事是在英国对印度实施殖民统治时期及在此期间所构建的"不平等对话"背景下展开的。例如,吉林德拉塞卡·博斯(Girindrasekhar Bose)是印度精神分析理论和实践的先驱;南迪称他为"第一位非西方精神分析师"。然而在南迪看来,精神分析可能被视为一种通过技术转让而进行的文化强加,这将使情况变得更为复杂。博斯对精神分析的支持,在一定程度上是对印度新兴中产阶级需求作出的回应,他们传统的社交和治疗模式已经被连根拔起。但讽刺的是,他在这一分析中采取的"戏剧性治疗功效"(dramatic therapeutic success)主要归因于他在"分析遭遇中重新唤起古鲁(上师)—西司雅(学生)关系(the guru-sisya relationship)"的能力(Nandy, 1996:359)。这种情况下,博斯精神分析学的发展也包括了在殖民地退化情况下对印度传统的重新评估。然而,尽管最终并不成功,但是博斯"通过在传统心理社会中重新发现心理学的古老版本",在他的著作和实践中都努力尝试抵制英国贬低印度文化的努力(Nandy, 1996:380)。因此,南迪(Nandy, 1996:342)的判断是,博斯的精神分析"必须作为一种新的社会批判工具,对善于表达的中产阶级来说,这是一种揭开印度文化神秘面纱的方式,这种文化看似不合时宜或病态,并且是一种可能反击西方自身的异己性西方思想流派"。

然而,根据南迪(Nandy, 1996:361—363, 369—372)的观点,这个故事揭露了一个更大的讽刺。在欧洲文化中,弗洛伊德学说产生了特殊影响力,该学说对维多利亚时代的情感观念提出了根本挑战——即努力"合法化""先前被拒绝的自我阴暗面"。与此相反,弗洛伊德学说在印度的反响较为平淡,影响也比较小,这可以从如下方面得到解释:弗洛伊德学说与一些印度传统更容易产生共鸣,并仅仅被接受为欧洲世界技术工具箱的一部分。

通过这类故事,南迪尝试说明这种重叠文化空间对自我和他者同时具有的批判性潜力。文化,即使在某些重要意义上是"共享的",也更像是"开放的文本",而不是"封闭的书本"。文化愿景是一种分层现象,包括"不同层次或不同部分",或显性或隐性的各种时刻(Nandy, 1987b:2,17; 1987a:118)。这种层次性使文化内部对话成为可能,或者更确切地说——在相互竞争的正统观点和异端学说,占主导地位和被压制的声音之间——在文化愿景内提供了一种创造性紧张和自我批判的来源。正如他所说,"这种愿景所造成的现实与希望之间的鸿沟成为文化批判的根源,并成为对日常生活压迫的持续谴责,否则我们就趋于和解"(Nandy, 1987b:3)。因此,博斯与精神分析的邂逅在某种程度上是印度文化愿景内的对话——自我与内在他者的对话。

如果这样理解,就忽略了外部他者的作用,也忽视了其多层次、多元化的文化愿景。博斯在印度确立了精神分析学,并解释了该传统对印度的意义,这至少对欧洲精神分析的所有权及其理论和实践演变构成了一种含蓄挑战——这一挑战大都被弗洛伊德本人所忽视(Nandy, 1996: 364—365)。但他者的反应却不同,他们在跨传统对话中找到了对与自己传统对话的支持,反之亦然。也就是说,自我内部的对话过程与他者同时进行,最终只能通过自我与他者的对话得以持续:

> 寻找文明的本真性始终是寻找文明的另一面,无论是将其视为希望还是警告。寻找文明的乌托邦也是这种更大追求的一部分。这不仅需要有能力解释自己的传统,还需要有能力把其他文明的隐性方面作为盟友,以推进文化的自我发现,同时愿意成为其他文明的盟友,试图发现它们的另一面,以及具备赋予这些对文明和文明关切新解读更多中心地位的技能(Nandy, 1987b:55)。

面对文化统治,这种对话能力的典范是安德鲁斯(C. F. Andrews)和穆罕默德·甘地(Mohandas K.Gandhi)。南迪认为,在印度,安德鲁斯是少有的能与殖民计划保持距离的英国人。他们利用印度的"宗教信仰、知识和社会互动的不同版本"来帮助批判他们自己的社会,并设想超越当前社会和政治的可能(Nandy, 1983:55)。安德鲁斯在这方面尤其擅长,他在印度找到了一面镜子,用以批判自己、批判自己的文化和批判印度。在建立自己的基督教与反殖民斗争之间的联系时,安德鲁斯不仅发现了欧洲和印度之间(尤其是他所在的英国和印度自我之间)的连续性,还强化了他的基督教信仰。南迪(Nandy, 1983:37, 48)很好地把握了这些关系中的悖论:"当甘地形容安德鲁斯内心是印度人,实际上是英国人时,他的实际意思是说安德鲁斯正是通过成为一个真正的英国人而成为印度人的。"

但最能体现南迪提出的批判性文化对话理想的是甘地。甘地在西方的隐性传统和印度文化主题之间创立联盟的能力,使他能够同时提出解放印度和拯救英国的愿景。甘地看到,"基督教的一些隐性元素与印度教和佛教世界观的元素完全契合,他为人类思想所发动的斗争实际上是一场普遍性的斗争,旨在重新发现人性中更柔和的一面,即所谓男性中非男子气概的自我(non-masculine self),这种自我被归入西方自我概念中遗忘的区域"(Nandy,1983:49)。因此,甘地采取两条战线作战。他以西方可以理解的方式呼吁(包容),从而唤起了印度人(及英国人)对殖民主义的反抗,这种反抗尽可能地避免了植根于统治和武力的方法。虽然他的抵抗往往是用非常英国化的术语来描述,但这也是对印度传统的一种重新诠释——这样被框定是为了"将他的非暴力版本构建为'真实的'印度教"(Nandy,1983:51)。甘地在很大程度上成功地完成了这项任务。

对南迪而言,安德鲁斯和甘地的形象代表了托多罗夫所言的民族志时刻的成就,但也赋予了这种立场一个明确的批判和政治色彩。南迪认为,他们都能够发现自我内部的他者,这也是批判性自我反思和文化转型的源泉。他们对自身遭遇的敏感不仅使他们能够辨别出他者的苦难,也使克服苦难(包括受害者与施害者)成为其思想和行动的核心。安德鲁斯能够为印度而战,又能丰富英国的传统;甘地能够思考并为印度的解放而战,这与英国的自由息息相关。因此,对他者的了解不仅仅是自我认识的来源,也是未来自我与他者对话希望的前奏。或者,换句话说,自我认识、对他者的认识和对话的希望——这三种要素都是政治和伦理进程中同样必要的组成部分,这一进程以共同的苦难为基础,旨在建立一个相对共同的视野,围绕这种视野可以组织一场反对压迫的斗争。

回到导论展开的主题,对话可能在"共同受苦的经验"所带来的"文化亲密"(cultural closeness)中蓬勃发展。这种对他者的认识唤起一种文化交流的形式,利用每种文化或多或少已阐明的对压迫和剥削的看法和反应——加入"社会批判"和文明"乌托邦"之间的对话中。更进一步,他认为,要实现一种文明"对未来的真实愿景及其自身在未来的真实性",主要取决于对人类痛苦、剥削和压迫的这种不幸且无处不在的经历的认识,无论作为施害者还是受害者。

托多罗夫和南迪共同致力于将对话作为一项道德义务。他们都认为对话需要在交谈中将自我与他者置于平等地位。这意味着一种在自我反省和/或文化转型的过程中同时发现内在他者与外在他者交往的能力。尽管托多罗夫强调前者,而南迪强调后者,但知识和文化转型都是波兰尼的作品所指向的批判性国际政治经济学的核心。在他对经济主义的挑战和对资本主义的双重批判中,我们发现了托多罗夫和南迪所建议的文化对话的先声。

波兰尼对资本主义的双重批判

尽管我们认为对波兰尼的作品进行整体性解读十分重要,但此处我们对其双重批判的讨论分为三个阶段。第一,我们认为波兰尼对经济主义的质疑导致他采取了一种民族志立场,这种立场反对特定形式的政治经济分裂:即在"真实的"和"理想的"人类动机之间,以及自由市场社会和浪漫化替代方案的对立之间。第二,我们探讨了波兰尼对差异的辩护,这是他对"大转型"的批判、对反运动的分析以及设想一种重嵌经济(reembedded economy)愿景的核心。自由市场之所以受到谴责,是因为它可能使社会生活同质化,摧毁保障人类生存的多元化制度。第三,我们拒绝认为这种对差异的辩护是退回浪漫主义。相反,波兰尼的双重批判——工业社会的内部和外部——标志着混合和重叠的社会生活模式的共存,并且指出了它们之间对话的可能。对波兰尼来说,差异与对话的共存并不是为了回到过去,而是构成"新文明"的基础。

"经济学谬误"的去自然化

在《人类的生计》(Polanyi, *The Livelihood of Man*, 1977)一书中(该书在波兰尼去世后出版,是对他在20世纪50年代和60年代著述的汇编),波兰尼把他对我们这个时代的控诉集中在一个概念错误上,他称之为"经济学谬误"（the economistic fallacy）。这种"逻辑错误"在原则上涉及一种常见的做法，即把"一种广泛的、普遍的现象"与"我们碰巧熟悉的物种"相混淆，特别是"将一般的人类经济等同于市场形式"（Polanyi，1977:4—5）。挑战将他者同化为自我的趋势是波兰尼双重批判的核心，这既是对市场经济作为理论和实践的一种内部评估，也是一种举措，能够使我们利用其他形式的社会政治和道德资源来应对资本主义。

仿佛是对托多罗夫和南迪的回应，波兰尼认为这种混乱"严重扭曲了西方人对自己及其社会的理解"。最主要的是，经济学谬误掩盖了我们认识并验证人类动机丰富性和多样性的能力。这种可能性被排除在外，因为经济学思维是基于人类动机的分裂。经济生活的"真实""物质动机"，是为了反对和净化那些"不能指望在生产的关键业务中起作用"的"遥远而模糊"的动机（被描述为"理想"）（Polanyi，1977:11；另参见Polanyi，1968c）。它们之间的任何空间都被清理，在不诉诸对人类动机更为多样化的理解的情况下，我们被迫选择"真实"而不是虚幻的"理想"。

现代市场社会同样被概括为人类社会本身——"经济需求是贯穿所有社会活动的核心意义所在"（Stanfield，1986:93）："国家和政府、家庭生活、科教文卫等组织、职业的选择、居住的模式、房屋形态、私人生活的美学——一切都必须符合功利主义的模式，或者至少不干涉市场机制的运作"（Polanyi，1977:12）。根据波兰尼（Polanyi，1977:14）的观点，这带来了"经济理性主义的大获全胜，并不可避免地使政治思想黯然失色"，以至于我们的"制度创造性"和"社会想象力"受到威胁（Polanyi，1968c:71）：

> 如果社会仅仅是由根据特定类型的理由行事的原子式个人所构成的集合，它有何意义？理性行动本身就是目的与手段的结合；具体地说，经济理性假定手段是稀缺的。但人类社会涉及的远不止这些。人类目的究竟为何？他应该如何选择自己的手段？从严格意义上讲，经济理性主义无法回答这些问题，因为它们暗示了道德

和实践秩序的动机和价值,这种秩序超越了逻辑上的不可辩驳,但在其他方面却是空洞的经济限制。(Polanyi,1977:13)

在波兰尼(Polanyi,1957:57)的措辞中,社会被看作市场的"附属品"并以此运作。[3]在托多罗夫分析了双重运动互相关联的对立面之后,我们将这种想象的危险解释为一种在两极分化的选项之间摇摆的趋势:要么将所有的生活形式同化为一种"经济学"逻辑(或者,就像斯密和哈耶克所说的那样),要么正如我们将在下文全面考察的,彻底否定市场逻辑并求助于前资本主义、反资本主义或非资本主义的浪漫主义经济形式。

作为学者,我们应如何回应经济学谬论? 波兰尼(Polanyi,1968b;另参见 Polanyi,1977:第二章)建议我们首先从一个众所周知的差异开始,即经济的"实质"与"形式"意义的区别。实质性概念强调为人类提供生计的过程:"与自然和社会环境的交换,只要这一交换的结果在某种程度上为他提供了物质需求的满足"(Polanyi,1968b:139)。与之相反,"经济的形式意义来源于手段—目的关系的逻辑性,如'经济'或'节约'等词的使用就是如此"(Polanyi,1968b:140)。如上所述,现代经济学的理论过程倾向于瓦解这种差异,但波兰尼的意思是将其拆解。在现代社会中,节约的动机、过程和制度与其说是人类经验的产物,不如说是一种特殊的历史形式,是"整个文化的种子"(Polanyi,1977:8—10)。因此,与拉斯·卡萨斯对多种宗教与自己宗教的区分不同,波兰尼通过采用"视角主义"(perspectivism,用托多罗夫的话来说),区分了经济的实质和形式意义,以使我们对经济的认识相对化,从而为社会科学研究各种"过去和现在的经验经济"开启了大门(Polanyi,1968b:140)。

波兰尼的视角主义并非简单地支持差异的对立或某种形式的异国情调。相反,他主张,追求人类生计是一种普遍的社会过程,并将这一主张与经济形式多样性的研究相结合。波兰尼用不同的方式表达了这一观点:"通常情况下,人类的经济嵌入在他的社会关系之中"(Polanyi,1957:46;1968c:65);经济是"一个制度化的过程",具有"明确的社会功能",它"赋予该过程以统一和稳定性"(Polanyi, 1968b: 146, 148);"因此,人类经济深深植根于各种制度之中,包括经济和非经济的制度"(Polanyi, 1968b: 148)。正如一位评论者如此总结波兰尼观点,"经济总是通过社会化过程建立起来,这个过程将个人性格塑造为参与经济所需的道德、美学和工具性规范、标准和实践"(Stanfield, 1986: 107)。

如此一来,波兰尼致力于在更广泛的人类生存研究中理解经济的实质意义。但我们不应将此视为回归到共性和同化的某一端。相反,波兰尼用这种语言来强调人类社会和文化的多变性和多样性。波兰尼目的的不同之处在于"经济在社会中的地位",或者,用类似的语言来说,"在不同时间和地点,经济活动得以制度化的方式"(Polanyi, 1968b: 148)。也就是说,这些经济形式迥然有异,而不只是我们当代市场社会的早期阶段。[4]不同的是,这些形式不仅仅有时间远近之分,而且被视为种种替代形式,这会使我们对市场社会的形象大失所望,并使人们对其必要性产生怀疑。[5]因此,对波兰尼来说,将经济史和社会民族志相结合的多元化研究构成了"全球经济史"的重要课题(Polanyi, 1977: xxxix,注4)[6]。或者正如我们所愿,构成民族志的国际政治经济学。

这种理论上的转变改变了我们对自我与他者的理解方式,使我们能够进行批判性自我反思。波兰尼(Polanyi, 1977: 10; 1968c)拒绝任何试图以市场社会的意识形态——我们的"市场心志"(market mentality)或"市场思维"(marketing mind)——作为了解他者社会及自我历史的基础或标准。波兰尼也没有发现那种占主导地位的当代理解能够充分说明我们自身的处境。相反,将经济化市场与经济本身混为一谈,会使我们物化当前的社会安排并认为它是自然的,是物种所需(a species imperative)的必然结果。[7]波兰尼使我们接触到人类经验的多样性,也使市场社会去物化和去自然化。这种"视角主义"可能不只是产生了一种"比较主义",在这种比较主义中,"我们仅以自己的方式考虑差异",而是产生了一种真正的民族志立场,在这种情况下,我们所属的范畴和我们自己都因与差异的相逢而发生了深刻变化。

捍卫差异：大转型与反运动

波兰尼在这种视角主义的基础上，发展出一种对资本主义的批判性政治反应，这典型地反应在《大转型》一书中。尽管他对经济史的大部分研究是在那本书出版之后进行的，但似乎很明显，他后来的这个项目是为了尝试验证早期的研究成果（Pearson, 1977: xvii—xx; Polanyi-Levitt, 1995:4; Stanfield, 1986:17）。事实上，我们认为波兰尼对经济学谬论的回应主要取决于他的民族志敏感性，这深刻地塑造了他在《大转型》及其他著作中对自由放任资本主义（laissez-faire capitalism）的批判。由于主要的轮廓可能并不为所有人熟悉，因此我们将提供一个梗概作为背景来研究波兰尼的批判方法（另参见 Inayatullah and Blaney, 1997:72—74）。

波兰尼认识到，他的理智和政治抱负使人想起亚里士多德对家庭和政体所不可或缺的美好生活的辩护，反对物质利益动机的普遍性。在类似努力的激励下，波兰尼（Polanyi, 1968a）捍卫任何形式社会生活的丰富结构，反对实施无约束市场及其带来的后果。换言之，自由市场意识形态无疑与民族志国际政治经济学的发现相对立，如上所述，人类生计的满足总是与一套特定的社会意义和实践相关联——例如，家庭和政体、村庄和部落，或者现代工业社会和国家。因此，从形式上讲，人类生计的满足可能仅受纯粹经济逻辑支配，这一观点不仅是一种误导，而且很危险。正如波兰尼（Polanyi, 1957:3）所说，将经济分离为一个独立的、自我调节的领域，会创造"一个赤裸裸的乌托邦"。尽管如此，现代时期的独特之处在于，它见证了周期性的、部分成功的经济脱嵌的努力。正如自我与他者的两极分化成为暴力和殖民的托词一样，波兰尼证明，除了市场逻辑之外，净化社会生活的逻辑错误为类似的破坏和同化过程埋下了伏笔。

在《大转型》中，波兰尼描述了这一过程在 19 世纪初的发展。经济化市场的逻辑很快威胁到整个社会生活，这对人类社会的结果是毁灭性的。更具体地说，要使社会服从市场自我调节的逻辑，就必须把土地和劳动——即自然和人类——当作商品来对待，犹如它们从根本上是为交换而生产的商品。用波兰尼（Polanyi，1957：第六章）的话来说，作为"虚拟商品"，人与自然的命运是由市场决定的。这取代了难以摆脱的"混合"个人动机（自我追求和利他主义，物质和理想）[8]和相互交织的社会目的（物质福利的产生和共同体意义及等级的持续），物质产品的生产和获得由预期的收益或利润决定（Polanyi，1968c：64—66；1977：11—12）。对最弱势群体而言，他们的动机已沦为满足渴饱，削弱了（如果不是破坏的话）社会实践（以互惠或再分配原则为中心），而这些社会实践涉及事业，而不是特权。[9]波兰尼（Polanyi，1957：73）相当生动地描述了这种影响：

> 因为"劳动力"这种所谓的商品不能被推来搡去，不能被不加区分地使用，甚至不能被弃之不用，否则就会影响到作为这种特殊商品的载体的人类个体生活。市场体系在处置一个人的劳动力时，也同时在处置附在这个标识伤的生理、心理和道德层面的实体"人"。如若剥夺了文化制度的保护层，人类成员就会在由此而来的社会暴露中消亡；他们将死于邪恶、堕落、犯罪和饥荒所造成的社会混乱。*

自然支持人类社会生活的能力，也会因其商品化而退化（Polanyi，1957：141）。

正如波兰尼对这场毁灭所进行的有力描述，他的观察更加清楚地表明这种将纯粹市场社会制度化的尝试必然失败。把经济从社会生活中分离出来的努力总是会遭到巨大的阻力；对社会的威胁不可避免地会引起社会自卫运动："这样一种制度如果不毁灭人类社会和自然物质，就不可能存续太长时间；它会在物质上摧毁人类，把周围的环境变成荒野。社会则不可避免地采取措施保护自己"（Polanyi，1957：3—4）。在"市场思维"看来，这场反运动一点也不令人费解，它是多重社会抗议、人道主

---

　*　参见冯钢、刘阳译本。——译者注

义姿态、基于自利的让步，以及在自由市场面前为稳定社会生活而拼命努力的"自发反应"。与哈耶克的市场信条相反，资本主义的实施绝非自发，而是协调行动的结果，尤其是由自由国家实施的行动。波兰尼（Polanyi，1957：141）令人难忘的措辞是"自由放任是被计划出来的"，这暗示了一个空间的存在，避免了"经济学谬误"所假定的极端状态。一系列在很大程度上互不关联的社会行动和立法反对自由放任政策，它们共同减缓了市场运作并对市场的作用进行监管和限制。

对于一些解释者来说，反运动及其对市场的限制似乎是市场在社会生活中制度化成功且稳定的必要条件和持续条件，但在自由派政治经济学者看来，这似乎违背了人性（Stanfield，1986：123；Sayer，1995：104；Ruggie，1998：第二章）。但波兰尼不仅仅是一个社会民主主义者（参见Mendell，1990），他还明确指出，社会保护的努力"损害了市场的自我调节，扰乱了工业生活，从而以另一种方式危害了社会"。这使得现代社会陷入一个"两难境地"：一方面是为保护社会免受自由市场影响的反运动，另一方面是通过将市场从社会制度中剥离出来以恢复市场的运转（Polanyi，1957：3—4；另参见 Lacher，1999a；1999b）。要摆脱这一困境，必须承认"自我调节的市场体系已经被证明不可行"，并且要发展社会机制和制度，将市场重新嵌入社会（Polanyi，引自 Mendell，1990：75）。只有在哈耶克和（程度较轻的）斯密等人看来，嵌入式市场的想法才是自相矛盾的，因为这些人排除了这样一种可能性，即人类的生计和福祉可以通过让市场服从于社会调控和计划的过程而得到保障。嵌入式市场意味着一个包含着复杂目的和混合制度的重叠空间，只有当波兰尼提醒我们去挑战的那种分裂排除了嵌入式市场的可能性时，这种矛盾才会变得明显和令人不安。[10]

波兰尼与斯密和哈耶克之间的差异可以更为清楚地予以表述。与斯密和哈耶克一样，波兰尼也关注社会整合（Neale，1990：158）。他同样认为，社会整合问题涉及确保满足个人物质需求的实践。然而，在斯密和哈耶克指出经济学谬误的地方，即他们认为在自由市场中只有通过竞争交换才能弥合劳动或知识的分工，波兰尼（Polanyi，1968d；1977：

第三章)却指出,在人类社会中,物质供应过程以各种方式并根据各种原则进行。更具体地说,经济已经被嵌入社会实践中,这些社会实践涉及养家、互惠、再分配以及市场交换的组合。尽管有一种形式趋向于占主导地位,但通过在复杂实践中制度化的多种原则,所有形式的社会生活都将物质需求生产整合起来。波兰尼清楚地看到(我们在前一章也已经指出),仅仅根据社会市场交换的原则和做法来整合社会,只会给人类生活和福祉产生毁灭性后果,并损害现代社会的自由与平等。维护自由和个体主义意味着抵制从教条上缩小我们选择范围的经济学谬误,转而根据一套不同的、更复杂的原则和实践使社会融合:互惠、再分配和局部的自给自足,这些原则和实践必然会塑造和限制(尽管没有消除)市场交换的作用。

正如我们在一开始就指出的,正是波兰尼作品的这一方面影响了新自由主义全球化和现代发展的批评家。波兰尼(Polanyi, 1947:102)声称,我们面临着一个创造新文明的深刻伦理工程。要创造这种新文明需要重新激发我们的社会想象力,其资源可以从嵌入式经济的多元愿景中找到,这些愿景部分来自历史上的非资本主义社会,部分源于当代抵制自由市场而采取的多种努力。在这一举动中,波兰尼显然否定了自由政治经济学:他抵制经济理性所导致的人类同质化,谴责自由市场对人类社会和人类生计保障的破坏。因此,如果我们要恢复"个人生活的圆满,即使这可能意味着一个技术上效率较低的社会",市场就必须服从于人类共同体的宗旨(Polanyi, 1968c:72)。

反对浪漫主义一极:重叠空间与社会批判的对话

这种言论使波兰尼因把非现代或非市场生活形式浪漫化而受到批判(Booth, 1994; Katz, 1997; Humphreys, 1969; Hechter, 1981)。[11]这种指责的实质是,嵌入式经济与脱嵌式经济之间的区别,与影响了波兰尼的社会学家所指出的共同体和社会之间的两极分化十分相关。在波兰尼看来,向现代社会的过渡"导致早期社会所具有的某些重要品质的丧失"。据推测,这种结构可能导致波兰尼及后来的"道德经济学者"反对两种讽刺说法：一种是嵌入式经济，它植根于结构复杂、伦理丰富的社会，具有许多经济史特征；另一种是脱嵌式经济，它以一种工具化的、道德上空洞的生活方式笼罩整个社会（Booth，1994：655—657）。我们也有同样的顾虑——尽管这种顾虑更多地针对波兰尼的追随者而不是他本人——原因在于，正如我们上文所指出的，有一种倾向是陷入差异的极端，该倾向接受任何与市场要素相对立并且纯净无瑕的理想。我们已经在其他地方讨论过，许多批判发展理论学者从波兰尼那里汲取灵感，似乎也被这种极端立场所吸引（Blaney，1996）。

尽管波兰尼的某些措辞的确使他的研究容易受到这些指控的影响，但我们发现这些解读是片面的、不公平的。"嵌入式—脱嵌式"的对立必须与波兰尼的主张相一致，即从实质意义上讲，经济总是与社会价值观和愿景相交织。正如反运动所造成的困境有力证明的那样，脱嵌（disembeddedness）永远无法完成（Polanyi，1968b：148—150；1968a：82；然而，请参见 Sayer，1995：218—220）。因此，波兰尼的建议是，经济的形式意义与现代具有关联性，但这并不意味着他接受经济的充分性作为对那个时代的理解（Polanyi，1968b：144—145）。我们不应从他对资本主义批判背后的激情中得出结论，这往往导致他将现代社会与其他历史可能性进行不利比较，因此他提倡回归"原始"。他对"社会"有机形象的使用最好被看作隐喻性的，这指出现代可能存在的具体保护过程和反应的复杂性（Block and Somers，1984：71）。

事实上，波兰尼对嵌入式市场的看法非常微妙。他清楚地认识并肯定现代社会的成就，并部分地将他所倡导的新文明的目标定义为现代政治经济学的内在目标（Block and Somers，1984：51）。重点是，波兰尼（Polanyi，1936：364—365；1968c：74—76）认为，"个体主义的实质"是通过保障人类生计和促进个人福祉，以及在很大程度上维护现代自由主义所承诺的政治和公民权利来确保的（Lomnitz，2000；Matjan，2000）。[12]尽管人们居住的共同体必须得到保护，这也意味着要建立制度——无论是地方的、国家的还是地区的（Polanyi，1945；另参见 Block and Somers，1984：66—68；Hettne，1997；Congdon，1990）——"通过有意识地使市场服从于民主社会来超越自我调节的市场"（Polanyi，1957：234）。波兰尼通过这种方式说明，利益攸关方之间进行谈判和协商的复杂民主进程（Rosner，1990；Congdon，1990；Cangiani，2000），包括将"公民自由扩展到工业领域"（Polanyi，1947：102；另参见 Mendell，2000；Congdon，1990）。这一民主进程需要对市场社会的意识形态持续批判，并在建立嵌入式市场社会方面不断实验，以便正确地衡量"经济意义的局限性"（Polanyi，1977：xlvi）。实现个人更大的自由是现代自由主义社会崛起释放出来的一个计划，但矛盾的是，它需要汲取人类内部生活的各种经验，并试图创造一种嵌入式经济（Block and Somers，1984：77—78；Lomnitz，2000；Topik 2001：85；Mendell，2000）。波兰尼认为，唯有如此，我们才能将"人类的命运交回给纷繁多样的社会、政治和文化制度中"（Pearson，1977：xxxvi；另参见 Polanyi，1945），以恢复"生活的完整性"（Polanyi，1977：84）。

因此，对波兰尼接受差异一极的指责——一种浪漫的"原始主义"——忽略了我们所看到的他的核心伦理策略：双重批判的实践。有一段特别值得引用的话，更准确地介绍了他的方法。在文章《我们过时的市场思维》（"Our Obsolete Market Mentality"）中，波兰尼（Polanyi，1968c：71—72）写道："只有当市场被允许将人类结构研磨成均匀毫无特征的同一性时，人类的制度创造性才会被搁置。难怪他的社会想象力出现了疲劳。也许发展到一个临界点，他将无法恢复其野蛮天性所具有的灵活性、想象中的财富和力量。"这无疑是对现代市场社会充满激情而有力的哀叹，也可能被误读为包含了对差异一极的支持：对高贵野蛮人的呼吁。但波兰尼对"野蛮"一词的使用具有讽刺意味，这一概念（如同莱里所言的食人族一样）被同时用来暗示现代市场社会的野蛮，以及从我们自己的过去和其他文化中学习的可能性。在他的著作中，波兰尼一次又一次明确拒绝回归"原始主义"或任何历史上的先前状态。对波兰尼（Polanyi，1977：59—60）而言，世界是一个持续的人类建构；没有我们可以返回的自然状态。因此，创建一种"新文明"的任务与我们自己的"社会和历史"作为"道德共同体"的来源相联系（Stanfield，1986：22—23）。

我们的主张是，如果波兰尼（Polanyi，1977：xlvii）呼吁我们"用历史学家的眼睛去看"，并基于民族志记录对工业社会和非工业社会进行比较（Dalton，1968：xi—xii，xix），他并不是要我们回忆过去，而是希望我们像托多罗夫，尤其是南迪那样，让内部和外部的他者都参与到自我反思和文化转型的过程中来。

与托多罗夫和南迪一样，波兰尼以历史人物——罗伯特·欧文（Robert Owen）为例阐述了这一过程（Polanyi，1957：158，167；Mendell，1990：73—74）。对波兰尼而言，欧文代表了智力和政治对抗市场思维的反运动，从而为项目的持续进行提供了灵感，尽管不是准确的描述，但可以肯定地说，欧文发现内在他者是批判和反抗的来源之一。欧文既被描述为一个务实的实业家，用南迪式措辞来说，他也被认为是一个"对内心愿景持开放态度"的人（Polanyi，1957：127）。最重要的是，尽管存在"市场经济的面纱"，以及基督教和自由主义越来越重视"个人责任"，但波兰尼还是认为他发现社会是一个"新兴现实"。实际上，欧文将市场的破坏性所揭示的"社会"概念作为反对新兴资本主义的原则（Polanyi，1957：95，第十章）。因此，他超越了那个时代基督教的个人主义，借鉴了更早期、更具合作性的经济组织模式，通过工业合作社以实现保护和恢复"社会"的愿景（Polanyi，1957：129，169）。基于这种"对人类整体的欣赏"，在当时的社会环境中，欧文尝试将工业定位在一个同样广泛和道德丰富的社会环境中（Polanyi，1957：167—168）。也就是说，欧文的行动既不是明确的政治运动，也不是经济运动，因为他拒绝接受当时正在形成的这种区分。他的行动是"以和平手段进行的工业革命"，但并非纯粹的经济反抗；他的努力是"在残酷的市场面前拯救社会"（Polanyi，1957：168—172）。在这一行动中，欧文指明了自己的立场，既要在现代市场社会之中，还要反对现代资本主义的制度化。

尽管欧文是波兰尼智力和实践项目的典范，但波兰尼超越了欧文，也更加清楚地看到内部他者与外部他者之间的联系是至关重要的资源。我们在上文讨论过，波兰尼的视角主义将市场社会确立为特定的文化形式——一种特定的、有些令人不安的关于脱嵌和反运动的重叠。这不仅有助于我们理解社会嵌入的多种模式——将"真实的"、经济/物质的和"理想的"、文化/政治的动机以不同方式组合并融入社会生活。通过跨时空的各种尝试,用自我调节的市场来取代这些形式,它也形成了一个观察"社会灾难"(用南迪的话来说是"共同遭遇")之间差异的有利位置。也就是说,与大多数评价相反,波兰尼认为19世纪自由主义经济的结果"主要是文化上的"(Polanyi, 1957:157—158)。他将工业革命引发的"经济地震"与殖民文化接触所造成的混乱进行了对比。通过这一记载,波兰尼发现尽管存在着重要差异——但"社会阶层是同一居住地域所形成的社会的一部分,而文化接触通常处于不同居住地域的社会之间"——"从本质上看,情形大同小异":

> 造成退化的原因并不是通常认为的经济剥削,而是受害者文化环境的解体。经济过程自然会提供破坏的动力,几乎无一例外,经济劣势将导致收益下降,但造成破坏的直接原因并非经济因素,主要在于社会存在所需的制度受到致命破坏。由此产生的结果是自尊和标准的丧失,无论行为体是一个民族还是一个阶级,无论这一过程是源于所谓"文化冲突",还是源于社会范围内一个阶级地位的变化(Polanyi, 1957:157—158)。

因此,欧洲殖民主义为波兰尼(Polanyi, 1957:157—158)提供了大量"相似"案例,"非洲一些原住民部落的状况与19世纪早期英国劳动阶层的状况无疑存在明显的相似之处";"与白人文明的接触"带来了"文化贬损"(cultural debasement)。

更具体地说,波兰尼(Polanyi, 1957:159)指出,造成20世纪殖民文化退化的手段与19世纪欧洲所采用的手段可堪比较:

> 受害者所处的基本制度被暴力迅速破坏直接导致了土著共同体的灾祸(在该过程中是否使用武力似乎完全无关紧要)。市场经济强加在一个结构完全不同的共同体上,这一事实破坏了这些制

度;劳动力与土地被变为商品,这仅仅是有机社会中清除所有文化制度的一个简短准则。

正如几个世纪前的欧洲,"免于匮乏的自由原则"(principle of freedom from want)也因殖民者引入"饥饿灾祸"(the scourge of hunger)而逐渐被侵蚀,

> 殖民者或许决定砍掉面包树以制造人为的食物短缺,或者对当地人征收棚屋税迫使他们以劳动力来换取物品。无论哪种情况,其效果类似于都铎王朝圈地运动造就的大批流浪汉。现在的白人可能偶尔在偏远地区仍然如此行事,即摧毁社会结构以获取劳动要素。在 18 世纪,白人也出于类似目的对其同胞采取相似的行动。(Polanyi, 1957:163—164)

原住民未能对更高的薪酬作出"理性"反应,就会遭遇类似欧洲工人拒绝在工厂长时间工作一样的待遇。在这两种情况下,"理性"的激励被"体罚,如果不是身体残害"(Polanyi, 1957:164—165)所替代。欠发达的"印第安人"经常需要暴力的监护,包括内部的暴力和外部的暴力。

尽管每种情况的结果都是"文化贬损",但波兰尼也特别强调了殖民经历中某些极具破坏性的特征。欧洲人在他们自己的社会中享有某些地位,并能够接触到具有社会自我保护能力的政治制度,但殖民主义却大大削弱了被殖民者的这些权力。"只有采取社会措施才能防止文化衰退",包括将土地归还人民,并且"将共同体从资本主义市场行事方式的影响中隔离出来"(Polanyi, 1957:292—293)。然而,当地人对这些事情的控制大多被殖民关系所终结:"生存的政治和社会条件被摧毁,他们正因厌倦而死……或在纵欲中浪费生命。尽管他们自己的文化不再为他们提供任何值得努力或牺牲的目标,但种族势利和偏见阻碍了他们充分参与白人入侵者的文化"(Polanyi, 1957:158)。不幸的是,这段话未能捕捉到殖民时代的当代特征所揭示的能动性与抵抗之间的诸多细微差

别,波兰尼承认原住民在另一方面的能动性:"反抗帝国主义"被视为"域外民族企图获得必要的政治地位,这有助于保护他们免受欧洲贸易政策造成的社会混乱"。[13]

这方面的重要意义,并不在于波兰尼展现了殖民主义与 19 世纪早期欧洲经历的相似之处,尽管其他人已经注意到了这种力量(Dalton, 1968:xx)。相反,波兰尼的贡献在于超越了"比较主义",转向了一种民族志立场——以自我与他者的相似性作为重新评估自我的社会及其历史和传统的基础。正如波兰尼所指出的(Polanyi, 1957:290),

> 一些作者坚持殖民问题与早期资本主义之间的相似性。但他们未能以另一种方式跟进这种类比,也就是说,通过将一个世纪前英国的贫困阶层描绘成——他们那个时代饱受摧残、地位低下的原住民族——以阐明他们的状况。

> 我们之所以没有看到这种明显的相似之处,是因为我们对自由主义偏见的坚持,这种偏见过分突出了本质上是非经济过程的经济方面。无论是今天某些殖民地区的种族退化,还是一个世纪前对劳动人民的类似非人化,在本质上都不是经济层面的。

建立与殖民压迫的联系至关重要,因为它揭示了我们自己的历史和我们当前的处境。我们了解到,自我调节市场的破坏性从根本上说是文化性的。我们可以利用这一认识与经济学谬误的知识和实践后果进行斗争,而这正是波兰尼认为我们必须着手之处。

由于他者的声音尚未充分展现,波兰尼或许无法完全实现托多罗夫和南迪倡导的平等对话,但他者的零星言论表明,波兰尼意识到殖民和后殖民经验与他自己计划之间的互惠价值。哈里·皮尔森(Harry Pearson, 1977:xviii)认为,波兰尼在现代西方社会中抵制经济学谬误,意味着反对将不恰当的范畴应用于实质上的非市场社会,以及由此产生的新殖民主义实践。波兰尼(引自 Pearson, 1977:xix)也意识到殖民地和新独立民族的斗争对他自己反对资本主义的斗争至关重要。事实上,波兰

216

尼指出"亚洲人、拉丁美洲人和非洲人"对我们很有启发,因为他们已经从工业化之前的社会保护中"吸取了教训",试图把"社会安全置于技术效率最大化的要求之上"(Polanyi, 1977:1)。在这里,他者既没有被同化,也没有被浪漫化。相反,殖民地人民的反抗既是文化自我反省的一面镜子,也是我们必须开展反抗斗争的范例,还是这场斗争的潜在盟友。

在批评和对话的过程中,将他者视为潜在的合作伙伴,这一立场在波兰尼晚年表现得更为明显。用接近南迪的话来说,波兰尼(引自 Polanyi-Levitt, 1990:259—260)将西方"与整个世界"的"文化交往"描述为"贫瘠"和"独白"。他认为:"这里重要的不是(西方)在文学和艺术上取得的成就水平,它们以前所未有的方式蓬勃发展,而是生活价值观(life values)对他者的重要性和影响。新国家消耗西方的物质和科学产品,但它们却毫不掩饰地蔑视我们对这些产品的评价和诠释。"他指出:"当西方成为工业文明的载体时,西方的普遍主义得到了极大满足,而无论是资本主义的工业文明还是社会主义的工业文明很快就占据了全球的近一半。我们思考世界并为世界着想。这不是一种对话。而只是一种独白"(Polanyi,引自 Polanyi-Levitt, 1990:260)。然而,随着去殖民化的发展,波兰尼(引自 Polanyi-Levitt, 1990:260)认为这种独白已经结束;如今的世界需要"人类所有的创造性想象力来设计新的制度,以便在和平共处的框架内释放充满活力的社会力量"。波兰尼设想的是一种"经济权宜之计"(economic modus vivendi),多种经济生活形式可以共存并且相互支持(Polanyi-Levitt, 1990:261—262)。虽然波兰尼是在东西方集团和第三世界兴起的时代写作,但他对于多种社会和经济生活形式共存以对抗市场社会霸权的观点,在今天看来仍令人信服(类似的观点参见 Amin, 1989)。

尽管波兰尼宣称市场社会将黯然失色,事实证明这并不比他相信后殖民社会能够成功抵御市场化冲击的观点更具先见,但他的批判方法(借鉴他者作为自我的镜子)和他的政治计划(在共同受害者之间建立联盟)在今天仍具有重要意义。[14]我们所言的波兰尼的双重批判是政治经济学传统努力参与到托多罗夫和南迪所探索和推荐的传统之间开展对话的典型例证。波兰尼之所以能够避免将自己社会的经济规范和理解简单地投射到其他社会,是通过引入特定的范畴来实现的,即"经济的实质性"含义和"制度化过程"(instituted process)的概念。这些范畴引入了一种视角主义,用于我们理解经济生活。这些范畴同时使波兰尼能够通过努力实施市场关系,在文化内部和跨文化之间的文化破坏上建立联系。在殖民主义引发的退化和抵抗中,波兰尼找到了重新诠释欧洲早期资本主义经验的关键,包括拒绝支持世界范围内各种自由市场计划的经济学谬误。因此,波兰尼尽其所能,教导我们采取民族志的立场,并在内部和外部他者中寻找资源,批判性地反思我们自己对经济生活的理解,以及在创造新文明的斗争中寻找潜在盟友。

面向民族志的国际政治经济学

或许我们可以称波兰尼为先驱,但波兰尼并不能被完全看作国际政治经济学的代表性人物,因为他的研究一定程度上站在政治经济学准则之外,而且与之对立。[15]也就是说,仔细看待波兰尼的"世界经济史",就会发现他与经济人类学之间具有较多关联。但正如我们所看到的,波兰尼计划的这种比较成分是他政治经济学研究遗产的核心。我们认为,波兰尼将自己置于政治经济学和经济人类学交叉领域的能力,正赋予他的作品以独特的批判力量,即我们在这里所说的民族志特征。上述交叉领域催生的这种复杂遗产,我们希望能从批判性国际政治经济学中获得。更确切地说,我们呼吁将政治经济学视为民族志意义上的国际政治经济学。回到本章的开篇,通过研究波兰尼所作的贡献,我们认为应该将波兰尼当代遗产的两个部分予以合并研究而不是割裂开来。与波兰尼的研究相似的是,批判性国际政治经济学和批判发展研究之间存在潜在的交叉领域,这也指明了面向民族志的国际政治经济学可以采取的方向。那么,对于民族志意义的国际政治经济学而言,这意味着什么?

当代国际政治经济学似乎已经抛弃或脱离了经济具有伦理内涵和宗旨的观点。正如波兰尼所清楚呈现的，抛弃（abandonment）似乎是一个有效的术语，在这里，实证主义政治经济学家，尤其是理性选择理论家，把经济（和理性）变成了无所不能的工具。与抛弃不同，脱离（disconnection）似乎更适用于马克思主义或历史唯物主义传统，尽管波兰尼从中获益良多，但他并不信任这些传统，在该传统中，表面上的批判性分析对于经济伦理特征的探究显得尤为不适。相比之下，波兰尼一派的观点站在规范的国际政治经济学内部或一侧，呼吁我们推进一项批判且明确的伦理计划。虽然这个计划在政治经济学中找到了资源——例如，平等和自由的遗产——但它也呼吁我们去聆听那些现代政治经济学实践和理论之外的他者的声音。正是如此，批判或后发展学者可以成为重要的盟友，因为他们把恢复和替代声音的代表作为其研究任务的核心，而这些声音现在被自由市场的霸权话语所边缘化（参见，例如 Escobar，1995；Sachs，1992；Rist，1997；Marchand and Parpart，1995；Crush，1995；以及 Alexander and Mohanty，1997）。更为重要的是，这些批判学者和边缘化的声音应该被视为继续进行资本主义去自然化以及设想替代生活方式的潜在盟友。

最近反对发展观念的批判转变，部分地表现为批判发展研究，学者指出了一系列更具体的联系点和紧张关系，或许能够塑造关于民族志的国际政治经济学的研究议程。批判发展研究者非常清楚地表达了波兰尼主义的观点，即人们对新自由主义（就此而言，以及更早期的资本主义扩张浪潮）进行各种形式的抵制，以保护自己的生活方式不受强大内外部力量的影响。从这些表述中，我们或许可以描绘一幅更为复杂多样的图景，以呈现使经济进程得以重新嵌入的社会和政治基础。我们发现，人们对从资本主义核心地带辐射出来的共同体的命运表达了同样的关切，这表明或许存在复杂的联盟（Fitzgerald，1986；Bellah，1985）。或者，我们只须遵循托多罗夫和南迪的有力指引，拒绝将我们关于压迫者和被压迫者的认识两极化。波兰尼本人拒绝英雄主义行为体的观念，而是描绘了跨阶级群体之间联盟的场景。从当代视角来看，事情似乎更加复杂,需要我们关注围绕多重身份组织起来的斗争:年龄、性别、种族、阶级和民族。因此,通过借鉴批判发展研究,民族志意义的国际政治经济学或许能摆脱一种诱惑,即将波兰尼的反运动转化为一个机械的、经济主义的过程,尽管这个过程是辩证的(另参见 Lacher, 1999a; 1999b)。

正如我们所讨论的,捍卫共同体是批判发展研究的核心,但这可能会陷入怀旧思维——诉诸不可挽回的过去。然而,一个民族志的国际政治经济学拥有抵制滑向这种差异一极的资源。在后发展研究的文献中,我们发现了"混杂性"(hybridity)的概念——它是在现代社会边缘形成的状态,由当地人民对资本主义全球扩张和资本主义激增浪潮的反应与适应所产生。与波兰尼对反运动的理解大体一致,这种状态不能简单地用反对资本主义或反现代性加以界定。相反,它代表了民族志国际政治经济学的混合或交叉空间。我们甚至可以通过借鉴政治经济学的研究成果来拓展这一观点,这些研究成果考察了地方、全国及/或区域不同的资本主义形式(Hannerz, 1996; Berger and Dore, 1996; Hettne, 1993)。如同波兰尼的双重批判与托多罗夫和南迪的对话主义同时指出的,全球资本主义中被边缘化的他者既存在于内部,也存在于外部。正如现代资本主义从其内部发现了一种代表人类整体性的抗议一样,这种抗议既来自中心地带,也来自被其排斥的边缘地带,后殖民时代"混杂的"他者或许可以在其内部找到部分现代的、自由的自我。例如,面对新自由主义,部分颇具商业敏锐性的领头人可能允许当地人在更广泛的市场中找到合适的商机,捍卫甚至调整其共同体。这种能力是该归因于"传统的"商业实践还是现代性的影响,尚不能下定论。至关重要的是唯有抵制净化那些被边缘的民族及其混杂和交叉的空间,那些"混杂"的声音与实践才能成为民族志国际政治经济学所需的批判性及相互启发的来源。

虽然在资本主义边缘存在着多重交叉空间,这或许可以在一定程度上完善我们对反运动的理解,但我们不应忽视波兰尼的洞察力——源于欧洲和殖民经验的并列——重新嵌入经济的逻辑取决于更广泛和有效的社会和政治制度。他特别指出了国家、区域和全球制度以及政治经济学传统的重要性。我们需要补充的是,尽管更为慷慨的联邦主义形式仍难以充分理论化和实现,但逐渐可以接受的是去设想,允许更大程度的地方自治,但需嵌套在地区和世界范围内重叠的政治权威体系中(参见 Hettne, 1993; 1997; Cerny, 1995; 2001; Brenner, 1999a; 1999b; Swyngedouw, 1997; Mann, 1997)。这种愿景无疑要比由主导国家、富有势力的运动和团体来继续行使权力更令人愉快,但它取决于权威的政治形式。这带来的麻烦与要解决的问题一样多。当代新自由主义全球化同样是国家及各种区域和全球机构中的政治项目(Murphy, 1994; Helleiner, 1994)。我们将再次强调开放探究反运动的重要性,包括一个民族志国际政治经济学交叉空间所暗示的多元政治可能,但需补充的是,这种探究不能局限于当地。我们将在下一章更仔细地探究政治权威重叠的问题。

最后,所有这些都指向了一个问题,即我们如何划定民族志国际政治经济学相互重叠声音的边界。[16]波兰尼的实践表明,我们必须纳入构成民族志档案的大量文本。我们的研究表明,应该更多地借鉴发展研究的案例和理论,尤其是在其更具批判性的后发展版本中。可能出现的反对意见是,我们仍远未完全接纳他者的声音。民族志档案以及批判发展研究的成果都是由欧洲人(或主要是由受过欧洲训练的学者)用欧洲语言编写的,主要面向欧洲读者。对批判政治经济学家来说,许多可以在传统对话中充当对话者的替代愿景和生活形式,仍然有些遥不可及——它们处在难以触及的语言、文本和空间之中。此外,我们通常不习惯与那些可能来自或者代表他者声音的“专家”(在学术界内外)交谈;他们也不一定习惯或有兴趣回答我们想问的问题。我们与托多罗夫和南迪的合作表明,这个问题很难解决,但原则上并非无法解决。波兰尼的研究指出并说明了通向民族志国际政治经济学的道路——蜿蜒曲折,人们很容易迷失其中。

注　释

1. 对波兰尼的这种热情在某种程度上被削弱了,这主要受到对波兰尼所采用的方式进行的一系列反思(Lacher, 1999a; 1999b),以及对他关于 19 世纪所作解释的批判(Halperin, 2002)。

2. 虽然这只是《大转型》的弦外之音,但这部著作(其样章收录于 George Dalton, 1968)同样家喻户晓,他为经济民族志中的许多争论提供了灵感。参见 Dalton(1965; 1990), Halperin(1984),以及 Wilk(1996:第一、二章)。

3. 在其他文章中,波兰尼(Polanyi, 1977:9)写道:"无论是出于什么实际目的,经济现在是由市场组成的,市场的确笼罩着社会。"在其他方面,他认为市场的主导地位总是一个"程度"的问题(Polanyi, 1968c:63)。我们赞成后者,并认为前者是一种多少有点令人遗憾的观点,我们将回到这一问题。

4. 波兰尼(Polanyi, 1977:42)明确反对"发展的必要阶段"的观点。因此,他将沃尔特·罗斯托(Walt Rostow)等现代化理论家的工作视为自己针对的主要目标,这也不足为奇(Polanyi-Levitt, 1990:259)。另参见 Valensi(1981:9)。

5. 我们已经在第三章详细讨论了"疏远"的过程(Fabian, 1983)。对波兰尼的解释可参见 Dalton(1981:2)及 Topik(2001:85)。

6. 斯坦菲尔德在对波兰尼方法论的解释中强调了这种学科的特殊组合(Stanfield, 1986:26—31)。

7. 参见波兰尼对亚当·斯密和其他自由主义政治经济学家思想作出的各种回应,参见 Polanyi(1957:4, 10, 12; 1977:第一章;1968d:116—138)。

8. 在这里,波兰尼的研究非常具有启发性,但他关于"混合动机"的概念还有待解释。我们受到了理查德·威尔克(Richard Wilk, 1996:147—151)的影响,他试图通过提出"混合的、模糊的或多重动机的可能性"来超越内在的自我利益和内在的社会关注的支持者之间的无休止辩论,这意味着,无论是完美的享乐主义还是纯粹的利他主义,都只是一个理想的典型连续体的两极,它们可能会掩盖人类经验的混乱。

9. 波兰尼(Polanyi, 1957:第十章;1968c:65—66)为以下观念辩护:普遍受尊重的生存权因自由市场的实行而遭到破坏。

10. 值得注意的是,波兰尼在论证这些论点时就已经参考了哈耶克的思想,参见 Block and Somers, 1984:48; Rosner, 1990。

11. 波兰尼的历史记述也受到诸多检查和批评。参见 Humphreys(1969);Hill(1980);及 Halperin(2002)。波兰尼所依赖的民族志资料,在人类学学科中同样争议颇多。参见,例如 Fabian(1983);Clifford(1988);Marcus and Fisher(1992);及 Marcus(1998)。

12. 波兰尼(Polanyi, 1968c:74—75)确实意指限制一些自由:"剥削同胞的自由,或在不向社会提供相应服务的情况下获取过多利益的自由,阻止技术发明被用于公共利益的自由,或者从秘密策划的公共灾难中获利的自由,都可能会消失。"

13. 波兰尼的言论，无论是在此还是下文，在某种程度上均具有种族中心主义色彩。人们注意到他的作品在一定意义上仍然是"以欧洲为中心的"，尽管在他的作品中欧洲以外的持续相关性和重要性被托皮克（Topik，2001：95）所接受。

14. 波兰尼（Polanyi，1957：249；1968c）在多个地方声称自由市场即将结束。一些人，如瑟西（Searcy，1993）认为，波兰尼在一个市场社会已取得胜利的世界中相对无关紧要。目前，正如我们一开始所看到的，学术界倾向于反对瑟西的主张。

15. 尽管对波兰尼过去遗产的三方剖析很难将其归类为自由主义、民族主义和马克思主义学派，但吉尔平（Gilpin，1987）在书中广泛引用了波兰尼的观点，曾一度将《大转型》描述为"经典研究"（第15页）。也许值得注意的是，当吉尔平（Gilpin，2001）采用了一种更符合新古典主义经济学的经济学谬误时，波兰尼从他的引用中消失了。苏珊·斯特兰奇（Susan Strange，1994）的《国家与市场》将波兰尼认定为经济史学家（第15页），但也认为他"作为现代国际政治经济学的先驱之一，理应受到尊重"（第101页）。然而，波兰尼在其他地方几乎没有被提及。参见，例如 Gill and Law（1988）；Schwartz（1994）。但是，正如一开始所指出的，吉尔和其他人却越来越多地转向了波兰尼。

16. 这一框架的形成得益于与希马迪普·穆皮蒂（Himadeep Muppidi）的讨论。

第六章
多重主权与重叠主权

罗布·沃克认为,"现代政治想象力陷入了困境,因为人们越来越难以相信线性的魔力"(Walker,即将出版:63)。在杰西卡·本杰明(Jessica Benjamin, 1988)关于"分裂"的讨论基础上,我们认为线性将自我与他者分开,贬低并净化了被定义为他者的自我特征。线性无法发挥其魔力的部分原因在于,自我内部的他者使得纯粹的形式变得虚幻。正如我们在本书第一部分所坚持的,试图产生纯洁性而使用暴力,虽然旨在消除他者,但也必然会给自我造成损害。在整本书中,我们研究了使用线性逻辑来管理或消除差异的各种努力,但我们也指出了替代性的、破坏性较小的路径,这些路径将他者定义为批判性自我反思过程中的一种资源。这种张力定义了我们重新考虑第一章提出的主权问题的内部空间。然而,我们并不是拒绝主权,而是希望以一种与通过线性统治强加"同一性帝国"相悖的方式重新构想它。

超越线性统治意味着抵制严格的分离,包括分离自我与他者、内部与外部,或者我的与你的。这些二元性反映了第一章和第四章简要提及的主权与财产之间的平行关系。事实上,"平行"一词并没有完全捕捉主权与财产之间的亲密关系。为描绘这种亲密关系,我们再次借鉴几个世纪前的欧洲经验。

中世纪晚期和近代早期欧洲王室的日益独立,赋予了统治者"更高的统治地位",不仅表现在"对其臣民"上,也表现在"对其土地的所有权"

上(Thomson，1963:791)。更确切地说，如库尔特·伯奇(Kurt Burch，1998:ix，1)所言，主权国家地位的出现是财产权配置的过渡；主权被明确表述并部分具体化为"统治者的财产权"。主权规则最初是个人的，后来与去人格化的体系相联系。它是从所有权(dominium)中衍生出来的——对权利或财产关系更普遍理解的一种具体体现(Burch，1998:74—76，143—144；Kratochwil，1995:23—28)。

正如罗马法和逐渐出现的自由财产形式一样，主权似乎是一种"排他性财产权"(exclusive property right)，将所有权、使用权和通过交换或赠与自由转让的财产权捆绑在一起(Kratochwil，1995:25—26；另参见Hann，1998:1—2，8)。由于想象主权的模型通常是土地财产(Hann，1998:5；Brewer and Staves，1995:2)，因此与主权相关的排他性权利具有明显的空间或领土特征，统治者或政治共同体的领土受其专属管辖(Kratochwil，1995:26，269，注10)。正如尼古拉斯·奥努夫(Nick Onuf，1998b:131)引用18世纪的资料所解释的："领土管辖法赋予每个国家行使主权的保护壳，如果一国是主权国家，那么它对本国的领土拥有所有权和使用权，但对其他国家的领土却没有这种权利，除非经协定同意。主权国家在自由环境下的运作就像拥有权利的个体一样。"同样地，查尔斯·贝茨(Charles Beitz，1991:243)将"一国的国内管辖权"称为"该国公民的集体财产权"，并具有随之而来的一切排他性；巴里·布赞(Barry Buzan，1991:93)将国家领土，包括其人口和资源，称为"国家财产"。

与此同时，欣斯利(F. H. Hinsley，1986:158)对内外部主权关系的分析表明，一国在本国领土上行使最终权力的主张在逻辑上取决于将同样的权利扩展至其他国家，[1]正如我们在前面几章中所指出的，尽管殖民关系是该规则的一个特殊例外(另参见Keene，2002)。一方面，主权将国家视为独立存在的行为体，因此通过提升自己的主权，它们将自己建构成独立的实体。另一方面，通过接受主权地位，国家同时将其他国家视为外部的、外来的和竞争对手，但在欣斯利的观点中，其他国家依然是主权国家。这种相互承认的行为是必要的，以创造条件，使各国将彼此视为分离的、不同的且自助的实体。国际社会的构建本质上是一个社会过程，主权则是一种社会关系。因此，主权与财产所有者的身份一样（Hann，1998：4），并不意味着一系列原始的、独立的行为体，拥有一套自然赋予的权利。相反，这涉及一组社会行为体，它们对独立性和拥有排他性权利的要求，随着他们融入一组社会关系中而成为可能——只要你愿意，也可以将其称为一种自私的社会性（asocial sociality）。[2]

由于主权与财产权之间的密切联系以及主权与资本主义全球分工之间的整体关系（在第四章讨论过），国家间看似分离且独立的状况进一步遭到削弱。伯奇解释道（Burch，1998：144），早期的现代君主为了确保他们极其脆弱的统治，只有通过将财产权扩展至王国的各个主体才能动用自己的"财产"。最重要的是，这涉及承认新兴商人阶级的权利，以确保其对中央集权的忠诚。在这一过程中，统治者逐渐建立了作为一种社会主体的王国——一个独特且合法的国家。国家的社会主体是由生产性资本权的个体及公司持有者所构成的，这些生产性资本要么与土地挂钩，要么与作为更具流动性的资本形式相关联。基于此，早期的现代产权概念与国家制度和全球资本主义的出现密切相关。统治者的领土范围从国家体系的"外部"被划分出来，但（全球）资本主义生产和交换所必需的财产关系业已建立（Burch，1998：23—24，140）。也就是说，尽管这一举措可能加强了政治共同体的分离性，确保了领土资源和生产活动的某种产权，但它也释放了跨越边界的生产和交换过程。在第四章中，我们探讨了主权和资本主义全球劳动分工如何形成一种竞争文化，在该文化中，社会（和全球）的财富生产过程被视为一系列可分离的资款（contributions），在某种意义上，是前社会的资款。在这里，线性统治同样至关重要：它使行为体作为个体生产者的地位自然化。事实上，隐藏财富生产的社会和关系特征是竞争文化不可或缺的欺骗手段。

在本章中，我们对财产或主权应由线性逻辑支配的假设提出质疑。在本章第二部分，我们至少尝试性地运用上一章提出的民族志研究。围绕空间、土地和主权领土的理解与实践，我们研究了印度的两个地区——孟加拉邦与被割让和征服的领地（现为印度北方邦的一部分）。

更准确地说,我们考察了前英属印度或莫卧儿时代印度对土地产权的重叠、异质和相对的理解,以及英国统治时期所强加的更为现代的、离散的、同质化和绝对的土地产权观念,并对二者进行比较。我们认为,对土地产权更古老更分散的理解纠正了我们对线性统治之自然性的看法。因此,我们或许能找到现代理解财产和领土意义的其他可能。我们可能会区分土地产权的各种性质,例如其居住环境和收益情况。与其将身份和财富获取仅仅与排他的和纯粹的财产和领土概念联系起来,不如将意义与生计建立在相互重叠的主张之上,以便不同的各方能够获得或利用同一财产的不同方面。这两个概念——排他性和重叠性——甚至可以结合起来,以创建一种"混合模式"(mixed mode)的组织。

在第三部分,我们认为这些可能性与当代世界政治日益相关。我们注意到,针对耶路撒冷未来的各种建议设想了这样的一种结合,即在一个不可分割的城市中划分管辖范围和共享重叠的空间,以回应其作为相互竞争和相互影响的群体之间的"边界"或"接触区"的地位。也许世界上其他地方与耶路撒冷并无不同,由人员、商品和资本流动重塑的世界愿景暗示着全球空间意义上的类似转变。如果跨国的社会进程和多层次的全球治理模式指向一种后现代的回归,即更加流动的空间关系——多重主权与重叠主权——那么它们将继续复制并合法化现代竞争文化中的不平等。若是如此,所有权的分离可能有助于支持现有权利或者恢复先前的社会实践,以便更安全地获取全球生产结构中的财富份额。

重拾对领土的多重主张与重叠主张

主权国家对领土的主张体现了多重含义。作为一个"家园",它承载着记忆,并为身份和生活方式的表达提供了场所。占领也具有物质含义,因为土地上建有建筑物,蕴藏资源,并且作为生产过程的场所,产生维持生计的商品和收入。尽管有多重的意义和目的,但我们还是将土地、领土和空间理解为纯粹的范畴;运用主权的概念,我们将空间划分为离散的、同质的和绝对的文化单元并赋予不同含义。因此正如第一章所述,在三十年战争中,交战的宗教和政治力量之间,主权往往被视为对土地或领土争端问题的解决。

传统的国际关系理论教导我们将全球划分为主权单元的好处(及风险)。然而,当冲突转向政府与地方或跨国集团对领土的竞争性主张时,这些好处以及对主权国家间冲突的危险所作出的传统反应(即外交和均势),就变得几乎无关紧要。无论好坏,民族国家间冲突的主权解决方案都将全球空间分隔成越来越小的主权领土,但我们可以恢复与这一占主导地位的领土概念相抗衡的隐性主题。在这里,我们考察了前英属印度的土地意象和实践与英国固有的土地产权观念间的紧张关系。通过重拾这些隐性意象和实践,我们强调,领土空间是由历史建构而成的,这涉及一系列社会关系和过程,而非欧几里得几何学(Euclidean geometry)或牛顿宇宙论(Newtonian cosmology)中的普遍和固定范畴(Agnew and Corbridge, 1995)。因此,空间的替代建构——重叠的、异质的和相对的——可能会与信奉线性逻辑的现代愿景相竞争。

前英属印度的异质性土地产权

印度莫卧儿(Mughal)王朝的统治从 13 世纪持续到 18 世纪。鉴于莫卧儿王朝统治下的乡村生活相对自治,“统治”(rule)的概念不同于我们现代的理解。与“文明使命”相比,或者就像英国历史学家莫兰(W. H. Moreland, 1968: xii)所说,与“节约型管理”(administrative philanthropy)相反,莫卧儿王朝背景中的统治意味着最低限度的帝国主义,对乡村生活的政治、经济和文化近乎漠不关心。莫卧儿统治者主要关心的是评估、衡量并收集他们从农业生产中获得的收益。只要收入源源不断,那大部分(但并非全部)乡村生活的方方面面都由当地精英、传统和文化决定。

如果说这类帝国的经济命脉与现代意义上的“敲诈”(extortion)相近,那么,与昔日欧洲殖民主义的“节约型管理”和今天被视为新殖民主义的"慈善谦卑"相比,这类敲诈似乎是相对良性的。换句话说,旧帝国的特殊美德可能在于他们主要(如果不是完全)关心的是收入。相对而言,产生税收的方式、当地文化对历史的理解、税收所植根的人类与自然或上帝的关系,对于统治者和征税者而言这些均无关紧要。对莫卧儿人来说,即便是宗教,正如伊拉·拉皮德斯(Ira Lapidus)所言,也并不是通过武力改变信仰的问题。事实上,拉皮德斯(Lapidus, 1988:244)认为,"武力改变宗教信仰的做法在穆斯林国家虽为人所知,但事实上却并不多见。穆斯林征服者通常希望予以统治而不是皈依,大多数人皈依伊斯兰教是自愿的"。在印度次大陆尤其如此,因为穆斯林精英人口稀少,且印度缺乏大规模穆斯林移民,其结果便是"被征服民族的社会结构保持完整"(Lapidus, 1988:248; 443—452)。

帝国对地方文化、政治和经济的漠视不应使我们感到惊讶,倘若我们还记得,正如前几章所述,前现代生活的秩序原则不是平等而是地位等级制。现代理想将他者视为潜在的与自我平等(就像维多利亚推翻自然奴役学说和现代化理论对新兴的后殖民时代所作的回应一样),这释放了一种侵入性的理想主义慈善和全球文明使命。然而,如果他者被视为不同的或本质上低劣的,那么皈依只会增加竞争者的帝国集团的特权,帝国文化对地方文化的漠视,意在拒绝地方文化获取帝国资源。反过来,那些属于外群体的成员可以通过皈依来尝试获取这些特权。

莫卧儿王朝虽然没有渗透到村庄中,但的确成功地强制实施了税收提取制度(system of revenue extraction)。在莫卧儿征服之前,印度人生活所具有的两个特征促进了这一成功。其一,莫卧儿王朝所强加的制度是印度农民所熟悉的(Moreland, 1968:16)。以前的统治者已经确立了这样一种惯例,即统治者要求获得三分之一的农产品。其二,这种传统习俗被视为由神圣经文所规定的:

> 神圣法律确立了国王与农民的双边关系,这种关系更加精确地定义了义务而非权利。农民的义务首先是增加产量,其次是将产品的一部分交付给国王。履行这一职责后,农民便可以获得国王的保

护,并且可以享受剩余的产品……。国王的首要职责是保护臣民;在这个过程中,他有权要求农民提供一部分农产品(Moreland,1968:2)。

这一重要的段落让我们看到了对地位关系和义务而不是权利的强调,它也识别出两种潜在的误解。第一,提及国王在"生产"或"收入"中所占的份额是指总额,没有计算净收益。因为当土地的生产被视为自然的"馈赠",而人类的目标和干预措施都服从于自然周期时,净收益的范畴变得无关紧要。这种前重农学派的观念认为土地的产物更多是一种意外之财(windfall),而不是对劳动力和资本的理性或科学回报。对于霍布斯和卢梭假设的"自然状态"的结构逻辑(包括洛克在财产发明之前的"自然状态"),意外之财的概念至关重要。直到在重农学派和古典政治经济学中,我们才发现了另一种关系,在这种关系中,自然被明确视为人类目的循环的一种手段。

第二,莫兰的上述段落提到的是土地生产,但没有提及有关占领和耕种的社会习俗。国王可以要求从土地上分一杯羹,但不能剥夺耕种者的土地,即使耕种者未能为皇家缴纳贡粮。实际上,只有两种情况下才可以没收耕种者对土地的占有:窝藏窃贼或参与对统治者的叛乱(Sinha,1962:4)。印度谚语抓住了这一要点:"收入属于国王,土地属于耕种者。"这句谚语有些夸张,因为统治者的要求会受到耕种者维持生计需要的限制,这也是统治者收入的必要前提。然而,从土地上获得收入与永久占有和耕种的诉求之间的概念分离似乎有悖直觉,因而对我们的现代思维具有启发意义。我们存在一种自然倾向,即认为土地是离散、同质且绝对的财产,但来自土地的收入和作为固定居所的土地之间的区分为这种自然倾向打开了一道缝隙(参见 Sjaastad and Bromley,2000;以及 Hann,1998)。在进一步探讨这种区别之前,选取一两个当代意象或许有助于我们厘清产生税收的土地与作为居所的土地之间的区别。

约翰·洛克使我们相信我们的身体就是我们的财产。我们不仅生活在其中,它也是我们生活的一部分。我的身体通过劳动产生的收入也是我的财产吗？在这个问题上，一个简单的"是"便是洛克财产权劳动理论（labor theory of property）提供的关联叙事的结果（Locke，1988：第二卷，第五章）。该理论假设我的身体是我的财产，并且我的劳动与自然实体的"混合"也使这些实体成为我的。如果我们对洛克的假设或他的关联叙事犹豫不决，或者我们构建一种替代叙事，然后，我们就可以对人体的可居住性和创收性予以区分。也就是说，我生活在我的身体里，但我的身体进行工作可以产生收入。根据我们的假设，这些收入可能属于也可能不属于我，关键在于将可居住与身体创收性之间的可分离性予以理论化。或者举一个稍微不同的例子，我可以居住在我拥有的公寓中，如果我把它用作其他用途，比如用作出租单元或家庭办公室，我就可以获得由它产生的收入。我们的现代思想很自然地把居住权和创收权相结合，因为我们倾向于将二者视为归属于个人所有者。但这种元素的捆绑是一种现代习惯，注意到它的历史性质或许有助于我们考虑替代方案。

当抵达印度时，英国人清楚地认识到土地的创收与土地的居住层面是相互分离的。苏莱克·钱德拉·古普塔（Sulekh Chandra Gupta）在《英属印度早期的农业关系》（*Agrarian Relations in Early British Rule in India*，1963）中指出，在英国统治早期（大约从 18 世纪 60 年代到 19 世纪 20 年代），英国官员便明白"英国所理解的土地产权在印度并不存在"（Gupta，1963：48）。事实上，古普塔（Gupta，1963：48—49）在 1832 年的一篇文章中引用了被割让和征服省份总督的话，强调印度人并不会以英国人的方式考虑财产，即认为占有权和出租权同属于一个人："财产一词，在英格兰用于土地时，通常意味着拥有土地的人有权占有和收租。只有当这两者都与所制定的实质性事项有关时才能恰当地使用该词，但这一术语并不严格适用于通常所言的印度所有者拥有的土地权益。"因为在印度，财产的性质被分类分配给不同的人，即使是统治者对农业土地的权力（power）* 也不是绝对和无限的。之所以不能剥夺任何人对土地的居住权和耕种权，是因为统治者本人并没有绝对意义上的土地所有

---

* 下文关于权力（power）和权利（right）的译法均忠于原文。——译者注

权。土地是某人的财产,这意味着他拥有利用土地创收的权利,而不是土地本身。

通过阐释国家与村庄耕种者各自的权利要求与村庄内经营的各类财产之间的关系,古普塔解释了对土地和财产的重叠和多重权利要求。这些关系的关键在于"柴明达尔"(zamindar)和"拉亚特"(rayat)的地位。[3]"柴明达尔"源于波斯语,意思是"土地的主人"。值得重申的是,这里的所有权含义与我们的期待不同。这并不意味着"柴明达尔"实际上拥有现代意义上与土地产权相关的所有权力。西拉杰·伊斯拉姆(Sirajul Islam, 1988:2)引用了伊凡·哈比卜(Irfan Habib)的表述:"享有柴明达尔权利的人与其他人一样,不是有形财产的拥有者,而是在社会生产中占有恒定份额的所有权。"相应地,伊斯拉姆解释道:"柴明达尔也只是在世袭基础上获得政府收入的农民。在这个意义上,柴明达尔只是政府与拉亚特之间世袭的中间媒介。""拉亚特"(rayat)或者"莱特"(ryot)意思是"耕种者",指的是耕种者对土地的耕种和占有。这种主张虽然可以世袭,但不能转让。根据古普塔的说法(Gupta, 1963:55),这意味着"他们可以世世代代地占有和耕种他们拥有的土地,但不能通过赠与、抵押或出售来让渡"。

古普塔(Gupta, 1963:50—51)认为,土地产权是通过国家、国家的中介机构以及耕种者的一系列多重和重叠的权利主张所获得的。正如我们所看到的,国家获得了部分农业产值,却无权监管对土地的占有或耕种。更复杂的是,"印度的土地产权归国家所有,并(通过统治者的意志)由中间人共享"。从某种意义上讲,分配土地生产的共享权力使得大量中间人(主要是柴明达尔)拥有了土地产权。但是,如果我们将财产视为对永久占有和耕种的主张——仅限于向国家及其受让人和官员支付土地生产收入——"那么毫无疑问,从这个意义上讲,财产权属于(耕种者)"。

英国人以三种方式回应了他们眼里的混乱与落后,这也是当今许多发展经济学家的共同立场(参见 Ferguson, 1994:235—236; Sjaastad and Bromley, 2000; Anderson, 1991;以及 McCay and Jentoft, 1998)。首先,英国人致力于切断国家与柴明达尔之间强制的、有约束的和惯有的关系。其次,他们同样切断了柴明达尔与耕种者之间类似的有机联系。最后,也是最重要的一点,他们使土地商品化,使其可以通过出售来转让。对印度而言,第三种对策是全新的,以前的所有转让都需遵守村庄团体的意志。对前两种策略回应的重点在于,把中间人(为方便起见,以下简称为柴明达尔,尽管柴明达尔只是中间人的一种)与上层的国家和下层的耕种者区分开。综上所述,这些"改革"使柴明达尔成为类似现代意义上的产权所有者。

英国瓦解了土地在占有与创收方面的意义,并将其归属于柴明达尔,同时希望以此将其转变为欧洲地主的模式。土地所有权两方面的崩溃也切断了柴明达尔作为公职人员对国家的父权式依赖。然而,除严格的合同条款外,国家——在这种情况下是东印度公司——对柴明达尔同样不负有责任。例如,当发生旱涝灾害,柴明达尔们无法满足国家的收入要求时,政府可以并且确实会没收和出售柴明达尔的土地。此外,随着所有权的强化,在自己与耕种者之间,柴明达尔获得了相当于国家"驱逐"的权力。但是,驱逐权更容易由国家行使。虽然英国的行政人员可以公开拍卖柴明达尔的土地,柴明达尔也拥有公认的权利,但面对激烈和拼命地捍卫他们生计的耕种者,柴明达尔们往往无计可施。

因此,随着英国的入侵,我们创造了更纯粹、更清晰的土地权利范畴,与国家主权、土地财产所有权和无地耕种者的租赁权相关,这也有助于消除与先前社会关系相关的重叠的权利主张和义务。英国人忽视了土地财产的可分割性,并将土地收益与其占有和耕种的各个方面相结合起来,从而将这些情形净化和极化。新建立的土地权利被附加到新构成的私人土地所有者范畴中(通常由主权当局设定限制)。

这些举动在村子中创造了(或留下了)两类财产——古普塔(Gupta,1963:52—53)称之为"特权财产"和"联合财产"。特权财产是针对柴明达尔的,他们如今拥有耕种及占有特定土地的权利。这些权利是可以继承的,但其最终来源是国家意愿,国家总是支配其总收入额的一部分。然而,即便继承也不是自动的,它继续受到地方法律的管制,并根据家庭的宗教信仰受到限制。共有财产归属村内各阶层集体所有。这些是对

"公地"(commons)——村庄荒地、花园、池塘、森林等——的惯常权利。虽然村长控制着公共土地的产品分配，但所有村民都享有使用公共用地的权利。在一个有说服力的题外话中，古普塔（Gupta，1963：53）提到，"不管他们在土地的树上种植什么，树木和果实的权利都属于那些种植者及其后代"。

由此可见，村庄内部的财产关系依然复杂。有必要进一步引用古普塔（Gupta，1963：53—54）的表述，以便更形象地描述村庄内外财产关系的重叠与相互构成：

> 家庭享有占有和耕种的权利，每个家庭的权利都与另一个家庭相联系。之所以产生这种相互联系，是因为如果一个权利共享者死后无继承人，那么他的土地将由他所在区域的其他权利共享者支配。因此，很自然地，在这种情况下，该区域或次区域内的每个家庭都会受此影响。个人耕种者的权利也因此受到家庭、村庄和国家权利的限制。同样地，国家的权利也受到村庄共同体的制约，而村庄共同体只不过是不同家庭各种相联系的权利的集合。此外，这些权利受到许多法律和习俗的限制，并以规定和惯例为基础。

这一叙述所呈现的画面是"某些共同权利与某些共享特权的总和，受制于某些共同的义务"（Gupta，1963：53）。尽管英国为建立私有财产制度作出了努力，但社会关系和所有权在形式和意义上仍然是"混合"的。

英国计划与莫卧儿王朝灵活性的衰退

英国人全心全意地拥护莫卧儿王朝的主张，即国家有权获得每单位土地年产量的一部分。这种权利成为主要的税收形式，也成为殖民地行政管理和东印度公司利润的主要收入来源。然而，根据莫卧儿王朝的传统，国家所获得的农产品的确切份额是不同的。它的最大实际限制是由以下危险设定的：税收过高会导致整体收入减少。国家不能让其所获份

额的大小成为抑制耕作者的因素，因为土地从来就不是稀缺的
(Moreland, 1968:xii)。国家的实际要求取决于当地条件，包括有无降
水、耕作模式的变化以及灌溉的有效性(Gupta, 1963:9; Moreland,
1968:15)。由于国家获得了很大一部分作物(通常是三分之一，但也可
能多达一半)，"除天气因素外，(国家)也是乡村经济生活中的主导因素"
(Moreland, 1968:xii)。确定国家份额的方法需要一个庞大的官僚机
构，由官员和公职人员组成，他们"要么是国家的雇员……要么是其家
属"(Gupta, 1963:9)。

莫卧儿王朝通过估算和直接计量的方法评估税收(revenues)。在
村官和领导的配合下，官员常常会在作物成熟前就对种植者的债务(lia-
bility)进行评估。如此估计的债务将在作物收获和出售后以现金支付。
计量程序要求基于土地面积大小进行计算，并根据每种作物的单位均产
制定费率表。因此，在评估收入时，莫卧儿政权还考虑了土壤肥力、作物
种类和"多年来各地普遍存在的平均价格的变化，并采取措施主动收集
这些数据"(Gupta, 1963:14—15)。

在现代人看来，莫卧儿王朝在证明当地特色方面表现出极大的灵活
性。这使他们的税收复杂化，并加重了官僚机构的负担。为什么他们不
简单地采用统一标准的普遍税率？我们可以猜测这种灵活性是有意义
的，正如我们已经指出的，既然农产品主要被视为大自然的"馈赠"，那么
对自然馈赠的征税，很难被认为是可以跨越时间和空间而一成不变的，
而是随时随地可变的。相反，如果认为土地产物主要是人类活动的产物
并且在人类的控制之下，那么对税收进行更标准化的计算就有可能。

除了对当地土地、产品和价格此类特定事物有所关注外，莫卧儿王
朝对当地文化的态度是漠不关心的，无从谈及尊重。根据古普塔
(Gupta, 1963:15)的说法，"国家表现出对村庄规章制度的尊重，乡村社
会的各个阶层在税收评估和土地权利方面都享有不同的特权"。更为重
要的是，正如我们所看到的，只要征收了适当的税收，国家就不会干预村
庄生活，没有努力改变村庄的占领、耕种、继承和转让土地的实践。古普
塔(Gupta, 1963:16)总结道："只要确保了对国家税收的支付，村民就可

以根据自己的传统和习俗自由地管理自己的事务。"显而易见,在此方面英国人不可能效仿莫卧儿王朝。他们带来了截然不同的时空观念。由于英国人新近理性化了他们与自然的关系,因此,他们似乎发现不可能不将自己的愿景强加于印度的当地文化。

虽然与莫卧儿王朝(实际上是所有殖民地计划)一样,英国人需要从殖民地获得收入,但他们的动机包括我们在前述现代西方社会和政治思想中所认同的强烈的文明化、乌托邦或纯粹的理想主义时刻。我们可以认为,英国人陷入了等级制与平等主义的两极对立之中。如果没有对文明等级制的某种承诺以及将他者视为有用之物的意识,殖民计划就无法起航。这是英国人和莫卧儿王朝的共同点。然而,如果没有其他的想法,即把他者理解为一个时间上的先前自我(因此,也就是潜在的平等),英国人的文明使命就难以解释。诚然,我们可以更多地从经济学角度看待英国的入侵,将其视为资本主义逻辑所释放的增加剩余价值的产物。资本积累的必要条件要求资本家介入地球生产表面的每一个孔隙,转化时空概念,并将当地文化和地方融入全球资本的节奏中。然而,我们也可以将空间和时间的再创造视为资本主义自身的理想主义时刻。因此,这种关于资本主义的论点并不像它最初看起来那样具有经济学意义。回想一下资本主义对自由、平等、正义、契约和个体的承诺(局部的和形式的,但在我们看来是真实的)。从这个意义上讲,资本主义的经济方面可以被视为具有文化逻辑的,并可以像我们所说的那样被描述为一种竞争文化。正如波兰尼所阐明的,将资本主义逻辑强加于当地空间是一种文化体系的强加,这种体系认为经济与自然及更复杂的社会生活是相分离的。因此,无论我们是从经济学角度还是文化主义角度来看待他们的强加,英国人都不同于莫卧儿王朝,他们的设计是为了改变社会和文化生活的面貌以增加税收。如此一来,正如我们此前所指出的,帝国主义便受到了理想主义的影响。

18世纪末,英国对印度的政策开始带有这种理想主义的基调。尤为重要的是1793年在孟加拉邦制定的《永久居住法案》(the *Permanent Settlement Act*)。如前所述,英国的意图是在柴明达尔中建立一个既忠于又依赖于英国统治的有产阶级。同样,他们希望柴明达尔能像资本主义的中产阶级那样发挥作用,在土地上投资以促进普遍繁荣,进而充实国库(这里实际上是指英国东印度公司)。如今生产正日益在现代人类活动系统的范围内被组织起来,因此可以放心采用统一的税率而忽略当地情况的变化(Islam, 1979:xi; Gupta, 1963:71—74)。综上所述,对柴明达尔来说,为履行资本主义农民或地主的职能,至关重要的是,土地产权的占有和创收必须被正式且官方地瓦解并归属于他们。现在可以证明对土地制度的改进是合理的,因为由此产生的利益将完全由土地所有者获得。而现在被土地所有者转让的土地,可能会被转让给并集中在最具生产力的使用者手中。通过这种方式,英国人在土地上创造了一种欧洲产权类型。此前需通过世袭的实践,且经由国家、柴明达尔、耕种者与村庄共同体之间认真谈判完成的工作,如今越来越多地通过合同、销售和市场供求机制来实现(Gupta, 1963:71)。

这些"改革"所附带的慈善和发展目的在《永久居住法案》第 2 条的序言中得到明确规定:

> 在孟加拉邦的英属领地,……(大部分农产品)是土地的产物:随之而来的是国家、商业和财富的增长必须随着农业的扩张而成比例地增长。但是,不仅仅是出于商业目的,鼓励农业对这些省份的福利至关重要。受到宗教的支配,构成人民主体的印度教徒被迫完全依靠土地的生产来维持生计;以及……(那些不是印度人,但属于较低等级的人)出于习惯或需要,也处于类似困境。(引自 Gupta, 1963:72)

这段话既反映了连续性,又与先前的征服者形成对比。莫卧儿王朝和英国人都从这片土地上获得税收,但只有英国人相信他们可以极大地影响税收流动的速度和数量。令人震惊的是,无论英国人对当地做法的误解和歪曲有多严重,但他们正式接受了对印度教徒和其他处于社会底层人士"福利"的关注。

序言还指出,需要解决的紧迫问题是周期性的作物歉收和随之而来的饥荒。在这种情况下,"国家必将持续遭受这些灾害,直到土地所有者和耕种者有办法增加水库、堤坝和其他人工工程的数量,通过这些手段……可以最终免受周期性降雨之险,并保护土地免遭淹没"(引自Gupta,1963:72)。与这种社会和技术干预不同的是,莫卧儿人必定更多地将旱涝视为自然周期的一部分,甚至连莫卧儿人自己也必须适应这种周期。他们(莫卧儿人)对干旱和洪水的部分反应不仅是相应地降低需求,而且往往还提供减免和贷款(Islam,1988:10)。对英国人来说这种灵活性无法想象,因为它破坏了他们作为现代人类的自我概念。事实上,序言将其"首要目标"设定为"改进农业"(引自Gupta,1963:72)。这一目标不仅仅是对管理结构或实践的改变,而且反映了改变印度人与自然周期本身的关系的愿望。虽然《永久居住法案》的管理语言将重点放在激励结构、组织实践和技术等"技巧"问题上,从而掩盖了这一愿望的特征,但英国的计划所涉及的无非是改变印度社会和文化生活的基本结构。[4]

与所有殖民主义课业法一样,英国关于"改进"思想的力量伴随着更具体的执行机制。根据莱特纳莱卡哈·拉伊(Ratnalekha Ray,1979:80)的说法,《永久居住法案》最具革命性的创新,在于建立了一个惩戒办事处和地方官员的网络,记录他们的笔记并传授他们的经验:"如今,每个拉贾(Raja)(大概比柴明达尔更高一些的级别)现在都发现一个长期驻扎在萨德尔的英国军官紧盯着他,审查他的账目,命令他的军官,挑选他的农民,接受来自他的拉亚特(即耕种者)的请愿,简而言之,就是告诉他如何管理他的柴明达尔。"事实上,英国人对柴明达尔的糟糕表现非常严苛。[5]尽管根据《永久居住法案》,国家不能提高其税率,但若收税不够,国家的处理方式则十分僵硬。柴明达尔"无权以任何自然灾害造成的损失为由获得任何减免。如果拖欠分期付款,他的土地便会被出售以清偿款项。一场小小的灾难足以导致其无法支付国家款项,从而导致财产立即被出售"(Sinha,1962:158)。

如果说实践的标准化和反应的僵化改变了土地关系的结构,那么

《永久居住法案》并没有创造出英国预期的资本主义土地所有者。取而代之的是,大量财产从世袭的柴明达尔和拉贾手中转移到了城市的商业阶层。这个阶层的成员也并没有成为成熟的农业资本家。设计和结果之间的差距,部分是由于种植者抵制他们土地居住和种植权利的被剥夺和商品化所造成的(Ray, 1979:287—288; Gupta, 1963:123—124)。尽管存在这种抵抗,但耕种者逐渐丧失了"在荒地、渔场、森林、花园和树木上拥有的共同财产的权利"(Gupta, 1963:77)。古普塔(Gupta, 1963:77)谨慎地指出,尽管乡村共同体的结构此前在许多方面已经瓦解,但《永久定居法案》(旨在以契约和竞争取代习俗)不可逆转地改变了社会秩序。

为英国人进行辩护并不困难。即使对殖民主义和资本主义剥削极为敏感的马克思也认为,要把印度带入现代社会,这种成长的痛苦是必然的(Marx, 1978)。或许,但没有必要就殖民接触的成本和收益以及现代性的后果展开大辩论。无论我们如何计算最终结果,绝对服从现代化的要求如今已不再可能。这并不意味着现代性对我们的生活无法提供指导,或缺乏任何关键的吸引力。这仅仅意味着我们需要对能从现代性遗产中保留什么、抛弃什么这个问题进行明确而持续的讨论。从这个角度看,为英国人辩护就变得无关紧要了。相反,我们需要的是一些替代工具,包括土地产权的替代概念,及衍生的主权概念。与民族志的方法一致,对印度的讨论表明我们可以研究过去——在这种情况下,是历史自我和文化他者的复杂混合——以便开始想象一个有意义的未来。更准确地说,我们强调,将财产权视为离散、同质和绝对的历史结构,包含了对其过去生活的可追溯痕迹,这些痕迹具有重叠、异质且相对性等特征。

对财产和主权概念的另一种设想

前现代帝国提供了可追溯的要素。对我们这些热衷于进步史学的人来说,这本身或许是一个令人惊讶的命题。然而,我们不想忽视前现代帝国的许多令人生厌之处,比如莫卧儿王朝的某些元素。"个人统治"

(personal rule)的主导地位常常使民众受制于统治者反复无常的意志，尽管有习俗的约束。高税收往往对农业生产和发展产生相对停滞的影响。界定社会义务和要求的世袭地位(这种情况下主要指国王、柴明达尔和拉亚特)过于不平等，因而没有太大吸引力。所有这一切都意味着，帝国对相对固定的等级社会秩序承诺，在本质上似乎是在反对扩大人类自由的范围和深度，并否认人类平等的可能性。

然而，前现代帝国的许多特质似乎令人着迷：将财富比喻为"馈赠"(bounty)，国家对时空特性的灵活性和敏感性，经济嵌入在文化生活中，获得收入和生计的保障，以及将财产的可分割性分配给不同的个人或群体的做法。首先，在把财富视为一种馈赠时，我们比其他人更为矛盾。一方面，我们不能把财富，尤其是农业生产的财富，简单地视为大自然的馈赠。这可能使大自然的冷漠浪漫化，这种冷漠会被其他物种视为敌意。这也忽视了重农学派、古典政治经济学以及黑格尔和马克思所提供的深刻教训：是人类劳动创造性地改造了自然以满足人类的需要。另一方面，把财富比喻为馈赠或许是对现代性自命不凡的必要纠正。毕竟在许多方面，大自然的力量是巨大的，财富，尤其是农业生产的财富，大多仍然是自然的馈赠。此外，将财富比喻为一种馈赠也提醒我们，我们所取得的成就不仅是个人劳动、努力和公正回报的问题，正如斯密和哈耶克所建议的(见第四章)，也是社会进程和环境的问题。鉴于个人主义价值观念被用来合理化巨大不平等，在这种情况下，将"馈赠"的概念重新定义为"社会馈赠"似乎很有意义，这提醒我们，有多少人(如果不是大多数)实际上体验过财富的获取。我们将在下文回到这一主题。

同样有趣和具有启发性的是莫卧儿王朝灵活的税收评估方法，该方法植根于对当地具体情况的敏感性。从理论上讲，英国提供的"法治"的确克服了帝国决策的临时性(参见 Moreland, 1968：xii)，但规则的局限也使其对地方具体情况的处理缺乏灵活性和敏感性。我们前面便已指出，将法治强加于所谓不受法律约束的"原住民"身上，往往是现代社会试图将社会空间同质化努力的一部分(参见第二、三章)。在不丧失英国(和自由主义)对普遍正义原则承诺的情况下，我们能否恢复莫卧儿王朝对具体事物的敏感性？也就是说，我们能否创造这样一种环境——既不偏向特殊主义和等级不公正一边，也不偏向不敏感和不容忍的普遍性一边？

这或许是我们这个时代的问题，我们无力解决冷漠和狭隘。尽管如此，我们目前对土地产权的讨论的确开辟了重要的研究方向。相较于我们的现代观念，前英属印度对土地产权的理解更为微妙和准确。土地财权在创收、占有与耕种方面存在区别，这似乎是片面的，但它却是对以下观点的一种重要的承认，即非市场形式的社会组织倾向于获得生计并承认共享共同体财富的主张（见第五章）。在当代社会，承认这种"权利"需要实现更大程度的实质平等，并推动我们将经济嵌入社会生活。

在印度附属英国之前，对所有权各组成部分的区分也在提醒我们，对土地产权各方面的要求不必归属于一个单一实体。或许正是如此，更为异质化、重叠和相对的土地产权意识可以帮助我们重新思考主权领土。主权理想将领土国家构建为离散、同质的空间，它不仅是居住场所，也是税收来源。然而，我们的世界却以模糊这两方面的方式挑战这种线性统治（参见 Agnew, 1999）。资本和货物的流动表明，税收的许多来源是在国家领土之外获得的。难民和劳工的流动表明，领土国家也无必要根据住所来界定。在此背景下，我们可以开始探索对土地产权、空间和领土多个方面的隐性承认会如何改变意义、身份和利益的主张。事实上，我们可以说，前现代帝国的所有五个引人入胜的特征未随时间而消逝，而是继续在"同一性帝国"中隐而不彰。

"同一性帝国"内外

"同一性帝国"（empire of uniformity）的诉求和问题在本书中反复出现。我们（在第一章）认为，诉诸主权边界只是延迟了仍然普遍存在的差异问题。有界政治共同体在其边界内外构建他者（并由他者构建）。

外部他者作为一种永久的威胁,以其他国家、外国集团、进口商品和外来思想的形式潜伏着。内部的差异破坏了假定的但较少(如果有的话)实现的"同一性",并由等级制度、监管、同化、驱逐、屠杀和容忍的某种组合来予以管理。外部他者只能自求多福,在边境被封锁、被先发制人、被平衡或被威慑。我们对他者的反应似乎永远被差异、劣等和消灭的等式所吸引。正如我们反复说明的,这种内外部逻辑表现出分裂——排除了自我和他者的重叠,使我们的反应转向"净化仇恨"的方向,这一点在16世纪和17世纪的宗教战争以及我们这个时代的种族、宗教和文明斗争中得到了很好的说明。将自我边界作为一个排他性和同质性的空间加以监管,会妨碍我们充分认识和肯定始终存在的内部他者的能力,或欣赏并宣称那些超越边界而作为他者一部分的内部自我。言下之意似乎很清楚:除非我们能通过揭露和培养联系点和重叠空间(仍尊重差异和不兼容),创造性地回应自我与他者的排他性,否则我们便不可能找到通往平等与差异共存且重叠的谅解之路。换句话说,如果按照前一节所建议的方式重新设想我们与产权和领土的关系,就没有理由继续把差异狭隘地理解为混乱无序,或使差异的"创伤"永久化。

耶路撒冷:分而治之[6]

贝鲁特、萨拉热窝和耶路撒冷都是令人心酸的例子,这些城市已经或将继续被相互排斥的对立社群的诉求所撕裂。相互竞争的各方都声称有权居住在这同一土地上,将其作为一种经济资源,并从这种使用和居住中获得他们的身份和历史。只要这类冲突的各方要求采用现代土地产权/主权概念为基础的"解决方案",那么这类冲突仍将难分难解,且不只是征服或杀戮。然而,这种表面上的棘手可能隐藏了现有的财产和领土的"混合模式",这暗示了净化他者空间的其他替代方案。

耶路撒冷位于民族共同体争夺领土的中心。这座城市也是宗教紧张和阶级分裂的场所,这些紧张和分裂往往相互加强,但也可能跨越民族主义斗争。正是这种经济、政治和象征元素的有力结合,使耶路撒冷成为一个斗争的"典范"(iconographic)场所(Klein,2001:10)。然而,除

"对抗和敌意"外,"城市中相互争斗的实体也发展了相互交流的关系"
(Klein, 2001:11)。"相互恐惧、暴力、偏见和冲突"的经历与"共同努力"
和"间歇性地试探着理解"的必要性交织在一起(Romann and
Weingrod, 1991:3)。自我与他者重叠的时刻,与壁垒分明的斗争如影
随形,向我们展示了受限和超越"同一性帝国"逻辑的可能。

　　耶路撒冷最近的历史为恢复和培育这些重叠时刻留下了很小的空
间。1967 年"六日战争"(Six Day War)的结果使许多以色列人庆祝渴望
已久的耶路撒冷的恢复和统一。然而,几名前任城市官员和一名当地记
者指出,"在重新夺回具有历史意义的耶路撒冷的喜悦中",以色列人"几
乎没有注意到他们所征服的 6.8 万巴勒斯坦人,同样把这座古城称为自
己的家"(Chesin, Hutman, and Melamed, 1999:7)。显而易见,国家和
城市的政策不能忽视(大部分)东耶路撒冷的阿拉伯人口。相反,通过征
地和驱逐、建立新的犹太人团体、操纵市政边界、在提供城市服务方面进
行系统性歧视、定期进行的警察和军事镇压,政府的政策试图维持或改
善巴勒斯坦人与犹太人之间的人口平衡。切辛、休特曼和梅拉米德
(Chesin, Hutman, and Melamed, 1999:30—37, 58—62,第七章)将此
描述为一种"巴勒斯坦遏制政策"(Palestinian containment),旨在促进犹
太人重新定居,并迫使越来越多阿拉伯人离开耶路撒冷(另参见 Klein,
2001:19—22)。

　　这项政策的效果远低于预期。在最初的三十年里,耶路撒冷的犹太
人人口比例实际上有所下降(Klein, 2001:22; Chesin, Hutman, and
Melamed, 1999:66)。事实证明,耶路撒冷对犹太人来说并没有想象中
那么有吸引力,巴勒斯坦人也比预期的更为坚持。尽管处境艰难,巴勒
斯坦人仍坚守家园,但他们通常拒绝与以色列官员合作,并捍卫东耶路
撒冷学校的自治权、在当地组织活动,并支持反抗以色列占领的起义
(参见 Chesin, Hutman, and Melamed, 1999:85—116,另参见 Klein,
2001:72—76)。

　　以色列的政策和巴勒斯坦的抵抗都没有消除这两个群体间的相互
依赖,反而加剧了族群分裂。1967 年国际边界的取消,有利于增加向犹

太地区的劳动力流动,建立了一个完整的(如果是双重的)劳动力市场(Romann and Weingrod, 1991:第四章)。事实上,东耶路撒冷已经成为犹太地区劳动力的主要来源,阿拉伯人的收入严重依赖于犹太雇主(Klein, 2001:22—24)。然而,这种经济互动和相互依赖是高度不对称的(Klein, 2001:67)。伴随居住的相对隔离,群体之间的经济不平等产生了一种"结构多元主义"(structural pluralism, Romann and Weingrod, 1991:27—29),这种现象强化了族群认同:

> 在两极分化严重的城市环境中,分配和权力关系的方方面面均呈现出极端形式。空间隔离不仅限于居住,还包括许多城市、经济和公共职能。领土上的族群界限泾渭分明,城市空间的利用具有首要意义。霸权集团的排他性做法反过来引发了从属集团成员的类似做法,旨在加强他们各自独立的机构和内群体的凝聚力。社会经济差距和对公共资源的竞争在很大程度上是根据种族而不是社会阶层来解释的。可以肯定的是,跨越族群边界的日常流动和互动是根据共同的需求和利益进行的。但作为一个普遍规则,深度分裂是城市、社会、经济和感知领域的二分法,在这些领域,族群认同在日常生活中始终扮演着至关重要的作用。(Romann and Weingrod, 1991:31)

因此,尽管劳动力和其他商业活动的流动在一定程度促进了耶路撒冷的一体化,但族群身份依然十分僵化(Romann and Weingrod, 1991:70)。

然而,在耶路撒冷,许多族群群体必须跨越的边界比族群分裂所表明的更具"渗透性、柔软性和灵活性",并且或许能为缓和族群间冲突提供希望(Klein, 2001:40—41)。甚至在《奥斯陆协定》(the *Oslo Agreements*)之前,当以色列声称耶路撒冷是整个以色列大国的一个自治市时,以色列教育部从未能够控制东耶路撒冷的学校。私立和宗教学校相对容易地融入已经去中心化的以色列体系中,主要是通过给予私立机构和学校很大的自治权来实现,而这些机构和学校因犹太种族、独特的宗教信仰和职业特点而有所不同。但为监管东耶路撒冷公立学校而进行的不懈努力引发了如此强烈的抗议,以至于学校继续采用约旦课程(Chesin, Hutman, and Melamed, 1999:101—118;另参见 Klein and Kuttab, 2000:73—90)。尽管以色列试图建立统一的法院体系,但宗教差异也影响了耶路撒冷内部的司法工作。最突出的是,伊斯兰教法继续在东耶路撒冷具有重要的权威(Romann and Weingrod, 1991:150—151; Dumper, 1997:43—44)。城市中的许多圣地和历史遗址同样是兼具竞争和重叠的权威场所。穆斯林宗教当局、警卫与以色列政府和安全部队进行"谈判",为许多圣地划分并分担责任(Dumper, 1997:45—46),而(耶路撒冷)旧城在很多方面仍然是以色列人和巴勒斯坦人的联合管理项目(Klein, 2001:3)。

实施《奥斯陆协定》第一和第二阶段的早期步骤并没有改变这种复杂局面(参见 Klein, 2001:39—40)。虽然新的协定正式界定和划分了以色列与巴勒斯坦权力机构在耶路撒冷的管辖范围,但其并不能简单地适用线性统治。相反,模糊的管辖权和权威继续发挥着核心作用。根据《奥斯陆协定》建立了四个控制区。A 区,包括杰里科(Jericho)、伯利恒(Bethlehem)、拜特贾拉(Beit Jala)、拉马拉(Ramallah)和阿尔比雷(Al-Bireh)等城市,位于官方市政当局之外,置于巴勒斯坦权力机构的专属控制下。B 区,耶路撒冷边缘的另一拼凑区,巴勒斯坦权力机构获得政治和民事权力,而安全事务则掌握在以色列手中。其他的土地——在前两个地区及其周围——构成了巴勒斯坦权力机构尚待谈判的地区,尽管巴勒斯坦权力机构努力以各种方式维护其权力。官方市政当局边界内的地区仍在以色列的正式管辖之下,但东耶路撒冷继续对这一地位提出质疑。东耶路撒冷的公立学校坚决捍卫自己的自治权,因为与西岸学校有共同的课程设置,这使它逐渐受到巴勒斯坦权力机构的影响,即使没有任何正式的管辖权(Chesin, Hutman, and Melamed, 1999:119—120; Klein, 2001:71—72)。同样地,宗教事务继续逃避以色列政府的完全控制,圣地和历史遗址仍然保持着独特的地位(Klein, 2001:57—

60）。总的来看,巴勒斯坦权力机构的地位得到提高,使其得以利用其在耶路撒冷以外的权力,开始在东耶路撒冷内部施加影响（Klein, 2001: 40）。由此产生的结果是,这个城市不再是一个因族群或宗教而被明确划分的城市,而更像是一个由"边界"分隔的城市（或者,用我们的术语,一个"接触区"）,不同群体在此基础上竞争并共存（Klein, 2001:14）。

巴勒斯坦国的最终到来,不太可能消除为耶路撒冷作出复杂安排的需要。更确切地说,耶路撒冷冲突的合理解决或许依赖于借鉴前现代化印度的经验——划分土地的各种含义,拒绝给予任何群体专属权利。一个或多个国家政治统治的必要性与其他必要性相互竞争:耶路撒冷对不同群体身份具有重要历史意义,它作为宗教重要场所的存在超越了任何一个民族群体的要求,且具有作为统一城市的经济和社会重要性。为回应相互竞争的政治要求,莫扎（Mo'az, 2000:4）建议"耶路撒冷应该是两国人民不可分割的首都"。其中主权的组成部分应当按照职能"分散"在各当局者中。按照萨里·努赛贝（Sari Nusseibeh, 2000:9—10）所解释的,这将要求耶路撒冷居民不仅作为国民,而且要担当耶路撒冷圣城的守护者。居民将按国籍——以色利或巴勒斯坦——以及任何数量的其他差异来划分,但他们将共享耶路撒冷人这一身份以及与此相关的各种责任。为支持这种共享的守护者身份（以耶路撒冷人而非民族主义支配者/裁定者的身份）,以色列和巴勒斯坦国家必须"将特权移交给城市政府,以强化城市的特殊地位"。因此,只有在将市政职能划分为"共同管理"和"单独运行",以提高所有居民的"生活质量"的情况之下,才有助于耶路撒冷市政府帮助抚平过去歧视性做法造成的创伤。

这样一来,耶路撒冷就有点像前英属印度的产权——混合了前现代（重叠的）形式和现代（排他的）形式。为了商业和运输目的,该城市将保持不被分割的状态——作为所有群体都可以从中谋取生计的公共区域——尽管可预见的是大量居住区和商业区将继续被分隔。如果经济机会能够在这个统一的经济空间中更加容易、更加公平地获得,那么社会经济的划分或许有助于通过专业化的市民协会将目前相互竞争的民族宗教团体联系起来,从而部分模糊这些团体在社会和居住目的方面的界限(即使不一定是为了国家公民身份)。基于政治目的,城市将被划分为专属的统治区域,但作为经济空间的共同特征则要求将某些城市职能视为共同责任。这些职能包括运输、商业监管、电力网络以及供水和污水处理等方面,这些将不得不在国家划分的权威之间进行持续协商,或者将这些职能交由一个代表两个民族群体的独立机构来管理。在具有重要历史和宗教意义的地区,可与对这些地点有特殊兴趣的宗教当局共享权力,或将其置于宗教当局手中。在耶路撒冷,权利和责任并不是简单地捆绑在一起并专门分配给特定的行为体。相反,它们按意义和目的分类,从而在各个行为体之间进行分配,进而形成了一个由排他性和共享性的要求、权利和责任拼凑而成的体系。

鉴于目前的仇恨和流血程度,这种结果似乎无法想象。但人们注意到,对耶路撒冷的可谈判性持强硬立场的人往往掩盖了一些观点,这些观点认为双方应在更大程度上达成一致,从而为更严谨的和解奠定基础(Segal, Levy, Sa'id and Katz, 2000:vii—x)。在戴维营进程的调解之外,以色列和巴勒斯坦官员之间的谈判或许产生了对耶路撒冷未来分配最引人注目的愿景。在负责人分别进行谈判之后,这也被称为"贝林/阿布-马赞谅解"(*Beilin/Abu-Mazen Understandings*)(Klein, 2001),或"塔巴提案"(*Taba Proposals*)("After the War is Over," 2002),双方在"塔巴提案"达成的谅解中,指出了在耶路撒冷问题上产生的实质性共识。除揭露双方在各种土地交换的相对规模上持续存在的鸿沟外("After the War," 2000:26),"塔巴提案"还将扩大耶路撒冷的市政边界以便将城外的巴勒斯坦地区纳入其中。此举将在以色列和巴勒斯坦人口之间实现相对平衡,尽管以色列人口仍将占多数。一个"伞状"机构(以色列占多数)将管理扩大后的耶路撒冷。该城将被划分为五个不同的"政治—市政区域",包括两个政治首都:圣殿山、旧城,以及城市东部的阿拉伯人和犹太社区。这意味着并非简单地在主权实体间划分城市,主权将是重叠且分裂的:在"五个区域中,以色列和巴勒斯坦的主权水平各不相同"(Klein, 2001:301—302)。

事实上,权力将在很大程度上按职能划分。这一伞状机构将负责

"总体"城市规划、交通干道、污水处理和其他城市服务，而次级市政当局或许在其他领域享有更大的自治权，这与维护不可分割的城市这一原则相符。鉴于没有任何替代办法，电力网络很可能仍将在以色列人的控制之下，并且可能会有两个截然不同、各行其是的运输系统。可预见的是，尽管可能会有两种货币流通，但以色列的谢克尔仍将是主要的使用货币。伊斯兰教法将与政府法院共享法律系统，向多个当局报告的各种教育机构将继续运作（Klein, 2001：305—306, 312—316）。旧城或许会扩大以合并其他圣地并赋予它们特殊地位，使其对所有信徒开放。在这些地方的日常生活或许可以由宗教团体代表予以妥善管理，这些宗教团体包括基督徒、犹太人和穆斯林，他们认为自己与这些地方有着特殊联系。一定程度上，这个结果是圣地对整个城市财务状况经济重要性的支持（Klein, 2001：304；Dumper, 1997：270）。这些可能会为圣殿山的问题找到一些类似的解决方案，以确保穆斯林、犹太人和基督徒的权利（"After the War," 2000：27）。

克莱因（Klein, 2001：306）认为，"塔巴提案"勾勒出的这种由独立、多重和重叠权威拼凑而成的"美妙之处"，不仅在于它要求政治首都相互承认，也在于它允许相互竞争的团体通过"将耶路撒冷分为主要组成部分"，促进一场"互谅互让的运动"，从而更平等地"共享"。最重要的是，这种功能意义上的拼凑也回应了耶路撒冷在空间象征意义上的潜在冲突。"塔巴提案"避免了寻求"象征性层面上包罗一切……解决方案"的陷阱。它"区分了权利、愿望和象征的部分实现与完全实现，以及市政管理的不同层次和对市政空间的定义"。因此，"任何一方都无法实现它的所有梦想，但任何一方都不会被迫放弃其观点，因其观点将以某种方式实现"（Klein, 2001：306—307）。

因此，如果完全同质化领土的行动受到抵制，耶路撒冷便能成为争斗集团间共享的空间。划分管辖区的需要，或许利用了我们现代空间观念的某个方面。虽然这些边界界定了行政管辖权并反映了居住空间的隔离，但在一个统一的耶路撒冷城内，它们对货物和人民的流动具有渗透性。与现代观念相反，他者空间在行政和社会上是共享的；由于世界宗教的重要性,有些空间被赋予了跨国和跨宗教的地位。应用绝对空间概念会忽视接触区的复杂性,有可能加剧而不是缓和两极分化和冲突的风险。相比之下,当空间的相关概念——将所有权的组成部分分解开来——发挥作用时,分离且重叠的群体关系与抱负或许都能得到承认和协商。

耶路撒冷便是世界

按照欣斯利的建议,我们提出了主权的互惠性质。实际上,通过相互承认的过程建立政治单元的要求和问题,是构成威斯特伐利亚体系的界定性条件(Strang, 1996:22—23)。这一社会承认的过程取决于排他性空间和线性统治,即承认人民和政治共同体是有差异且可分离的实体。然而,自我与他者间的界限似乎并不是一条直线,而是一个接触区或边界。这些空间是相互竞争的愿景、相互依存的状态、统治和从属的不对称,以及民族、信仰和空间的重叠。与典型的威斯特伐利亚国家体系相比,这种形象更接近耶路撒冷的边界特征。

这一主题在"全球化"的通俗文学和学术文献中日益占据主导地位。商品、生产和金融资本以及劳动力的流动都使得边界变得"多孔",据称,这从根本上改变了国家能力的性质以及社会进程和身份的形态(Harvey, 2000:35)。有些人用功能主义术语描述这些变化。例如,尼古拉斯·奥努夫认为(Nicholas Onuf, 1995:58; 1998b:123—124),国家的转型是现代主义功能专业化进程的延续,通过这一进程,权威被分解并分散给在功能上有所区分且空间上趋于复杂领域工作的专家。他者则希望反驳关于国家和(或)领土本身灭亡的轻率说法,他们强调去领土化和再领土化这一"辩证"过程的作用,即重新配置和重新调整资本主义进程的空间性(Brenner, 1999b; Swyngedouw, 1997)。更准确地说,尼尔·布伦纳(Neil Brenner, 1999a:53)认为资本主义进程的规模"同时在国家上下、内外跨越"。他继续指出:"因此,国家领土目前与其说是一个同构的、自我封闭的绝对空间,不如说是由多个部分重叠的层次组成的多态结构,这些层次既不是一致或连续的,也不是相互关联的。"通过这种方式,"领土权在不同的制度形式间被重新划分和重新分配,而这些制度形式并没有聚集在一个单一的主导重心周围"(Brenner，1999a：66)。最后，随着跨越国家空间及在国家空间上下运作的社会进程的重要性的增加，作者将注意力集中在地方、跨国和世界性身份的日益显著性方面(Friedman，1990；Hannerz，1996；Cheah and Robbins，1998；Shapiro and Alker，1996；Mandaville，1999)。塞尔尼(Cerny，1995：595)断言，由此产生的政治空间"不再是一个简单的国家体系"，而是"多元或复合"或"多边"结构。在这种结构中，决策能力"越来越不取决于隔离的单元，即被称为国家的相对自治和分层组织的结构"，而是"源于多层博弈的复杂集合，这些博弈在多层竞技场上，跨越国家边界，以及在国家边界内外日益上演"(Cerny，2000：100)。新兴的"多层治理网络"不仅涉及正式和非正式的跨国机构和行为体，而且"涉及区域和地方各级"；它"越来越多地将国内政策过程纳入其中，并将国内参与者融入更广泛的交叉领域"(Cerny，2000：398)。

学者常把这些所谓资本主义和全球社会政治空间的特征变化称为进入后现代时代的先兆(Harvey，1989；Ruggie，1998：第七章)。然而，犹如我们在本章中提出的核心观点，主权组成部分的拆分也"与早已被现代性取代的团体生存的兴盛态势具有某些相似之处"，这暗示了"现代性的兴起和衰落具有某种对称性"(Onuf，1998b：136)。詹姆斯·安德森(James Anderson，1996：143)也提出了类似观点，我们可以把"从前现代到现代再到后现代的政治进程"看作"一个从相对到绝对，然后又回到(新的)空间相对概念的运动"。在这场运动中，前现代主义并不是简单的重述。空间可能会部分恢复前现代时期的一些流动性特征，但对主权领土的拆分很可能只是"部分和选择性的"(Anderson，1996：144，147；另参见 Onuf，1998b：136)。空间关系也不太可能是分等级嵌套的，即这种结构中"人们是更高层次集体的成员，却借助于他们属于较低层次的身体"；相反，"人们往往是国际体系的直接成员，而不是通过国家机构才能参与；区域集团和机构会直接与其他国家的同行打交道，各自国家未必参与其中"(Anderson，1996：150)。因此，

　　当代世界并不是阶梯式地上升或下降,这一过程是以有序的方式从一个梯级过渡到下一个梯级,中央国家协调着外部与内部或更高层次与更低层次之间的所有联系。事实并非如此,尤其是在今天。不仅存在更多的梯级,而且从本质上看,这些梯级之间更为异质化;如今,高层次与低层次之间的直接移动,错过或绕过"中间"梯级,已成为当代生活的标志性特征。(Anderson, 1996:151)

　　这正是安德森所言的"多重主权且重叠主权"(Anderson, 1996: 143)的情形,对于我们所说的耶路撒冷相关身份与权威的拼凑具有启发意义。

　　这些推测出的趋势同时伴随着极大的焦虑和热切的希望。最常见的情况是,人们哀叹国家作为决策中心和公共利益存放处的地位被削弱(Marglin and Schor, 1990; Reich, 1991; Peck and Tickell, 1994),以及作为民主组织和参与的主要空间日益被侵蚀(Hirsch, 1995; Scholte, 1997; Dahrendorf, 2001)。与此形成鲜明对比的是,一些作者(如第三章所分析的)将全球现代化进程更多地视为在世界范围内重塑民主和建立人本治理形式的机会(Falk, 1995; 2000; Held, 1995; McGrew, 1997)。[7]尽管这些观点看似两极分化,但那些哀叹国家衰落的人以及那些认为全球秩序重获生机、克服国家体系碎片化的人,都迷恋线性统治,信奉"同一性帝国"。对前者而言,边界将他者拒之门外从而延迟了差异问题;对后者来说,全球秩序是解决政治共同体之间差异的最终方案。

　　与这些理解截然不同,我们对这一趋势相关的政治和道德可能性的解读,或许反映了本书所表达的另一种希望和焦虑。在一个线性思维不再占据统治地位的世界里,我们也许能够更直接、更富成效地应对来自接触区的挑战。根据我们对耶路撒冷的讨论,具有多重主权且重叠主权的世界似乎提供了一个机会,以缓解现代不同文化交往所具有的暴力性与宰割性。我们证明,对边界的监管往往会抑制我们发现自我与他者之间重叠空间的能力。艾丽斯·马瑞恩·扬(Iris Marion Young, 2000: 260—262)同样认为,如果所有群体都要在我们这个"异质且多元文化"

的世界里蓬勃发展,我们就必须放弃"每个民族都有权单独治理有且仅
有其群体成员居住的单一的、有界的、连续的领土"这一观念。正如在耶
路撒冷一样,"管辖权可以在空间上重叠或共享,甚至完全缺乏空间参
照"。玛莎·米诺(Martha Minnow, 1990:7—13)用非常接近托多罗夫
的话阐述道,划定和捍卫严格的边界会使我们的思维变得贫瘠,并给现
代社会和政治思想带来差异问题。个体被视为本体论上可分离的单元,
其在政治和法律上的平等取决于将其视为本质上的"相同"。因此,与众
不同便被归为"不平等甚至是不正常的"(Minnow, 1990;第一、二章;引
自第50页)。相反,米诺(Minnow, 1990;第三、九章,后记)将我们的注
意力转向了个体和群体之间的关系,因为这些关系总是逃避和超越自我
与他者之间的界限。在米诺看来,挑战的意义在于使参与者重新参与边
界谈判的永久对话过程,以便促进同时承认平等和差异的关系。然而,
这样的谈判不太可能实现新现代化理论家的世界主义梦想。我们的"窘
境"将继续涉及"对一体化模式及特殊性的强调"(Kratochwil, 2001:
163)。建立全球秩序就是忽视和压制世界的文化和伦理复杂性,即相互
竞争、相互影响和部分重叠的地方与全球空间的愿景,这些愿景在多层
次的社会、经济和政治环境中形成并展开。这个接触区呼吁采取一种不
同的策略。主权不再被视为同质的实体,可能会被分割和分配,从而产
生复杂的管辖安排,其中涉及必须不断重新谈判的定居地,以及必须通
过对话解决的不确定性。[8]

　　然而,对这些"后现代"转型之政治影响进行初步评估,初步预计其
对于世界上本已处于劣势的人来说可能会雪上加霜。也就是说,如果多
重主权和重叠主权的世界需要对话,那么用南迪的话来说,它似乎仍将
是一种"不平等的对话"。新兴的多层次决策结构将权力集中于那些最
能有效控制关键领域的行动者手中。更准确地说,将权力分散到全球和
地方层面,创造了一种"社会权力的几何结构",这赋予了跨国资本、八国
集团政府以及"更专制、不民主和威权(准)国家机构"以特权,这些机构
控制着国家及国家内外的范围;所有这些工作都是为了在更小范围和更
本地化的行动中削弱当局的权力(Swyngedouw, 2000:68—70;另参见

Jones, 1997; Low, 1997; Ó Tuathail, Herod, and Roberts, 1998; Murphy, 1999;以及 Pauly, 1999)。这种悲观的评估,或许会因抵制这些权力集中的新兴政治而部分得以缓解(Roberts, 1998)。但与上述预测相一致的是,如果要证明抵抗具有赋权和解放的作用,就需要一种空间政治,建立跨规模的联盟,以便在一个多重主权和重叠主权的世界中对抗排斥和不平等(Swyngedouw, 1997; 2000;另参见 Harvey, 2000:50—51)。无论是批判理论家(Walker, 1994a; Connolly, 1995:156; Cheah, 1998:37; Low, 1997:263—264)还是传统行动主义(conventional activism)理论家(Keck and Sikkink, 1998; Wapner, 1996)都一再强调:建立网络、搭建联系、培育运动和结建联盟。联合国通过作出各种努力以强调网络、桥梁和团结的作用(参见 Ruggie, 2001; 2002; Annan, 2000; Ottaway, 2001)。

这些抵抗理论化的努力的确对平等和差异的政治产生了耐人寻味的影响。一方面,学者和活动家设想了一种民主或代议制政治,它超越了(尽管没有完全取代)以主权国家为界的政治共同体的"区域"愿景。其呼吁创造代表性和民主实践,以匹配跨国流动、本地化和全球化的身份,以及据说定义了当代的多维机构(Low, 1997)。实际上,一个拥有多重主权和重叠主权的世界,或许是释放新民主能量的场所,而这些新民主力量超越了有界政治共同体所具备的能量。这些能量或许会建立一种围绕"相互联系、交流和学习"等行动展开的政治,但避免将"联系政治"(politics of connection)转变为"统一战线"(united front)(Walker, 1994b:699)。

另一方面,我们仍要保持谨慎,因为这个新的民主设想的轮廓和潜力尚不明朗(Walker, 1994b: 699; Connolly, 1995: 160—161; Low, 1997:272)。危险的是,这些运动、网络和联系在很大程度上重现了统治和从属的模式以及不平等的对话。也就是说,当今的运动和网络似乎使最富裕核心国家具备可流动性的公民享有特权。已经处于边缘地位的人,跨越空间的能力较差,将继续被排斥在外,除非当被边缘化的人证明其愿意接受教益并遵守(现在是慈善性质的)跨国的、自由的现代性要求时,他们才有可能获得更有特权的赞助者对其提供财政支持(参见第三章;Pasha and Blaney, 1998;以及 Comor, 2001)。

在资本主义全球分工的逻辑占据主导地位的地方,这并不奇怪。尽管在我们这个时代,主权边界的意义和目的或许会以创造性的方式被拆分,但这种判断并不一定对产权适用。全球劳动力、商品和资本流动的回报主要是根据竞争文化的要求来分配的。收入和财富被视为对个体生产者在劳动或知识方面的"前社会"差异的奖励。市场被看作一种社会机制,它揭示、评价和奖励个人对满足他人需求的贡献。市场在社会生活中的主导地位,以及由此产生的不平等(通常是巨大的),却通过将参与者理解为从根本上甚至在本体论上是孤立的,而被合法化。正如我们所主张的,不管主权如何改变,它仍然在某种程度上是一种国家财产权。那些能够吸引和维持高利润活动的国家,通常可以确保其境内居民维持较高的生活水平并获得更大的税收基础以维持自己的能力。[9]因此,回归到塞尔尼的想象,在多层次领域中进行的"博弈"往往会赋予那些因财富的空间集中而享有特权的行为者以更多权力——无论他们是大国、企业帝国、富有的倡议团体和网络,还是拥有超级权力的个体。在资本主义和全球治理的竞争领域中,如果不能有效竞争或代表自己,就很容易被解读为这是某种个人或文化存在缺陷的迹象,而这些缺陷需要得到修正。因此,发展和人道主义援助的相关话语,将物质和政治不平等交织在一起,并强化了这种不平等。多重主权且重叠主权的世界与资本主义逻辑交织在一起,将继续使这种不平等的对话持久化。

结　　语

主权边界似乎远非简单或绝对的。相反,我们看到日益复杂和相对的边界由跨国流动、多层次的进程和制度所塑造,这些进程和制度在政治共同体内外建立了各种各样的多重调解。在这种背景下,前现代空间的理解和组织模式不仅仅是对现代空间想象进行批判性自我反思的来源;它们作为隐性模式持续存在,使我们能够在不久的将来挖掘它们的潜力,并促使它们在世界政治中得以实现。

我们还可以把前现代的经验更直接地应用到我们对财产所有权的理解上。[10] 现代产权赋予了所有者满足自己需求和欲望的权力。虽然所有人都平等地享有财产所有权,但每个行为者满足其需求和欲望的能力受其财产所有权范围的限制,而事实证明财产所有权的分布极不平等。因此,根据每个人拥有的财产给予奖励的竞争文化,从本质上讲是一个满足需求和欲望能力不平等的世界,也是自我价值不平等的世界。最明显的是,这是一个一方是大国和强大集团,另一方是边缘化群体的世界。然而,我们通常很难将这一结果直接与个人和集体的努力和功绩联系起来。相反,我们可能会将这一结果更多地视为社会的产物,在这里是资本主义的财富生产过程。我们越是倾向于后一种观点,便越不能确信,获取收入和财富的机会应仅仅取决于个人或集体财产的回报。[11]

如果我们要恢复财富是一种"馈赠"的观念,那么或许可以重新获得这样一种思想,即谋取生计的机会应该植根于复杂的社会关系中,这种社会关系构成了个人、团体与制度的义务和合法权利。将这一思想置于当代背景,我们可以将获得收入和财富想象为一种保证。这一保证将在多层次的社会和经济进程以及治理机构内被执行,以确保个人和/或群体作为社会行动者的需求(参见 Gilbert, 1989; Fraser, 1990; Levine, 1988,其叙述将社会需求与收入或生计联系在一起,并将其作为一种权利予以保障)。

如何获得收入和谋取生计,在一定程度上取决于我们如何看待财富生产的社会过程。通过强调财富是社会参与者在社会过程中产生的一种社会馈赠的概念,我们可能被引导将需求和欲望更少地定义为物质必需品,更多地定义为个人或群体作为相对社会平等者所必需的收入和财富的数量(参见 Levine, 1988)。然而,正如我们在上文所看到的,过分使用"馈赠"这一隐喻太过危险。正如将自然浪漫化为一个我们无法控制的过程,并最终对任何特定物种的生存都漠不关心是危险的一样,我们也有可能模糊人类在财富生产中的主动性作用以及财富为人类服务的重要目的。相反，如果更加强调人的主动性，我们可以设法使所有个人和群体都能获得必要的技能或能力，以便在市场社会中获得财富和地位（参见 Sen，1999）。尽管这种为所有公民争取机会的努力旨在减少对现代产权霸权的激烈挑战，但它的确试图打破在经久不息的市场经济竞争中失败的循环。它还承认社会有责任进行干预，以促进更大的平等。或许类似的战略涉及将人权与发展联系起来的努力（UNDP，2000；Hamm，2001）。强调这种联系将需要努力确保共同体的能力，无论在后现代时期如何划分，使其转变为更健康、更富裕和更有竞争力的共同体。更进一步地向尊重差异的方向推进，是在呼吁保护或强化"共性"——许多人正是从这些"共性"中获得给养的（Shiva，1992；Esteva，1992）。尽管捍卫共性往往是以"当地人"的名义，但这并非实质性的。我们还看到，国际社会努力促成这样一种主张，即某些资源和知识构成一种"共同遗产"，各国人民可以自由利用这种遗产来追求自己独特的生活方式（Murphy，1984；Schachter，1985）。

　　这些对竞争文化或市场社会的不平等和剥夺所作的反应并非详尽无遗，且非相互排斥。它们可以在不同情况下以不同的组合方式被使用。因此，用波兰尼的话来说，它们远未达到重新嵌入全球经济的普遍愿景。相反，这些可能的反应是批判性资源的范例，这些资源可通过波兰尼的作品所激发的民族志国际政治经济学得以恢复。正如波兰尼所言，过去并没有被简单地埋葬。它所拥有的资源可以在一种批判性实践中得以恢复，这种实践将自我的隐性方面纳入与文化和历史性他者的对话中。我们或许会发现，统治集团的愿景与实践之间的联系，就像我们发现莫卧儿王朝对当地条件变化的局部敏感性一样。或者，我们或许会发现，在印度耕种者的抵制与历史和当代的类似抗辩间存在某些契合，这些抗辩或是为了生存权，或是为了获得从西方历史和传统内外获得竞争能力。我们希望，这样的批判性参与或许有助于创造性地想象未来，它们并非现有逻辑的简单展开，而是一个重新发现和重新想象的过程。与其说本书是过程本身，不如说是对这一过程之可能性的辩护。重新想象未来，需要我们不惧步入接触区内更为险峻的地带。

注 释

1. 对欣斯利的更多讨论，请参考 Inayatullah and Blaney(1995)。

2. 与此同时，亚历山大·温特提出"无政府状态是由社会建构的"这一著名观点。他的立场局限性，尤其是他继续诉诸国家是本体论的原始性观点，请参见 Inayatullah and Blaney(1996)及 Pasic(1996)。

3. 关注各自的社会地位和各自的责任是很自然的，因为产权通常不仅仅被理解为一种东西，而是被理解为"人与人之间的社会关系"，或者更具体地说，也被理解为"人们对保证未来收入来源的东西所拥有的权利"。一个并不严苛的产权概念指向了可能拥有的许多"东西"："名字、声誉和知识、个人和集体的身份、更不用说……货币持有量和股份份额"。因此，"产权"一词，最好被视为将我们的注意力引导到一个更广阔的文化和社会关系领域，关注事物被认可的象征性和物质性环境，以及个人和集体的身份认同(Hann，1998:4—5)。

4. 在"技术"问题背后隐藏着更广泛的政治、社会和文化野心或计划的先决条件，这是发展话语的常见病。参见 Ferguson(1994)。

5. 在美国广泛发行的为数不多的宝莱坞电影之一《印度往事》(*Lagaan*)生动地描绘了这样一位英国官员和他的惩戒过程。

6. 这一短语来自罗曼和温罗德的标题(Romann and Weingrod，1991)。

7. 值得注意的是，这些与日俱增的希望和恐惧往往集中在已经习惯于建立强大且多少有效的社会民主国家存在的地区。无论是否建立民选政权，外部力量和行为体限制了后殖民国家主权的力量，这并非新鲜事(Anderson，1996:139)。与此同时，第三世界人口的边缘化加剧，无论他们身在何处，恶化的不平等只不过是重复了耳熟能详的普遍模式(Hurrell and Woods，1995；Scott，2001)。我们也很难预期，那些进一步破坏后殖民社会国家主权可能性的趋势会令人欢欣鼓舞(Kothari，1993；1995；1997；Puchala，1998；另参见 Inayatullah and Blaney，1995)。

8. 这一场景部分通过对包括欧盟在内的各种联邦和联邦制运作方式的学术讨论而得以呈现，参见 Maarten and Tombeur(2000:145—146，170—175)；McKay(2001:第九章)；及 Dev(1998:258—259)。

9. 这并不是要忘记国家内部核心区域和外围区域之间的不平等和分裂。

10. 本节选摘自我们之前的研究。参见 Inayatullah and Blaney(1995)；Blaney and Inayatullah(1996)；Blaney(1996)。

11. 吉尔伯特(Gilbert，1989)、贝茨(Beitz，1979)和波格(Pogge，1989)认为，只有在全球社会性得到承认的情况下，全球正义的主张才能得到维持。

后　记

　　面对如此强有力的问题,呼吁对话似乎远远不够,需要思考的是为什么压迫者应该听从这种呼吁? 假设压迫者从压迫中获益,那么也许很难理解压迫者倾听被压迫者的声音有何用处。维持压迫,似乎取决于逃避或拒绝在他者身上寻找批判性自我反思的来源。事实上,自我与他者的重叠,使得这种批判性对话成为可能,而这恰恰是在压迫关系中所否认的。因此,对压迫的对话式反应似乎也被误导了——充其量是一种高尚却徒劳的姿态,最糟糕的是一种致命的误判。如此看来,被压迫者唯有两种选择:要么屈从于压迫,要么诉诸暴力以反抗。[1]

　　即使面对如此强烈的反对,我们仍倡导将对话作为对压迫的回应。我们的坚持基于两种观点,这些观点可能"奠定"对话的可能性和必要性,即便对压迫者亦如此。第一,我们认为自我与他者必然重叠。这不仅意味着同一性对他者异性负有责任,而且他者总是作为内部差异和不和谐的根源而存在于自我之中。第二,不管它的吸引力如何,压迫也包括自我否定和自我压抑。一个人只能通过否定自我的一部分,拒绝获得自我的某些资源来进行压迫。如果这样,我们便可以发现压迫性自我的利益是广泛而模糊的。因此,在我们看来,围绕压迫性自我而产生的广泛利益不仅是对话的障碍,而且开启了对话的可能性,甚至需要对话。

　　参与和激发这种广泛的利益是种负担,它落在了隐性的、被否定的或被压迫的自我身上。这是因为,被压迫者更有可能成功地揭露自我被否定和隐性的一面,从而将压迫者带入对话当中。我们并不认为这项义务是一种逆转——一种"棕色女人的负担"——而是一种双重解放的手段。我们在某些方面转向了阿希斯·南迪对甘地对话实践的描述,以此作为这一主张的动机。甘地的魅力不仅在于他对非暴力抵抗的巧妙运用,相反,他使用非暴力行动(和预期的英国人的反应)作为一种方式,将英国人的自我引入带有其自身隐性和压抑元素的对话中。这也需要对印度自我进行思量,承认但约束那些与英国人一样倾向于暴力和压迫的自我的方面。通过这种方式,从英国统治下解放印度,既可以使英国人自身接纳其人道主义的一面,也可以最大限度地减少压迫在独立的印度中的作用。

在此基础上,我们可以进一步明确被压迫者必须承担的负担的特征。这一策略的潜在成功要求对抗压迫,首先要用他们自己的语言和他们自身的利益直接与压迫者接触。在一定程度上,这意味着对压迫者的方言要有相当程度的掌握。从某种程度看,共享压迫者的象征性世界,可以更容易地在压迫者自我的隐性方面与被压迫者的理想和目标间建立联系。无论多么不公平,要求被压迫者必须承担使他们的交流适应压迫者语言习惯/表达方式的负担,以及额外的要求——被压迫者必须诉诸压迫者的自身利益,即压迫者在他们的压迫中(我们假定)具有利益——这似乎过分了。这种诉诸为何可以成功?本书的探究可以作出一个初步回答。

在文化和道德伦理都很复杂的世界里,如果一个人无法倾听他者的声音,那就很难"讲得通"(make sense),也很难知道如何"继续"。从一开始我们就认为,我们所处的这个时代所面临的伦理挑战,是区域或全球空间的多重愿景。我们期待从一个精心规划且有效执行的计划中得到回报,这不仅取决于我们对区域或全球的愿景,而且取决于我们"解读"世界的能力。解读世界的能力越有限,我们的计划就越有可能产生难以预料的后果,因为当我们的区域或全球愿景与他者愿景交会时,我们将无法预测他者的回应与反应。因此,任何帝国计划都面临深深的困境。一方面,对处于压迫核心的他者声音的封闭,会危及压迫者有效行动的能力。另一方面,随着时间的推移,倾听他者的能力也削弱了压迫计划。因此，帝国主义者要摆脱这种困境的方法之一，便是摆脱帝国主义的"游戏"（game）。

尽管帝国主义（至少从长远来看）具有自我挫败的性质，但对压迫者来说，倾听他者的意见并非易事。去聆听对那些珍贵乃至神圣的事件及理想的替代性解释是痛苦的，尤其是当那些解释把他们自己描绘得残忍或不公正时。对那些压迫者而言，一旦认真考虑这样一种可能，他们便会感到痛苦，这种可能性意味着他者将压迫者的历史和理想视为他们学习、繁荣和相互共存的直接障碍。然而，承认自我参与了他者的痛苦能够产生哀痛之情，由此带来两种积极的结果。一是这种承认能够承认压迫者对自身造成了伤害（即自我造成的伤害），而这是为了否认共同压迫所必需的。承认这种伤害似乎是走向任何自我治愈的先决条件。二是这一做法允许了压迫者承认自我与他者的重叠，并使其能够接触那些先前自我否定的隐性方面。我们可以将此理解为一种对孤独和异化的克服，这也意味着对共谋完成压迫的否定。正如费边所解释的，在这种共同的痛苦之中为自我和他者哀悼，可以逐渐缩小与他者共存在时间上的距离。在这种共存中，人们不再坚持这样一种自我——它的价值观和愿景——是一个排他的整体性观点。对压迫者来说这可能是一种损失，但也是获得更大收益的先决条件。放弃对排他性的要求，实际上是参与整体的代价。认识到自己的特殊性是实现自我普遍性的一步。

如此一来，自利与伦理的语言可实现重叠。从理论上建立这种重叠一直是本书的任务之一。但努力使这种重叠成为现实，则是我们所有人需要共同面对的挑战。

注　释

1. 可能会有人反对将非暴力抵抗作为第三种选择。我们已经论证过，正如南迪所说，甘地的策略是对话式的，正因如此，才使得自我处于自我反省的过程中。我们将在下面回到这一问题。

参 考 文 献

"After the War Is Over" (2002) *The Economist,* April 13:25–27.

Agnew, John (1999) "Mapping Political Power beyond State Boundaries: Territory, Identity, and Movement in World Politics," *Millennium* 28:3:499–52.

Agnew, John, and Stuart Corbridge (1995) *Mastering Space: Hegemony, Territory, and International Political Economy.* New York: Routledge.

Albert, Mathias, Lothar Brock, and Klaus Dieter Wolf, eds. (2000) *Civilizing World Politics: Society and Community beyond the State.* Lanham, MD: Rowman and Littlefield.

Alexander, M.Jaqui, and Chandra Talpade Mohanty, eds. (1997) *Feminist Genealogies, Colonial Legacies, Democratic Futures.* New York and London: Routledge.

Allen, Don Cameron (1963) *The Legend of Noah: Renaissance Rationalism in Art, Science, and Letters.* Urbana: University of Illinois Press.

Almond, Gabriel A (1960) "Introduction: A Functional Approach to Political Systems," in Gabriel A.Almond and James S.Coleman, eds., *The Politics of Developing Areas,* pp. 3–64. Princeton, NJ: Princeton University Press.

Almond, Gabriel A (1978) "Comparative Politics," in Paul G.Lewis et al., eds., *The Practice of Comparative Politics: A Reader,* 2nd edition, pp. 20–29. New York: Longman.

Almond, Gabriel A, James S.Coleman, and Lucian W.Pye (1966) "Foreword," in Lucian W.Pye, *Aspects of Political Development: An Analytic Study,* pp. v–vi. Boston: Little, Brown.

Almond, Gabriel A, and G.Bingham Powell, Jr. (1966) *Comparative Politics: A Developmental Approach.* Boston: Little, Brown.

Almond, Gabriel A, and Sydney Verba (1965) *The Civic Culture: Political Attitudes and Democracy in Five Nations.* Boston: Little, Brown.

Amin, Samir (1989) *Eurocentrism.* New York: Monthly Review Press.

Anderson, Benedict (1983) *Imagined Communities: Reflections on the Origin and Spread of Nationalism.* London: Verso.

Anderson, James (1996) "The Shifting Stage of Politics: New Medieval and Postmodern Territorialities," *Environment and Planning D: Society and Space* 14:2:133–53.

Anderson, Terry L. (1991) "The Property Rights Paradigm: An Introduction," in Terry L.Anderson, ed., *Property Rights and Indian Economies,* pp. 1–4. Lanham, MD: Rowman and Littlefield.

Anghie, Antony (1996) "Francisco de Vitoria and the Colonial Origins of International Law," *Social and Legal Studies* 5(3):321–36.

Annan, Kofi A. (2000) *"We the Peoples": The Role of the United Nations in the 21st Century.* New York: United Nations.

Appadurai, Arjun (1996) *Modernity at Large: Cultural Dimensions of Globalization.* Minneapolis: University of Minnesota Press.

Apter, David (1965) *The Politics of Modernization.* Chicago: University of Chicago Press.

Apter, David (1971) "Comparative Studies: A Review with Some Projections," in Ivan Vallier, ed., *Comparative Methods in Sociology: Essays on Trends and Applications,* pp. 3–18. Berkeley: University of California Press.

Armitage, David (1995) "The New World and British Historical Thought: From Richard Hakluyt to William Robertson," in Karen Ordahl Kupperman, ed., *America in European Consciousness, 1493–1750,* pp. 52–75. Chapel Hill: University of North Carolina Press.

Arneil, Barbara (1994) "Trade, Plantations, and Property: John Locke and the Economic Defense of Colonialism," *Journal of the History of Ideas* 54(4):591–609.

Asch, Ronald G. (1997) *The Thirty Years' War: The Holy Roman Empire and Europe, 1618–1648.* New York: St. Martin's Press.

Ashcraft, Richard (1972) "Leviathan Triumphant: Thomas Hobbes and the Politics of Wild Men," in Edward Dudley and Maximillian E.Novak, eds., *The Wild Man Within: An Image in Western Thought from the Renaissance to Romanticism,* pp. 141–81. Pittsburgh: University of Pittsburgh Press.

Ashley, Richard K. (1983) "Three Modes of Economism," *International Studies Quarterly* 27(4): 465–99.

Ashley, Richard K. (1988) "Untying the Sovereign State: A Double Reading of the Anarchy Problematique," *Millennium* 17(2):227–62.

Banuri, Tariq (1990) "Modernization and Its Discontents: A Cultural Perspective on the Theories of Development," in Frederique Apffel-Marglinand Stephen A.Marglin, eds., *Dominating Knowledge: Development, Culture, Resistance,* pp. 73–101. Oxford: Clarendon Press.

Barber, Benjamin (1995). *Jihad vs. McWorld: How Globalism and Tribalism Are Reshaping the World.* New York: Ballantine.

Barkawi, Tarak, and Mark Laffey (1999) "The Imperial Peace: Democracy, Force, and Globalization," *European Journal of International Relations* 5(4):403–34.

Baumgold, Deborah (1993) "Pacifying Politics: Resistance, Violence, and Accountability in Seventeenth-Century Contract Theory" *Political Theory* 21(1):6–27.

Becker, Carl L. (1932) *The Heavenly City of the Eighteenth-Century Philosophers.* New Haven, CT: Yale University Press.

Beitz, Charles R. (1979) *Political Theory and International Relations.* Princeton, NJ: Princeton University Press.

Beitz, Charles R. (1991) "Sovereignty and Morality in International Affairs," in David Held , ed., *Political Theory Today,* pp. 236–54. Stanford, CA: Stanford University Press .

Bellah, Robert, et al. (1985) *Habits of the Heart: Individualism and Commitment in American Life.* New York: Perennial Library.

Benjamin, Jessica (1988) *The Bonds of Love: Psychoanalysis, Feminism, and the Problem of Domination.* New York: Pantheon.

Berger, Suzanne, and Ronald Dore, eds. (1996) *National Diversity and Global Capitalism.* Ithaca, NY: Cornell University Press.

Bergsten, C.Fred (2001) "America's Two-Front Economic Conflict," *Foreign Affairs* 80 (2):16–27. Bernard, Mitchell (1997) "Ecology, Political Economy, and the Counter Movement: Karl Polanyi and the Second Great Transformation," in Stephen Gill and James H.Mittelman, eds., *Innovation and Transformation in International Studies,* pp. 75–89. Cambridge: Cambridge University Press.

Bernstein, Richard J. (1991) *The New Constellation: The Ethical-Political Horizons of Modernity/Postmodernity.* Cambridge, MA: MIT Press.

Berry, Christopher J. (1997) *Social Theory of the Scottish Enlightenment* Edinburgh: Edinburgh University Press.

Berthoud, Gerald (1990) "Toward a Comparative Approach: The Contribution of Karl Polanyi," in Kari Polanyi-Levitt, ed., *The Life and Work of Karl Polanyi: A Celebration,* pp. 171–181. New York and Montreal: Black Rose.

Bickford, Susan (1996) *The Dissonance of Democracy: Listening, Conflict, Citizenship.* Ithaca, NY, and New York: Cornell University Press.

Binder, Leonard (1971) "Crises of Political Development," in Leonard Binder et al., *Crises and Sequences in Political Development,* pp. 3–72. Princeton, NJ: Princeton University Press.

Birchfield, Vicki (1999) "Contesting the Hegemony of Market Ideology: Gramsci's 'Good Sense' and Polanyi's 'Double Movement,'" *Review of International Political Economy* 6(1):27–54.

Bishop, John Douglas (1997) "Locke's Theory of Original Appropriation and the Right of Settlement in Iroquois Territory," *Canadian Journal of Philosophy* 27(1):311–37.

Black, C.E. (1971) "Modernization," in Donald Hancock and Dankwart A.Rustow, eds., *American Foreign Policy in International Perspective,* pp. 5–25. Englewood Cliffs, NJ: Prentice Hall.

Blainey, Geoffrey (1988) *The Causes of War.* New York: Free Press.

Blaney, David L. (1992) "Equal Sovereignty and an African Statehood: Tragic Elements in the African Agenda in World Affairs," in Chih-yu Shih and Martha Cottam, eds., *Contending Dramas: A Cognitive Approach to International Organizations,* pp. 211–26. New York: Praeger.

Blaney, David L. (1996) "Reconceptualizing Autonomy: The Difference Dependency Theory Makes," *Review of International Political Economy* 3(3):459–97.

Blaney, David L. (2001) "Realist Spaces/Liberal Bellicosities: Reading the Democratic Peace as World Democratic Theory," in Tarak Barkawi and Mark Laffey, eds., *Democracy, Liberalism, War: Rethinking the Democratic Peace Debates,* pp. 25–44. Boulder, CO: Lynne Rienner.

Blaney, David L, and Naeem Inayatullah (1994) "Prelude to a Conversation of Cultures in International Society? Todorov and Nandy on the Possibility of Dialogue," *Alternatives* 19(1): 23–51.

Blaney, David L., and Naeem Inayatullah (1996) "The Third World and a Problem with Borders," in Mark E.Denham and Mark Owen Lombardi, eds., *Perspectives on Third World Sovereignty: The Postmodern Paradox,* pp. 83–101. New York: St. Martin's.

Blaney, David L., and Naeem Inayatullah (1998) "International Political Economy as a Culture of Competition," in Dominique Jacquin-Berdal, Andrew Oros, and Marco Verweij, eds., *Culture in World Politics,* pp. 61–88. London: Macmillan.

Blaney, David L., and Naeem Inayatullah (2000) "The Westphalian Deferral," *International Studies Review* 2(2):25–44.

Blaney, David L., and Mustapha Kamal Pasha (2000) "The (In) Civility of Global Civil Society," manuscript, Macalester College and American University.

Blickle, Peter (1984) "Social Protest and Reformation Theology," in Kaspar von Grezerz, ed., *Religion, Politics, and Social Protest.* Boston: George Allen and Unwin.

Blinken, Anthony J. (2001) "The False Crisis over the Atlantic," *Foreign Affairs* 80(3): 35–48.

263

Block, Fred, and Margaret R.Somers (1984) "Beyond the Economistic Fallacy: The Holistic Social Science of Karl Polanyi," in Theda Skocpol, ed., *Vision and Method in Historical Sociology,* pp. 47–84. Cambridge: Cambridge University Press.

Booth, William James (1994) "On the Idea of the Moral Economy," *American Political Science Review* 88(3):653–67.

Boucher, David (1998) *Political Theories of International Relations.* Oxford: Oxford University Press.

Brecher, Jeremy, John Brown Childs, and Jill Cutler (1993) *Global Visions: Beyond the New World Order.* Boston: South End.

Brecht, Bertolt (1995) *Mother Courage and Her Children.* London: Methuen.

Brenner, Neil (1999a) "Beyond State-Centrism? Space, Territoriality, and Geographical Scale in Globalization Studies" *Theory and Society* 28(1):39–78.

Brenner, Neil (1999b) "Globalisation as Reterritorialisation: The Re-scaling of Urban Governance in the European Union," *Urban Studies* 36(3):431–51.

Brewer, John, and Susan Staves (1995) "Introduction," in John Brewer and Susan Staves, eds., *Early Modern Conceptions of Property,* pp. 1–20. London and New York: Routledge.

Bright, Charles, and Michael Geyer (1987) "For a Unified History of the World in the Twentieth Century," *Radical History Review* 39(fall):69–91.

Brightwell, Peter (1979) "The Spanish Origins of the Thirty Years' War," *European Studies Review* 9(4):409–31.

Brint, Michael (1991) *A Genealogy of Political Culture.* Boulder, CO: Westview.

Brown, Chris (1992) *International Relations Theory: New Normative Approaches.* New York: Columbia University Press.

Brown, Chris (2000) "Moral Agency and International Society: Reflections on Norms, Southampton FC, the Gulf War, and the Kosovo Campaign," mimeograph, ISA Conference, Los Angeles, CA, March 14–18.

Buchanan, Allen (1992) "Self-Determination and the Right to Secede," *Journal of International Affairs* 45(2):348–65.

Bull, Hedley (1966) "The Grotian Conception of International Society," in Martin Wight and Herbert Butterfield, eds., *Diplomatic Investigations: Essays in the Theory of International Politics,* pp. 51–73. Cambridge, MA: Harvard University Press.

Bull, Hedley (1977) *The Anarchical Society: A Study of Order in World Politics.* New York: Columbia University Press.

Bull, Hedley (1984) "The Revolt Against the West," in Hedley Bull and Adam Watson, eds., *The Expansion of International Society,* pp. 217–28. Oxford: Clarendon.

Bull, Hedley, and Adam Watson (1984) "Conclusion," in Hedley Bull and Adam Watson, eds., *The Expansion of International Society,* pp. 425–35. Oxford: Clarendon.

Burch, Kurt (1998) *"Property" and the Making of the International System.* Boulder, CO, and London: Lynne Rienner.

Butalia, Urvashi (2000) *The Other Side of Silence: Voices from the Partition of India.* Durham, NC: Duke University Press.

Buzan, Barry (1991) *People, States, and Fear: An Agenda for International Security Issues in the Post-Cold War Era.* Boulder, CO, and London: Lynne Rienner.

Calhoun, Craig (1995) *Critical Social Theory: Culture, History, and the Challenge of Difference.* Oxford: Blackwell.

Campbell, David (1992) *Writing Security: United States Foreign Policy and the Politics of Identity.* Minneapolis: University of Minnesota Press.

Cangiani, Michele (2000) "The Continuing Crisis of Democracy," in Kenneth McRobbie and Kari Polanyi-Levitt, eds., *Karl Polanyi in Vienna: The Contemporary Significance of the Great Transformation,* pp. 32–46. New York and Montreal: Black Rose.

Caporaso, James A. (1993) "Global Political Economy," in A.Finiter, ed., *Political Science: The State of the Discipline,* pp. 451–81. Washington, D.C.: American Political Science Association.

Carr, E.H. (1964 [1939]) *The Twenty Years' Crisis, 1919–1939: An Introduction to the Study of International Relations.* New York: Harper and Row.

Cerny, Phillip G. (1995) "Globalization and the Changing Logic of Collective Action," *International Organization* 49(4):595–625.

Cerny, Phillip G. (2000) "Political Globalization and the Competition State," in Richard Stubbs and Geoffrey R.D.Underhill, eds., *Political Economy and the Changing Global Order,* pp. 100–9. Oxford: Oxford University Press.

Cerny, Phillip G. (2001) "From 'Iron Triangles' to 'Golden Pentagles'? Globalizing the Policy Process," *Global Governance* 7(4):397–410.

Certeau, Michel de (1980) "Writing vs. Time: History and Anthropology in the Works of Lafitau," *Yale French Studies* 59–60:37–64.

Certeau, Michel de (1986) *Heterologies: Discourse on the Other,* translated by Brian Massumi. Minneapolis: University of Minnesota Press.

Certeau, Michel de (1988) *The Writing of History,* translated by Tom Conley. New York: Columbia University Press.

Chakrabarty, Dipesh (2000) *Provincializing Europe: Postcolonial Thought and Historical Difference.* Princeton, NJ: Princeton University Press.

Chan, Stephen, Peter Mandaville, and Roland Bleiker (2001) *The Zen of International Relations: IR Theory from East to West.* London: Palgrave.

Chan, Steve (1997) "In Search of Democratic Peace: Problems and Promise," *Mershon International Studies Review* 41(supplement 1):59–91.

Chandler, David (1999) *Bosnia: Faking Democracy after Dayton.* London: Pluto Press.

Chandler, David (2001) "The Rise of Military Humanitarianism: How the Human Rights NGOs Shaped a New Humanitarian Agenda," *Human Rights Quarterly* 23(3):678–700.

Chandra, Vikram (1995) *Red Earth and Pouring Rain.* Boston: Little Brown.

Chatterjee, Partha (1995) "Religious Minorities and the Secular State: Reflections on an Indian Impasse," *Public Culture* 8(1):11–39.

Cheah, Pheng (1998) "Introduction Part II: The Cosmopolitical—Today," in Pheng Cheah and Bruce Robbins, eds., *Cosmopolitics: Thinking and Feeling beyond the Nation,* pp. 20–41. Minneapolis: University of Minnesota Press.

Cheah, Pheng, and Bruce Robbins, eds. (1998) *Cosmopolitics: Thinking and Feeling beyond the Nation.* Minneapolis: University of Minnesota Press.

Chesin, Amir, Bill Hutman, and Avi Melamed (1999) *Separate and Unequal: The Inside Story of Israeli Rule in East Jerusalem.* Cambridge, MA: Harvard University Press.

Chilcote, Ronald H. (1981) *Theories of Comparative Politics: The Search for a Paradigm.* Boulder, CO: Westview.

Chowdhry, Geeta, and Sheila Nair, eds. (2002) *Power, Postcolonialism, and International Relations: Race, Gender, and Class.* New York: Routledge.

Clark, Ian (1989) *The Hierarchy of States: Reform and Resistance in the International Order.* Cambridge: Cambridge University Press.

Clifford, James (1988) *Writing Culture: The Poetics and Politics of Ethnography.* Cambridge, MA: Harvard University Press.

Coleman, James S. (1971) "The Development Syndrome: Differentiation, Equality, Capacity," in Leonard Binder, et al., *Crises and Sequences in Political Development*, pp. 73–100. Princeton, NJ: Princeton University Press.

Collingwood, R.G. (1933) *Essay on Philosophical Method*. Oxford: Oxford University Press.

Collingwood, R.G. (1946) *The Idea of History*. Oxford: Oxford University Press.

Collingwood, R.G. (1981 [1945]) *The Idea of Nature*. Oxford: Oxford University Press.

Comor, Edward (2001) "The Role of Communication in Global Civil Society: Forces, Processes, Prospects," *International Studies Quarterly* 45(3):389–408.

Congdon, Lee (1990) "The Sovereignty of Society: Polanyi in Vienna," in Kari Polanyi-Levitt, ed., *The Life and Work of Karl Polanyi: A Celebration*, pp. 78–84. New York and Montreal: Black Rose.

Connolly, William E. (1995) *The Ethos of Pluralization*. Minneapolis: University of Minnesota Press.

Connolly, William E. (1999) *Why I Am Not a Secularist*. Minneapolis: University of Minnesota Press.

Cowen, C.W., and R.W.Shenton (1996) *Doctrines of Development*. New York: Routledge.

Creppell, Ingrid (1996) "Locke on Toleration: The Transformation of Constraint," *Political Theory* 24(2):200–40.

Cro, Stelio (1994) "Classical Antiquity, America, and the Myth of the Noble Savage," in Wolfgang Hasse and Meyer Reinhold, eds., *The Classical Tradition and the Americas*, volume 1, pp. 379–418. New York: Walter De Gruyter.

Crush, Jonathan, ed. (1995) *Power of Development*. London and New York: Routledge.

Dahrendorf, Ralf (2001) "Can European Democracy Survive Globalization," *The National Interest* 65(fall):17–22.

Dallmayr, Fred (1996) *Beyond Orientalism: Essays on Cross-Cultural Encounter*. Albany, NY: SUNY Press.

Dalton, George (1965) "Primitive, Archaic, and Modern Economies: Karl Polanyi's Contribution to Economic Anthropology and Comparative Economy," in June Helm, ed., *Essays in Economic Anthropology: Dedicated to the Memory of Karl Polanyi*, pp. 1–24. Seattle: University of Washington Press.

Dalton, George, ed. (1968) *Primitive, Archaic, and Modern Economies: Essays of Karl Polanyi*. Garden City, NY: Anchor.

Dalton, George (1981) "Introduction: Economic Anthropology and History: The Work of Karl Polanyi," in George Dalton, ed., *Research in Economic Anthropology*, volume 4, pp. 1–3. Greenwich, CT: JAI Press.

Dalton, George (1990) "Writings That Clarify Theoretical Disputes over Karl Polanyi's Work," in Kari Polanyi-Levitt, ed., *The Life and Work of Karl Polanyi: A Celebration*, pp. 161–70. New York and Montreal: Black Rose.

Dev, Rajesh (1998) "Indian Federal Dialectics: The Naga Crisis," in Kousar J.Azam, ed., *Federalism and Good Governance: Issues across Cultures*, pp. 254–60. New Delhi: South Asian Publishers.

Diamond, Larry (1990) "Beyond Authoritarianism and Totalitarianism," in Brad Roberts, ed., *The New Democracies: Global Change and U.S. Policy*, pp. 227–49. Cambridge, MA: MIT Press.

Doyle, Michael, W. (1983) "Kant, Liberal Legacies, and Foreign Affairs," parts 1 and 2, *Philosophy and Public Affairs* 12(3–4):205–35, 323–53.

Dumper, Michael (1997) *The Politics of Jerusalem since 1967.* New York: Columbia University Press.

Dunne, Timothy, and Nicholas J.Wheeler, eds. (1999) *Human Rights in Global Politics.* Cambridge: Cambridge University Press.

Dussel, Enrique (1995) *The Invention of the Americas: Eclipse of "the Other" and the Myth of Moder nity.* New York: Continuum.

Edwards, Charles S. (1981) *Hugo Grotius and the Miracle of Holland: A Study in Legal and Political Thought.* Chicago: Nelson Hall.

Eire, Carlos M.N. (1986) *War against the Idols: The Reformation of Worship from Erasmus to Calvin.* Cambridge: Cambridge University Press.

Elliot, J.H. (1995) "Final Reflections," in Karen Ordahl Kupperman, ed., *America in European Consciousness, 1493–1750,* pp. 391–408. Chapel Hill: University of North Carolina Press.

Encarnacion, Omar G. (2000) "Tocqueville's Missionaries: Civil Society Advocacy and the Promotion of Democracy," *World Policy Journal* 17(1):9–18.

Eriksen, Thomas H., and Iver Neumann (1993) "International Relations as a Cultural System: An Agenda for Research," *Cooperation and Conflict* 28(3):233–64.

Escobar, Arturo (1995) *Encountering Development: The Making and Unmaking of the Third World.* Princeton, NJ: Princeton University Press.

Esteva, Gustavo (1992) "Development," in Wolfgang Sachs, ed., *The Development Dictionary: A Guide to Knowledge as Power,* pp. 6–25. London: Zed.

Fabian, Johannes (1983) *Time and the Other: How Anthropology Makes Its Object.* New York: Columbia University Press.

Falk, Richard (1995) *On Humane Governance: Toward a New Global Politics.* Cambridge: Polity.

Falk, Richard (1997) "State of Siege: Will Globalization Win Out?" *International Affairs* 73(1): 123–36.

Falk, Richard (2000) "Humane Governance for the World: Reviving the Quest," *Review of International Political Economy* 7(2):317–34.

Fanon, Frantz (1968) *The Wretched of the Earth.* New York: Grove.

Fenton, William N., and Elizabeth L.Moore (1974) "Introduction," in *Customs of the American Indians Compared with the Customs of the Primitive Times,* pp. xlviii–xlix. Toronto: Champlain Society.

Ferguson, James (1994) *The Anti-Politics Machine: "Development," Depoliticization, and Bureaucratic Power in Lesotho.* Minneapolis: University of Minnesota Press.

Ferguson, Kennan (1996) "Unmapping and Remapping the World: Foreign Policy as an Aesthetic Practice," in Michael J.Shapiro and Hayward R.Alker, eds., *Challenging Boundaries: Global Flows, Territorial Identities,* pp. 165–91. Minneapolis: University of Minnesota Press.

Fitzgerald, Frances (1986) *Cities on a Hill: A Journey through Contemporary American Cultures.* New York: Simon and Schuster.

Forbes, Duncan (1982) "Natural Law and the Scottish Enlightenment," in R.H.Campbell and Andrew S.Skinner, eds., *The Origins and Nature of the Scottish Enlightenment,* pp. 186–204. Edinburgh: John Donald.

Forde, Steven (1992) "Varieties of Realism: Thucydides and Machiavelli," *Journal of Politics* 54(2): 372–93.

Forment, Carlos (1996) "Peripheral Peoples and Narrative Identities: Arendtian Reflections on Late Modernity," in Seyla Benhabib, ed., *Democracy and Difference:*

Contesting the Boundaries of the Political, pp. 314–30. Princeton, NJ: Princeton University Press.

Fraser, Nancy (1990) "Talking about Needs: Interpretive Contests as Political Conflicts in Welfare-State Societies," in Cass R.Sunstein, ed., *Feminism and Political Theory,* pp. 159–81. Chicago: University of Chicago Press.

Friedman, Jonathan (1983) "Civilizational Cycles and the History of Primitivism," *Social Analysis* 14(December):31–52.

Friedman, Jonathan (1990) "Being in the World: Globalization and Fragmentation," *Theory, Culture, and Society* 7(2–3):311–28.

Friedman, Thomas (1999) *The Lexus and the Olive Tree.* New York: Farrar, Straus, and Giroux.

Friedrich, Carl, and Charles Blitzer (1957) *The Age of Power.* Ithaca, NY: Cornell University Press.

Galston, William A. (1986) "Liberalism and Public Morality," in A.J.Damico, ed., *Liberals on Liberalism,* pp. 129–47. Totowa, NJ: Rowman and Littlefield.

Galston, William A. (1991) *Liberal Purposes: Goods, Virtues, and Diversity in the Liberal State.* Cambridge: Cambridge University Press.

Gay, Peter (1964) "Introduction," in Peter Gay, ed., *John Locke on Education,* pp. 1–17. New York: Teachers College Press, Columbia University.

Geertz, Clifford (1963) "The Integrative Revolution: Primordial Sentiments and Civil Politics in the New States," in Clifford Geertz, ed., *Old Societies and New States: The Quest for Modernity in Asia and Africa,* pp. 105–57. New York: Free Press.

Geertz, Clifford (1973) *The Interpretation of Cultures.* New York: Basic.

Geertz, Clifford (1986) "The Uses of Diversity," *Michigan Quarterly Review* 21(1): 105–23.

Ghosh, Amitav (1992) *In an Antique Land: History in the Guise of a Traveler's Tale.* New York: Vintage.

Giard, Luce (1991) "Epilogue: Michel de Certau's Heteorology and the New World," *Representations* 33(winter):212–21.

Gibbins, John R. (1989) "Contemporary Political Culture: An Introduction," in John R.Gibbins, ed., *Contemporary Political Culture: Politics in a Postmodern Age,* pp. 1–30. London: Sage.

Giddens, Anthony (1979) *Central Problems in Social Theory: Action, Structure, and Contradiction in Social Analysis.* Berkeley: University of California Press.

Gilbert, Alan (1989) "Rights and Resources," *Journal of Value Inquiry* 23(3):227–47.

Gill, Stephen (1996) "Globalization, Democratization, and the Politics of Indifference," in James H. Mittelman, ed., *Globalization: Critical Reflections,* IPE Yearbook vol. 9, pp. 205–28. Boulder, CO: Lynne Rienner.

Gill, Stephen, and David Law (1988) *The Global Political Economy.* Baltimore: Johns Hopkins University Press.

Gill, Stephen, and David Law (1993) "Global Hegemony and the Power of Capital," in Stephen Gill, ed., *Gramsci, Historical Materialism, and International Relations,* pp. 93–124. Cambridge: Cambridge University Press.

Gilpin, Robert (1987) *The Political Economy of International Relations.* Princeton, NJ: Princeton University Press.

Gilpin, Robert (2001) *Global Political Economy: Understanding the International Economic Order.* Princeton, NJ: Princeton University Press.

Girvin, Brian (1989) "Change and Continuity in Liberal Democratic Political Culture," in John R. Gibbins, ed., *Contemporary Political Culture: Politics in a Postmodern Age*, pp. 31–51. London: Sage.

Gliozzi, G. (1977) *Adamo e il nuovo mondo*. Florence: La Nuova Italia.

Goldstein, Judith, and Robert O.Keohane, eds. (1993) *Ideas and Foreign Policy: Beliefs, Institutions, and Political Change*. Ithaca, NY: Cornell University Press.

Gong, Gerritt (1984) *The "Standard of Civilization" in International Society*. Oxford: Clarendon.

Gong, Gerritt (1998) "Standards of Civilization Today," paper presented at the 3rd Pan-European International Relations Conference, Vienna, Austria, August 14.

Grafton, Anthony (1992) *New Worlds, Ancient Texts: The Power of Tradition and the Shock of Discovery*. Cambridge, MA: Harvard University Press.

Gray, John (1998) "Where Pluralists and Liberals Part Company," *International tional Journal of Philosophic Studies* 6(1):17–36.

Gregory, Brad S. (1999) *Salvation at Stake: Christian Martyrdom in Early Modern Europe*. Cambridge, MA: Harvard University Press.

Greenblatt, Stephen J. (1976) "Learning to Curse: Aspects of Linguistic Colonialism in the Sixteenth Century," in Fredi Chiappelli, ed., *First Images of America: The Impact of the New World on the Old*, volume 2, pp. 561–80. Berkeley: University of California Press.

Greenblatt, Stephen J. (1991) *Marvelous Possessions: The Wonder of the New World*. Chicago and London: University of Chicago Press.

Greider, William (1997) *One World, Ready or Not: The Manic Logic of Global Capitalism*. New York: Simon and Schuster.

Grisel, Etienne (1976) "The Beginnings of International Law and General Public Law Doctrine: Francisco de Vitoria's *De Indiis prior*" in Fredi Chiappelli, ed., *First Images of America: The Impact of the New World on the Old*, volume 1, pp. 305–25. Berkeley: University of California Press.

Gross, Leo (1968) "The Peace of Westphalia, 1648–1948," in Richard A.Falk and W.Hanreider, eds., *International Law and Organization*, pp. 45–67. New York: J.B.Lippincott.

Grotius, Hugo (1925 [1625]) *De Jure Belli Ac Pacis Libri Tres*, translated by Francis W.Kelsey. Oxford: Clarendon Press.

Grotius, Hugo (1964 [1604]) *De Jure Praedae Commentarius*, translated by G.L.Williams with W.H.Zeydel. New York: Oceana.

Grovogui, Siba N. (1996) *Sovereigns, Quasi-Sovereigns, and Africans*. Minneapolis and London: University of Minnesota Press.

Gupta, Sulekh Chandra (1963) *Agrarian Relations and Early British Rule in India*. New York: Asia Publishing House.

Gusfield, Joseph R. (1967) "Tradition and Modernity: Misplaced Polarities in the Study of Social Change," *American Journal of Sociology* 72(4):351–62.

Gutmann, Myron P. (1988) "The Origins of the Thirty Years' War," *Journal of Interdisciplinary History* 18(4):749–70.

Haakonssen, Knud (1996) *Natural Law and Moral Philosophy: From Grotius to the Scottish Enlightenment*. New York: Cambridge University Press.

Haas, Ernst B. (1990) *When Knowledge Is Power: Three Models of Change in International Organizations*. Berkeley: University of California Press.

Haggenmacher, Peter (1990) "Grotius and Gentili: A Reassessment of Thomas E.Holland's Inaugural Lecture," in Benedict Kingsbury and Adam Roberts, eds., *Hugo Grotius and International Relations,* pp. 133–76. Oxford: Clarendon Press.

Hague, Rod, Martin Harrop , and Shaun Breslin (1998) *Political Science: A Comparative Introduction,* 2nd ed. New York: Worth.

Halperin, Rhoda H. (1984) "Polanyi, Marx, and the Institutional Paradigm in Economic Anthropology," in *Research in Economic Anthropology,* volume 6, pp. 245–72. Greenwhich, CT: JAI Press.

Halperin, Sandra (2002) *War and Social Change in Modern Europe: The Great Transformation Revisited.* Cambridge: Cambridge University Press.

Hamm, Brigitte I. (2001) "A Human Rights Approach to Development," *Human Rights Quartely* 23(4):1005–31.

Hanke, Lewis (1937) "Pope Paul III and the American Indians," *Harvard Theological Review* 30(2): 65–102.

Hanke, Lewis (1941) "The Development of Regulations for Conquistadors," in *Contibuciones para el estudio de la historia de America,* pp. 71–88. Buenos Aires: Peuser.

Hanke, Lewis (1949) *The Spanish Struggle for Justice in the Conquest of America.* Philadelphia: University of Pennsylvania Press.

Hanke, Lewis (1959) *Aristotle and the American Indians: A Study in Race Prejudice in the Modern World.* London: Hollis and Carter.

Hann, C.M. (1998) "Introduction: The Embeddedness of Property," in C.M.Hann, ed., *Property Relations: Renewing the Anthropological Tradition,* pp. 1–47. Cambridge: Cambridge University Press.

Hannerz, Ulf (1990) "Cosmopolitans and Locals in Global Culture," *Theory, Culture, and Society* 7(2–3):237–51.

Hannerz, Ulf (1992) *Cultural Complexity: Studies in the Social Organization of Meaning.* New York: Columbia University Press.

Hannerz, Ulf (1996) *Transnational Connections: Culture, People, Places.* New York: Routledge.

Hannum, Hurst (1990) *Autonomy, Sovereignty, and Self-Determination: The Accommodating of Conflicting Rights.* Philadelphia: University of Pennsylvania Press.

Harris, Ian (1994) "The Politics of Christianity," in G.A.J.Rogers, ed., *Locke's Philosophy: Content and Contexts,* pp. 197–215. Oxford: Clarendon University Press.

Harvey, David (1989) *The Condition of Postmodernity.* Cambridge, MA: Basil Blackwell.

Harvey, David (2000) *Spaces of Hope.* Berkeley and London: University of California Press.

Hayek, Friedrich A. (1944) *The Road to Serfdom.* Chicago: University of Chicago Press.

Hayek, Friedrich A. (1960) *The Constitution of Liberty.* Chicago: University of Chicago Press.

Hayek, Friedrich A. (1973) *Law, Legislation, and Liberty,* volume 1: *Rules and Order.* Chicago: University of Chicago Press.

Hayek, Friedrich A. (1976) *Law, Legislation, and Liberty,* volume 2: *The Mirage of Social Justice.* Chicago: University of Chicago Press.

Hayek, Friedrich A. (1979) *Law, Legislation, and Liberty,* volume 3: *Political Order of a Free People.* Chicago: University of Chicago Press.

Head, Randolph C. (1998) "Introduction: The Transformations of the Long Sixteenth Century," in John Christian Laursen and Cary J.Nederman, eds., *Beyond the*

Persecuting Society: Religious Toleration before the Enlightenment, pp. 95–106. Philadelphia: University of Pennsylvania Press.

Headley, John M. (1995) "Campanella, America, and World Evangelization," in Karen Urdahl Kupperman, ed., *America in European Consciousness, 1493–1750,* pp. 243–71. Chapel Hill: University of North Carolina Press.

Headley, John M. (1997) *Tomasso Campanella and the Transformation of the World.* Princeton, NJ: Princeton University Press.

Hechter, Michael (1981) "Polanyi's Social Theory: A Critique," *Politics and Society* 10 (4):399–429.

Hegel, G.W.F. (1991 [1821]) *Elements of the Philosophy of Right,* edited by Allen G.Wood. Cambridge: Cambridge University Press.

Held, David (1995) *Democracy and the Global Order: From the Modern State to Cosmopolitan Governance.* Stanford, CA: Stanford University Press.

Helleiner, Eric (1994) *States and the Reemergence of Global Finance: From Bretton Woods to the 1990s.* Ithaca, NY: Cornell University Press.

Hellenier, Eric (2000) "Globalization and *Haute Finance—Déjà vu?*" in Kenneth McRobbie and Kari Polanyi-Levitt, eds., *Karl Polanyi in Vienna: The Contemporary Significance of the Great Transformation,* pp. 12–31. Montreal and New York: Black Rose.

Herz, John (1950) "Idealist Internationalism and the Security Dilemma," *World Politics* 2 (2): 157–80.

Herz, John (1959) *International Politics in the Atomic Age.* New York: Columbia University Press.

Hettne, Björn (1993) "Neo-Mercantilism: The Pursuit of Regionness," *Cooperation and Conflict* 28(3):311–32.

Hettne, Björn (1997) "The Double Movement: Global Market and Regionalism," in Robert W.Cox, ed., *The New Realism: Multilaterialism and World Order,* pp. 223–42. Tokyo: United Nations University Press.

Hill, Polly (1980) *Development Economics on Trial: The Anthropological Case for a Prosecution.* Cambridge: Cambridge University Press.

Hinsley, E H. (1986) *Sovereignty,* 2nd ed. Cambridge: Cambridge University Press.

Hirsch, Joachim (1995) "Nation-State, International Regulation, and the Question of Democracy," *Review of International Political Economy* 2(2):267–84.

Hobbes, Thomas (1996 [1651]) *Leviathan,* edited by Richard Tuck. Cambridge: Cambridge University Press.

Hodgen, Margaret T. (1964) *Early Anthropology in the Sixteenth and Seventeenth Centuries.* Philadelphia: University of Pennsylvania Press.

Hoffman, Mark (1991) "Restructuring, Reconstruction, Reinscription, Rearticulation: Four Voices in Critical International Theory," *Millennium* 20(2):169–85.

Holsti, Kalevi J. (1991) *Peace and War: Armed Conflicts and International Order, 1648–1989.* Cambridge: Cambridge University Press.

Honig, Bonnie (2001) *Democracy and the Foreigner.* Princeton, NJ: Princeton University Press.

Hopgood, Stephen (2000) "Reading the Fine Print in Global Civil Society: The Inexorable Hegemony of the Liberal Self," *Millennium* 29(1):1–25.

Huddleston, Lee Eldridge (1967) *Origins of the American Indians: European Concepts, 1492–1729.* Austin: University of Texas Press.

Humphreys, S.C. (1969) "History, Economics, and Anthropology: The Work of Karl Polanyi," *History and Theory* 8(2):165–212.

Huntington, Samuel P. (1969) *Political Order in Changing Societies.* New Haven, CT, and London: Yale University Press.

Huntington, Samuel P. (1975) "The United States," in Michael Crozier, Samuel P.Huntington, and Joji Watanuki, *The Crisis of Democracy: Report on the Governability of Democracies to the Trilateral Commission,* pp. 59–118. New York: New York University Press.

Huntington, Samuel P. (1987) "The Goals of Development," in Myron Weiner and Samuel P.Huntington, eds., *Understanding Political Development,* pp. 3–32. Glenview, IL: Scott Foresman.

Huntington, Samuel P. (1993) "The Clash of Civilizations?" *Foreign Affairs* 72(3):22–49.

Huntington, Samuel P., and Joan M.Nelson (1976) *No Easy Choices: Political Participation in Developing Countries.* Cambridge, MA: Harvard University Press.

Hurrell, Andrew, and Nagire Woods (1995) "Globalization and Inequality," *Millennium* 24 (3):447–70.

Hutchins, Francis G. (1967) *The Illusion of Permanence: British Imperialism in India.* Princeton, NJ: Princeton University Press.

Iacono, Alfonso M. (1994) "The American Indians and the Ancients of Europe: The Idea of Comparison and the Construction of Historical Time in the 18th Century," in Wolfgang Hasse and Meyer Reinhold, eds., *The Classical Tradition and the Americas,* volume 1, pp. 658–81. New York: Walter De Gruyter.

Inayatullah, Naeem (1996) "Beyond the Sovereignty Dilemma: Quasi-States as Social Construct," in Thomas J.Biersteker and Cynthia Weber, eds., *State Sovereignty as Social Construct,* pp. 50–80. Cambridge: Cambridge University Press.

Inayatullah, Naeem, and David L.Blaney (1995) "Realizing Sovereignty," *Review of International Studies* 21(1):3–20.

Inayatullah, Naeem, and David L.Blaney (1996) "Knowing Encounters: Beyond Parochialism in IR Theory," in Yosef Lapid and Friedrich Kratochwil, eds., *The Return of Culture and Identity in IR Theory,* pp. 65–84. Boulder, CO: Lynne Rienner.

Inayatullah, Naeem, and David L.Blaney (1997) "Economic Anxiety: Reification, De-reification, and the Politics of IPE," in Kurt Burch and Robert Denemark, eds., *Constituting International Political Economy,* pp. 59–77. Boulder, CO, and London: Lynne Reinner.

Inayatullah, Naeem, and David L.Blaney (1999) "Towards an Ethnological IPE: Karl Polanyi's Double Critique of Capitalism," *Millennium* 28(2):311–40.

Inkeles, Alex (1975) "The Emerging Social Structure of the World," *World Politics* 27 (4):467–95.

Islam, Sirajul (1979) *The Permanent Settlement in Bengal.* Dacca: Bengal Academy.

Islam, Sirajul (1988) *Bengal Land Tenure.* New Delhi: K.P.Bagchi.

Jackson, Robert H. (1990a) "Martin Wight, International Theory, and the Good Life," *Millennium* 19(2):261–72.

Jackson, Robert H. (1990b) *Quasi-States: Sovereignty, International Relations, and the Third World.* Cambridge: Cambridge University Press.

Jacquin-Berdal, Dominque, Andrew Oros, and Marco Verweij, eds. (1998) *Culture in World Politics.* London: Macmillan.

Jahn, Beate (1998) "One Step Forward, Two Steps Back: Critical Theory as the Latest Edition of Liberal Idealism," *Millennium* 27(3):613–41.

Jahn, Beate (1999) "IR and the State of Nature: The Cultural Origins of a Ruling Ideology," *Review of International Studies* 25(3):411–34.

Jahn, Beate (2000) *The Cultural Construction of International Relations*. New York: Palgrave.

Jelsma, Auke (1998) *Frontiers of the Reformation: Dissidence and Orthodoxy in Sixteenth-Century Europe*. Brookfield, VT: Ashgate.

Jervis, Robert (1978) "Cooperation under the Security Dilemma," *World Politics* 30(2): 167–214.

Jessop, Bob (1997) "Capitalism and Its Future: Remarks on Regulation, Government, and Governance," *Review of International Political Economy* 4(3):561–81.

Johnson Bagby, Laurie M. (1994) "The Use and Abuse of Thucydides in International Relations," *International Organizations* 48(1):131–53.

Johnston, David (1986) *The Rhetoric of Leviathan: Thomas Hobbes and the Politics of Cultural Transformation*. Princeton, NJ: Princeton University Press.

Jones, R.J. (1997) "Globalisation versus Community," *New Political Economy* 2(1): 39–51.

Jones, W.R. (1971) "The Image of the Barbarian in Medieval Europe," *Comparative Studies in Society and History* 13(4):376–407.

Jorgensen, Paul A. (1976) "Shakespeare's Brave New World," in Fredi Chiappelli, ed., *First Images of America: The Impact of the New World on the Old*, pp. 83–89. Berkeley: University of California Press.

Kalleberg, Arthur L. (1966) "The Logic of Comparison: A Methodological Note on the Comparative Study of Political Systems," *World Politics* 19(1):69–82.

Kamen, Henry (1967) *The Rise of Toleration*. New York: McGraw-Hill.

Katz, Claudio (1997) "Private Property versus Markets: Democratic and Communitarian Critiques of Capitalism," *American Political Science Review* 91(2):277–89.

Katzenstein, Peter J., ed. (1996) *The Culture of National Security: Norms and Identity in World Politics*. New York: Columbia University Press.

Keck, Margaret E., and Kathryn Sikkink (1998) *Activists across Borders: Advocacy Networks in International Politics*. Ithaca, NY, and New York: Cornell University Press.

Keene, Edward (1998) "International Theory and Practice in the 17th Century: A New Interpretation of the Significance of the Peace of Westphalia," manuscript, University of London.

Keene, Edward (2002) *Beyond the Anarchical Society: Grotius, Colonialism, and Order in World Politics*. New York and Cambridge: Cambridge University Press.

Kekes, John (1994) "Pluralism and the Value of Life," in Ellen F.Paul, Fred D.Miller, and Jeffrey Paul, eds., *Cultural Pluralism and Moral Knowledge*, pp. 44–60. Cambridge: Cambridge University Press.

Kennedy, Paul (1987) *The Rise and Fall of the Great Powers*. New York: Random House.

Keohane, Robert O. (2001) "Governance in a Partially Globalized World: Presidential Address, American Political Science Association, 2000," *American Political Science Review* 95(1):1–13.

Keohane, Robert O., and Joseph S.Nye(1977) *Power and Interdependence: World Politics in Transition*. Boston: Little, Brown.

Kingdon, Robert M. (1988) *Myths about the St. Bartholomew's Day Massacre, 1572–1576*. Cambridge, MA: Harvard University Press.

Kingsbury, Benedict, and Adam Roberts (1990) "Introduction: Grotian Thought in International Relations," in Benedict Kingsbury and Adam Roberts, eds., *Hugo Grotius and International Relations*, pp. 1–64. Oxford: Clarendon Press.

Klein, Claude, and Jonathan Kuttab (2000) "Education as a Paradigm," in Moshe Ma'oz and Sari Nusseibeh, eds., *Jerusalem: Beyond Points of Fiction*, pp. 73–90. The Hague: Kluwer Law International.

Klein, Menachem (2001) *Jerusalem: The Contested City*, translated by Haim Watzman. London: Hurst and Company and the Jerusalem Institute for Israel Studies.

Knight, Frank H. (1936) *The Ethics of Competition and Other Essays*. London: Allen and Unwin.

Kohn, Alfie (1986) *No Contest: The Case against Competition*. Boston: Houghton Mifflin.

Kothari, Rajni (1968) "Tradition and Modernity Revisited," *Government and Opposition* 3(3):273– 93.

Kothari, Rajni (1993) *Poverty: Human Consciousness and the Amnesia of Development*. London: Zed.

Kothari, Rajni (1995) "Under Globalization: Will Nation State Hold?" *Economic and Political Weekly* 30(26):1593–1603.

Kothari, Rajni (1997) "Globalization: A World Adrift," *Alternatives* 22(2):227–67.

Kraminick, Issac (1981) "Equal Opportunity and the Race of Life," *Dissent* 28(2): 178–87.

Krasner, Stephen D. (1993) "Westphalia and All That," in Judith Goldstein and Robert O.Keohane, eds., *Ideas and Foreign Policy: Beliefs, Institutions, and Political Change*, pp. 235–64. Ithaca, NY, and London: Cornell University Press.

Krasner, Stephen D. (1999) *Sovereignty: Organized Hypocrisy*. Princeton, NJ: Princeton University Press.

Kratochwil, Friedrich (1995) "Sovereignty as *Dominium:* Is There a Right of Humanitarian Intervention?" in Gene M.Lyons and Michael Mastanduno, eds., *Beyond Westphalia? State Sovereignty and International Intervention*, pp. 21–42. Baltimore, MD, and London: John Hopkins.

Kratochwil, Friedrich (2001) "The Politics of Place and Origin: An Enquiry into the Changing Boundaries of Representation, Citizenship, and Legitimacy," *International Relations of the Asia-Pacific* 1(1):143–65.

Krugman, Paul (1996) *Pop Internationalism*. Cambridge, MA: MIT Press.

Kurth, James (2001) "The Next NATO: Building an American Commonwealth of Nations," *National Interest* 65(fall):5–16.

Lacher, Hannes (1999a) "Embedded Liberalism, Disembedded Markets: Reconceptualizing the Pax Americana," *New Political Economy* 4(3):343–60.

Lacher, Hannes (1999b) "The Politics of the Market: Re-reading Polanyi" *Global Society* 13(4): 313–26.

Lamb, David (1979) *Language and Perception in Hegel and Wittgenstein*. Aldershot: Avebury.

Lane, Robert E. (1991) *The Market Experience*, Cambridge: Cambridge University Press.

Lane, Ruth (1997a) *The Art of Comparative Politics*. Boston: Allyn and Bacon.

Lane, Ruth (1997b) *The "Politics" Model: Political Science in Theory and Practice*. Armonk, NY: M.E.Sharpe.

Langer, Herbert (1980) *Thirty Years' War*. New York: Hippocrene.

Lapid, Yosef (1996) "Culture's Ship: Returns and Departures in International Relations Theory," in Yosef Lapid and Friedrich Kratochwil, eds., *The Return of Culture and Identity in IR Theory,* pp. 3–20. Boulder, CO, and London: Lynne Rienner.

Lapid, Yosef, and Friedrich Kratochwil, eds. (1996) *The Return of Culture and Identity in IR Theory.* Boulder, CO, and London: Lynne Rienner.

Lapidus, Ira M. (1988) *The History of Islamic Societies.* New York and Cambridge: Cambridge University Press.

Latham, Robert (1997) "Globalisation and Democratic Provisionism: Re-reading Polanyi," *New Political Economy* 2(1):53–63.

Laursen, John Christian (1998) "Introduction: Contexts and Paths to Toleration in the Seventeenth Century," in John Christian Laursen and Cary J.Nederman, eds., *Beyond the Persecuting Society: Religious Toleration before the Enlightenment,* pp. 169–77. Philadelphia: University of Pennsylvania Press.

Laursen, John Christian, and Cary J.Nederman (1998) "General Introduction: Political and Historical Myths in the Toleration Literature," John Christian Laursen and Cary J.Nederman, eds., *Beyond the Persecuting Society: Religious Toleration before the Enlightenment,* pp. 1–10. Philadelphia: University of Pennsylvania Press.

Lensu, Maria (1998) "Review of Andrew Linklater, *The Transformation of Political Community,*" *Millennium* 27(2):402–4.

Léry, Jean de (1990 [1578]) *History of a Voyage to the Land of Brazil.* Berkeley and Los Angeles: University of California Press.

Lestringant, Frank (1993) "The Philosopher's Breviary: Jean de Léry in the Enlightenment," in Stephen Greenblatt, ed., *New World Encounters,* pp. 127–38. Berkeley: University of California Press.

Levine, David P. (1978) *Economic Theory,* volume 1: *The Elementary Relations of Economic Life.* New York: Routledge.

Levine, David P. (1988) *Needs, Rights, and the Market.* Boulder, CO: Lynne Rienner.

Levine, David P. (1991) *The Fortress and the Market,* manuscript, University of Denver.

Levy, Marion J. (1966) *Modernization and the Structure of Societies: A Setting for International Affairs.* Princeton, NJ: Princeton University Press.

Lindberg, Carter (1996) *The European Reformation.* Oxford: Basil Blackwell.

Linklater, Andrew (1982) *Men and Citizens in the Theory of International Relations.* New York: St. Martin's Press.

Linklater, Andrew (1990) "The Problem of Community in International Relations," *Alternatives* 15(2):135–53.

Linklater, Andrew (1993) "Liberal Democracy, Constitutionalism, and the New World Order," in Richard Leaver and James L.Richardson, eds., *Charting the Post-Cold War Order,* pp. 29–38. Boulder, CO: Westview.

Linklater, Andrew (1995) "Neo-Realism in Theory and Pratice," in Ken Booth and Steve Smith, eds., *International Relations Theory Today,* pp. 241–62. University Park: Pennsylvania State University Press.

Linklater, Andrew (1996a) "The Achievements of Critical Theory," in Steve Smith, Ken Booth, and Marysia Zalewski, eds., *International Theory: Positivism and Beyond,* pp. 279–98. Cambridge: Cambridge University Press.

Linklater, Andrew (1996b) "Rationalism," in Scott Burchill and Andrew Linklater, eds., *Theories of International Relations,* pp. 93–118. New York: St. Martin's Press.

Linklater, Andrew (1998) *The Transformation of Political Community: Ethical Foundations of the Post-Westphalian Era.* Columbia: University of South Carolina Press.

Linklater, Andrew (1999) "The Evolving Spheres of International Justice," *International Affairs* 75(3):473–82.

Linklater, Andrew, and John MacMillan (1995) "Introduction: Boundaries in Question," in John MacMillan and Andrew Linkater, eds., *Boundaries in Question: New Directions in International Relations,* pp. 1–16. London and New York: Pinter.

Lipschutz, Ronnie D. (1992) "Reconstructing World Politics: The Emergence of Global Civil Society," *Millennium* 21(3):389–420.

Lipschutz, Ronnie D., with J.Mayer (1996) *Global Civil Society and Global Environmental Governance.* Albany, NY: SUNY Press.

Lipschutz, Ronnie D. (1997) "From Place to Planet: Local Knowledge and Global Environmental Governance," *Global Governance* 3(1):83–102.

Lipschutz, Ronnie D. (1999) "Members Only? Citizenship and Civic Virtue in a Time of Globalization," *International Politics* 36(2):203–33.

Lipschutz, Ronnie D. (2000) *After Authority: War, Peace, and Global Politics in the 20th Century.* Albany, NY: SUNY Press.

Locke, John (1964 [1693]) *Some Thoughts Concerning Education,* in Peter Gay, ed., *John Locke on Education.* New York: Teachers College Press, Columbia University.

Locke, John (1976) *Correspondence,* edited by E.S.de Beer. Oxford: Clarendon.

Locke, John (1988 [1679–81]) *Two Treatises of Government,* edited by Peter Laslett. Cambridge: Cambridge University Press.

Locke, John (1993) *Political Writings,* edited by David Wootton. New York: Mentor.

Locke, John (1996 [1690]) *An Essay Concerning Understanding,* edited by Kenneth Winkler. Indianapolis, IN: Hackett.

Lockhart, Paul Douglas (1995) "Religion and Princely Properties: Denmark's Intervention in the Thirty Years' War, 1618–1625," *International History Review* 17(1):1–22.

Lomnitz, Larissa Adler (2000) "Reciprocity and the Informal Economy in Latin America," in Kenneth McRobbie and Kari Polanyi Levitt, eds., *Karl Polanyi in Vienna: The Contemporary Significance of the Great Transformation,* pp. 246–52. New York and Montreal: Black Rose.

Looker, R. (1978) "Comparative Politics: Methods or Theories?" in Paul G.Lewiset al., eds., *The Practice of Comparative Politics: A Reader,* 2nd ed., pp. 305–38. New York: Longman.

Lorde, Audre (1998) "Age, Race, Class, Sex: Women Redefining Difference," in Paula S.Rothenberg, ed., *Race, Class, and Gender in the United States: An Integrated Study,* 4th ed., pp. 533–39. New York: St. Martin's.

Love, Nancy, ed. (1998) *Dogmas and Dreams: A Reader in Modern Political Ideologies.* Chatham, NJ: Chatham House.

Low, Murray (1997) "Representation Unbound: Globalization and Democracy," in Kevin R.Cox, ed., *Spaces of Globalization: Reasserting the Power of the Local,* pp. 240–80. New York: Guilford.

Lowenthal, Richard (1962) "The Points of the Compass," in John H.Kautsky, ed., *Political Change in Underdeveloped Countries: Nationalism and Communism,* pp. 335–47. New York: John Wiley.

Lummis, C.Douglas (1992) "Equality," in Wolfgang Sachs, ed., *The Development Dictionary: A Guide to Knowledge as Power,* pp. 38–52. London: Zed.

Lynn, John (1991) "Soldiers on the Rampage," *MHQ: The Quarterly Journal of Military History* 32(2):92–101.

Lyons, Gene M., and Michael Mastanduno, eds. (1995) *Beyond Westphalia: State Sovereignty and International Intervention.* Baltimore and London: Johns Hopkins University Press.

Maarten, Theo Jans, and Herbert Tombeur (2000) "Living Apart Together: The Belgian Intergovernmental Cooperation in the Domains of Environment and Economy," in Dietmar Braun, ed., *Public Policy and Federalism,* pp. 142–76. Aldershot: Ashgate.

MacCormack, Sabine (1995) "Limits of Understanding: Perceptions of Greco-Roman and Amerindian Paganism in Early Modern Europe," in Karen Ordahl Kupperman, ed., *America in European Consciousness, 1493–1750,* pp. 79–129. Chapel Hill: University of North Carolina Press.

Macmillan, John, and Andrew Linklater, eds. (1995) *Boundaries in Question: New Directions in International Relations.* London: Pinter.

Macridis, Roy C. (1978) "The Nature of Comparative Analysis," in Paul G.Lewis, David C.Potter, and Francis G.Castles, eds., *The Practice of Comparative Politics: A Reader,* 2nd ed., pp. 17–19. New York: Longman.

Macridis, Roy C., and Bernard E.Brown, eds. (1986) *Comparative Politics: Notes and Readings,* 6th ed. Chicago: Dorsey Press.

Ma'oz, Moshe (2000) "The Future of Jerusalem: Israeli Perceptions," in Moshe Ma'oz and Sari Nusseibeh, eds., *Jerusalem: Points of Friction and Beyond,* pp. 1–7. The Hague: Kluwer Law Internatonal.

Mahler, Gregory S. (2000) *Cotnparative Politics: An Institutional and Cross-NationalApproach,* 3rd ed. Upper Saddle River, NJ: Prentice Hall.

Mandaville, Peter G. (1999) "Territory and Translocality: Discrepant Idioms of Political Identity," *Millennium* 28(3):653–73.

Mann, Michael (1997) "Has Globalization Ended the Rise and Rise of the Nation-State?" *Review of International Political Economy* 4(3):472–96.

Marchand, Marianne H., and Jane L.Parpart, eds. (1995) *Feminism/Postmodernism/ Development.* New York and London: Routledge.

Marcus, George E. (1998) *Ethnography through Thick and Thin.* Princeton, NJ: Princeton University Press.

Marcus, George E., and Michael Fischer (1992) *Anthropology as Cultural Critique: An Experimental Moment in the Social Sciences.* Chicago: University of Chicago Press.

Marglin, Stephen, and Juliet Schor, eds. (1990) *The Golden Age of Capitalism: Reinterpreting the Postwar Experience.* Oxford: Clarendon.

Marks, G.C. (1992) "Indigenous Peoples in International Law: The Significance of Francisco de Vitoria and Bartolome de las Casas," *Australian Yearbook of International Law* 13:1–52.

Marx, Karl (1973 [1857–58]) *Grundrisse,* translated by Martin Nicholaus. New York: Vintage.

Marx, Karl (1977 [1867]) *Capital: A Critique of Political Economy,* volume 1. New York: Vintage.

Marx, Karl (1978) "On Imperialism in India," in Robert C.Tucker, ed., *The Marx-Engels Reader,* 2nd ed. New York: W.W.Norton, 653–64.

Mason, Peter (1990) *Deconstructing America: Representations of the Other.* New York: Routledge.

Massicotte, Marie-Josee (1999) "Global Governance and the Global Political Economy," *Global Governance* 5 (1):127–48.

Matjan, Gregor (2000) "Individualism, Identities, and Inclusionary Citizenship in Western Political Culture," in Kenneth McRobbie and Kari Polanyi Levitt, eds., *Karl Polanyi in Vienna: The Contemporary Significance of the Great Transformation*, pp. 213–23. New York and Montreal: Black Rose.

Mayall, James (1982) "The Liberal Economy," in James Mayall, ed., *The Community of States*, pp. 96– 111. London: Allen and Unwin.

Mayall, James (2000) "Democracy and International Society," *International Affairs* 76 (1):61–75.

Mayer, Lawrence C. (1972) *Comparative Political Inquiry*. Homewood, IL: Dorsey.

McCay, Bonnie J., and Svein Jentoft (1998) "Market or Community Failure? Critical Perspectives on Common Property Research," *Human Organization* 57(1):21–29.

McGrew, Anthony, ed. (1997) *The Transformation of Democracy: Globalization and Territorial Democracy*. Cambridge: Polity.

McKay, David (2001) *Designing Europe: Comparative Lessons from the Federal Experience*. New York: Oxford University Press.

McKnight, Stephen A. (1989) *Sacralizing the Secular: The Renaissance Origins of Modernity*. Baton Rouge: Louisiana State University Press.

McNulty, Paul J. (1968) "Economic Theory and the Meaning of Competition," *Quarterly Journal of Economics* 82(4):639–56.

Meek, Ronald L. (1976) *Social Science and the Ignoble Savage*. Cambridge: Cambridge University Press.

Mehta, Uday S. (1990) "Liberal Strategies of Exclusion," *Politics and Society* 18(4): 427–54.

Mehta, Uday S. (1992) *The Anxiety of Freedom: Imagination and Individuality in Locke's Political Thought*. Ithaca, NY: Cornell University Press.

Mehta, Uday S. (1999) *Liberalism and Empire: A Study in Nineteenth-Century British Liberal Thought*. Chicago and London: University of Chicago Press.

Memmi, Albert (1967) *The Colonizer and the Colonized*. Boston: Beacon.

Mendell, Marguerite (1990) "Karl Polanyi and Feasible Socialism," in Kari Polanyi-Levitt, ed., *The Life and Work of Karl Polanyi: A Celebration*. New York and Montreal: Black Rose Press, 66–77.

Mendell, Marguerite (2000) "Democratizing Capital: Alternatives to Market-Led Transition," in Kenneth McRobbie and Kari Polanyi-Levitt, eds., *Karl Polanyi in Vienna: The Contemporary Significance of the Great Transformation*, pp. 234–45. New York and Montreal: Black Rose.

Minnow, Martha (1990) *Making All the Difference: Inclusion, Exclusion, and American Law*. Ithaca, NY, and London: Cornell University Press.

Mittelman, James (1996) *Globalization: Critical Reflections*. Boulder, CO: Lynne Rienner.

Moore, Sally Falk (1989) "The Production of Cultural Pluralism as a Process," *Public Culture* 1(2): 26–48.

Moore, Wilbert (1979) *World Modernization: The Limits of Convergence*. New York: Elsevier.

Moreland, William H. (1968 [1929]) *The Agrarian System of Moslem India: An Historical Essay with Appendices*. Delhi: Oriental Books Reprint Cooperation.

Morgenthau, Hans (1951) *Defense of the National Interest* New York: Alfred Knopf.

Morgenthau, Hans (1960) *The Purpose of American Politics.* New York: Vintage.

Morgenthau, Hans (1963) *Politics among Nations: The Struggle for Power and Peace,* 3rd ed. New York: Alfred Knopf.

Morse, Edward L. (1976) *Modernization and the Transformation of International Relations.* New York: Free Press.

Mouffe, Chantal (1992) "Preface: Democratic Politics Today," in Chantal Mouffe, ed., *Dimensions of Radical Democracy: Pluralism, Citizenship, Community,* pp. 1–14. London: Verso.

Mouffe, Chantal (1993) *The Return of the Political* London: Verso.

"Multiple Modernities" (2000) *Daedalus* 129(1).

Murphy, Craig N. (1984) *The Emergence of the NIEO Ideology.* Boulder, CO: Westview.

Murphy, Craig N. (1994) *International Organization and Industrial Change: Global Governance since 1850.* New York: Oxford University Press.

Murphy, Craig N. (1999) "Inequality, Turmoil, and Democracy: Global Political-Economic Visions at the End of the Century," *New Political Economy* 4(2):289–304.

Nandy, Ashis (1983) *The Intimate Enemy: Loss and Recovery of Self under Colonialism.* Delhi: Oxford University Press.

Nandy, Ashis (1987a) "Cultural Frames for Social Transformation: A Credo," *Alternatives* 12(1): 113–23.

Nandy, Ashis (1987b) *Traditions, Tyranny, and Utopias: Essays in the Politics of Awareness.* Delhi: Oxford University Press.

Nandy, Ashis (1990) "The Politics of Secularism and the Recovery of Religious Tolerance," in R.B.J.Walker and Saul H.Mendlovitz, eds., *Contending Sovereignties: Redefining Political Community,* pp. 125–44. Boulder, CO: Lynne Rienner.

Nandy, Ashis (1996) "The Savage Freud: The First Non-Western Psychoanalyst and the Politics of Secret Selves in Colonial India," in Frederique Apffel-Marglin and Stephen Marglin, eds., *Decolonizing Knowledge,* pp. 340–88. Oxford: Clarendon.

Nardin, Terry (1983) *Law, Morality, and the Relations of States.* Princeton, NJ: Princeton University Press.

Navari, Cornelia (1978) "Knowledge, the State, and the State of Nature," in Michael Donelan, ed., *The Reason of States: A Study in International Political Theory,* pp. 102–21. London: Allen and Unwin.

Neale, Walter C. (1990) "Karl Polanyi and American Institutionalism: A Strange Case of Convergence," in Kari Polanyi-Levitt, ed., *The Life and Work of Karl Polanyi: A Celebration,* pp. 145–58. New York and Montreal: Black Rose.

Nederman, Cary (2000) *Worlds of Difference: European Discourses of Toleration, c. 1100-c. 1550.* University Park: University of Pennsylvania Press.

Neuman, Stephanie G. (1998) "International Relations Theory and the Third World: An Oxymoron?" in Stephanie G.Neuman, ed., *International Relations and the Third World,* pp. 1–30. New York: St. Martin's.

Neumann, Iver B. (1999) *Uses of the Other: "The East" in Identity Formation.* Minneapolis: University of Minnesota Press.

Neumann, Iver B., and Jennifer M.Welsh (1991) "The Other in European Self-Definition: An Addendum to the Literature on International Society," *Review of International Studies* 17(4): 327–48.

Nichols, Gary (1989) "The Economic Impact of the Thirty Years' War in Habsburg Austria," *East European Quarterly* 23(3):257–68.

Nieuwenhuys, Olga (1998) "Global Childhood and the Politics of Contempt" *Alternatives* 23(3): 267–89.

Nozick, Robert (1975) *Anarchy, State, and Utopia.* New York: Basic.

Nusseibeh, Sari (2000) "The Future of Jerusalem: A Palestinian Perspective," in Moshe Ma'oz and Sari Nusseibeh, eds., *Jerusalem: Points of Friction—and Beyond,* pp. 7–10. The Hague: Kluwer Law International.

Onuf, Nicholas G. (1991) "Sovereignty: Outline of a Conceptual History," *Alternatives* 16 (4):425–46.

Onuf, Nicholas G. (1995) "Intervention for the Common Good," in Gene M.Lyons and Michael Mastanduno, eds., *Beyond Westphalia? State Sovereignty and International Intervention,* pp. 43–58. Baltimore and London: Johns Hopkins University Press.

Onuf, Nicholas G. (1998a) "Everyday Ethics in International Relations," *Millennium* 27(3): 669–93.

Onuf, Nicholas G. (1998b) *The Republican Legacy in International Thought.* Cambridge: Cambridge University Press.

Organski, A.F.K. (1965) *The Stages of Political Development.* New York: Alfred Knopf.

Osiander, Andreas (1994) *The States System of Europe, 1648–1990: Peacemaking and the Conditions of International Stability.* Oxford: Clarendon.

Osiander, Andreas (2001) "Sovereignty, International Relations, and the Westphalian Myth," *International Organization* 55(2):251–87.

Ottaway, Marina (2001) "Corporate Goes Global: International Organizations, Nongovernmental Organization Networks, and Transnational Business," *Global Governance* 7(3):265–92.

Ó Tuathail, Gearóid, Andrew Herod, and Susan M.Roberts (1998) "Negotiating Unruly Problematics," in Gearóid Ó Tuathail, Andrew Herod, and Susan M.Roberts, eds., *An Unruly World? Globalization, Governance, and Geography,* pp. 1–24. New York and London: Routledge.

Owen, John M. (1994) "How Liberalism Produces the Democratic Peace," *International Security* 20(2):147–84.

Owen, John M. (1997) *Liberal Peace, Liberal War: American Politics and International Security.* Ithaca, NY, and London: Cornell University Press.

Pagden, Anthony (1982) *The Fall of Natural Man: The American Indian and the Origins of Comparative Ethnology.* Cambridge: Cambridge University Press.

Pagden, Anthony (1990) *Spanish Imperialism and the Political Imagination: Studies in European and Spanish-American Social and Political Theory, 1513–1830.* New Haven, CT, and London: Yale University Press.

Pagden, Anthony (1993) *European Encounters with the New World: From Renaissance to Romanticism.* New Haven, CT, and London: Yale University Press.

Pagden, Anthony (1995) *Lords of All the World: Ideologies of Empire in Spain, Britain, and France, c. 1500-c. 1800.* New Haven, CT, and London: Yale University Press.

Pages, George (1970 [1939]) *The Thirty Years' War,* translated by David Maland and John Hooper. New York: Harper and Row.

Parekh, Bhikhu (1992) "The Cultural Particularity of Liberal Democracy," *Political Studies* 40(special issue): 160–75.

Parker, Geoffrey, ed. (1997) *The Thirty Years War,* 2nd ed. New York: Routledge.

Parry, John H. (1976) "A Secular Sense of Responsibility," in Fredi Chiappelli, ed., *First Images of America: The Impact of the New World on the Old,* volume 1, pp. 287–304. Berkeley: University of California Press.

Pasha, Mustapha Kamal, and David L.Blaney (1998) "Elusive Paradise: The Promise and Peril of Global Civil Society," *Alternatives* 23(4):417–50.

Pasic, Sujatta (1996) "Culturing International Relations Theory: A Call for Extension," in Yosef Lapid and Friedrich Kratochwil, eds., *The Return of Culture and Identity in IR Theory*, pp. 85–104. Boulder, CO: Lynne Rienner.

Patel, I.G. (1995) "Global Economic Governance: Some Thoughts on Our Current Discontents," in Meghnad Desai and Paul Redfern, eds., *Global Governance: Ethics and Economics of the World Order*, pp. 22–38. New York and London: Pinter.

Pauly, Louis W. (1999) "Good Governance and Bad Policy: The Perils of International Organizational Overextension," *Review of International Political Economy* 6(4): 401–24.

Pearson, Harry (1977) "Karl Polanyi: Notes on His Life," in Karl Polanyi, *The Livelihood of Man*, edited by Harry Pearson, pp. xi–xx. New York: Academic.

Peck, Jamie, and Adam Tickell (1994) "Searching for a New Institutional Fix: The After-Fordist Crisis and the Global-Local Distorder," in Ash Amin, ed., *Post-Fordism: A Reader*, pp. 280–315. Oxford: Blackwell.

Pellegrin, Julie (2000) "European Competitiveness and Enlargement: Is There Anyone in Charge?" in Thomas C.Lawton, James N.Rosenau, and Amy C.Verdun, eds., *Strange Power: Sharing the Parameters of International Relations and International Political Economy*, pp. 275–93. Aldershot: Ashgate.

Pocock, J.G.A. (1973) "Time, Theory, and Eschatology in the Thought of Thomas Hobbes," in *Politics, Language, and Time: Essays on Political Thought and History*, pp. 148–201. New York: Atheneum.

Pogge, Thomas (1989) *Realizing Rawls*. Ithaca, NY: Cornell University Press.

Polanyi, Karl (1936) "The Essence of Facism," in John Lewis, Karl Polanyi, and Donald K.Kitchin, *Christianity and the Social Revolution*, pp. 359–94. New York: Scribners and Sons.

Polanyi, Karl (1945) "Universal Capitalism or Regional Planning," *London Quarterly of World Affairs* (January):86–91.

Polanyi, Karl (1947) "On Belief in Economic Determinism," *Sociological Review* 39(1): 96–102.

Polanyi, Karl (1957 [1944]) *The Great Transformation: The Political and Economic Origins of Our Time*. Boston: Beacon.

Polanyi, Karl (1968a) "Aristotle Discovers the Economy," in George Dalton, ed., *Primitive, Archaic, and Modern Economies: Essays of Karl Polanyi*, pp. 78–115. Garden City, NY: Anchor.

Polanyi, Karl (1968b) "The Economy as Instituted Process," in George Dalton, ed., *Primitive, Archaic, and Modern Economies: Essays of Karl Polanyi*, pp. 139–74. Garden City, NY: Anchor.

Polanyi, Karl (1968c) "Our Obsolete Market Mentality," in George Dalton, ed., *Primitive, Archaic, and Modern Economies: Essays of Karl Polanyi*, pp. 59–77. Garden City, NY: Anchor.

Polanyi, Karl (1968d) "The Place of Economies in Societies," in George Dalton, ed., *Primitive, Archaic, and Modern Economies: Essays of Karl Polanyi*, pp. 116–38. Garden City, NY: Anchor.

Polanyi, Karl (1977) *The Livelihood of Man*, edited by Harry W.Pearson. New York: Academic.

Polanyi-Levitt, Kari (1990) "Karl Polanyi and *Co-existence*," in Kari Polanyi-Levitt, ed., *The Life and Work of Karl Polanyi: A Celebration*, pp. 253–63. New York and Montreal: Black Rose.

Polanyi-Levitt, Kari (1995) "Toward Alternatives: Re-reading the 'Great Transformation,'" *Monthly Review* 47(2):1–15.

Popkin, Richard Henry (1987) *Isaac La Preyere (1596–1676): His Life, Work, and Influence*. Leiden: Brill.

Postone, Moishe (1993) *Time, Labor, and Social Domination: A Reinterpretation of Marx's Critical Theory*. Cambridge: Cambridge University Press.

Pratt, Mary Louise (1992) *Imperial Eyes: Travel Writing and Transculturation*. New York: Routledge.

Prestowitz, Clyde V. Jr., (1994) "The Fight over Competitiveness: A Zero-Sum Debate?" *Foreign Affairs* 72(4):186–89.

Puchala, Donald J. (1998) "Third World Thinking and Contemporary International Relations," in Stephanie G.Neuman, ed., *International Relations and the Third World*, pp. 133–58. New York: St. Martin's.

Pupavac, Vanessa (2001) "Misanthropy without Borders: The International Children's Rights Regime," *Disasters*25(2):95–112.

Pye, Lucian W. (1963) *Communications and Political Development*. Princeton, NJ: Princeton University Press.

Pye, Lucian W. (1966) *Aspects of Political Development*. Boston: Little, Brown.

Pye, Lucian W. (1968) "American Universities and the New States," in Nish Jamgotch, ed., *The University and International Relations: The Challenge of Tomorrow*, pp. 13–22. Charlotte: University Council Forum, University of North Carolina, Charlotte.

Pye, Lucian W. (1990) "Political Science and the Crisis of Authoritarianism," *American Political Science Review* 84(1):3–19.

Rawls, John (1996) *Political Liberalism*. New York: Columbia University Press.

Ray, James Lee (1997) "The Democratic Path to Peace," *Journal of Democracy* 8(2): 49–64.

Ray, Ratnalekha (1979) *Change in Bengal Agrarian Society, c. 1760–1850*. New Delhi: Manohar.

Reich, Robert B. (1991) *The Work of Nations: Preparing Ourselves for 21st Century Capitalism*. New York: Knopf.

Remer, Gary. (1994) "Dialogues of Toleration: Erasmus and Bodin," *Review of Politics* 56 (2):305–36.

Rendall, Jane (1987) "Virtue and Commerce: Women in the Making of Adam Smith's Political Economy," in Ellen Kennedy and Susan Mendus, eds., *Women in Western Philsophy: Kant to Nietzsche*. Brighton, UK: Wheatsheaf.

Rengger, Nicholas J. (1992a) "A City Which Sustains All Things? Communitarianism and International Society," *Millennium* 21(3):353–69.

Rengger, Nicholas J. (1992b) "Culture, Society, and Order in World Politics," in John Bayliss and N.J. Rengger, eds., *Dilemmas of World Politics: Changing Issues in a Changing World*, pp. 85–103. Oxford: Clarendon.

Ricks, Thomas E. (2001) "Empire or Not? A Quiet Debate over U.S.Role," *Washington Post*, August 21, A01.

Riggs, Fred W. (1967) "The Theory of Political Development," in James C.Charlesworth, ed., *Contemporary Political Analysis*, pp. 317–49. New York: Free Press.

Rist, Gilbert (1997) *The History of Development: From Western Origins to Global Faith.* London: Zed.

Roberts, Susan M. (1998) "Geo-Governance in Trade and Finance and Political Geographies of Dissent," in Andrew Herod, Gearóid Ó Tuathail, and Susan M.Roberts, eds., *An Uruly World? Globalization, Governance, and Geography,* pp. 116–34. New York and London: Routledge.

Roelofsen, C.G. (1990) "Grotius and the International Politics of the Seventeenth Century," in Bendict Kingsbury and Adam Roberts, eds., *Hugo Grotius and International Relations,* pp. 95– 131. Oxford: Clarendon.

Röling, B.V.A. (1983) "Grotius' Ideas: Obsolete in an Expanding World?" in Bendict Kingsbury and Adam Roberts, eds., *Hugo Grotius and International Relations,* pp. 281–99. Oxford: Clarendon.

Romann, Michael, and Alex Weingrod (1991) *Living Together Separately: Arabs and Jews in Contemporary Jerusalem.* Princeton, NJ: Princeton University Press.

Rosecrance, Richard (1986) *The Rise of the Trading State: Commerce and Conquest in the Modern World.* New York: Basic.

Rosenau, James N. (1990) *Turbulence in World Politics.* Princeton, NJ: Princeton University Press.

Rosenau, James N. (1997) *Along the Domestic-Foreign Frontier: Exploring Governance in a Turbulent World.* Cambridge: Cambridge University Press.

Rosenbaum, Walter A. (1975) *Political Culture.* New York: Praeger.

Rosenberg, Justin (1994) *The Empire of Civil Society.* London: Verso.

Rosner, Peter (1990) "Karl Polanyi on Socialist Accounting," in Kari Polanyi-Levitt, ed., *The Life and Work of Karl Polanyi: A Celebration,* pp. 55–65. New York and Montreal: Black Rose.

Rostow, W.W. (1960) *The Stages of Economic Growth: A Non-Communist Manifesto.* New York: Cambridge University Press.

Rubies, Joan-Pau (1991) "Hugo Grotius's Dissertation on the Origin of the American Peoples and the Use of the Comparative Method," *Journal of the History of Ideas* 52 (2):221–44.

Ruggie, John Gerard (1994) "At Home Abroad, Abroad at Home: International Liberalisation and Domestic Stability in the New World Economy" *Millennium* 24(3): 507–26.

Ruggie, John Gerard (1998) *Constructing the World Polity: Essays on International Institutionalization.* London and New York: Routledge.

Ruggie, John Gerard (2001) "global_governence.net: The Global Compact as Learning Network" *Global Governance* 7(4):371–78.

Ruggie, John Gerard (2002) "The Theory and Practice of Learning Networks: Corporate Social Responsibility and the Global Compact," *Journal of Corporate Citizenship,* 5 (spring):27–36.

Russett, Bruce (1990) *Controlling the Sword: The Democratic Governance of National Security.* Cambridge, MA: Harvard University Press.

Rustow, Dankwart (1967) *A World of Nations: Problems of Political Modernization.* Washington, D.C.: Brookings.

Sachs, Wolfgang, ed. (1992) *The Development Dictionary: A Guide to Knowledge as Power.* London: Zed.

Said, Edward (1978) *Orientalism.* New York: Vintage.

Sardar, Ziauddin, Ashis Nandy, Merlyn Wyn Davies, and Claude Alvares (1993) *The Blinded Eye: 500 Years of Christopher Columbus.* New York: Apex.

Sayer, Andrew (1995) *Radical Political Economy: A Critique.* Oxford: Blackwell.

Scaglione, Aldo. (1976) "A Note on Montaigne's *Des Cannibales* and the Humanist Tradition," in Fredi Chiappelli, ed., *First Images of America: the Impact of the New World on the Old* pp. 63–70. Berkeley: University of California Press.

Schachter, Oscar (1985) "Sharing the World's Resources," in Richard Falk, Friedrich Kratochwil, and Saul H.Mendlovitz, eds., *International Law: A Contemporary Perspective,* pp. 525–45. Boulder, CO, Westview.

Schmidt, Brian C. (1998) *The Political Discourse of Anarchy: A Disciplinary History of International Relations.* Albany, NY: SUNY Press.

Scholte, Jan Aart (1997) "Global Capitalism and the State," *International Affairs* 73(3): 427–52.

Schumpeter, Joseph (1976) *Capitalism, Socialism, and Democracy.* New York: Harper Colophon.

Schwartz, Herman M. (1994) *States vs. Markets: History, Geography, and the Development of International Political Economy.* New York: St. Martin's.

Scott, Bruce R. (2001) "The Great Divide in the Global Village," *Foreign Affairs* 80(1): 160–77.

Searcy, Dennis (1993) "Beyond the Self-Regulating Market in Market Society: A Critique of Polanyi's Theory of the State," *Review of Social Economy* 51(2):217–31.

Seed, Patricia (1993) "'Are These Not Also Men?': The Indians' Humanity and Capacity for Spanish Civilization," *Journal of Latin American Studies* 25:629–52.

Segal, Jerome M., Shlomit Levy, Nader Izzat Sa'id, and Elihu Katz (2000) *Negotiating Jerusalem.* Albany, NY: SUNY Press.

Sen, Amartya (1999) *Development as Freedom,* New York: Anchor.

Shapiro, Michael J., and Hayward Alker, eds. (1996) *Challenging Boundaries: Global Flows, Territorial Identities.* Minneapolis: University of Minnesota Press.

Sheehan, Bernard W. (1980) *Savagism and Civility: Indians and Englishmen in Colonial Virginia.* New York: Cambridge University Press.

Shils, Edward (1963) "The Calling of Sociology," in Talcott Parsons, Edward Shils, Kaspara D. Naegele, and Jessie R.Pitts, eds., *Theories of Sociology,* volume 2, pp. 1405–48. Glencoe, IL: Free Press.

Shiva, Vandana (1992) "Resources," in Wolfgang Sachs, ed., *The Development Dictionary: A Guide to Knowledge as Power,* pp. 206–18. London: Zed.

Shklar, Judith N. (1990) *The Faces of Injustice.* New Haven, CT, and London: Yale University Press.

Shohat, Ella, and Robert Stam (1994) *Unthinking Eurocentrism: Multicultural and the Media.* London and New York: Routledge.

Silbey, Susan (1997) "'Let Them Eat Cake': Globalization, Postmodern Colonialism, and the Possibilities of Justice," *Law and Society Review* 31(2):207–35.

Simpson, Christopher, ed. (1998) *Universities and Empire: Money and Politics in the Social Sciences during the Cold War.* New York: New Press.

Singer, Max, and Aaron Wildavsky (1996) *The Real World Order: Zones of Peace/Zones of Turmoil* Chatham, NJ: Chatham House.

Sinha, Narendra Krishna (1962) *The Economic History of Bengal,* volume 2. Calcutta: K.L. Mukhopadahyay.

"Sins of the Secular Missionaries" (2000) *Economist* (January 29):25–27.

Sjaastad, Espen, and Daniel W.Bromley (2000) "The Prejudices of Property Rights: On Individualism, Specificity, and Security in Property Regimes," *Development Policy Review* 18(4): 365–89.

Skinner, Quentin (1978) *The Foundations of Modern Political Thought*, volume 2. New York: Cambridge University Press.

Slavin, Arthur J. (1976) "The American Principle: From More to Locke," in Fredi Chiappelli, ed., *First Images of America: The Impact of the New World on the Old*, volume 1, pp. 139–64. Berkeley: University of California Press.

Smith, Adam (1976 [1776]) *An Inquiry into the Nature and Causes of the Wealth of Nations*, edited by Edwin Cannan. Chicago: University of Chicago Press.

Smith, Adam (1979 [1790]) *The Theory of Moral Sentiments*, edited by D.D.Raphael and A.L. Macfie. Indianapolis, IN: Liberty Fund.

Smith, Anthony (1979) *Nationalism in the Twentieth Century*. New York: New York University Press.

Soederberg, Susanne (2001) "The Emperor's New Suit: The New International Financial Architecture as a Reinvention of the Washington Consensus," *Global Governance* 7(4): 453–67.

Soguk, Nevzat (1999) *States and Strangers: Refugees and Displacements of Statecraft*. Minneapolis: University of Minnesota Press.

Spruyt, Hendrik (1994) *The Sovereign State and Its Competitors*. Princeton, NJ: Princeton University Press.

Spurr, David (1993) *The Rhetoric of Empire: Colonial Discourse in Journalism, Travel Writing, and Imperial Administration*. Durham, NC, and London: Duke University Press.

Stocking, George W. (1975) "Scotland as the Model of the World: Lord Kames' Philosophical View of Civilization," in Timothy H.H.Thoresen, ed., *Toward a Science of Man: Essays in the History of Anthropology*, pp. 65–89. The Hague: Mouton.

Stanfield, J.R. (1986) *The Economic Thought of Karl Polanyi*. New York: St. Martin's.

Strang, David (1996) "Contested Sovereignty: The Social Construction of Colonial Imperialism," in Cynthia Weber and Thomas J.Biersteker, eds., *State Sovereignty as Social Construct*, pp. 22–49. Cambridge: Cambridge University Press.

Strange, Susan (1992) "States, Firms, and Diplomacy," *International Affairs* (July-August):1–15.

Strange, Susan (1994) *States and Markets*, 4th ed. London: Pinter.

Swyngedouw, Erik (1997) "Neither Global nor Local: 'Glocalization' and the Politics of Scale," in Kevin R.Cox, ed., *Spaces of Globalization: Reasserting the Power of the Local*, pp. 137–66. New York: Guilford.

Swyngedouw, Erik (2000) "Authoritarian Governance, Power, and the Politics of Rescaling," *Environment and Planning D: Society and Space* 18(1):63–76.

Tamir, Yael (1991) "The Right to National Self-Determination," *Social Research* 58(3): 565–90.

Tanji, Miyume, and Stephanie Lawson (1997) "'Democratic Peace' and Asian Democracy: A Universalist-Particularist Tension," *Alternatives* 22(1):135–55.

Tarullo, David K. (1985) "Logic, Myth, and the International Economic Order," *Harvard International Law Journal* 26(2):533–52.

Taylor, Charles (1985) *Human Agency and Language: Philosophical Papers 1*. Cambridge: Cambridge University Press.

Taylor, Charles (1990) "The Dialogical Self," in David R.Hiley, James F.Bohman, and Richard Schusterman, eds., *The Interpretive Turn: Philosophy, Science, Culture,* pp. 304–14. Ithaca, NY: Cornell University Press.

Teune, Henry (1990) "Comparing Countries: Lessons Learned," in Else Oyen, ed., *Comparative Methodology: Theory and Practice in International Social Research,* pp. 38–62. Newbury Park, CA: Sage.

Theibault, John (1995) *German Villages in Crisis: Rural Life in Hesse-Kassel and the Thirty Years' War, 1580–1720.* Atlantic Heights, NJ: Humanities.

Thomson, Janice E., and Stephen D.Krasner (1989) "Global Transactions and the Consolidation of Sovereignty," in Ernst-Otto Czempiel and James N.Rosenau, eds., *Global Changes and Theoretical Challenges,* pp. 195–219. Lexington, MA: Lexington Books.

Thomson, S.Harrison (1963) *Europe in Renaissance and Reformation.* New York: Harcourt, Brace, and World.

Tilly, Charles (1993) "National Self-Determination as a Problem for All of Us," *Daedalus* 122(3): 39–36.

Tipps, Dean C. (1973) "Modernization Theory and the Comparative Studies of Societies: A Critical Perspective," *Comparative Studies in Society and History* 15(2):199–226.

Todorov, Tzvetan (1984) *The Conquest of America: The Question of the Other.* New York: Harper and Row.

Todorov, Tzvetan (1987) *Literature and Its Theorists: A Personal View of Twentieth Century Criticism.* Ithaca, NY: Cornell University Press.

Todorov, Tzvetan (1993) *On Human Diversity: Nationalism, Racism, and Exoticism in French Thought,* translated by Catherine Porter. Cambridge, MA: Harvard University Press.

Todorov, Tzvetan (1995) *The Morals of History.* Minneapolis: University of Minnesota Press.

Topik, Steven (2001) "Karl Polanyi and the Creation of the 'Market Society,'" in Miguel Angel Centeno and Fernando López-Alves, eds., *The Other Mirror: Grand Theory through the Lens of Latin America,* pp. 81–104. Princeton, NJ: Princeton University Press.

Toulmin, Stephen (1990) *Cosmopolis: The Hidden Agenda of Modernity.* New York: Free Press.

Trevor-Roper, H.R. (1962) "Why Do Wars Begin?" *Horizon* 5(2):32–41.

Tuck, Richard (1979) *Natural Rights Theories: Their Origin and Development.* Cambridge: Cambridge University Press.

Tuck, Richard (1988) "Scepticism and Tolerance in the Seventeenth Century," in Susan Mendus, ed., *Justifying Toleration: Conceptual and Historical Perspectives,* pp. 21–35. Cambridge: Cambridge University Press.

Tuck, Richard (1993) *Philosophy and Government, 1572–1651.* Cambridge: Cambridge University Press.

Tuck, Richard (1999) *The Rights of War and Peace: Political Thought and the International Order from Grotius to Kant.* New York: Oxford University Press.

Tully, James (1993) *An Approach to Political Philosophy: Locke in Contexts.* Cambridge: Cambridge University Press.

Tully, James (1994) "Aboriginal Property and Western Theory: Recovering a Middle Ground," in Ellen Frankel Paul, Fred D.Miller, and Jeffrey Paul, eds., *Property Rights,* pp. 153–80. Cambridge: Cambridge University Press.

Tully, James (1995a) "Property, Self-Government, and Consent," *Canadian Journal of Political Science* 28(1):105–132.

Tully, James (1995b) *Strange Multiplicity: Constitutionalism in an Age of Diversity.* Cambridge: Cambridge University Press.

United Nations Development Programme (2000) *Human Development Report 2000.* New York: Oxford University Press.

Valensi, Lucette (1981) "Economic Anthropology and History: The Work of Karl Polanyi," in George Dalton, ed., *Research in Economic Anthropology,* volume 4, pp. 3–12. Greenwich, CT: JAI Press.

Vallier, Ivan. (1971) "Empirical Comparisons of Social Structure: Leads and Lags," in Ivan Vallier, ed., *Comparative Methods in Sociology: Essays on Trends and Applications,* pp. 203–63. Berkeley: University of California Press.

Van Creveld, Martin (1999) *The Rise and Decline of the State.* Cambridge: Cambridge University Press.

Verma, Nirmal (1990) "India and Europe: Some Obsevations on Self and Other," *Kavita Asia* (September):114–44.

Vernon, Raymond, and Ethan B.Kapstein (1991) "National Needs, Global Resources," *Daedalus* 120(4):1–22.

Verweij, Marco (1995) "Cultural Theory and the Study of International Relations," *Millennium* 24(1):87–111.

Vitoria, Francisco de (1991) *Political Writings,* edited by Anthony Pagden and Jeremy Lawrance. Cambridge: Cambridge University Press.

Von Vorys, Karl (1967) "Use and Misuse of Development Theory," in James C.Charlesworth, ed., *Contemporary Political Analysis,* pp. 350–63. New York: Free Press.

Waldron, Jeremy (1988) "Locke: Toleration and the Rationality of Persecution," in Susan Mendus, ed., *Justifying Toleration,* pp. 61–86. Cambridge: Cambridge University Press.

Walker, Martin (2000) "What Europeans Think of Americans," *World Policy Journal* 17 (2):26–38.

Walker, R.B.J. (1988) *One World, Many Worlds: Struggles for a Just World Peace.* Boulder, CO: Lynne Rienner.

Walker, R.B.J. (1990) "The Concept of Culture in the Theory of International Relations," in Jongsuk Chay, ed., *Culture and International Relations,* pp. 3–17. New York: Praeger.

Walker, R.B.J. (1993) *Inside/Outside: International Relations as Political Theory.* Cambridge: Cambridge University Press.

Walker, R.B.J. (1994a) "On the Possibilities of World Order Discourse," *Alternatives* 19 (2):237–45.

Walker, R.B.J. (1994b) "Social Movements/World Politics," *Millennium* 23(3):669–700.

Walker, R.B.J. (1999) "The Hierarchicalization of Political Community," *Review of International Studies* 25(1):151–56.

Walker, R.B.J. (forthcoming) *After the Globe/Before the World.* Cambridge: Cambridge University Press.

Wallace, William (2001) "Europe, the Necessary Partner," *Foreign Affairs* 80(3):16–34.

Waltz, Kenneth N. (1959) *Man, the State, and War.* New York: Columbia University Press.

Waltz, Kenneth N. (1979) *Theory of International Politics.* Reading, MA: Addison-Wesley.

Waltz, Kenneth N. (1999) "Globalization and Governance" *PS: Politics and Political Science* 32(4): 693–700.

Walzer, Michael (1980) "The Moral Standing of States: A Response to Four Critics," *Philosophy and Public Affairs* 9(3):209–29.

Walzer, Michael (1983) *Spheres of Justice: A Defense of Pluralism and Equality.* New York: Basic.

Walzer, Michael (1988) *The Company of Critics: Social Criticism and Political Commitment in the Twentieth Century.* New York: Basic.

Walzer, Michael (1994) *Thick and Thin: Moral Argument at Home and Abroad.* Notre Dame, IN: Notre Dame University Press.

Walzer, Michael (1997) *On Toleration.* New Haven, CT, and London: Yale University Press.

Wapner, Paul (1996) *Environmental Activism and World Civic Politics.* Albany, NY: SUNY Press.

Wapner, Paul, and Lester Edwin J.Ruiz, eds. (2000) *Principled World Politics: The Challenge of Normative International Relations.* Lanham, MD: Rowman and Littlefield.

Waszek, Norbert (1988) *The Scottish Enlightenment and Hegel's Account of "Civil Society."* Boston: Kluwer Academic.

Watnick, Morris (1962) "The Appeal of Communism to the Underdeveloped Peoples," in John H. Kautsky, ed., *Political Change in Underdeveloped Countries: Nationalism and Communism,* pp. 316–34. New York: John Wiley.

Watson, Adam (1987) "Hedley Bull, States Systems, and International Society," *Review of International Studies* 13(2):147–53.

Watson, Adam (1992) *The Evolution of International Society: A Comparative and Historical Analysis.* New York: Routledge.

Watson, Adam (1997) *The Limits of Independence: Relations between States in the Modern World.* London and New York: Routledge.

Weber, Cynthia (1992) "Reconstructing Statehood: Examining the Sovereignty/ Intervention Boundary," *Review of International Studies* 18(3):199–216.

Weber, Cynthia, and Thomas J.Biersteker, eds. (1996) *State Sovereignty as Social Construct.* Cambridge: Cambrige University Press.

Wedel, K.A. (1991) "History as Truth: The Hutterian (Habansky) Experience in Moravia during the Thirty Years' War," *Studia Comeniania et Historica* 21(43):41–60.

Weeks, Charles Adrian (1991) "Jacob Boheme and the Thirty Years' War," *Central European History* 24(2–3):213–21.

Weiss, Thomas G., and Leon Gordenker, eds. (1996) *NGOs, the UN, and Global Governance.* Boulder, CO, and London: Lynne Rienner.

Wendt, Alex (1992) "Anarchy Is What States Make of It: The Social Construction of Power Politics," *International Organization* 46(2):391–425.

Wendt, Alex (1999) *Social Theory in International Politics,* Cambridge: Cambridge University Press.

Whatley, Janet (1987) "Une Révénce Réciprogue: Huguenot Writing on the New World," *University of Toronto Quarterly* 57(2):270–89.

Whatley, Janet (1990) "Introduction," in Jean de Léry, *History of a Voyage to the Land of Brazil,* pp. xv–xxxviii. Berkeley and Los Angeles: University of California Press.

Whitaker, C.S., Jr. (1967) "A Dysrhythmic Process of Political Change," *World Politics* 19 (2):190–217.

White, Hayden (1972) "The Forms of Wildness: Archaeology of an Idea," in Edward Dudley and Maximillian E.Novak, eds., *The Wildman Within: An Image in Western Thought from the Renaissance to Romanticism,* pp. 3–38. Pittsburgh, PA: University of Pittsburgh Press.

Wight, Martin (1966) "Why Is There No International Theory?" in Martin Wight and Herbert Butterfield, eds., *Diplomatic Investigations: Essays in the Theory of International Politics,* pp. 17–35. Cambridge, MA: Harvard University Press.

Wight, Martin (1977) "The Origins of the States-System: Chronological Limits," in Hedley Bull, ed., *Systems of States,* pp. 110–28. Leicester: Leicester University Press.

Wight, Martin (1992) *International Theory: The Three Traditions,* edited by Gabriele Wight and Brian Porter. New York: Holmes and Meier.

Wilk, Richard R. (1996) *Economies and Cultures: Foundations of Economic Anthropology.* Boulder, CO: Westview.

Williams, Arnold (1948) *The Common Expositor: An Account of the Commentaries on Genesis, 1527– 1633.* Chapel Hill: University of North Carolina Press.

Williams, David (1994) "Governance, the World Bank, and Liberal Theory," *Political Studies* 42(1): 84–110.

Williams, David (1999) "Constructing the Economic Space: The World Bank and the Making of *Homo-Oeconomicus*" *Millennium* 28(1):79–99.

Wilson, Frank (1996) *Concepts and Issues in Comparative Politics: An Introduction to Comparative Analysis.* Upper Saddle River, NJ: Prentice Hall.

Wittgenstein, Ludwig (1958) *Philosophical Investigations,* translated by G.E.M.Anscombe. New York: Macmillan.

Wittgenstein, Ludwig (1969) *On Certainty,* translated by Denis Paul and G.E.M.Anscombe. New York: Harper Torchbooks.

Wolf, Eric (1982) *Europe and the People without History.* Berkeley: University of California Press.

Wootton, David (1993) "Introduction," in David Wootton, ed., *Political Writings of John Locke,* pp. 7–122. New York: Penguin.

Wu, Xinbo (2001) "Perils of a Pax-Americana," *Asian Affairs* 28(3):180–82.

Xia, Liping (2001) "China: A Responsible Great Power," *Journal of Contemporary China* 10(26): 17–25.

Yan, Xuetong (2001) "The Rise of China in Chinese Eyes," *Journal of Contemporary China* 10(26): 33–39.

Young, Iris Marion (1990) *Justice and the Politics of Difference.* Princeton, NJ: Princeton University Press.

Young, Iris Marion (1996) "Communication and the Other: Beyond Deliberative Democracy," in Seyla Benhabib, ed., *Democracy and Difference: Contesting the Boundaries of the Political,* pp. 120–35. Princeton, NJ: Princeton University Press.

Young, Iris Marion (2000) *Inclusion and Democracy.* New York: Oxford University Press.

Young, Robert (1996) *Colonial Desire: Hybridity in Theory, Culture, and Race.* London: Routledge.

Young, Tom (1995) "'A Project to be Realised': Global Liberalism and Contemporary Africa," *Millennium* 24(3):527–46.

Zamora, Margarita (1993) *Reading Columbus.* Berkeley: University of California Press.

Zizek, Slavoj (1993) *Tarrying with the Negative: Kant, Hegel, and the Critique of Ideology.* Durham, NC: Duke University Press.

图书在版编目(CIP)数据

国际关系中的差异问题/(美)纳伊姆·伊纳亚图拉
(Naeem Inayatullah),(美)戴维·布莱尼
(David L. Blaney)著;曾向红,杨双梅译.—上海:
上海人民出版社,2023
(东方编译所译丛)
书名原文:International Relations and the
Problem of Difference
ISBN 978-7-208-18588-3

Ⅰ.①国… Ⅱ.①纳… ②戴… ③曾… ④杨… Ⅲ.
①国际关系-研究 Ⅳ.①D81

中国国家版本馆 CIP 数据核字(2023)第 218945 号

责任编辑 项仁波
封面设计 王小阳

东方编译所译丛
国际关系中的差异问题
[美]纳伊姆·伊纳亚图拉 戴维·布莱尼 著
曾向红 杨双梅 译

出 版 上海人品出版社
　　　　 (201101 上海市闵行区号景路 159 弄 C 座)
发 行 上海人民出版社发行中心
印 刷 上海商务联西印刷有限公司
开 本 635×965 1/16
印 张 20
插 页 4
字 数 271,000
版 次 2023 年 12 月第 1 版
印 次 2023 年 12 月第 1 次印刷
ISBN 978-7-208-18588-3/D·4213
定 价 88.00 元

东方编译所译丛·世界政治与国际关系